TALKING AT
THE GATES
A LIFE OF
JAMES BALDWIN

在门外谈话

詹姆斯·鲍德温的一生

[英] 詹姆斯·坎贝尔 著 吴琦 译

上海文艺出版社

献给我的母亲和父亲

这是一架沉重的十字架，我很不情愿地接受了它。事实上，我觉得自己像个奴隶，一想到要跟白人说话，就让我沮丧。但在少数场合，我讲话时能感到一定程度的自由，并且颇为自如地说出自己想说的话。从那时起，我便一直在为我的同胞申辩，直到现在……

——《弗雷德里克·道格拉斯[1]的人生故事，一个美国奴隶的自述》，1845年

一蒲式耳[2]的麦子，能抵上多少心酸？

——W. E. B. 杜波依斯[3]，《黑人的灵魂》，1903年

1　弗雷德里克·道格拉斯（Frederick Douglass, 1818—1895），美国黑人政治家、演说家、作家，废奴运动的代表人物，首位出任美国政府外交使节的黑人。——译注
2　英美制计量单位，主要用于计量干散颗粒的体积，如谷物等农产品，美制1蒲式耳相当于35.24升左右。——译注
3　威廉·爱德华·伯格哈特·杜波依斯（W. E. B. Du Bois, 1868—1963），美国社会学家、历史学家、民权运动积极分子、泛非主义者、美国有色人种协进会创建人之一。在柏林大学、哈佛大学求学时，他都是该校第一位拿到博士学位的非裔美国人。——译注

目 录

作者前言 / 001

2021 年版引言 / 003

第一部分　我没有故事，妈 / 019

第二部分　主啊，如今我不再是个陌生人 / 079

第三部分　沉重的十字架 / 167

第四部分　拆了这栋楼 / 261

第五部分　节拍的代价 / 349

2002 年版后记：坎贝尔诉美国司法部一案 / 383

附录：与诺曼·梅勒的访谈 / 406

注释 / 421

作品年表 / 441

作者前言

詹姆斯·鲍德温写书时，经常更换或者修改书名。比如《去山巅呼喊》(Go Tell It on the Mountain)之前名为《圣洁的哭泣》，更早之前叫作《在我父亲的房子里》；《乔瓦尼的房间》(Giovanni's Room)曾经叫作《给我的宝贝来一个》，后来又改成《死水》和别的名字；《另一个国家》(Another Country)最初就叫这个名字，之后被改成《最好的结婚季节》，然后又改了回去。有时他先想到书名，然后顺着它写出那本书，有时一个书名在他脑子里存在十年甚至更久，书却没有写成。鲍德温曾计划写一部小说，故事设置在1863年的解放日，在一座蓄奴的南方种植园里，他想好的书名就叫《在门外谈话》。将近二十年里，他时不时谈起这本书，却从未写出来。

在写这本关于鲍德温的生活与志业的书的过程中，许多人跟我分享了他们的观点和回忆。在行文中，我主要用现在时或者"据某人所说"这种介绍性的短语，来表示这是某位受访者的看法，极少有例外情况。因此，"约翰·布朗说"或者"据约翰·布朗说"这类表述，代表他的观点是来自我对他的采访，而"约翰·布朗说过（想起、抱怨过等等）"就意味着这段话是引述自某本书或者某篇文章，读者可以在注释中找到出处。

至于黑鬼、黑人、非裔美国人这些敏感的词语，应该说我基本上都遵循了鲍德温本人的用法。1972年之后，"黑鬼"一词就不再被普遍使用，这本书差不多在同一个时段也做了这样的处理。

这本书对詹姆斯·鲍德温的描摹，并没有提供一张确凿的画像，而是给出了一系列草图和看法，目标是通往某个定论，然而最终还是放弃了。鲍德温曾经说过，每个人都是不可描述的。在我看来，他自己尤其是这样。

2021 年版引言

1988 年 1 月,当我开始为写《在门外谈话》这本书做研究时,关于詹姆斯·鲍德温的书籍长度的参考书目一只手就能数得过来。尼日利亚作家斯坦利·马塞布（Stanley Macebuh）写过一本简短的学术著作（1973）；两本评论集——一本是原创的,另一本从各种刊物中搜集而成；一本特怀恩出版社出的美国作家合集；还有弗恩·玛利亚·埃克曼（Fern Marja Eckman）所著一部生动的传记,由她 1966 年发表在《纽约邮报》（New York Post）的一系列文章结集而成。当我第一次拜访鲍德温位于圣保罗德旺斯的家,吃饭时一提到《詹姆斯·鲍德温的愤怒旅程》(The Furious Passage of James Baldwin）这本书,就惹得他的助手伯纳德·哈塞尔（Bernard Hassell）翻白眼,还发表了讽刺的评论,他对"吉米的传记作者"这个说法持保留意见。然而,我最近重读这本书,依然欣赏作者近距离、诚实的描述,她展现了一个人在 1960 年代中期那种危险节奏中度过的一生。1987 年 11 月 30 日[1],

---

[1] 鲍德温的官方死亡日期通常写作 12 月 1 日,一个星期二。那天早上,我在英国广播公司九点钟的新闻里听到这个消息。晚上,我给人在圣保罗德旺斯的伯纳德打电话,他告诉我,前一天晚上"吉米去世了"。

鲍德温去世后不久，贺拉斯·波特（Horace Porter）的批判性研究《盗火》（Stealing the Fire）出版，另一位记者W.J.韦瑟比（W. J. Weatherby）也着手撰写传记《詹姆斯·鲍德温：燃烧的艺术家》（James Baldwin: Artist on Fire）。后者在1990年问世，但我已经来不及用上这份材料。如果在1991年1月《在门外谈话》在英国出版（同年4月在美国出版）之前，还有其他关于鲍德温的生活与事业的详尽论述，那就是我疏忽了。

这些书中较为主流的那些，也包括我自己这本，在英国和美国的报刊、广播中都得到了不同程度的关注，但我难以抑制地感觉到，尽管鲍德温在他那个愤怒的年代里如此前沿、如此活跃，终归属于一个逝去的纪元。过去他作为关键人物身处其中的政治舞台，频繁出现在电视上，一次一次被喊出来公开露面或发表声明，如今已世异时移——变化如此之快！1988年初，我第一次去纽约考察时，一位住在这里的作家朋友从我住的公寓窗户往下看向格林威治村的街道，指着那些路过的年轻黑人。"他们可能听说过马丁·路德·金，"他说，"但詹姆斯·鲍德温呢？"

20世纪60年代末以来，他作为小说家的声誉一直处于低谷，当时，在他的日常工作里，政治参与挤压了文艺创作更加田园牧歌式的一面。小说家必然渴望时间，渴望沉思、冥想、对个人动机复杂性的认识，60年代中后期的鲍德温却完全没有时间。尽管如此，他有时还是不耐烦地抗议道，艺术仍是他的主要关切。鲍德温在大家视野中被遮蔽的程度，包括文学界在内，从1980年2月发表在《美国书评》上的一篇文章中可见一斑。阿诺德·兰佩萨德（Arnold Rampersad），这位后来为鲍德温两位亲近的同时代人兰斯顿·休斯（Langston Hughes）和拉尔夫·埃里森（Ralph

Ellison）作传的作者，列出了"八位对非裔美国人的文化进程产生过重大影响的人物"。其中有阿米里·巴拉卡（Amiri Baraka），原名勒鲁瓦·琼斯（LeRoi Jones），他也是兰佩萨德在文章里主要谈论的对象，还有弗雷德里克·道格拉斯、保罗·邓巴（Paul Dunbar）、埃里森、休斯、佐拉·尼尔·赫斯顿（Zora Neale Hurston）、菲莉斯·惠特利（Phyllis Wheatley）和理查德·赖特（Richard Wright）。

他没有提到1963年曾被《生活》杂志评价为"当今文学丛林里的王者"的这位作家——这里的丛林指整个美国，而不是非裔美国人那部分。而在《生活》给他加冕的前一年，鲍德温的第三部小说《另一个国家》出版，曾经也是文坛王者、备受尊敬的评论家莱昂内尔·特里林（Lionel Trilling）写道："就它所赢得的关注度而言，在今天的美国，可能没有任何谁的文学事业能与詹姆斯·鲍德温相比。"然而到了1980年，他连第一梯队都没能挤进去。

兰佩萨德的疏漏在当时会让不少读者感到好奇。现在看来即便不是荒谬，也显得迟钝。剑桥大学出版社2019年出版了《语境中的詹姆斯·鲍德温》（*James Baldwin in Context*）一书，这本书的编辑D. 昆廷·米勒（D. Quentin Miller）在导言里表示，"鲍德温如今和他半个世纪前的全盛时期一样有名"。而在更早出版的《詹姆斯·鲍德温历史指南》（*A Historical Guide to James Baldwin*，牛津大学出版社，2009年）里，一篇书目性论文列出了九本针对鲍德温的论文集和十六项专题研究。从那以后，至少又有八本选集和约二十个单行本问世。[1] 相关研究已经相当细分。有研

---

1 我要感谢布鲁斯·威尔金森（Bruce Wilkinson）协助我搜集到这些数据。

究60年代他在土耳其的经历，以及七八十年代他在圣保罗德旺斯的生活的，作者都是马格达莱娜·扎布罗夫斯卡（Magdalena Zaborowska）。道格拉斯·菲尔德（Douglas Field）和威廉·J.麦克斯韦（William J. Maxwell）分析了他在联邦调查局的海量档案。约瑟夫·沃格尔（Joseph Vogel）在《詹姆斯·鲍德温与1980年代》(*James Baldwin and the 1980s*)这本书里，研究了在里根政府治下他人生中的最后几年。昆廷·米勒的作品《罪犯的力量》(*A Criminal Power*)则聚焦于鲍德温和法律。而鲍德温自己所有的书都稳步再版，2015年，美国图书馆隆重推出了他的三卷本全集，在《在门外谈话》出版的年代，这一殊荣主要是留给19世纪的经典作家们。

正如他对那位弗恩·埃克曼的讽刺态度所示，并不是所有关于鲍德温及其作品的写作（两者常被视为一体），都符合他本尊的口味，如果他今天还活着，就更是如此。"总而言之，詹姆斯·鲍德温和交叉性种族批判理论的关联，就在于他的作品超越了单一的二元路径，来解构种族、信仰、性别、国族和性向的问题。"——如果要他去理解类似这种句子，我们不难想象他的表情。鲍德温的"交叉性"——作为一个鲜活的存在，魔术般置身于种族、阶级和性向的十字路口——让他深深吸引着那些用连他都看不懂的英文来书写他的学者们。

鲍德温本人从未就读于任何一所大学。他晚年曾和阿默斯特学院以及其他一些学术机构合作过，但从未担任过通常意义上的教师。基本上他算是一位受到大众欢迎的作家，能够吸引主流市场。每当他出版一部小说，比如1962年的《另一个国家》，他在等待新书发布时，都会眼巴巴地盯着畅销书排行榜。从现在看来，那时是严肃小说（当时还不用这个概念）的黄金时代，索尔·贝娄（Saul Bellow）、诺曼·梅勒（Norman Mailer）、玛丽·麦卡锡（Mary McCarthy）、菲利普·罗斯（Philip Roth）、约翰·厄普代克（John Updike）、戈尔·维达尔（Gore Vidal）、库尔特·冯内古特（Kurt Vonnegut）……这些严肃的、有时很难读的美国作家也都渴望得到市场欢迎。他们期待自己的作品能出现在热门排行榜上，并且常常得偿所愿。戴尔出版社的平装本《另一个国家》，据说是 1963 年第二畅销的小说，一次又一次再版。大好事——人们都在谈论这本书。同年出版的《下一次将是烈火》（*The Fire Next Ttime*）也是如此。鲍德温迅速晋升为文学界的王公贵族，那些自由派、受过教育、绝大多数是白人的读者群体，期待着他以其珍贵的表达方式提供只有他能提供的消息，就连他的随笔集也在《纽约时报》的畅销榜上了待了一整年。

昆廷·米勒说鲍德温的名声在 21 世纪前二三十年和六十年前一样大是夸张的，但也不无道理。2017 年，哈乌·佩克（Raoul Peck）的电影《我不是你的黑鬼》（*I Am Not Your Negro*）上映，引发广泛震动。也有其他电影以鲍德温那一代作家为主角，比如那部杰出的《最佳敌人》（*Best of Enemies*），讲述了 1968 年党争期间，贵族左派戈尔·维达尔和保守派作家兼杂志编辑小威廉·法兰克·巴克利（William F. Buckley Jr.）富有争议的电视对战，但没有一部电影像佩克这部一样得到如此广泛的发行。它的吸引力更多关乎鲍德温的政治性，而非他的小说和随笔——他并不忽视身份政治，从而导致了那些从种族和性取向的立场出发的解释。对一部挑衅地命名为《我不是你的黑鬼》的电影而言，这是一个正确的时刻。（挑衅而又误导：鲍德温从未说过这样的话。

几乎直到他生命的最后一刻,"黑人"[negro]都是他的首选用词。他确实说过类似的话,"我再也不做任何人的黑鬼[nigger]了"。)

在他去世三十年后,他作为威廉·J. 麦克斯韦笔下"重生的鲍德温"再度出场,主要是因为他被"黑命攸关"运动(Black Lives Matter)所选择,成为"今天最重要、最值得珍视的、新的非裔美国作家"。麦克斯韦在他那本睿智而精彩的著作《詹姆斯·鲍德温:联邦调查局档案(2018)》(*James Baldwin: The FBI File [2018]*)中写道,鲍德温"作为文学良心、试金石和偶像,主导了这次运动"。一位主要的活动家告诉麦克斯韦,"吉米无处不在"。

另一部大银幕电影,也是他的最后一部小说《假如比尔街可以作证》,2018 年正式上映。即便它得到的关注不如《我不是你的黑鬼》,它仍是鲍德温的梦想在他死后的一次实现:在他大众化甚至君主制式的野心深处,他希望将他书里那些受文字所限的人物变成鲜活的影片,看到并听见他们在银幕上动起来、说出声,而他远远地看着。这个梦想在他有生之年并未完全实现,一再让他感到沮丧,但 1984 年,一部以他的小说处女作《去山巅呼喊》为原型的低成本电视电影放映,由于改编自他最具自传性的小说,它带来的满足感更加强烈。

现今,关于鲍德温的学术会议在伦敦、巴黎以及美国各地的大学规律地举办,包括他在民权运动早期曾作为记者访问过的南方各州。《詹姆斯·鲍德温评论》每年出版。美国还发行了一枚 37 美分的鲍德温邮票(我担任了顾问)。詹姆斯·鲍德温广场坐落于第五大道和麦迪逊大道之间的哈莱姆 128 街。这些出版物、纪念品和活动加在一起,为如今被自信地称为"鲍德温研究"的东西注入了新的活力,更多在学术的意义上,而非大众精神。随着他百年诞辰的临近,这又是另一个鲍德温时刻。

*

人类交流方式的革命,逐渐地改变了学者和作家对档案和信息的使用方式,给这个群体带来了一种新生的凝聚力。个中成员得以用便捷的形式交流思想和学术,而在我写这本书的时候,我还不掌握这种方式,就像不会驾驶宇宙飞船一样。那时,互联网、维基百科和电子邮件这些词还没有载入未来的字典;当时也缺乏即刻和有关人士进行跨大西洋联系的机会,缺乏快速获取有用的文章或资料的途径。1989年圣诞节,我的妻子送给我一本《无关个人》,这是鲍德温和摄影师理查德·阿维顿(Richard Avedon)合作的一本大开本图书。没错,这本书相当罕见。为了找到一本,她雇了一位找书人——一位书目私家侦探,最终还因为恰逢旺季而不得不跟人求情。而如今,我无需离开书桌,就可以安排明天一早送书上门。不用说我们从这种变化中得到了许多,但也失去了一些有价值的东西。几乎一切都唾手可得,因此便没有什么是珍贵的。

当时,无论是从巴黎、印第安纳还是伊斯坦布尔,人们的交流都是通过信件往来。哪怕只是最简略地检索图书馆的资源,也需要跨越英吉利海峡或者某片大洋,而如果要去的是被称为朔姆堡中心的纽约公共图书馆,就要定期乘地铁到哈莱姆,在135街下车。每逢中午时分,我已开始熟悉哈莱姆医院食堂的吧台布局和烤三明治,食堂就在街对面的莱诺克斯大道上,我也和一些居民混熟,他们把那里当作一个廉价又方便的聚会场所。在曼哈顿上城度过的日子里,我很喜欢这个社区,喜欢她的历史感,以及祖先们的陪伴。1924年,鲍德温在哈莱姆医院出生,然后就住进同一带的另一所房子里。他曾经说过,他读过图书馆所在的这栋漂亮的意大利式建筑里的每一本书,那所房子就在图书馆的拐角。

当然,为了某些档案,仍然需要旅行。在我赴美的几次旅行中,有一次就是为了去读鲍德温1949年在巴黎写的一篇挺长的日记。它一共有七八页,为他当时一位密友所有。鲍德温在世时,我和她在圣保罗德旺斯做客时相识。后来我为了手头正在写的书联系她,她说很乐意让我读这篇日记,但不愿意将其复印并邮寄给我。

我很急切,主要是因为这些记录来自那样一个时期和地方——当时的鲍德温还是一个早熟的25岁的年轻人,在社会上很活跃,正磨练自己的才能。她的家在马萨诸塞州的阿默斯特附近,从纽约坐大巴过去要好几个小时。所以我要先坐飞机到纽约,然后再换大巴,要在路上停留两晚。值得吗?是的,尽管我在书里没怎么提到这篇单独的日记,鲍德温基金会也不允许我详细引用。然而只要你离开书房,就会有事发生——也许是微不足道的小事,却会超出那些坐在办公桌前的作家通过反复求助丰富的互联网给自己作品带来的滋养。就在那趟旅行中,在参加完女主人家的一个聚会之后,我遇到了一个年轻人,他曾在阿默斯特上过鲍德温的课,很乐意跟我谈谈他的经历。

在伊斯坦布尔,鲍德温的朋友、演员恩金·塞萨尔(Engin Cezzar)把我迎进他在塔克西姆广场附近的房子,让我坐在他对面的扶手椅上。他愿意全文朗读他多年来从鲍德温那里收到的信件，允许我做笔记，但不愿意把它们交给我自己阅读。十七年以后，恩金成了第一位得到鲍德温基金会许可出版鲍德温书信集的人。2007 年，这本名叫《致友人的信》(*Dost Mektuplari*)的书在土耳其出版，由我作序。出版前，恩金给我寄来一个包裹，里面是他多年前拒绝让我接触的大约 130 页信件的影印版。鲍德温性格中的方方面面在这些信件中表露无遗。他富有魅力，强迫性地爱好社交，刻意经营出外向的样子，内心却很阴沉，他抑郁，又极度大方，自我陶醉，不可救药地自我戏剧化，他风趣，躁怒，轻易就违背承诺，却又散发着善意——而且他能在午餐到晚餐这段时间就展现出全部这些特点，然后在晚餐和凌晨 4 点最后一杯尊尼获加黑方威士忌之间再来一轮。

在飞往非洲的飞机上，他告诉恩金，他"刚刚决定不参加埃丁伯勒艺术节，我们将在 8 月底到达那里，然后取道开罗……去找你"。结果这个计划又变了，到了 10 月，他又回到纽约，但他说"我们很快就会见面"。他在通信中提到的诸多艺术项目，仅有少数几个生根发芽，就像异域的花，恩金往往在这些项目中作为演员或者别的角色，其他项目都枯萎了。在鲍德温的书房内外，事情总是不按原计划发展。（恩金·塞萨尔于 2017 年离世。）

《致友人的信》是一本正式的鲍德温书信集，尽管篇幅较小，却是迄今为止唯一出版的一本。它一直没有英文版。2004 年，鲍德温基金会允许索尔·斯坦（Sol Stein）将鲍德温早年写给他的几封信的复印版收录在他的《土生子》(*Native Sons*)一书中。在 20 世纪 40 年代中期的纽约，斯坦和鲍德温是一对年轻的朋友，斯坦还成了鲍德温第一本随笔集《土生子札记》(*Notes of a Native Son*)的编辑，这本书 1955 年由波士顿灯塔出版社出版，现在被视为他最好的作品之一。《在门外谈话》没有提及斯坦。这是一个明显的疏忽，也让斯坦感到震惊，正如他 2002 年写信告诉我的那样。此后不久，我们在纽约见面，进行了一次友好的交谈，他告诉我，整理《土生子札记》的结构以及这个书名都主要是他的功劳，书名巧妙地参考了理查德·赖特的小说《土生子》和亨利·詹姆斯（Henry James）晚年的自传《一个儿子和兄弟的札记》（*Notes of a Son and Brother*）。

我愿意承认，应该在写这本书之前更加努力地去寻找和采访斯坦。前面提到的一些历史原因，可能已经隐含了我的借口：当时我们处于前互联网时代，找到一个人并不总是一件简单的任务；国际旅行并不便宜；而我以现在所谓的"独立学者"的方式在工作；1988 年，为詹姆斯·鲍德温的传记所提供的预付款并不丰厚（我去伊斯坦布尔的研究之旅由美国新闻局一笔友好的小额拨款资助）；甚至打一个越洋电话的想法也会让人望而却步。

但他是对的。在我们午餐时，斯坦描述了他和灯塔出版社签订的那份被他称为"奇怪合同"的性质，合同允许他以平装书的新形式，创办一个高质量的书系。《土生子札记》就这样和莱斯利·菲德勒（Leslie Fiedler）、阿瑟·凯斯特勒（Arthur Koestler）、安德烈·马尔罗（André Malraux）和乔治·奥威尔（George Orwell）的作品相提并论。在《土生子》的序言中，他对鲍德温的"声音"有许多看法——他更喜欢的词是"风格"，这篇文章在我们见面后一年出版，但它在这次鲍德温复兴中被不公正地忽略了。斯坦本人也是几部小说的作者（他于 2019 年去世），从他们一起在布朗克斯北部的德威特·克林顿高中上学开始，他就认识鲍德温和他的家人。他对可能是鲍德温最出名的一本书持相反的看法:"随着时间的推移,(他)允许自己身上的传教士气质超过了作家。他当时最受欢迎的作品《下一次将是烈火》允许这种夸张风格的入侵……我听来觉得像是那种街头演讲的语言,心想,把作家鲍德温还给我吧。"

另一个被多次指出的遗漏,也说明了基于互联网的研究如何改变了我们认为这样一本书应该包括哪些内容。1965年2月,鲍德温参加了剑桥辩论社举办的和小威廉·法兰克·巴克利的辩论。题目是"美国梦是以美国黑人为代价"。一本关于这次辩论的大部头在2019年出版(《烈火向我们袭来》[*The Fire Is upon Us*],作者是尼古拉斯·布科拉),但《在门外谈话》的读者会发现书里只简略地提到了这场辩论。辩论由英国广播公司录制,在YouTube上有一个经过编辑但仍较完整的视频版,观众得以亲眼看到鲍德温非常吸引人的魅力、激情和即兴的雄辩——正如索尔·斯坦所说,他讲话很慢,"利用沉默来营造紧张",这是一种高度精炼的街头演讲。学生听众的反应像是听了一场布道,而他对此表现出的惊讶和喜悦又非常讨喜。

这是鲍德温那些年里发表的无数相似的布道之一。任何熟悉他演讲风格的人,都会认出他的节奏和重复之处。整个过程是一出令人享受的戏剧。而剑桥辩论社的辩论和其他类似活动的主要区别就在于,这场活动被保存在了胶片上,今天可以被广泛观看。在这种情况下,媒介即信息——这一媒介在上个世纪是无法想象的。

*

鲍德温毕生都在反抗"黑人作家"这一限定性的身份。在他的艺术灵魂中,最深的愿望莫过于将自己从"仅仅成为一个黑人,甚至,仅仅成为一个黑人作家"的牢笼中解放出来,正如他一再表示的那样。他可能会用不同的表达方式,比如"黑人作家为了言说而付出的代价,是最终无话可说"。他是土生土长的美国人,代代相传,他要求这一血统得到尊重。然而不管他身在何处,这种束缚都如影随形,整个职业生涯,他都与之斗争,有时成功,有时尧崋,但总是走向失败。但他总是回到一个本质上很简单、实际上却似乎不可能实现的渴望:成为一个人,而不是一个黑人,进而,也更单纯地,成为"一个诚实的人和一个好作家"。

这件事还有一个可供对照的面向,有时也成为他沮丧的来源。如前文所述,鲍德温通常被归入自 1948 年《裸者与死者》(*The Naked and the Dead*)出版后约三十年来主导美国小说的那一代作家的行列,包括梅勒本人、贝娄、塞林格和其他人。在他去世前几年,鲍德温可能被排除在阿诺德·兰佩萨德的队列之外,但他以自己的才华和交际,在 20 世纪中叶美国文学的传奇中保留了一席之地。

然而,除了一些小的并不总是光彩的例外,他的朋友和对手们没有再出现在返场比赛中。出生于 1912 年至 1930 年的那一代主要作家,很少尝试在小说中表现美国黑人生活的细微之处。贝娄在《赛姆勒先生的行星》(*Mr. Sammler's Planet*)里以性别化的语言,不太得体地瞥了一眼。在《兔子归来》(*Rabbit Redux*)中,厄普代克让一个贩毒、性剥削、最后销声匿迹的黑人斯基特成了主要角色;梅勒在《一场美国梦》(*An American Dream*)中用持刀的沙戈·马丁的形象逗乐了读者,他曾是一名成功的歌手;而在《被释放的祖克曼》(Zuckerman Unbound)的最后一页里,罗斯描绘了一个险恶的"彻底剃光了头的年轻黑人",一条德国牧羊犬伴他左右,霸占了祖克曼在纽瓦克出生时的房子。据说,拉尔夫·埃里森对伯纳德·马拉穆德(Bernard Malamud)的短篇小说《房客》(The Tenant)里对有损自己形象的描写感到不满。这些文学形象有的来自刻板印象,但全是负面的。它们并不起眼,它们和类似形象的出场也不频繁。在鲍德温欣赏的约翰·契弗(John Cheever)以及 J.D. 塞林格的小说和短篇故事里,可能会有美国黑人出现在边边角角的地方,但无论他们在哪里出现,他们总在逃亡,总是卑躬屈膝,极易被忽视。20 世纪非裔美国人的多元属性和深层结构——他们的生活、音乐、舞蹈、"酷"、灾祸、忍耐和风格("艺术性"),很大程度在黑人之外的美国作家的作品中缺席。

公平地说,他们或许觉得试图去破译其他人、其他种族的生活模式得不到什么好处,这种努力可能反而会遭遇敌视或者更糟的情形。在战后,这一后果最著名的例子是威廉·斯泰伦(William Styron)1967 年出版的小说《纳特·特纳的自白》(The Confessions of Nat Turner)。它讲述了一个反抗的奴隶 1831 年在弗吉尼亚州领导起义的故事。斯泰伦是鲍德温慷慨的好友,但他的创作得到的回报是人们抗议他和他的作品——这是现在有时被称为"取消文化"的早期版本。一部已在开发阶段的关于纳特·特纳的电影后来遭到取消。在这本书问世一年后,一册很厚的批评文集《威廉·斯泰伦的"纳特·特纳":十位黑人作家的回应》(William Styron's "Nat Turner": Ten Black Writers Respond)出版了,在这本书里,"禁止入侵,请勿靠近"的信息以不同的语调讲了十次。

鲍德温替斯泰伦辩护,说了一句现在常被引用的话:"他开启了共同的历史:我们的历史。"正是本着同样的精神,鲍德温试图让他同时代的人注意到这样一个事实,正如他在 1984 年所写,"肤色的难题是每个美国人的遗产"。而在当时那个阶段,他已经愿意承认,他想唤起人们对这一遗产的自觉的努力已告失败。在同年发表于《纽约时报书评》上的一篇(与朱利叶斯·莱斯特[Julius Lester]的)访谈中,他说他相信"这个共和国为了回避黑人的存在所做的努力,在美国文学中得到了反映,这对文学本身是致命的损害"。

在《在门外谈话》的尾声,我讲述了我和鲍德温早期的接触:最初是在 1970 年代末通过电话而相识,随后保持了私人交往,一直持续到他去世。当我邀请他来爱丁堡给大学生们发表演讲而他竟接受了,这令我感到惊讶和短暂的恐慌(我当时也只是一名学生),尽管最终没有成行。不久之后,当我成为一本小文学杂志《新爱丁堡评论》(*New Edinburgh Review*)的编辑,向他约过一篇关于爵士乐的文章,他同意了这个请求,并热情地完成了它。

任务完成后,双方都很满意,于是我接受了他的邀请,去圣保罗德旺斯拜访。我在那里的第一天晚上,当鲍德温短暂地从我们刚刚享用过一顿美味晚餐的餐桌离席时,伯纳德·哈塞尔告诉我:"吉米很感动,你在你的杂志上称他为美国作家,而不是黑人作家。这对他来说很重要。"

当杂志邮寄到法国南部时,鲍德温显然已向伯纳德指出了这一点，伯纳德现在又不厌其烦地向我重复，对我来说这也很重要。可以合理地推测，这就是我没有提前太久预告就造访圣保罗郊外的这所房子还受到欢迎的原因之一。杂志里的完整表述是"美国最伟大的作家之一"，仅仅代表我在 1979 年秋天杂志付印时对他的看法。鲍德温的风格——他的声音，正如索尔·斯坦此前所说——第一次在我身上产生了奇异的影响，当时我只是一个初出茅庐的读者。在构成 20 世纪美国随笔和诗歌这部伟大的现代主义交响曲的众多不和谐的音色和创造性音阶中，鲍德温的声音独一无二，它直接吸引了我的耳朵。

身为一个非美国人，这是我的优势：尽管直面一位处于现代生存危机最前沿并保持战斗状态的作家令人激动，但这个声音的普遍性和艺术性（避免了"无话可说"的问题，并且在任何时候都意识到需要努力保持这种回避），使我无法仅仅将其局限地理解为一个特殊但平等的"黑人的声音"。我从苏格兰的角度来看——在我第一次翻开《下一次将是烈火》的火车上，最初以为它只是一本薄薄的小说；和同事们一起在大学的研讨室里；在和朋友的交谈中；或者拿着平装本的鲍德温独自待在夜晚的酒吧——鲍德温是一位土生土长的美国作家。正如我和索尔·斯坦的会面所证实的那样，这种认定没有什么不同寻常，尽管那次会面比它应该发生的时间晚了十几年。

这也带来了我的困扰，大约六年后，当我来到这本书最初的美国出版商在纽约的办公室，迎接我的就是一个疑问——更像是一句感叹——"一个苏格兰人写詹姆斯·鲍德温干什么？！"随着时间的推移，其他人的惊讶之声不断累积，渐渐变成一种越界的指控。1968 年，团结在一起批评斯泰伦的"十位黑人作家"的其中一位继续这场运动,开始攻击我,先是来破坏我在阿默斯特和纽约林肯中心的演讲和新书朗读的公共活动,然后给各路非裔美国名人寄去一系列对我的诽谤信,最后还公开出版。这个人是阿默斯特学院的教授,《在门外谈话》问世时,他曾在《波士顿周日环球报》上给予过友好且正面的评价,这让情况变得更加荒唐。平装书的出版商在封底上引用了这篇评论。后来,在赫布·博伊德（Herb Boyd）的《鲍德温的哈莱姆》（*Baldwin's Harlem*,2008年）一书中,他否认写过那篇署了他名字的文章——这种讽刺的自我否定的行为一定会吸引鲍德温本人。

在这个时代,身份政治灌注在日常政治的每一处漩涡里,如果说我没有考虑过编辑的问题"一个苏格兰人写詹姆斯·鲍德温干什么",似乎有些虚伪。但我还是坚持要写。

第一部分

我没有故事,妈

在我人生中的某个阶段,我成了鲍德温家的黑鬼。我就是这样得到我的名字。

——詹姆斯·鲍德温,伦敦,1968 年

第一章

"我从未有过童年",1974 年,詹姆斯·鲍德温对一位法国采访者说。而十年前,他曾对一名记者宣称,"我没有任何人类身份"。他还对法国采访者补充道,"我一生下来就死了"。

事实上,他 1924 年 8 月 2 日出生在纽约市莱诺克斯大道 135 街的哈莱姆医院,是詹姆斯·阿瑟(James Arthur)和艾玛·贝尔迪斯·琼斯(Emma Berdis Jones)的私生子。艾玛·贝尔迪斯当时还不到 20 岁,刚从马里兰州的迪尔岛来到纽约市,正赶上北迁的浪潮,成千上万和她同种同辈的人被种族隔离严重的南方各州扫地出门。她知道自己第一个孩子父亲的名字,但她不愿告诉儿子,他也从不知道。"我从未有过童年",部分也意味着,"我从未有过父亲"。

在开始讲述一位作家的生平之前,通常要对他的祖先进行一番论述,但该如何处理这位作家的祖先呢?他的母亲"罪恶地"怀上了自己的儿子(这位虔诚的基督徒妇女自己一定会这么觉得),然后这个话题就结束了。三年之内,琼斯这个名字就被改成了鲍德温,詹姆斯从来都不觉得这个名字完全属于自己:它通过自己母亲的丈夫大卫传给他,大卫不是他的亲生父亲,而他的亲生父亲生来是一个奴隶。

如果需要列出驱动詹姆斯·鲍德温创作的某个单一、主导性的冲动,那就有必要打破奴隶制和第一批被迫来到美国这片自由之地的黑人群体背后的沉默,正如鲍德温不厌其烦地反讽地重复强调。祖先的声音在他的书页中回荡,在黑人的《圣经》修辞、蓝调音乐和福音歌词的浸润下,他采用自传式的叙事方式,讲出了独属于他自己的故事——以及他整个种族的故事——从头至尾,一次又一次。

鲍德温还说过,"我出生在教堂里",这不仅代表他的母亲是虔诚的信徒,他的继父是传教士,更意味着他成长于其中的道德世界是由几代忠诚的信徒所强化和许可。他作为少年牧师站上讲坛,在教堂里学到了一些语言的力量。17岁时,他将背弃自己的信仰,尽管他离开了教堂,教堂却从未离开他。如果教堂也放弃他的话,他还会重申自己"出生在教堂里"吗?愤怒的预言和对救赎的追求形塑了他的想象力,正如钦定版《圣经》的词汇和节律以及讲坛上的修辞法是他的文学风格的核心。

1927年,艾玛·贝尔迪斯嫁给了大卫·鲍德温(David Baldwin),他是一名工人,也是一名浸礼会牧师,先后在新奥尔良和哈莱姆传教。他出生在路易斯安那州的邦基小镇,1919年来到北方。据他的继子[1]1955年写道,大卫·鲍德温离开南方的部分原因是无法与人沟通,无法建立正常的社会关系,也因为他的清教徒灵魂在新奥尔良市杂耍般的未来面前畏缩了,那里就像新世界里的索多玛和蛾摩拉。

---

1 鲍德温通常称大卫·鲍德温为他的父亲,也称自己是大卫的儿子,本书也将这样来描述他们的关系。

对一个有性格障碍的人在解决精神危机时的表现而言，这是一个令人信服的"自我"解释。然而，鲍德温后来将重新诠释他父亲的问题，他说他逃离南方是因为"私刑已经成为一项全国性的运动"。

这里，我们碰到了第一个反复出现的特点：对事件的诠释并不完全是误读，而是一种在回溯中强化的解读，尽管可能占了"后见之明"的便宜。这种理解有点像诗人处理现实的方式，并不是说它滥用事实，而是说它试图将事实编造成一种超越事实的真理。说一位长辈是因为个人困境而迁居，不如说他是为了逃避滥用私刑的暴徒来的更有戏剧性（尽管可能也同样令人不安）。然而，鲍德温肯定没有撒谎或者浪漫化这件事：私刑的确是当时南方的恐怖现象。1919 年，当大卫·鲍德温离开南方时，私刑经常被新奥尔良的报纸报道，它们没有受到强烈谴责，而且还被分成"好的私刑"和"坏的"——后者指的是被认为过分残忍的那些。不管怎么说，鲍德温的父亲离开了新奥尔良，就像詹姆斯本人后来离开纽约一样，原因是复杂的，和其他的事一样，跟当时普遍野蛮地对待黑人脱不了干系。在鲍德温笔下，传统的文学手段通常被作为一种重读和重述自己人生故事的方式——比如压缩，按照一定的顺序来组织细节，以便赋予它们意义。

大卫·鲍德温比艾玛·贝尔迪斯·琼斯年长许多。他的母亲芭芭拉曾是一名奴隶，和这家人一起住在纽约，在詹姆斯 7 岁时去世，大卫本人可能出生在 1863 年黑奴解放之前。他的儿子也不知道他的确切年龄，只知道他"死的时候已经非常非常老"，而大卫两个弟弟中较小的乔治出生于 1866 年。

大卫之前结过婚，也有过孩子。他有一个和他新任妻子年纪一样大的女儿。他第一段婚姻最小的儿子塞缪尔比詹姆斯大八岁，也作为这个家庭的一员，同他和贝尔迪丝一起生活在纽约。前一段婚姻的另一个儿子叫大卫，贝尔迪斯给他的第四个儿子也起了同样的名字。老大卫·鲍德温的肤色非常黑——"就像我在照片中见到的非洲部落酋长"——尽管他有一个同母异父的兄弟其实是"白人"，是芭芭拉和她的白人主人所生："爸爸的眼睛很冷漠，嘴巴也很吓人……看到爸爸的脸成了白色，真奇怪。"种族混合的暗示对鲍德温影响甚大，逐渐在他的哲学核心里占据一个位置：美国的种族主义是一种违背血统的罪。

尽管鲍德温一家在纽约住过许多不同的地方，但从未离开哈莱姆：西边是莱诺克斯大道，东边是哈莱姆河，北边是135街，南边是130街。"我们从未在这些边界以外生活过，这就是我们长大的地方。"1924年，也就是鲍德温出生的那一年，哈莱姆仍是一个混居区。130街以北的楼房里的租客由白"转"黑，不过是十年前才发生的事。德国人、希腊人、爱尔兰人、犹太人和其他人仍与黑人邻居共用楼梯，尽管来自南方的移民潮使黑人迅速成了多数。

如今这些房屋有许多已经不复存在，取而代之的是红砖砌成的公寓，它们也已经渐渐融入贫民窟的色调。130街和135街之间的六个街区是鲍德温长大的地方，这里已经恶化成西方世界最糟糕的贫民窟之一，在那里，贫穷、毒品、酗酒、暴力和种族主义的伤痕几乎在大街上每一张脸上显影。鲍德温说，即便作为孩子，他也意识到自己的生活和其他生活之间的区别。"当你走到市中心，你会发现你简直置身一个白人的世界。那里相当富有……人们走在路上，好像他们拥有自己的地盘——而事实的确如此……你知道,你本能地知道,这一切都不属于你。"

如果他去市里,他的本能就会让位于明确的指令。在去 42 号街的公共图书馆的路上,鲍德温听见一个警察嘀咕:"你们这些黑鬼为什么不待在属于你们的上城区?"还有一次,他在自家附近捡柴火的时候,被两名白人警察带到一块空地上,盘问他是否犯了罪。他们搜他的身,然后把这个十岁的孩子放倒在地。

他记忆中的第一个住处是在公园大道上——"它不是美国的公园大道",1963 年,他告诉社会学家肯尼斯·克拉克(Kenneth Clark),指的是这条街道光鲜的名字所暗示的形象和它在上城区的悲惨现实之间的鸿沟(他又以典型的辛辣幽默补充道,"或许这正是美国的公园大道")。20 世纪 20 年代和 30 年代,大卫·鲍德温每天都要去长岛一家饮料厂工作,戴一顶霍姆堡帽,穿一身深色西装。在周日或平时的晚上,他在五旬节派的街边教堂布道。无论是情感还是其他方面,他对妻子的儿子都付出甚少:"如果说他曾经动念,回家要给孩子们一个惊喜,那么无一例外总会事与愿违。"反过来,詹姆斯·鲍德温也越来越憎恨这个他在青春期以前一直以为是自己父亲的人。家中仅存的父爱留给了大卫·鲍德温前一段婚姻的儿子塞缪尔,但也没有得到回报:1932 年,当时才 17 岁的塞缪尔离家出走,发誓在父亲葬礼前绝不回来,他没有食言。

"至于我和我的家人,"大卫·鲍德温宣称,"我们要侍奉主。"他也没有其他寄托。他没什么朋友,也没钱,他是一个无能的一家之主,他的两个大儿子要出去给人擦鞋赚钱,他的妻子要为富裕的白人打扫屋子、洗衣服,这些情景都让他斗志全无。他无力支付房租,也无法让房东对他们摇摇欲坠的房子进行基本的修缮，只能让吉米去买打折的过期面包，他唯一能做的事好像就是再生一个孩子。他发现无法把自己的权威强加给外面的世界，就只能在自己的屋檐下行使专制权力。他的妻子称他为"鲍德温先生"。鲍德温的一个同学回忆说，大卫穿着浴袍和拖鞋，在家里走来走去，"就像一团乌云。我记得有一次，他使唤吉米去做什么，吉米说他要学习。结果他父亲看着他说，'别学了'"。在夫妻之间，在大卫和他妹妹芭芭拉之间，都频繁地爆发殴打、侮辱和愤怒的争吵，芭芭拉也和他们一起住在这间狭窄的、只有冷水的房子里。鲍德温记得他的父亲"陷于恐惧之中；对每个活人，他都又恨又怕，哪怕是自己的孩子……他坐在厨房的窗前，长久地沉默，偶尔发出一声呻吟、赞美一声上帝或唱一首老歌"。最后，在 20 世纪 40 年代初，大卫·鲍德温完全被偏执蒙蔽，他拒绝进食（认为自己的家人试图毒害他），他疯了。

鲍德温写过很多关于他童年的故事，他的记忆几乎无一例外都关于悲惨和困惑。随着家庭人口的增加（最终这个家有九个孩子），工人带回家的工资却越来越少。几乎到了赤贫的地步。鲍德温觉得自己"几乎从未"吃饱，他对父亲的厌恶在仇视与蔑视之间摇摆。他认为自己长得很丑，因为他父亲这样说他，管他叫"青蛙眼"。同样伤人的是，他也以为自己的母亲很丑，也是因为大卫·鲍德温这么说。有一天，他趴在窗外，看到街上有个厚嘴唇、大眼睛的女人，他兴奋地叫母亲到窗边来看："看啊，有人比你和我都丑。"

大卫·鲍德温憎恨白人，在他对上帝的虔诚中夹杂着一种希望，希望上帝能替他向白人复仇。但在他的孩子们眼里，他那些怨恨和猜忌都是针对他们的残忍。

从小到大，母亲每把一个孩子带到这个世界上，鲍德温都帮助她，给弟弟妹妹们喂奶、换尿布，一只手托着婴儿，另一只拿着书。不管是被规定还是被禁止的书他都读，前者自然是《圣经》，后者则包含其他一切。他父亲对读书持怀疑态度，但从身体和文化上都跟哈莱姆格格不入的吉米，发现自己擅长的正是用敏锐的头脑和伶俐的口才给自己加分，这方面的天赋还可以帮助他在哈莱姆以外的世界赢得认可。他小学的一位白人老师奥里利亚·米勒（Orilla Miller，人称"比尔"）发现了他的潜力，征得了他父母的允许（大卫同意得很勉强，贝尔迪斯却很感激），带他们的儿子去市中心的剧院看《麦克白》和别的戏。他十几岁之前就开始阅读狄更斯、陀思妥耶夫斯基和哈里耶特·比彻·斯托（Harriet Beecher Stowe）的《汤姆叔叔的小屋》，并且读得全神贯注，以至他母亲试图把书藏起来。那时他就开始尝试自己写作。1974 年，他告诉那位法国采访者，他被认为是"天才"。

大卫·鲍德温的反对主要来自宗教信仰，但还有另一个原因：他在南方的经历告诉他，聪明的黑人男孩一旦有野心，就可能给他们自己和周围的人带来危险。鲍德温只有自己长大成人后才能体会，父亲的专制里也包含着一丝担忧。当时，每一道禁令都加深着暴虐的阴影，让他们对彼此的厌恶更深，也更坚硬。

今天的哈莱姆街道和五十年前差不多，到处都是名字五花八门的教堂："可贵奉献"教堂、圣灵五旬节教堂、复兴时代五旬节礼拜堂、岩石教堂、神龛教堂、神圣苦难教堂等等。有的在商铺楼上，有的在地下室里，除了少数几个看着像教堂外，大部分都和糖果店、仓库或小吃摊没什么两样。这些教堂都是直接从一战前种族隔离的南方农村地区迁移而来,他们属于新教原教旨主义中一个名叫五旬节的教派。这个教派的仪式和信仰包括信仰疗法、舌音祈祷,以及一种在黑人教会中被称作"恳求宝血"的仪式,一种以精神恍惚为特征的出神状态,作为救赎的前兆。

> 当罪人俯伏在祭坛前,罪人的灵魂就会发现自己陷入一场与撒旦的搏斗:或者,在雅各那里,与天使搏斗。地狱的所有力量都冲向这个刚被上帝之爱的光芒所震慑的灵魂……只有那些历经了这场烈火——难以置信的、令人精神昏厥的恐怖——的圣徒,才有能力与之周旋,"恳求宝血",使受困的、濒临死亡的灵魂"通过"。

一战后成群北上的黑人移民,也带来了他们的宗教信仰。对其中一些人来说,除了宗教他们一无所有。他们离开沾满血污的南方土地,来到更自由、更工业化——而不一定更繁荣的北方城市。"我出生在一个被迁移到纽约街头的南方街区,"鲍德温说,"而我们带来了什么呢?我的父亲带来了什么呢?他带来了他的《圣经》。他和他的其他族人一样,带着他们的《圣经》和赞美诗,设法租下一个旧商铺,搬空原有的东西,新建一个讲坛,置办一架钢琴、一只手鼓,它就变成了教堂。"

大卫·鲍德温喜欢唱歌:

> 我要准备着,
> 像约翰那样
> 在耶路撒冷行路。

孩子们虽然都很难喜欢他，却都喜欢唱歌。到了一定年纪，鲍德温的姐妹们便可以自行组成一个福音四重奏，弹着钢琴，唱着三度和六度和声：

> 主啊，我想过去，
> 我想过去。
> 主啊，带我过去，
> 带我过去。

哈莱姆的第一座黑人教堂是哥特式的圣菲利普圣公会教堂，位于 134 街西段，建于 1912 年左右。鲍德温小时候曾跟他的父亲一起去著名的阿比西尼亚浸信会教堂，那里多年来都由亚当·克莱顿·鲍威尔执掌，位于 138 街。但大卫·鲍德温从未在那里讲道。随着他的名气越来越小，他就不那么受欢迎了，总是"从大教堂跑到小教堂，从小教堂跑到小得不能再小的教堂"。与此同时，他早熟的儿子开始跟他竞争，他 14 岁就成了一名传教士。

1937 年，鲍德温加入了莱诺克斯大道上的五旬节派加略山教堂（现已拆除），当地人称其为霍恩修女堂。他初中时最好的朋友阿瑟·摩尔（Arthur Moore）和父母一起在那里做礼拜，当他把鲍德温介绍给那里的牧师霍恩修女时，她问了一个街边的毒贩和骗子也曾用来质问和恐吓他的问题："你是谁家的小男孩？"但这一次，他简单而真诚地回答道："还用问吗，是你的啊。"

不久之后，他跟随莫尔夫妇来到另一个比霍恩修女堂更小的教堂，位于 136 街和第五大道上的炉边五旬节教堂（现在也已拆除），正是在这里，14 岁的鲍德温弟兄走上讲坛，成为一名圣轮传道者。

他曾告诉母亲,"我最想做的事就是布道",这让母亲深感欣慰。我们无从得知大卫·鲍德温状态全盛时在讲坛上是什么样子,但他的儿子被阿瑟·摩尔描绘成"出色……卓越……充满激情"。鲍德温自己也直言不讳:"我是一名杰出的传教士。"

在炉边五旬节教堂的讲坛上,他认识到自己作为演讲者的权威,可以对人群施加影响。他非常了解《圣经》,可以引用《旧约》中的修辞和诗歌为自己的讲演增色,十分令人信服。在讲道的过程中,上帝的帮助——听起来像天堂传来的声音——比事先的精心准备更重要。而掌控听众的能力——让听众响应布道者的呼唤,跟随他的节奏而动——在黑人教会中更是至关重要。在这个相对而言没那么多讲究的讲坛上,灵感比神职更有意义。

正如他在布道时即兴发挥一样,鲍德温在后来的公开活动中也几乎不做任何提前准备,尽管如此,许多见过他演讲的人都会说,他是他们听过的最伟大的演说家。有时,他演讲时会随身带一组笔记,但更多时候,他只是在脑子里想好了一段结束语——可能是他最近体悟到的,他希望为自己也为听众清晰地阐述出来。他的写作风格也来自他的演讲方式,可以一直回溯到他成为炉边五旬节教堂一名年轻牧师的那一天。

被公认为他最好的两部作品——小说《去山巅呼喊》和随笔《下一次将是烈火》,都是以这个时刻为中心。两本书的确都在一开篇就提到了它。《去山巅呼喊》的主人公约翰·格兰姆斯,在他 14 岁生日时被作者介绍出场——"所有人都说,约翰长大以后肯定会成为一名牧师"[1],而《下一次将是烈火》的开头是,

---

[1] 本书中《去山巅呼喊》的内容,均引自其中文版,2023 年由人民文学出版社出版,吴琦译。——译注

"十四岁的那个夏天,我经历了一场迟来的信仰危机"[1],接着讲述了鲍德温走上讲坛的过程。

年轻的鲍德温清楚地意识到遍布在他周围的邪恶,以及在他每天都要路过的街道上所充斥的诱惑。那里到处都是吸毒者、酒鬼、皮条客、扒手和妓女——这些女孩一年之前还和他一起在教堂里唱歌。那时,他尚未把这些包围着他的邪恶视为不公正的表现,而是作为一种警告。命运让人在救赎和诅咒之间做出选择:对一个出生在原教旨主义家庭的男孩来说,这不是抽象的概念,而是真实的处境。如果要在天堂和地狱之间做出选择,他会选择前者。三年来,他毅然放弃了同代人贪婪追求的快感——香烟、酒精、电影院、性和作为性爱预演的哈莱姆的舞厅。

随着鲍德温弟兄作为布道者的名声越来越大,他欣然接受了这份成功,并以一位年轻牧师应有的方式行事。但他也越来越意识到,自己布道的激情并非来自一颗纯洁之心,而是来自虚荣和野心。因为家里现在有两位传教士,而年轻使他比父亲更能吸引人。他无情地扩大着自己的优势,"因为这是我打破他对我的控制的最有效的手段"。

这样一来,他就把他的"父亲"变成一个单纯的"父亲形象",并暂时摆脱了他。1943 年大卫去世时,已经离家很远的詹姆斯·鲍德温把自己的恨意转变成冷漠,这种既主动也被动的情感,帮助他远离那个他始终无法摆脱的感觉——从未得到过父亲的认可,这也令他终其一生都在渴望它。"儿子必须弑父"成为他的格言之一,和他的个人神学体系一样,都出自《圣经》。后

---

[1] 本书中《下一次将是烈火》的内容,均引自其中文版,2019 年由人民文学出版社出版,吴琦译。——译注

来他又在大卫的位置上放上一个又一个父亲般的形象。并且也干掉了他们。

第二章

鲍德温就读的三所学校都在纽约，人们都记得他是极其聪明甚至独一无二的学生。然而，他的正式教育在 17 岁时就结束了。这并非他所愿：在离开高中几年后，鲍德温常跟人说，他原本计划上大学。家庭经济状况是他决定不上大学的主要原因，但也和他的性情有关。鲍德温的才智不在于储存无用信息，或者进行了无兴趣的研究：能激活他的头脑的是热情，在他提笔之前，必须有热情的参与。比如，只有当其他作家或他们的书给他留下深刻的印象，他才会去写关于他们的文章；他在谈论历史或政治事件时，也很少考虑事实和数据，却能洞察到正统历史学家们忽略的微妙含义。与此同时，他还会展现出惊人的无知：他在第一次访问英国北部边境时问道："苏格兰和英格兰接壤吗？"

他的身高低于平均水平，身材瘦弱，脚很小，手和前臂纤细优雅。他的两颗门牙之间有一道缝隙，从某个角度看，他的头似乎随一簇头发往上翘起。深棕的皮肤，更凸显出他那两只巨大的眼睛。

他的父亲曾经跟他说他很丑，这并不对。鲍德温可能不像他在哈莱姆的许多同龄人那样生来高大英俊，但他有着一张生动的、吸引人的而且总是很温柔的脸。照片的记录展现出一系列不同的特征,有的像十几岁的小妖怪,有的像黑皮肤的詹姆斯·迪恩(James Dean)。

24号公立小学是他上的第一所学校,位于第五大道和麦迪逊大道之间的128街,校长是一位名叫格特鲁德·艾尔(Gertrude Ayer)的女士,她是当时纽约市唯一一位黑人校长。在她的记忆中,鲍德温身体单薄,有一双"忧心忡忡的眼睛",而鲍德温记得,正是这位校长向他证明,一个人不需要被肤色所定义。"在所有母亲中,我对他母亲的印象最深,"艾尔女士说,"她有使用语言的天赋。她给儿子写的那些假条和信件,都让老师们和我非常钦佩。从她这里继承的天赋,肯定是詹姆斯成功的基础。都说他也写得像一个天使,尽管是复仇的天使。"对鲍德温个人更重要的是奥里利亚·米勒小姐,这个来自中西部的年轻人把莎士比亚介绍给了他,后来证明她也是鲍德温一家在逆境中坚定的朋友。她赢得了鲍德温夫人的最高赞誉:她是"基督徒"。

对一个在其他方面大量使用童年和青春期经验的作家来说,鲍德温对他真实的学校生活写得惊人得少。在他早年的成长经历中,学校是最不重要的。学校对他的影响远不如教堂,也不如他对下城/上城的认知。每当他谈及他的学校生活,很可能都带着厌恶的情绪:"我就是一个靶子。要知道,作为班上最聪明的男孩,这对我没好处。我很痛苦。所以我真的很讨厌它。"

1936年,他进入弗雷德里克·道格拉斯初中,诗人康蒂·卡伦(Countee Cullen)[1]在那里教法语,也在英语系担任文学顾问,

---

[1] 康蒂·卡伦(1903—1946),美国诗人、小说家、儿童文学家和剧作家,哈莱姆文艺复兴时期的代表诗人之一。——译注

为他们提供未来发展的建议。另一位老师赫尔曼·沃伦·波特（Herman W. Porter）记得，13岁的鲍德温写的文章"比学校里自校长而下的任何人都要好"，波特还是校刊《道格拉斯导报》的教师顾问；1937年秋季刊的主题是"学校与社区"，鲍德温被任命为编辑。

在一个星期六的早上，波特来到鲍德温当时在第五大道上的住处。他登门拜访了这个"穷得令人难以置信"的家庭，家里充斥着各种噪声和杂物，"一群聒噪的小孩"拥在鲍德温夫人脚边。父亲一如既往地勉强同意让儿子陪老师去42号街的公共图书馆总馆，为校刊上一篇关于"社区"的文章查资料。在城里的公交车上，波特注意到他这个学生看似紧张，脸色苍白，于是他打开了车窗，结果下车后，鲍德温一股脑吐在老师的鞋子上。

等他缓过来之后，他就被留在图书馆里完成任务，经过一下午的阅读，他交出了《哈莱姆——过去与现在》这篇文章，准时刊发在《道格拉斯导报》上。

> 我想知道我们中有多少人曾经停下来思考过两三百年前的哈莱姆是什么样子，或者它是如何变成今天这样的。我们中很少有人这么做。我们中的大多数人都只是模糊地知道"很久以前"荷兰人住在哈莱姆，就此打住。我们不会去想印第安人是如何被赶走，荷兰人和英国人是如何战斗，也不会去想哈莱姆最终是如何发展成今天这样……

这篇文章写了好几页，追溯了哈莱姆从十七世纪至今的发展，它专业的流畅文笔，通篇没有用白人和黑鬼这两个词，都令人印象深刻。虽然当时的哈莱姆社区比今天更加混杂，但鲍德温一家的私人世界里几乎全是黑人——这是由教堂、他父亲愤恨的决心和学校所决定的，米勒小姐的调节除外。

高中则不同。德威特·克林顿高中不在哈莱姆，而是在布朗克斯区一条名叫莫肖卢公园道的林荫大道上。从哈莱姆去那里需要坐火车，对鲍德温来说，这意味着每天都要走出贫民区，进入一个由各色移民组成的世界，其中许多是犹太人，而且几乎都是白人。这所高中1941年的毕业年鉴上的人名，显示出学生们不同的种族背景：阿伦兹、阿伦森、阿施、阿申布雷纳、阿文达、阿兹纳拉……在第一页14名毕业生的肖像里，只有鲍德温一个是黑人。

他就读德威特·克林顿高中和他走上讲坛是同一时期。尽管是一位年轻的牧师，鲍德温并没有因为自己的虔诚而不堪重负。他高中时期的朋友都是文化人，其中就有理查德·阿维顿，阿维顿当时是一名有抱负的诗人，后来成了成功的摄影师（1964年，他和鲍德温合作出版了《无关个人》），还有埃米尔·卡普亚（Emile Capouya），他后来成为《国家》杂志文学编辑，后来在纽约做出版人。三人都曾为校刊《喜鹊》工作。1940年，鲍德温是阿维顿的助手，1941年，卡普亚成了鲍德温的助手。

卡普亚说："很显然，他是一个异乎常人的小孩。"而另一位同学伯顿·本博（Burton Benbow）印象中的鲍德温，"非常紧张，又非常机智"。他总是特立独行，成为例外，然而，他除了是学校里最聪明的男孩以外，也是最穷的那个。他来自一个不被阶级跃升的欲望所驱动而是被宗教热忱所激发的家庭，而这个家庭被一个会让自己的儿子"别学了"，并且会跟他的朋友说他们都和魔鬼勾结的父亲所统治着。要是鲍德温真的认真学习，这不会让他通往大学和专业生涯，只会通向北方城市给黑人准备的各种各样的卑贱工作。

在他毕业二十多年后，1930年代曾在德威特·克林顿高中担任教师和《喜鹊》杂志编辑顾问的玛塞拉·惠伦（Marcella Whalen）写信给一家杂志社，回应她读到如今已然成名的鲍德温的一篇文章，其中包含他对家乡纽约的贬损之辞，她建议自己这位老学生浇灭他的激进之火，积极一点。惠伦女士对鲍德温在最近出版的《下一次将是烈火》（1963）中的雄辩不以为然，她在《国家评论》上写道："你对纽约反复的、严厉的批评，让我很失望。"她引用鲍德温的话，说他"恨"这个城市，问道："我到底做了什么，活该出生在一个这么可怕的地方？"

惠伦女士还拿出了"评语卡"，以证明她和德威特·克林顿高中的其他教师对鲍德温的评价有多高。她自己的卡片上写着：

> 1941年2月19日——詹姆斯·鲍德温作为《喜鹊》杂志的编辑，在无私的工作中表现出了杰出的品格。一个才华横溢而又谦虚的男孩，一定会走得很远。

另一位老师则表扬了他花许多时间阅读其他年轻作者的作品，并提出改进建议，而格特鲁德·莱弗里（Gertrude Lavery）写的是（1941年5月）：

> 詹姆斯·鲍德温的出众之处在于他谦虚、不张扬的态度，他是他班上知识的巨人。

惠伦女士还有一张牌可以打：1942 年，鲍德温为《喜鹊》杂志采访了黑人诗人康蒂·卡伦，对方给予了相当乐观的回应：

"你是否发现，"我（鲍德温）问，"文学世界对黑人有很多偏见？"

卡伦先生摇摇头。"不，"他说，"在这个领域，人们得到了他们应得的东西。"

玛塞拉·惠伦可能天真了，但她有一点是正确的：鲍德温在《喜鹊》杂志的同仁中表现很突出。这本杂志制作相当精良：印刷精美，用纸考究，许多文章都配有插图，有些已具专业水准。1940 年至 1942 年间，除了对卡伦的采访外，鲍德温还在《喜鹊》上发表过诗歌、短篇小说和短剧。作为作家的鲍德温在这里得到初步发展，他意识到自己的真正命题，并已显示出对文学手法的精湛把握。

在他发表在《喜鹊》上的诗歌中，最出色的是《黑姑娘的呐喊》（"Black Girl Shouting"），这首诗的技巧和主题都很突出：

我跺脚
我拍手
天使就来了
去找遥远的伊恩。

把我的爱人
从树上放下！

天使就来了
来放我自由。

荣耀,荣耀,
归于羔羊
神圣的耶稣,
我的男人在哪儿?

黑姑娘,转起
你破旧的红裙
黑姑娘,藏起
你的酸辛。

黑姑娘,张大
你的嘴。
没人会猜到,
他的死法

把你的心变成
颤抖的泥土
当你的爱人
柔软的红色血液

玷污了那棵愁苦
震怒的树。

> 天使来了，
> 来解救他！

对比这首诗和鲍德温在《喜鹊》上发表的其他诗作，就不禁要问，为什么他很少使用他自然习得的方言，他明明可以熟练掌握这种方言的韵律，表达出自己的关切（黑人的抗议、神圣的救赎）。他别的诗——《致她》《梦》《天堂》《十四行诗》——都被一般学徒惯用的倒装、引经据典、诗化的主题等伎俩所传染。比如，《黑姑娘的呐喊》精微地描绘了黑人对暴行的反应——"张大 / 你的嘴 / 没人会猜到 / 他的死法"——可以和同时期的另一首诗《致她》里浪漫的陈词滥调相比：

> 我们如何抵达这仙境
> 爱的仙境？
> 我们如何冒险去翱翔
> 在这个世界上？
> 我们如何抵达它，亲爱的？
> 朦胧，又清晰。
> 一条蜿蜒的荣耀之路
> 引我们来这里。

鲍德温为什么没有沿着他在前一首诗里似乎已经开辟的道路前进，这个问题的答案之一就在 1953 年他写给兰斯顿·休斯[1]的

---

[1] 兰斯顿·休斯（1902—1967），美国诗人、社会活动家、小说家、剧作家和专栏作家，哈莱姆文艺复兴的领袖之一。——译注

一封信里，休斯是当时最著名的黑人诗人，也是在文学中运用黑人方言的高手。在回复这位前辈的称赞时，鲍德温善意地承认了自己初中时就写过大量的诗，还向学校的文学顾问康蒂·卡伦展示了其中一些作品。而卡伦只说了一句话："这太像休斯了。"

那时鲍德温写的小说里虽然也有关于黑人的内容，但力求文风不受黑人言论的影响。《蒂娜姑姑》（"Aunt Tina"）和《井边的女人》（"The Woman at the Well"）都发表在《喜鹊》杂志上，某种程度上也都微妙地预示了他的第一部小说。在《蒂娜姑姑》里，一户"虔诚的基督徒"被叙事者父亲的妹妹打扰，就像《去山巅呼喊》里的弗洛伦斯姑妈之于格兰姆斯一家一样（也像大卫的妹妹芭芭拉之于鲍德温一家的生活）。《井边的女人》里有一位阿拉巴马州的成年传教士回忆起"他第一次'信教'的时刻——在他13岁生日之后的两周"，这也让人想起《去山巅呼喊》的开头："所有人都说，约翰长大以后肯定会成为一名牧师……直到十四岁生日的早晨，他才真正开始考虑这个问题。"故事后来走向了一个残酷的结局，这名传教士在一次袭击中被殴打致死，"阿拉巴马州库伦县的首席副县长、三K党成员"弗兰克·约翰逊参与了袭击。在临死时，传教士看见身边一口井里的水"一跃而起，涌向永生"，他曾在那里试图劝一名友善的白人妇女改变信仰。

这些早年的短篇小说中最精彩的是《地球上的和平》（"Peace on Earth"）。故事设定在战争时期的一个圣诞节。三名年轻的黑人士兵和他们的白人战友在战壕里等待着炮击的开始："斯坦、皮特、约翰尼和我，都属于那类饱受奚落的'圣徒'……彻底献身的唯一方法就是被圣灵附体……跳舞、吸烟、闲聊、看电影和生活放荡都属于罪行。"

然而,《地球上的和平》并未被其中宗教预言和自传属性的重负压垮;它包含了一些真实的对话,在战斗的声响和约翰尼朗读《诗篇》第九十一章的交织中达到了高潮,这让人(也许过于生动地)想到海明威不到十年前写的小说《一个干净明亮的地方》:

> 约翰尼读道:"住在至高者隐密处的,必住在全能者的荫下。"
> 哦,主啊,我想请你帮助我永远住在你的隐密处。
> 尖叫、子弹、炮弹——远处传来战斗的声响。那个声音继续讲:
> "我将会谈起主——"
> 某处有个人在喊:"我要倚靠他。"我倚靠你,主啊——请帮助我倚靠你——。
> "你不要害怕"——在黑暗里——在危险中——你战友的手臂抱着你——你的头靠在他肩上——你不要害怕——
> "因为他必将守护你——"

故事的结局是其中一名士兵的死亡,叙事者斯科特开始质疑自己的信仰:"'斯坦,'我悲哀地问,'为什么这世上没有和平?基督降临是为了带来和平。'"斯坦没有回答,最后,还是那个白人战友约翰尼被作者赋予了"更远大的见识",因为他"知道除非天空开裂,大地因他归来的力量和荣耀而震颤,基督才会被承认"。

目前，信仰仍然完整。但鲍德温的怀疑态度越发强烈，他的兴趣从讲坛被吸引开去。而当他的反转时刻到来，又是一位白人战友发挥了关键作用——并不是支持他对信仰的怀疑，而是帮助他和信仰彻底决裂。

1920年代的繁荣岁月——消费革命、大规模生产和流水线、纽约的摩天大楼和股市财富的时代——几乎没有触及美国1600万黑人公民。此外，人口数量和整个加拿大相当的黑人群体，在这个国家的文学、艺术、戏剧和电影中也完全找不到自己的代表，他们顶多只能充当保姆、门卫或者嬉皮笑脸的卖艺人（"黑姑娘，张大／你的嘴"）。在1920年代这种绝对的匿名状态中，出现了一个被称为"新黑人"的抽象概念，体现了新一代人的愿望。与此同时，"哈莱姆文艺复兴"这一文化现象也应运而生。其中的领军人物有：詹姆斯·韦尔登·约翰逊（James Weldon Johnson）、兰斯顿·休斯、康蒂·卡伦、基恩·图默（Jean Toomer）和克劳德·麦凯（Claude McKay）。其中一些人，比如卡尔·范·韦克滕（Carl van Vechten）和乔尔·斯宾加恩（Joel Spingarn）及艾米·斯宾加恩（Amy Spingarn），也是在白人编辑和赞助人的鼓励下，和其他人一起创作出大量反映现代美国黑人经验的小说、诗歌、戏剧和随笔。

哈莱姆文艺复兴的主要活动就发生在詹姆斯·鲍德温出生的前后几年。1924年，阿兰·洛克（Alain Locke）准备以《新黑人》为题出版一本文集。然而哈莱姆的广大黑人并没有受到发生在他们中间的所谓文艺复兴的影响，他们就像从远处的市中心听到"轰隆"一声。"普通的黑人从来没有听说过哈莱姆文艺复兴，"

兰斯顿·休斯在他的自传《大海》(*The Big Sea*，1945 年)里说，"就算他们听过，也没有提高他们的工资。"

鲍德温一家当然有更基本也更崇高的关怀——食物和礼拜，甚至当他在 1940 年代初萌发文艺上的自觉时，詹姆斯·鲍德温对童年时在自己的社区里兴起的这场文化运动也兴趣不大。

鲍德温对黑人文艺复兴缺乏兴趣的另一个原因是他父亲在家里实行的清规戒律，但更重要的是，自从他第一次明白自己将成为一个作家（要么是作家要么什么都不是），鲍德温就认定了自己的主流路线。对此，至少当时的条件并不有利。当他 1940 年代中期开始认真写作，美国历史上只有一位黑人作家——理查德·赖特[1]获得过全国性的赞誉。但对鲍德温来说，重要的是成为一名艺术家，而成为一名"黑人作家"，只意味着接受文学界的照顾，跻身二流。

即便在他早年的作品里，他的主题常常都不关于黑人，就像赖特和当时大多数美国作家一样，他也向欧洲寻求正典。《黑女孩的呐喊》那首诗里的证据除外，他几乎没有留下任何线索，哪怕表明他对哈莱姆文艺复兴的主要推动者们持有什么看法：他从未在出版物里提到过图默、约翰逊和麦凯，休斯则是他 1959 年发表在《纽约时报》上一篇尖刻的评论的对象。至于曾在弗雷德里克·道格拉斯中学任教的库伦，鲍德温对他的诗没有发表过任何意见，后来也想不起对方曾教过哪些科目。

第一个对他产生强烈的个人影响的艺术家根本不是作家，

---

[1] 理查德·赖特（1908—1960），美国作家、诗人，关注黑人问题与种族歧视，他的代表作《土生子》对包括鲍德温在内的黑人作家与美国文学本身均产生深远影响。1946 年移居巴黎。——译注

而是一位画家。鲍德温认识他时，博福德·德莱尼（Beauford Delaney）[1]在格林威治村的文艺圈中已是一个受人尊敬和仰慕的人物。亨利·米勒（Henry Miller）写过一篇长文，赞美这位画家是"美好而始终如一的博福德·德莱尼"（1945年），这篇文章和所有认识他的人的描述一样，谈及了德莱尼的温柔、友善和随时准备付出的友谊："博福德保有对这个世界健康的愿景，它的秩序和美虽然神圣，却没有超出人的想象。人们越是互相谋杀，互相开炮，互相污染，他们的视野也就越广。"

1901年，德莱尼出生在田纳西州一个贫穷的黑人家庭，1920年代迁居北方。鲍德温在1940年遇到他——比米勒向他致敬早了五年，从此以他为师，而在这位比自己小二十多岁、即将成为作家的年轻人身上，德莱尼也获得了一个好学的学生和终身的朋友。三十多年后，鲍德温在纽约雷克岛对一群女囚犯讲话时说："我生命中最重要的人过去和现在都是……博福德·德莱尼。"

回顾起他在格林威治村第一次敲开德莱尼家门的那一天，鲍德温写道：

> 他有一双我见过的最特别的眼睛。当他即刻完成了对我的大脑、肺、肝脏、心脏、肠和脊柱的X光检查后（同时我也适时地说，"是埃米尔让我来的"），他便笑着说，"进来吧"，然后就打开了门。
>
> 他爽快地打开了门。

---

[1] 博福德·德莱尼（1901—1979），美国现代主义画家。20世纪三四十年代，他活跃于哈莱姆文艺复兴运动，20世纪50年代移居巴黎，开始抽象表现主义的创作。——译注

除了库伦，德莱尼是鲍德温遇到的第一位真正的艺术家。他对待库伦这位哈莱姆文艺复兴时期的诗人的态度，和学生对待校长没什么两样，但他觉得德莱尼热情友好，有为人师表的天赋。在他位于格林街181号的工作室里，鲍德温听到了埃拉·菲茨杰拉德（Ella Fitzgerald）、法茨·沃勒（Fats Waller）、贝西·史密斯（Bessie Smith）的作品——这些在家里全被禁止播放的唱片，他还听到了这位长者谈论绘画。"我学到了什么是光线……他无时无刻不在观察；而他看到的现实，让我也开始看见。"

德莱尼的重要性不仅在于他的美学教育，还在于鲍德温从他的生活方式中找到了先例。德莱尼既不出名也不富有，但他是一位无可争议的艺术家。尽管他是一位黑人艺术家，但他的作品既没有因为抗议的问题而变得复杂，也没有因此简化。他首先努力履行自己作为一个画家的义务：看清、画下他所看到的事物，并为之作证。

就在鲍德温遇到德莱尼的同一年，美国文学界发生了一件大事：理查德·赖特的《土生子》出版，这也许是美国黑人创作的第一部被文学界视为重要作品的小说。这两次相遇——与德莱尼本人的相遇，以及通过他的小说和赖特的相遇——共同构成了对鲍德温青少年时期最深刻的影响。他在《喜鹊》杂志的专业工作已经帮他找到一条通往自己真正母题的道路：透过自己的观察来观察自己的族裔。现在，博福德·德莱尼又为他打开了一扇观看之道的大门。理查德·赖特则示范了黑人作家不必害怕跟白人平等竞争。

这些相遇也对身为传教士的鲍德温产生了影响。事实证明，在寻找"永恒生命"的过程中，神圣之事并不是唯一需要审视的领域,从另一个角度看,圣灵可能也会显现在尘世、在人群中、在艺术作品里(鲍德温尚未达到通过世俗来寻求救赎的阶段)。博福德·德莱尼教会他,艺术是庆祝物质世界的方式,也是超越它,并以连贯统一、富有意义的形式将它自身的一部分再还给它的方式。

当时,另一个在鲍德温生活里扮演重要角色的人,是他学校里的朋友埃米尔·卡普亚。正是卡普亚把他介绍给了德莱尼,也是卡普亚在他16岁经历信仰危机时告诉他,仅仅因为害怕离开教会而留在那里是懦夫所为。

据卡普亚说,到1941年,鲍德温"身在教堂,心已经不在了。他说,让他离开教堂,在社会关系上是不可能的"。当这位年轻的教士终于鼓起勇气离开,他也得到了卡普亚的帮助,这个象征性的方式就是艺术。

"教堂里根本没有爱",鲍德温后来写道:

> 爱只是仇恨、自我仇恨和绝望的面具。当布道结束,圣灵的神迹就结束了,走出教堂的门口,救赎就不复存在了。当我们被要求去爱众生,我以为那就是意味着所有人。但其实不是,它只适用于那些和我们持同样信仰的人,而且根本不适用于白人。

这个决定性的时刻在不同的时间被讲成不同的版本,再次显示出鲍德温为了戏剧性效果而掩盖或者突出某个细节的习惯。

1964年,鲍德温告诉当时正为一本传记而采访他的弗恩·玛利亚·埃克曼,在自己最后一次布道后,他是如何等礼拜一结束就偷偷溜出炉边五旬节教堂，再也没有回去。鲍德温说，当时他讲的内容是"你要交代后事……"——这是他对自己的布道。他蹑手蹑脚地离开前排座位，约了一个朋友，去看了一场《皮纳弗号》(*HMS Pinafore*)的日场电影。

就在前一年，他向《生活》的记者讲了一个大致相同的故事，同样的日场电影。但在1976年出版的《魔鬼找到工作》(*The Devil Finds Work*)这本研究美国电影中的黑人角色的书里，鲍德温写到这一事件时，他又出于戏剧性的目的对其进行了润色。书里那位朋友就是卡普亚，他撺掇鲍德温离开教堂，说他会买两张周日百老汇日场电影的票，并约在42街公共图书馆的台阶上见面，以便赶上开场。不过，书里的演出不是吉尔伯特和沙利文的作品，而是奥森·威尔斯(Orson Welles)执导的理查德·赖特《土生子》的舞台剧版，这部剧于1941年3月25日在百老汇首演。鲍德温试着引入这个新情节——"我相当肯定，那个周日的日场演出是《土生子》"——但从那以后他就急于坚称这个时刻对他的重要性："我有生之年都不会忘记卡纳达·李(Canada Lee)的表演（饰演主角比格·托马斯）……他的出现给了我生存的权利。"

半个世纪以后，卡普亚已经无法确认这两个版本，他认为自己是被姐姐带去看这两部作品的："1941年左右，工薪阶层家的孩子买不起两张日场门票……我自己去看，还买了两张票，似乎没有可能。"

当然，这件事很可能只是被卡普亚忘记了，但重要的是，鲍德温是如何为了自我戏剧化而重新编纂自己的传记。这并非偶然，到了1975年，当《土生子》这颗卡普亚口中的"烟雾弹"出现时，鲍德温已是一位比 1963、1964 年更为自觉的黑人作家。对一个刚刚崭露头角的年轻黑人作家来说，自己被当时最伟大的黑人小说而不是英国喜剧小品所改变，是多么恰当，又多么正义。

无论如何，这个时刻都至关重要，它把他从拐杖的支撑中解放出来，带来全新的个人自由，但也造成了家庭内部的严重分裂。更重要的是，它产生了一种矛盾，因为从某种意义上说，鲍德温从未离开教堂。虽然他的信仰被世俗化了，但他保留了对教堂最初向他宣扬的那套哲学的信仰，尽管他自己认为教堂在这方面并没有成功：爱邻如己——或者，翻译成成熟的鲍德温式的人文主义表述，"人们只会在自己的生活中面对那些他们准备面对的东西"。

在德威特·克林顿高中的毕业纪念册上，鲍德温的照片和绰号"光头"旁写着他的志向"小说家、剧作家"。所有学生都被要求在毕业时发表感言，而"光头"写的是："名声是鞭策，也是——痛苦！"

他 1941 年夏天离开学校时，原本打算进入纽约市立学院继续深造，这所免费学校的学生主要都来自不太富裕的家庭。但大学并不适合他：作为家中年纪最大的孩子和第一个能挣到工资的人，他必须帮父母养活其他八个孩子。接下来的几年里，他干了许多体力劳动，其中一份工作是 1942 年在新泽西州为美国军方工作。那是美国参战的第二年，为了在普林斯顿附近的贝尔米德修建陆军军需库，鲍德温成了一名铁路工人，他的工作是铺设铁轨。

这一次，卡普亚又是介绍人。他和鲍德温住在卡普亚的朋友汤姆·马丁（Tom Martin）家中，马丁是那家厂子的工头，住在一个名叫洛基山的小地方。那里的工资不低——每周80美元，而他在纽约只能找到30美元左右的活，工作还很辛苦，尽管当时的朋友们都说他"身材结实""肌肉发达"，但作为铁路工人的鲍德温并不勤奋。"他很懒，"卡普亚回忆说，"他走起路来总是把铁锹拖在身后，工厂管事的人很快就受不了他。"

鲍德温在1955年写的文章《土生子札记》中回顾了这段经历，他认为，正是在新泽西的遭遇导致了自己的另一次转变。然而，这在精神上是硬币的另一面，也是他此刻想要追寻之事中一个重要阶段：不是为了在耶稣脚下占有一席之地，而是为了自己的身份。如果美国把他困在一贫如洗的贫民窟里，他还算什么美国人？如果他不能自由地追求自己真正的使命，他会成为什么样的人？如果他像他的父亲一样，生活在种族主义的摆布之下，生活在种族主义在他内心激起的仇恨之中，他还能期待什么样的未来？

他对这些问题开始打破砂锅问到底的过程，始于1943年初在贝尔米德的一个晚上。鲍德温高度紧张、急躁的性格正好派上用场，经过几次反复的解雇和重新雇用，鲍德温已经打算离开贝尔米德军需库。而他最终被解雇，表面上是因为午休时间过长。他承认这是事实，但其中也有种族因素。

真的有吗？真正的种族主义经历决定了鲍德温当时的观念与行动中的紧张感，但它也不可避免地导致了一种被强化的敏感，这种敏感极易对并不存在的种族伤害做出反应。正是这种枷锁要了他父亲的命。

当然，种族隔离在新泽西州依然存在，而且，鲍德温总是在和白人朋友一起时遭遇这种情况。"我们这里不接待黑人",一个年轻的黑人男性或女性走进餐厅时,可能被这样告知。"在新泽西发生的全是同样的故事,"他写道,"无论是在酒吧、保龄球馆、餐厅还是我住的地方。我都是被迫离开。"[1]

直到他工作的最后一天,他都成功地以一种混杂着痛苦的娱乐和被动的蔑视的心态,来对待这种社会之恶。然而,在本应是离职前夜的派对上,他和汤姆·马丁的一位亲戚一同走进一家叫作"美国餐馆"的地方——这名字对他来说不无讽刺意味。他一听到"我们这里不接待黑人"这句烂俗的话,心中猛地一震。他跟朋友分开,独自在夜晚徘徊,最终走进了一家豪华的"就算圣母为我求情,也甭想得到招待"的餐厅:

> 我至今仍想,我当时是什么样子。不管我当时是什么样子,反正女招待一过来,就吓坏了。一看到她,我就把所有的狂怒朝她发泄。我恨她那张白色的脸,恨她惊恐的大眼睛。我心想,要是你觉得黑人可怕,那我现在就要你真正体验一回。
>
> 她没问我要什么,只是反复念叨她好像从别的地方学到的一句话:"这里不招待黑人。"……不知怎的,这句话如同挥之不去的噩梦,在我心里像千钟齐鸣。我意识到她不会再靠近,我只有从远处攻击。桌上除了一只半满的普通水杯没别的东西,我拿起水杯,死命砸过去。她一低头,杯子没有砸中她,砸到了收银台后的镜子。

---

[1] 本书中《土生子札记》一文中的内容,均引自《土生子札记》一书中文版《村子里的陌生人》,2023 年由南京大学出版社出版,李小均译。——译注

一群暴怒的人涌了上来，他离开餐馆，成功逃脱。回想起来，他发现自己离毁掉一个人只差一步，这个人不是别人，正是他自己。正如他在《土生子札记》中所写，他意识到这篇文章记录了自己从少年走向成熟的过程，过去他在一间已然衰败的教堂里服务，现在则揭示了一种人性精神，"我的人生，我真正的人生，正处在危险中，不是因为别人会把我怎样，而是因为我内心淤积的仇恨"。

《土生子札记》是鲍德温在他擅长的自传体随笔这个文类中的首部力作。它把贝尔米德事件作为前奏，引出了后来更富深意的两件事：他父亲的去世，以及在同一天，1943年7月29日，他小妹的出生。大卫的葬礼在8月2日举行，这一天也是吉米的19岁生日，也是哈莱姆爆发一场凶残的种族骚乱的日子。在文章的开头几段，鲍德温巧妙地将死亡、出生、生日和暴乱联系在一起，用以表达在这位年轻的前牧师心里，是上帝自己"编排了这一出最持久、最残酷的不和谐音，作为父亲生命终结的标志"，而环伺他周围的暴力，是为了"纠正我这个长子的自大"。

其中有些事件在当时他和别人的通信中有所涉及，细节上的描述偶有不同。在写给一位于1942—1943年之交被征召入伍的朋友斯蒂芬·D.詹姆斯（Stephen D. James）的信中，鲍德温明确表示，虽然这让他失去了工作，但被军需库开除完全不令人遗憾。1943年2月14日，他告诉詹姆斯，他所在的地方，一切都还不错。当时他住在普林斯顿，有充足的时间写作，尽管近来创作的大部分诗都是"垃圾"。但没有提到他在贝尔米德最后一夜的细节。

其至直到1943年，鲍德温才开始意识到他真正的主题是自身的艰难历史，但他当时还没有信心将自己放在这段历史的中心，以自己作为它的主要样本。他最好的文章大多涉及他家中或者家附近发生的事，直到他父亲去世时为止。还需要十几年的时间，需要跨越一片大洋，这些故事才能在《土生子札记》这样的文章里被催生出某种神话般的东西。

大卫·鲍德温已经病了一年之久，变得神智不清。一天晚上，他自己走出家门，吉米不得不上街去找他。结果发现在一片漆黑之中，他坐在一堵矮墙上发呆。现在，他被关在长岛的一家医疗机构里，医生说，他的病情很严重。

12月，鲍德温再给斯蒂芬·詹姆斯写信说，他非常客观地认为，他父亲可能命不久矣。"他对我来说从来都不是很重要。"他们从未真正地成为父子。尽管如此，父亲一被送进医院，他就得知一件令他震惊的事：他的母亲又怀上了一个孩子——她的第九个孩子。一家之主奄奄一息，家庭和经济问题都到了穷途末路，结果现在——又多一个孩子！这像是一次最后的嘲弄。

鲍德温在纽约一家肉类加工厂找到一份工作，周薪只有29美元，比他在贝尔米德的收入减少150%还多。他告诉他的朋友，很明显，他像他父亲一样无法为这个家做什么贡献。而且只要他试图帮助这个家，他就不再能为自己做什么。

7月28日，星期三，鲍德温唯一一次去长岛看望父亲。眼前的画面超出他的所有想象：眼窝深陷的头骨，黑皮肤和白床单形成骇人的对比，嘴里微微吐着白沫，眼睛呆滞无光。与其说是一个活人，不如说是一具骷髅，通过各种缠在一起的管道，维系着生命。

他和同他一起去的姑妈，都在震惊中离开了医院，回到家中。第二天早上，一封电报传来，通知了大卫·鲍德温的死讯。享年八十多岁。贝尔迪丝·鲍德温彻底崩溃。她开始阵痛，生下了她的第九个孩子，一个女孩——令人惊讶的是，她生下的孩子活泼又健康。

贝尔迪丝的大儿子，如今两次失去父亲，他跑出去，在城市的街上游荡，不知道究竟如何仅靠每周这还没扣税的 29 美元，埋葬一具尸体，养活一个婴儿——更别提还有其他七个孩子，其中最大的已经 14 岁。

在亲戚的帮助下，葬礼的费用终于凑齐，8 月 2 日，这家人在教堂团聚。就在此时，哈莱姆爆发了一场骚乱。位于 125 街的布拉多克酒店，通常是士兵和那些想要勾搭他们的女孩聚会的地方，在它的大厅里，一名黑人军官被一个白人警察开枪打伤。很快就有传言说那名士兵的背部中枪，已经身亡（两者均不属实），一群暴民聚集在酒店门口，随后又沿着 125 街、7 街、8 街和莱诺克斯大道蔓延开去，把哈莱姆变成了火海。第二天早上，这家人把大卫的棺材送到墓地埋葬。鲍德温在《土生子札记》中写道，他们开着车，"穿过满地碎玻璃的荒野"，天谴的隐喻又更进一步了。

鲍德温回到肉厂工作，但第一天上班就晕倒了，之后他就离开了那栋楼，没有再回去。几天后，他开始做一份新工作，但身上已经有了一些应激反应：只要一看到工厂，一想到自己必须每天在那里工作 8 或 10 个小时，他就感到恶心。从此他开始了一段漂泊的日子。他告诉斯蒂芬·詹姆斯，他白天睡觉，晚上在街上徘徊，大部分夜晚都是在格林威治村里的酒吧和咖啡馆度过。当时的另一位朋友、诗人哈罗德·诺尔斯（Harold Norse），回忆起他在1943年的一个凌晨和鲍德温的初次见面：

> 我们在大雾和严寒中离开餐厅，此时一个小个子黑人青年在雾中向我们迅速走来，他那双怪异的眼睛惊恐地四处张望，一顶深蓝色的羊毛烟囱帽拉到耳周，让他看起来就像一个疯狂的瘾君子，马上就要为一点毒品杀人。他只穿了一件单薄的衬衫，外面套了一件破旧的蓝色毛衣，整个人都在发抖。看上去他似乎很乐意为了25美分就割断我们的喉咙。

到1943年冬天，鲍德温已经恢复得差不多，又找了一份工作——沃纳梅克百货公司的电梯员，过上了尽可能接近正常的生活。为了强装勇敢，面对每天的工作，他充分发挥了自己的艺术冲动，这些冲动是如此不同而又强大，他一定感觉自己被它们的启示所淹没，正如他内心混乱的黑暗一样。

他正在阅读莎士比亚、弥尔顿的《利西达斯》、托马斯·沃尔夫、T. S. 艾略特，他还敦促斯蒂芬·詹姆斯去找艾略特的诗《普鲁弗洛克的情歌》来读。在博福德·德莱尼工作室带给他的诸多启发的鼓励下，他开始学习绘画的线条与平衡——他尤其喜欢伦勃朗和德加。他甚至在考虑，一有钱就去读戏剧学校。在他和詹姆斯的通信中，罕见地提到了肤色问题，他开玩笑说自己可能会扮演奥赛罗，打趣说那将是莎士比亚的真正突破。

"吉米有一种精炼、准确的表达方式，而且他的速度极快，"哈罗德·诺尔斯回忆起1943年在格林威治村认识的这个衣衫褴褛的人，"他的头脑灵活……听上去就像一个受过教育的白人。"

在 1943 年 12 月给斯蒂芬·詹姆斯的信中，鲍德温附上了几首最近的诗作，征询这位朋友的意见。但是，《第一人称单数：哀歌》("1st Person Singular: Lament")《听亨德尔的〈弥赛亚〉》("On Hearing Handel's *Messiah*")和《凌晨三点》("3 A. M.")这些作品都只能表明他没能像《黑姑娘的呐喊》那样在技术上取得成功。令人惊讶的是，即便他钦佩艾略特，他仍是古文和僵化韵法的受害者，尽管《第一人称单数》里包含了他对近期事件的评论（鲍德温告诉詹姆斯，这首诗是他清晨在通宵营业的餐馆里写的）。这个世界的"震耳之声"在年轻诗人的耳边响起，令他出门，养活那些"不义之人"，保证他将适时摆脱诗歌、艺术这些"无稽之谈"。

他是不是又把自己八个兄弟姐妹说成"不义之人"，这一点值得怀疑。但他的绝望很容易理解。他成为艺术家的愿望，消失在贫民窟的暗处。然而，那是他对自己唯一的念想。

第三章

葬礼结束一年零几个月后，1944年底，鲍德温见到了已被他认定为代理父亲的人物：理查德·赖特。

他渴望一个可供自己敬仰、学习的人，这个人能够不残酷地行使权威，能够认可努力，甚至更多的成功，但他发现，被他如此痛苦地称为父亲的人，根本不是他的父亲，这让他的这种渴望变得更加复杂。他在大卫去世之前发现了这一点，当时鲍德温还在上学，卡普亚记得，鲍德温坐在公园的长椅上，哭着告诉了他这个消息。

困扰他的可能并非私生子的耻辱——尽管因为他当时是基督徒，这一点可能也很重要——更可能是他震惊地意识到甲板中心的那块木板不复存在，而且从未存在过。虽然有时他恨这个人，但这种仇恨因血缘而减轻：毕竟，他是我的父亲。

博福德·德莱尼虽然年长，而且受人尊敬，但他的性格不适合父亲的角色，鲍德温更多地把他当作朋友。但36岁的赖特是鲍德温渴望成为的那种出名又成功的小说家。正如他曾和继父争吵、竞争一样，他也会和赖特在文章里竞争，并最终跟他争吵。1948年，两人在巴黎重逢，关系更加复杂，此后不久，关系就变味了，至少据赖特说，关系恶化了。这可能是因为鲍德温启动的"收养"程序没有得到对方的认可：对赖特来说，吉米·鲍德温只是他乐于帮助的一个有天赋的孩子。

从他们相识到1947年赖特最终前往法国的三年里，赖特和鲍德温之间的关系相当坦诚和简单。鲍德温读过《土生子》，小说里残忍的英雄比格·托马斯杀了白人女孩玛丽，他也看过卡纳达·李在舞台剧中的精彩表演——不管是在他脱离教堂的那一天，还是别的时候，都让他感到"十分可怕"。当他敲开赖特在布鲁克林莱弗茨广场的门，这位小说家和他的妻子艾伦还有他们的宝贝女儿就住在那里，他以为迎接他的会是一个和书里角色同样令人生畏的人物。相反，赖特用微笑——一个"淡淡的、嘲讽的、阴谋似的"微笑，一句"嘿，孩子！"和一瓶波旁威士忌来迎接他。

赖特死后，鲍德温写了三篇纪念文章，其中一篇回忆了这第一次的见面：

> 那时候我不喝酒，不知道怎么喝酒，我害怕酒精在我的空腹中会产生最灾难性的后果。理查德跟我聊天，更确切地说，把我引到我当时正在写的小说的主题上。我很担心自己从椅子上摔下来，也急于想让他对我产生兴趣，所以我告诉他的关于这部小说的内容远远超过了我实际上对它的把握，我疯狂地即兴发挥着脑子里所有杂乱无章的想法，比酒精的速度还快一拍。我确信理查德意识到了这一点，因为他似乎被我逗得很开心。

鲍德温这次会面的真正目的，是说服赖特读一读已经写好的小说，大约50页，这是《去山巅呼喊》的早期版本，当时还叫作《圣洁的哭泣》。那时的赖特很慷慨，对年轻作者他总是如此，他同意读。不只读了，到了新年的时候，他还帮助鲍德温从尤金 F. 萨克斯顿纪念基金会（Eugene F. Saxton Memorial Trust）获得 500 美元资助，这个基金会 1943 年由出版商哈珀兄弟公司设立——除了校刊版面外，它是对鲍德温的作家梦第一次明确的认可。

《圣洁的哭泣》的另一个暂定名是《在我父亲的房子里》，它被反复修改，直到几乎夭折。但就像《喜鹊》里的故事一样，它为鲍德温第一部正式出版的小说提供了火种。

1945年圣诞节之后的两天，鲍德温从纽约州北部给赖特写信，他当时正住在那里，由于他所谓的"居无定所"，被迫离开城市，鉴于他（也包括赖特）跟房东和房产经纪打交道的经验，这是一个有点奇怪的谨慎说法。举例来说，通常的情况是鲍德温的朋友先租下一个地方，搬进去，和管理员建立起信任，鲍德温再搬进去。管理员可能会反对，也可能不会，或者邻居们可能会直接向房东提出抗议。这样一来，鲍德温就不得不搬走。

他告诉赖特，自己那本书正在逐步完成：它仍有很多不足，但他感到自己一旦完成最后一稿，就再也做不了什么。学习写一部小说，需要很长时间，鲍德温以一种动人的坦率承认，自己几乎还没入门。尽管此时他已经得到了资助。他说，这笔钱是他遇到过最美妙的事之一。他把一部分钱给了他母亲，然后，在一种"美好的漫不经心的狂喜"中，他毫不考虑财务状况的持续性，以最快的速度花完了剩下的部分。

此时二人的师徒关系可以从以下事实来判断：在他们相识

一年后,鲍德温仍以"亲爱的赖特先生"称呼他。在赖特动身去欧洲前,鲍德温又见了他一次,这让他们彼此更加熟悉。在下一封信的开头,鲍德温依然写的是"亲爱的理查德",并立即为打扰对方而道歉。他当时是想为一本与他有关的孤儿院杂志寻找供稿。还随信附上了一份该杂志的简介。鲍德温解释说,自己冒昧联系人在巴黎的赖特,首先是因为他是杂志简介开篇就提到的人之一……其次,他以前还从来没机会给任何在法国的人去信。当时他自己的小说正在被哈珀兄弟出版社审阅,这家出版社也是萨克斯顿纪念基金会的管理者,同时,他正在为另一部暂定名为《静物》的小说撰写草稿和大纲,它将是对一位新英格兰州的独身女人的"深入研究"。

他向赖特保证,参与创办这本杂志的人(尽管没有任何迹象表明杂志有实质性进展),都没有明显的政治派别。这显示了对这位资深作家的礼貌尊重(因为从那时开始,他就一直在接受联邦调查局对他与共产党关系的调查),但并未反映出鲍德温自己的关切;正是在这些年,他自己一直在和社会主义团体打交道,站在了这条红线上。

在给赖特的信中,他没有提到肤色问题,但这个问题在他和赖特的生活中都非常显著。1945 年,赖特夫妇在佛蒙特州购置房产的努力失败了,只能通过别的手段,买到了纽约查尔斯街上的一套公寓,包括使用现金支付、在卖家意识到他们是把房子卖给黑人之前签完合同。从 1946 年 5 月到 1947 年 1 月,赖特和他的家人作为刚刚解放的法国政府的客人住在法国,这段插曲产生了一种豁然开朗的效果,把种族主义的恐惧从他的头脑和灵魂中驱逐了出去。然而,回到美国又再次让他对自己和家人的安全感到焦虑（作为一个有着白人妻子的黑人发言人，赖特尤为显眼，也相当脆弱），1947年8月，赖特夫妇再次离开美国，这一次是为了永久地定居巴黎。

当鲍德温听说赖特1946年下半年那趟受到资助的旅行时，他高兴地宣称"这是一件非常美妙的事"。他开玩笑说，他也希望这件事发生在自己身上。他说他从12岁起就梦想去法国，在信的结尾还表达了对巴黎和勒阿弗尔的爱。没提到肤色问题似乎是有意的，因为不到一年半，鲍德温就将追随他导师的脚步，而他的离开也是出于同样的原因。

虽然现在已经离开哈莱姆，但他并没有抛弃他的家人。然而，仅靠他能找到的几份工作的工资来养活他们是不可能的。于是他又找了一份工作，这意味着他白天操控沃纳梅克的电梯，晚上还要扫地。在这种情况下写作非常困难。萨克斯顿的资助用完了，他的小说当时的版本也找不到出版商（他寄予主要希望的哈珀兄弟出版社已经拒稿）。鲍德温把剩余的空闲时间都用来在格林威治村的酒吧里闲晃，在圣雷莫、里维埃拉这些酒吧里喝得酩酊大醉，有时还打架，到天快亮的时候，总是身无分文。

他用"意志消沉"这个词来描述自己的处境。同样是这些压力，要了他的朋友尤金·沃斯（Eugene Worth）的命。1946年的一个晚上，24岁的沃斯从乔治·华盛顿大桥上跳了下去。鲍德温没有忘记这座桥的名字所蕴含的讽刺意味，十六年后，他用小说《另一个国家》里鲁弗斯这个角色，复活了他的朋友。

那一年，鲍德温需要应付的事似乎还不够多，他又面临另一种私人的、令人困惑的麻烦。在给斯蒂芬·詹姆斯的信中，他留下了一点暗示：他"完蛋了"，他已经失去方向。麻烦的根源就在于性。

鲍德温曾经有过几个女朋友：杰西，一个犹太女孩，爱上她的时候鲍德温18岁，杰西24岁；格蕾丝，一个黑人女孩，在尤金·沃斯去世前后那段时间，鲍德温曾与她订过婚；还有其他一些偶尔被提及的女孩。但正是在这个时候，他正视了自己的同性欲望。埃米尔·卡普亚记得，鲍德温曾对自己的性取向表示过怀疑："但他说他已经解决了。我以为他的意思是他和某个男人有过纠葛，但已经彻底解决。我没意识到情况恰恰相反——他想说的是，从现在开始，他的对象主要是男孩，而不是女孩。"

鲍德温差不多会立刻向他新认识的人宣布自己的同性恋身份。这是一个一劳永逸的办法。他在日记中写道，在一段友谊开始的阶段，他会强迫自己说："我是一个同性恋者"，这样如果对方不想再跟他做朋友，就可以马上离开。他知道这很幼稚，但它来自一种对被拒绝的恐惧。当时的一位朋友斯坦·威尔（Stan Weir），证实了这一点。在格林威治村的一个晚上，鲍德温向他发起攻势："你花了几个月的时间才完全意识到，我和男人建立了包括性在内的关系。你早就知道了，但不是真的明白，因为你无视它。'同性恋'是一个很难接受的词。"这正是鲍德温逼自己承认并忏悔的原因，忏悔成了净化灵魂的行为。另一位朋友当时颇有预见性地说："他在人生中将不得不一次又一次地忏悔。"鲍德温决心不把自己的同性恋身份当作一个不可告人的秘密那样来对待——因为如果你不能对此坦诚，那么在秘密公开之前，你就无法对其他任何事情坦诚。

不久之后，本着类似的精神，他就在自己的写作中引入了同性恋的内容。通过这种形式的"公开",他预先避免了在那些年里通常会伴随同性恋一生的羞耻。鲍德温在成长过程中惊讶地发现,他的肤色阻碍了他充分发挥生命的潜能——事实上也阻隔了他和生命本身。因此他下定决心,不允许自己的性取向再来加固这重障碍。他会说,爱就在你找到它的地方,性别不能决定它,种族当然也不能。

鲍德温的文章很少涉及同性恋这个主题。其中一篇是《有龙出没》("Here Be Dragons"),是一系列他对雌雄同体的猜想,写于他生命的最后阶段,但主要涉及的是他 1940 年代在格林威治村的冒险。他写道,他交往过的大多数白人女孩"都让我感到麻木,因为除了我提供的性,我根本不知道她们还想要什么"。这话对杰西来说可能尤为残酷,他在 1943 年曾兴奋地给斯蒂芬·詹姆斯写信,提到这个大他六岁的犹太女孩:她好极了,有着聪明的头脑和出色的性格。她也很真诚。他这种描述水平一定会让她失望,在一段亲切的附言里,他又奇怪地补充道,她一点也不漂亮……"她是个不错的孩子。"

不管怎么说,他和异性之间的浪漫关系后来很快就减少了,尽管他对女性的渴望,或者说异性关系所带来的那种正常和正统的感觉,并没有完全熄灭。即使在巴黎,他也会和女人上床,尽管比以前少,也不太动情。他最亲密的朋友中,女性总是更多,他也继续吸引着她们,但越少和女人做爱,他那句挑衅的"我是一个同性恋者"的声明就越是多余。

第四章

1946—1947年之交，鲍德温是一个想要证明自己的新手作家，一个穿着白色系带雨衣的年轻人，一个渴望参与感的格林威治村居民。他不仅想写作，还想演戏，对绘画亦有兴趣，当然也喜欢音乐。

他发现的第一种音乐是教堂里的音乐，也是父亲在世时唯一允许他听的音乐。"这世上没有音乐能和圣乐相比"，他写道，指的是他担任传教士的那些日子：

> 没有任何戏剧比得上圣徒欢庆……他们把痛苦欢愉都交给我，我也将自己的痛苦欢愉交给他们；他们喊着"阿门！""哈利路亚！""赞美他的名！"……维持、鞭策着我的独唱，直到我们在神坛脚下变得平等，浑身湿透，唱歌跳舞，沉浸在痛苦和快乐之中……

当他在博福德·德莱尼的工作室里开始听玛·瑞妮（Ma Rainey）、路易斯·阿姆斯特朗（Louis Armstrong）、保罗·罗伯逊（Paul Robeson）和贝西·史密斯时，他认识到这些音乐也源于灵歌，这些歌手和音乐家中的许多人和他一样都有教堂背景，他们第一次接触音乐也是在教堂里。后来，当他终于开始去舞厅跳舞，听到他最喜欢的爵士乐队或者本地的同类乐队表演时，他发现从神圣世界渗透到世俗生活里的不仅仅是音乐，还有"舞蹈……和欢庆"：北方街道上的南方黑人，被同样的手鼓和钢琴、同样的韵律和节拍所驱动，在精神或身体的圣殿里做礼拜。

在格林威治村，鲍德温认识了西奥多·佩拉托夫斯基（Theodore Pelatowski），一位和他同龄的波兰裔艺术家，来自康涅狄格州。佩拉托夫斯基的主要兴趣是绘画，也拍摄照片，还与鲍德温的老同学理查德·阿维顿合作。鲍德温和佩拉托夫斯基一起，第二次尝试写出一本能够出版的书——不是他向理查德·赖特提到的那项不可能的研究，关于一个新英格兰州独身女人，而是更贴近他家庭的内容，或者严肃地讲，更富有原创性的内容。这是一部以哈莱姆为背景的非虚构作品——他首次在最适合他的文体上进行像样的探索：佩拉托夫斯基拍摄哈莱姆的教堂和舞厅的照片，鲍德温为他们配上文字。

这些照片保存了下来。其中一张是鲍德温在莱诺克斯大道去过的第一座教堂，位于悠悠舞蹈俱乐部和一家裁缝店的上面。一个戴着帽子和眼镜、衣着光鲜的女人正好走过，背对着镜头。和这张照片里的每个人一样——和所有照片里的每个人都一样——她是一个黑人。在霍恩修女堂的窗户上，印着"耶稣救人"这句话英文、法文和西班牙文的不同变体。另一座教堂位于"挑块骨头"烤肉店的上面，还有一座在一家中国洗衣店的旁边。包括许多教堂内部的照片，以及一组令人惊叹的教堂礼拜活动的照片。

在其中一张照片里，站着里斯修女（Sister Reece），一位满头白发的女教士，身着丝质长袍，系着腰带，伸出一只手，来强调她正在宣讲的神谕。她的会众由 8 到 15 岁的男孩和女孩组成（包括鲍德温的两个姐妹）。很快他们就会被唤起来跳舞唱歌，现在他们正陶醉其中，有的在地上打滚，看似痛苦，其实是他们出神状态的下一个阶段。其中一个人已经神智不清，她紧闭双眼，躺在"打谷场"上，"与圣灵同在"，而在她周围，其他孩子继续着他们的狂欢仪式。与此同时，一位老人正在弹钢琴。

看到这些拍摄于 1946—1947 年的照片，脑海里浮现出的更多是来自 1950 年代美国摇滚乐时代的句子："我走了""它让我走"。尽管这些表达和音乐一样，都来自黑人的教堂——甚至连"摇滚"这个词也诞生在那里。鲍德温的意图是强调教堂的生命力，展现它是如何渗透到黑人生活的每个领域。在佩拉托夫斯基拍摄的舞厅照片里，可以看到和教堂照片里一样的痛楚和欢乐，一样的随着节拍舞动的手和脚，一样的拥抱，一样的呐喊和回响，从舞台到舞池——甚至连钢琴手似乎也是同一个。

然而，对逃到纽约街头的南方黑人来说，教堂就是生活开始与结束的地方。这个项目被命名为《献给临终的羔羊》(*Unto the Dying Lamb*)。短暂发行过的《PM》日报发表了一篇节选，包括一段简短的文字和两栏照片。其中有名有姓的人物包括正在跳舞的鲍德温姐妹。这是他第二次在主流报刊上亮相。《献给临终的羔羊》仍是鲍德温的著作中最难寻找的。至今仍未发现其全文。

这本书的灵感有可能直接来自理查德·赖特。五年前，也就是 1941 年，赖特就出版过一本这样的文字和照片的汇编，其中照片取材自农业安全局的档案，由沃克·埃文斯（Walker Evans）等不同的摄影师拍摄。赖特这本《一千两百万黑人之声》(*Twelve*

Million Black Voices》）中的照片不仅包括破败的南方农场，也包括舞厅和哈莱姆的街边教堂。"在种植园里，我们的歌里带着对另一个世界的向往，人们称之为'灵歌'，"赖特写道，"而现在我们的蓝调、爵士、摇摆舞和布吉伍吉舞曲，成了我们城里街道上的'灵歌'。"

鲍德温和佩拉托夫斯基试图推销他们自己这套在城市街道上的灵歌，没有获得成功。尽管这次失败并没有给身为作家的鲍德温带来任何持久的损害，但和所有的失败一样，它们啃噬着他的士气。在工作间隙，他设法完成了《圣洁的哭泣》，但哈珀兄弟出版社拒绝了，双日出版社（Doubleday）拒绝了，先锋出版社（Vanguard）也拒绝了，他只得收回书稿，看看还能做点什么来挽回。第二本书就不需要作家付出这么多了，但也并未让他更容易面对拒稿。

尽管如此，新手作家的生涯最终还是取得了成果。1950—1955 年这六年间，鲍德温的写作非常成功，教堂成了他主要的灵感来源，在他钟爱的每种体裁上，都为那些清醒的作品提供了背景。

鲍德温在看似最重要的层面上失败了，但他还是在这一年成了一名专业作家。1947 年 4 月 12 日，他首次在主流杂志上发表文章：在《国家》（Nation）杂志上为马克西姆·高尔基（Maxim Gorki）的《最佳短篇小说选》（Best Short Stories）撰写了评论。约稿的是兰德尔·贾雷尔（Randall Jarrell）。文章虽然简短，但其中已经可以听见成熟的詹姆斯·鲍德温的声音：

> 他关注的不是人本身，而是作为象征的人；这种态度基本上是感伤的、怜悯的，而远非清晰的……

在这篇评论之后，他又评了一本关于弗雷德里克·道格拉斯的书——雪莉·格雷厄姆（Shirley Graham）所写的《从前有个奴隶》（There Once Was a Slave）。在他担任常驻评论员的18个月里，鲍德温一直保持着一个坚持原则的批评家的立场，他严厉地批评了这本关于一位伟大的黑人领袖的书，作者是另一位伟大黑人领袖W. E. B. 杜波依斯的妻子。鲍德温说，格雷厄姆小姐对"种族间的理解"没有做出任何贡献，她"显然一心想提高黑人这个种族的地位，以至于她把道格拉斯写成了一个完全不可信的英雄，剥去了他的尊严和人性"。此时，传教士的声音正被转化成作家的风格："黑人与白人之间的关系……必须基于这样的假设，那便是只存在一个种族，我们都是它的一部分。"

22岁时，鲍德温已是一位具有水准的评论家。书评的报酬不高，但能因写作而获得报酬足以令人欣慰。他的处境颇有讽刺意味：委托他撰写第一批评论和文章的编辑们——贾雷尔、《新领袖》（New Leader）的索尔·莱维塔斯（Saul Levitas）、《评论》（Commentary）的罗伯特·沃肖（Robert Warshow）和埃利奥特·科恩（Elliot Cohen）、《党派评论》（Partisan Review）的菲利普·拉赫夫（Philip Rahv），全是白人。"在遇到这些人之前，我去过两家黑人报纸，但都被人笑着赶出了办公室。"尽管如此，这些编辑希望鲍德温评论的内容主要是"黑人问题"，他的肤色让他被自动认为是这方面的权威。六年后，在他为第一部小说做前期宣传时，鲍德温向《密歇根纪事报》（Michigan Chronicle）

的一位记者解释了自己放弃书评的原因,他说他很"反感"这种认为自己是黑人问题"天生的专家"的预设。他不是在宣称自己在其他领域有造诣,只是对这种"不可抗拒地"强加给自己的特长感到不满——毕竟,由此产生的局限,可能并不是他本人的局限。

这一点说得挺有道理,但似乎更多时候,他离开办公室时带走的书并非编辑们提供的那本,这个证据表明他关于自己被局限于"黑人问题"的抱怨并不成立。就《国家》杂志来说,一篇高尔基一篇道格拉斯,二者的比例是一比一。而对于索尔·莱维塔斯担任文学编辑的《新领袖》杂志,鲍德温大部分书评都发表在这里,他只处理过几本有关黑人内容的书,其他的书涵盖了许多别的题目,比如布鲁克林犹太帮派安博伊公爵、天主教哲学研究、欧斯金·考德威尔(Erskine Caldwell)的最新作品、霍丁·卡特(Hodding Carter)的《洪峰》(*Flood Crest*)、《便携式俄语文学读本》(*The Portable Russian Reader*)以及两本关于罗伯特·路易斯·史蒂文森(Robert Louis Stevenson)的书。

为了撰写评论,鲍德温重读了史蒂文森的作品,他惊讶地发现,在他从前认为是愉悦、装饰性的表面之下,潜藏着"一种隐约的不安因子"。这个发现让他感同身受:

> 《绑架》的大部分故事都是围绕大卫和艾伦之间的关系而展开,这一关系远远超出了友谊的范畴,显然不是传统的盎格鲁-撒克逊式的友谊。艾伦对大卫来说,是父亲,是情人,是敌人,也是孩子,而且最重要的是,是一个浪漫的象征……史蒂文森在这两个人的关系中展现出丰富而复杂的洞

察力，这在他的其他作品中并不存在——直到《赫米斯顿的韦尔》中的克尔斯蒂和阿奇——成为他描写两性关系的代表作。

作为审阅史蒂文森《小说与故事》(Novels and Stories)这本书其中一卷的编辑，V. S. 普里切特（V. S. Pritchett）也注意到这一点（后来也有其他批评家发现过），鲍德温急忙表示，他同意这根本不说明"史蒂文森是同性恋"，只是对他而言，男性作为这个世界的推动者和创造者，与女性相比"不那么难猜"。

他的文章开始让他小有名气。1948年4月24日，《新领袖》杂志发表了他对《洪峰》这本书的严厉批评，附上的介绍是："詹姆斯·鲍德温是《雨树县》(Raintree County)那篇备受讨论的书评文章的作者。"指的是他在4月10日的杂志上对罗斯·洛克里奇（Ross Lockridge）那部大获成功的小说的评论。鲍德温对这本书的流行持反面意见，大肆嘲讽它"肤浅的阳光"，嘲笑它梦幻般地赞美美国是"地球上最后的最好的希望"。他总体上反感这本书对现实的回避，他说："根据作者的说法，永远都是夏天的雨树县，在任何地图上都不存在。他可能还会补充道，那里也不会有人存在。"

在罗斯·洛克里奇自杀的消息传来之前，这篇评论已经交稿，但尚未发表。索尔·莱维塔斯没有出于谨慎而撤回它，只是要求他的作者添加了一段后记。在后记中，鲍德温非但没有修改他的严厉意见，反而加大马力，解释自己为什么拒绝容忍洛克里奇的"积极"观点，他认为作者的道德观来源于"主日学校和童子军会议"。鲍德温总结说，如果我们不能理解自己，而是把这位可悲作家的主要道德观改写成他的墓志铭，那么"我们就将不能理解任何事情"。

第一次尝到恶名的滋味，让鲍德温感到震惊之余，也考验了他在面临取消压力时坚持自己道德立场的决心。他广泛的阅读量和超出年龄的思想定力，开始在纽约知识分子群体中广为人知。此时，在《党派评论》编辑威廉·菲利普斯（William Phillips）举办的午餐会上，玛丽·麦卡锡认识了鲍德温，发现他的文学知识相当丰富。麦卡锡回忆说，他的阅读"不受肤色的影响——这一品质并不寻常。他拥有人们所说的品位——快速的、奥林匹亚式、不带偏见的鉴赏能力"。

和鲍德温更熟悉的其他人，包括菲利普斯在内，可能会调整这一看法的重点，它固然看到了鲍德温可以清晰甚至精彩地谈论许多事，却没有看到那些他沉浸其中的东西：在他黑色皮肤之下燃烧的愤怒。

在托派的《新领袖》杂志上获得成功之后，他又被美国犹太人委员会的杂志《评论》看中，编辑是埃利奥特·科恩和罗伯特·沃肖。正是后者鼓励他写下他的第一篇长文，有关黑人反犹太主义的讨论，题为《哈莱姆贫民窟》（"The Harlem Ghetto"），1948年2月发表在《评论》上。根据鲍德温在后来某期杂志上的排名来看，这篇文章"获得了全国性的反响"。《党派评论》可能是当时最重要的杂志，它也对鲍德温产生了兴趣，但直到第二年，他的名字才出现在这本杂志上，那时他已经人在巴黎。

不仅这些报刊的编辑是白人，它们的传统和信仰，它们的整体态度都把它们和旧世界牢牢系在一起。他们也许愿意时不时把注意力和专栏版面给予他们身边"一千两百万黑人之声"（实际上接近一千六百万），但广义地讲，他们的激进主义针对的是阶级问题，而非种族问题。同时，他们倒是真的关注文化问题，特别是文学，鲍德温正是希望在他们的版面上发表文章，而不是那些曾向他的哈莱姆文艺复兴的前辈们敞开大门的诗歌和"黑人写作"杂志。

尽管有赖特的先例，这仍是一个有点畸形的联盟。比如，在刚结束的二战期间，黑人和白人的军队是互相隔离的，如果说在纽约街头依然不常看见黑人混在白人中间，那么一个17岁出头、没受过正规教育的年轻黑人定期向这个国家顶级的知识分子杂志投稿，就更加令人吃惊。但鲍德温给他的雇主们留下了可靠和聪明的印象，更重要的是，他写的文章有话题度——这也为编辑们所欣赏。

他对自己的处境中正在发展的难题有所警觉。如果说雄心勃勃的鲍德温曾经觉得自己并不适合格林威治村的环境，那么现在也确实没人可以说他属于哈莱姆。他从未融入哈莱姆的街头生活，年轻时他认为那是"邪恶的"，长大后他又认为那浪费时间。他当时的精力留给了教堂，现在则留给了艺术。那时，他一回到家，就意味着回到一间狭窄的公寓，一堆孩子围着他，可能还有一个爱说风凉话的亲戚，问他什么时候才能摆脱这种文艺的"胡闹"。此外，他的同性恋身份如今也相当公开，这在哈莱姆比在村里更有可能引来粗俗的评价。因此，他更愿意把时间花在那些至少在表面上跟他有共同关切的人身上，这并不奇怪。

据传，后来鲍德温泛泛地抱怨过，自己早年被文坛接受是一种表面文章。但是，虽然在他职业生涯之初可能存在仁慈的因素，但拉赫夫等人对他的兴趣肯定是真实的，因为鲍德温确实有才华，以他们的经验，即便最初被他吸引是出于良知，也不会长期容忍一个三流写手。

继《哈莱姆贫民窟》这篇文章在1948年春天取得小小成功后，《新领袖》10月又发表了一篇鲍德温的随笔。《亚特兰大之行》（"Journey to Atlanta"），根据他最小的弟弟大卫留下的一本日记写作而成，当时大卫正随一支福音四重奏乐队在南方旅行。文章同样获得了称赞，但并非他想写的。尽管这类作品比他的书评更"严肃"，但他真的认为自己是一个小说家。

菲利普·拉赫夫帮了他一把，向兰登书屋一位资深编辑推荐了他的新小说——几篇样章和一份大纲，但得到的回应不如此前的编辑们那样令人鼓舞。这位名叫罗伯特·林斯科特（Robert Linscott）的编辑对这部《去山巅呼喊》的初稿缺乏热情，他认为小说中的人物和情节"不够有力，不够引人入胜，甚至没能承载作者的意图"。

写一部小说很难，鲍德温三年前曾向理查德·赖特承认，现在似乎也没有变得更容易。

不过，就在同一个月，安慰就来了：1948年10月，他的第一个短篇小说《命中注定》（"Previous Condition"）在《评论》上发表。编辑们说，这篇小说预示着"一位重要的文坛新秀"的到来。和鲍德温大多数早期作品一样，这篇小说确实早熟，显示出克制的叙事流和笃定的语气，尽管这声音还不完全属于作者自己。

故事以第一人称叙述，讲述了一个在纽约失业的年轻演员彼得的故事。彼得是鲍德温小说中出现的许多艺术家主人公中的第一个。他们通常都是演员，此外他还塑造过乐手、歌手、作家、画家和一位雕塑家。彼得当时不走运：

> 我在芝加哥参与演出的剧目搞砸了。老实说，那并不是什么了不起的角色——甚或不是什么了不起的剧目。我扮演一个有知识的汤姆大叔，一个年轻的大学生，为了他的种族而学习。……所以我在这里，回到了纽约。[1]

《命中注定》的成功之处在于——和他在早年的作品《地球上的和平》中已经持续展现出的强硬、严谨、海明威式的语调不同，鲍德温此后也再没采用过这种语调——它戏剧性地表现了作者本人当时所处的两难境地：在两个半球之间，一半是黑人，一半是白人。

故事中有一段是彼得被逐出了格林威治村的公寓，当初也是他的犹太朋友朱尔斯不得不偷偷把他运送到那里。彼得只在其他房客出门上班时离开房子，天黑后等他们睡着了再回来。毫无悬念地，有一天房东太太敲响了房门：

> "你是谁？我没把这个房间租给你。"
> 我的嘴发干。我想要说些什么。
> "我不能让有色人种住在这里，"她说，"我所有的房客都在抱怨。女人们害怕夜晚回家。"

过了一会儿，面对彼得的执拗，她大叫着说她不把房间租给

---

[1] 本书中《命中注定》一文的内容，均引自《去见那个男人》一书的中文版，2015年由上海文艺出版社出版，胡苏晓译。——译注

"有色人种"：

> "你为什么不去上城，到你们应该居住的地方？"
> "我无法忍受黑鬼们。"我告诉她。

问题的核心就在于这种讽刺性反驳中的苦涩。彼得最终还是搬出去了，那天晚上，在见过朱尔斯，又和他的（白人）女友吃过晚饭之后，他去了哈莱姆，在白人世界的眼中，他属于那里，然而他觉得自己已经和那里疏远。他旋即卷入了酒吧里的一场暴躁的对话，拒绝了一个黑人老女人的邀请。"你想必认为你是什么了不起的人物"，她尖刻地斥责他，然后转身离开。彼得渴望得到些什么，"让我成为我周围生活的一部分"，但他什么也没得到，"除了我的肤色"。如果一个陌生的白人走进来，看到一个年轻黑人在哈莱姆的酒吧里喝酒，就会认定他像在家里一样自在，但"这里的人，和我所了解的完全不同"。

故事在短暂的和解中结束，彼得提出要请这两个女人喝酒：

> "我要一杯啤酒"，年轻的一位说。
> 我像一个婴儿般地发抖。我喝完我的酒。
> "好的。"我说。我转向吧台。
> "宝贝，"年纪大的一位说，"说说你的故事？"
> 酒吧的人把三杯啤酒放在吧台上。
> "我没有故事，妈。"我说。

结尾控制得非常好，没有一处多余的对话或描述性的句子。

甚至用"那个男人"来介绍酒保也是经过深思熟虑，因为酒保应该是白人——正如佩拉托夫斯基拍摄的哈莱姆的酒吧照片所示，而"那个男人"是黑人用来指称白人的一句俚语。那个男人端上了他的麻醉剂，黑人妇女崩溃了，而受过教育的男孩环顾四周，试图用这句话自我总结。

鲍德温发表的第一篇小说的原稿，暴露了他当时的火爆脾气，也展现出他如何出于文学的目的又控制住了它——在那些严格的编辑们的帮助下。他提交给杂志的手稿在付印前做了许多修改，主要删除了一些露骨内容。在1948年，从法律上来讲，在印刷品中使用禁忌词汇并不明智——对美国犹太人委员会的商业考量来说也是如此。其中最大的删减出现在彼得被驱逐的场景。手稿上写的是：[1]

> 好吧。好吧。你可以收回这该死的房间。让我穿上衣服。我看着她的脸。除非你想进来帮我穿。我差点就要说，我们一起睡吧，你这个吃蛆虫的婊子，因为我知道，此刻在她的脑海里，她正回想她所听说过的每一桩强奸案，每一个肮脏的黑暗的故事，她干涸的双腿之间正变得炙热。那时我可以抓住她，用我所知道的最脏的方式强奸她，只因为我恨她，也因为她是白人……
>
> 我猛地关上门。

在正式出版的版本里，所有那些肯定让《评论》的编辑们觉

---

[1] 在手稿和杂志版中，鲍德温都省去了引号，而在1965年出版的《去见那个男人》书中，又恢复了。

得太危险的素材都被删除。在这段话之前,彼得被允许说出那句"你想进来看我穿衣服吗",有所收敛的场景,代替了上文引述的那种狂怒:

"好吧。好吧。你可以收回这该死的房间。现在出去,让我穿上衣服。"
她转身走开。我猛地关上门。

手稿上有两组修改记号。一组是鲍德温的笔迹,另一组出自《评论》杂志的某位编辑,有可能是沃肖,他是鲍德温最喜欢的编辑之一。除了注意污秽的尺度以外,他还给这位年轻的作家上了一课——怎样以经典的海明威式风格,保持有节制的暴力。这个故事并不需要那些淫秽的素材。它的暴力与丑陋在字里行间累积,增加了彼得叙述口吻的紧张感,让读者确信即使彼得任何时候都有理由失控,但他的创造者不会。

手稿第10页上那句"我他妈要疯了",在付印版本中只是简单一句"我将要发疯"。手稿中这一段的结尾是:"如今我去一个陌生的地方的时候,我很怀疑将会发生什么事情,我会被接受吗?如果我被接受了,我能够接受吗?老天爷,我觉得就像有人在切我的蛋蛋。"而在付印版本中,这番讲话结束于"……如果我被接受了,我能够接受吗?"

《命中注定》发表于鲍德温离开美国的几周之前,此后他开始了长达九年的自我流放。从彼得承受的种种压力中,我们可以读出他逃离的原因。

他和佩拉托夫斯基合作的第二个出书计划,也未能引起出版商的兴趣。但和第一个项目一样，又为他赢得一个奖。这次的 1500 美元，来自 20 世纪初的慈善家朱利叶斯·罗森瓦尔德（Julius Rosenwald）设立的基金。和萨克斯顿的钱一样，鲍德温把一部分留给他的母亲，把剩余的钱随意花掉了。然而在用完所有的钱之前，他做出了一个决定，搬家。

理查德·赖特，作为一个在南方种植园里长大，来到北方赢得了作家声誉的人，也有过类似经历，几乎被打垮。在崩溃之前，他带着他的白人妻子和他们的女儿去了巴黎，在那里，他的生活不会被视为肮脏，他的爱也不会被视为肮脏的笑话。鲍德温也跟着去了。他不再是那个刚刚走出学校、笨拙的前教士，在布鲁克林敲开赖特家的门。他的宗教和种族给予他一种文学风格，他出生的城市给予他一个母题，但尽管有莱维塔斯、沃肖等人的鼓励，他依然担心这并不会带给他一份职业。

"我没有故事，妈。"

除非他把自己的故事写出来。

第二部分

主啊，如今我不再是个陌生人

成为一个问题是一种奇怪的经历——即使对一个从来都是如此的人来说也一样,或许少年时代和在欧洲的时光除外。

——W. E. B. 杜波依斯,《黑人的灵魂》,1903 年

第五章

"你为什么离开美国?"

鲍德温很少拒绝接受采访的请求,当他变得有名,而且"巴黎"成了他传奇的一部分,他就多次被问到这个问题。他在不同的场合给出过不同的答案,但他的回答基本上都和他在1949年初定居圣日耳曼德佩几个月后发给威廉·菲利普斯的解释差不多。巴黎似乎一下解开了他的心结,揭开他最深的恐惧和伤痛。他完全抛弃了那些"居无定所"的谨小慎微、礼貌的措辞,不再天真地说服自己相信康蒂·卡伦所说的"文学界"或别的地方都"对黑人没有偏见":他告诉菲利普斯,他已经把自己弄得几乎不知道要去哪里,也不知道想要什么。至于原因,他提到了种族、加尔文主义、性、一种"暴力的、无政府的、滋生敌意的"模式,一个人一旦发现这种模式已经"向内转",似乎就被赋予了杀戮的权力。

这是鲍德温成长中一个重要时刻;他从外部看见了自己,一个可以说我不知道我是谁的人。然而,通过脱离自身的错位,他已经开始超越这种状态。在给菲利普斯的信中,他补充道,在刚刚解放的巴黎待的几个月,虽然从现实的角度来看,可能无法原谅,却拯救了他;这是他能走出的"最好的一步"。

尽管他仍然对抛弃家庭感到内疚。尽管家中的次子乔治和其他兄弟姐妹都已经到了挣钱的年纪,鲍德温发现自己还是很难为离家出走辩解。埃米尔·卡普亚记得,鲍德温曾绝望地承认,自己无法再养活家人。"我想,如果他要继续写作,就不可能同时开电梯和扫地。"鲍德温觉得自己的离家出走"充满了背叛的味道"。

1948年乘飞机去巴黎的票价是660美元,相当于一个纽约工人半年的工资。付完机票钱后,他从罗森瓦尔德奖学金获得的资助中,就只剩40美元来维持自己的生活。但是,面对"我不知道我是谁"的自我否定,钱就不再重要。飞往巴黎的旅程是一次自我认识的飞跃。

1948年11月11日,鲍德温第一次到达巴黎时,巴黎还没有从战争的蹂躏中恢复过来,城市的人们还骑着自行车,忍受着食物配给。然而对一个外国人来说,还是可以省吃俭用地活着,大量靠着《军人安置法案》给予的豁免权生活在那里的美国年轻人,为他提供了社交圈的基础。

这40美元大概维持了三天,然后他就破产了。在巴黎的贫穷,是旅居海外的美国作家神话中的一部分,但鲍德温的状况确实潦倒。接下来的九年,他大部分时间都处于破产状态。他在纽约靠打零工维持生计,但在巴黎找不到这样的工作。尽管那些活令人厌恶,却能让他赚到快钱。在格林威治村端过盘子,也不代表他可以在巴黎胜任服务员的工作。靠写作获得收入的可能性也降低了,因为他在国内投稿的期刊不太可能费力把样书运到大洋彼岸给他评论,还要再等两个月才能收到回音。另一方面,为法国杂志写稿的报酬很低,又涉及语言和社交方面的障碍,他还没准备好去面对。

不过,美国的杂志也开始考虑发表一些较长的、更有深度的作品,鲍德温也开始构思这类文章。离开纽约时,他给护照办公室提供的职业是"外国记者",填的是《党派评论》,尽管他从来没给他们写过一个字。对包里总揣半本书的年轻人来说,"外国记者"这个头衔听起来肯定很光鲜。然而他不可能不知道,给自己安上一个几乎从未得到过的头衔,是在引诱他的命运。

他面临一系列新的题目:巴黎,生活在巴黎的美国人,作为新世界逃往旧世界的难民,对他们以及他自己有何影响。一如既往,他的主要愿望是写小说,但实际的限制——缺钱、居无定所、没有时间和空间来沉淀长篇创作——把他引向了最适合他天赋的形式:随笔。

他唯一的谋生手段就是他的笔,但他赖以为生的主要财富不是笔,而是他的文学修养。鲍德温离开纽约时已经博览群书,不仅是英国和美国文学,还包括俄国和法国文学——玛丽·麦卡锡说过,"鲍德温读过一切"。他的阅读先是吸引他去法国,也帮助他为在那里的生活做了准备。比如,他读过巴尔扎克,巴尔扎克教会他认识各种法国机构的地位,大到官僚机构的普遍,小到一个门房的作用;从福楼拜那里,他了解到道德与伪善的游戏,以及习俗惯例的重要性;海明威给他提供了食物、饮品和侍者方面的建议;亨利·米勒则在那些过去对鲍德温来说只是传说的地方——蒙马特、蒙巴纳斯、圣日耳曼德佩,揭开了性的秘密,现在它们成了他时常混迹之地。

在他来到法国之前,他已经想象出巴黎的样子,而当他走在那里真实的人行道上,他感觉更加自在,不像一个陌生人。

在从纳粹占领中恢复的过程中,巴黎当时还在调整各个部门,包括文化。一些作家因与德国人勾结而被定罪。另一些被审判、监禁,其中罗伯特·布拉西拉赫(Robert Brasillach)被处决,德利厄·拉罗谢尔(Drieu la Rochelle)等人则在重组后的国家对他们进行报复之前自杀。有人列了一份黑名单,鼓励杂志和出版商抵制出现在名单上的名字。人们开始争论是否应该遵循这个建议,抑或更好的办法是息事宁人,让作家们回到他们的工作中去。

这些对鲍德温来说都意义不大。他曾在美国近距离体验过战争,对法国同行在德国统治下的危难艰险,他从未表现出太大兴趣。他并不热衷于法国(和其他国家)的智识生活,对这些事的兴趣仅限于他自己的关怀。他也只能写对他个人有影响的题目和想法。因此,他1954年写的关于纪德的文章,重点是纪德的同性恋取向——这是鲍德温在已发表的作品里唯一详细讨论过的法国作家,他偶尔对加缪的评论,则是针对加缪的正义观。后来,他把存在主义的信条斥为"显而易见",但并没有提供什么证据表明他已经完全理解了它们,虽然他见到了萨特和波伏瓦,对他们的印象也不是太深,正如他这个没什么著作也不讲法语的年轻人对他们来说微不足道一样。

在巴黎的美国黑人通常都不太关心法国的智识生活,他们要忙的事已经够多,要试图确立他们在异国文化中的位置,并从这个新的角度重新审视他们在本国文化中的地位。对他们而言,去往巴黎并不是去往一座文化之都,或是奔向某种快乐、便宜的生活,而是逃离种族主义的日常侮辱。对他们而言,生活在"光明之城",仅仅意味着来到一个不会因为自己是黑人就遭受惩罚的地方。

在20世纪40年代的纽约,黑人男性和白人女性结婚,每天仍有可能遭遇暴力,而在巴黎,黑人与白人的联姻已经被接受了。就像在纽约一样,鲍德温总在白人、黑人和混杂的群体之间游走,但在巴黎左岸,没有哪个群体觉得自己被其他群体疏远或者威胁。在这里,没有人会特别在意一个黑人在白人女性房里过了一夜,或者两个男人公然睡在一起。法国人未必赞成这些行为,他们只是觉得这不关自己的事。理查德·赖特在1953年对《乌木》(Ebony)杂志[1]的采访者说:"每个美国黑人的一生中,种族意识的负担就像他背上的一具尸体。当我走下巴黎的火车,我才卸下它。"

种族主义在法国无疑也存在,在那些不可能的地方、不经意的时刻被人碰上,但它不是"我们这里不招待黑人"或者"我不把房间租给黑人"那种顽固的、丑陋的种族主义,也不是美国南方制度化的种族主义,包括实行种族隔离的公共汽车和快餐店。从这一点来说,欧洲提供了某种自由,以及更古老和深刻的生活观。在新世界的眼里,欧洲古老的石头和风俗都包含某种慰藉。鲍德温也许并不希望按照他从巴尔扎克和福楼拜那里学到的社会习俗那样生活,但他明白这些习俗存在的理由。

作为艺术家之都,巴黎也吸引着其他艺术家。有几位黑人作家已经或即将来到那里:小说家威廉·加德纳·史密斯(William Gardner Smith)、弗兰克·耶比(Frank Yerby)和切斯特·海姆

---

[1] 《乌木》是一份美国月刊,由约翰·H. 约翰逊创立于1945年,专门报道黑人的新闻、成就与生活方式,每年评选100位最具影响力的美国黑人。——译注

斯（Chester Himes），还有记者奥利·哈灵顿（Ollie Harrington）和理查德·吉布森（Richard Gibson）。画家赫伯特·金特里（Herbert Gentry）和演员兼歌手戈登·希斯（Gordon Heath）也在。博福德·德莱尼在20世纪50年代初来到巴黎。许多爵士乐手也来了，有些是因为他们无法在美国工作。当然，理查德·赖特也在巴黎。

鲍德温的飞机在城市上空盘旋几圈后，终于在机场降落，对一个初次坐飞机的人来说，就像过去了几个小时，然后他坐火车来到市中心。一位格林威治村的朋友在那里接待他，直接把他带到圣日耳曼和双叟咖啡馆。理查德·赖特和另一位男子坐在另一桌。他一见到自己年轻的门徒，脸色顿时一亮，像往常一样跟他打招呼——"嘿，孩子！"

鲍德温和赖特此时还是朋友。鲍德温可能觉得他在巴黎需要赖特，也知道赖特几乎不需要他，他可能还觉得自己来到导师的城市是某种尴尬。他一边压制自己的羞耻感，一边攻击赖特。

但这是以后的事。此时此刻，他很高兴见到这位伟人，同样高兴的是，他被介绍给聚集在他们桌前的其他年轻作家。有人带他去了圣日耳曼大道对面的龙街上一家小旅馆，他在那里住了几晚，然后搬到了维尔纳伊街靠近河边的一个更便于社交的地方。

*

代我向杜蒙夫妇问好。并告诉吉米，我会到戛纳去把钱兑现，给他寄一些，他要付清我二月的房租和洗衣费，请他尽快到这个令人愉快的地方来。我知道他会喜欢这里……他可以安静地工作。

这段话写在 1949 年 2 月寄给英国女人玛丽·基恩（Mary Keen）的一封信里，来自她的一位美国友人。他们都是鲍德温在维尔纳伊酒店认识的年轻人之一，维尔纳伊酒店是一栋七层高的小楼，位于圣日耳曼德佩区，在维尔纳伊街和博讷街的拐角上，靠近塞纳河。在这样的旅馆里，人们可以住得很便宜，比如这里没有严格禁止在房间里做饭，也接受客人常住——不过对鲍德温来说可能永远都不够便宜。杜蒙夫妇就是经营这间旅馆的科西嘉家族成员[1]。

几个星期以后，尽管他显然已经答应跟他慷慨的美国朋友在南部会合，仍然不见他的踪影。玛丽的朋友写道：

> 我们期待着吉米很快到来，给他留好便签才出门，在他床边的桌子上放上大麻，为晚餐多买了点小牛排，等等。但他一直没来。如果在你收到这封信的时候他还没出发，那就帮我杀了他！

那次他没去蔚蓝海岸，却在 1949 年 5 月穿越英吉利海峡，试图在伦敦建立和杂志社的联系（他给玛丽·基恩写信称，伦敦是一座比巴黎"更沉重的城市"），10 月 26 日，他又踏上一场预计以丹吉尔为终点的旅行。"午夜时分，在里昂火车站，他们都要

---

[1] 后来，鲍德温在 1958 年写的小说《游子情》（*This Morning, This Evening, So Soon*）里给一个保姆起了杜蒙夫人的名字——和真正的杜蒙夫人一样，她的家乡是"科西嘉的某个地方"。1990 年，杜蒙夫人仍在经营维尔纳伊酒店。

第五章

走了",奥托·弗里德里希(Otto Friedrich),一个刚到巴黎的年轻纽约人,在他的日记中记道:

> 塞米斯托克利斯和一个相貌平平但看起来身家不菲的美国女孩待在一起,吉米和沙夫在酒馆喝白兰地,所以我也来了一杯。我问吉斯克在哪儿。他们说她在看行李,因为这可是一列开往土伦而不是里维埃拉的火车,车上都是水手,车厢里还有两个粗鲁的人,所以他们不想把行李单独留在那儿。

这次旅行的成员中包括吉斯克·安德森(Gidske Anderson),一名挪威记者,鲍德温对她颇生好感,还有塞米斯托克利斯·霍蒂斯(Themistocles Hoetis),一个来自底特律的小个子,眼睛明亮,剃着光头,头上戴一顶贝雷帽。他有希腊血统,为了延续家族荣誉才改了这个名字。他也有写作的野心——事实上他将在鲍德温之前出版自己的小说《离开的男人》(The Man Who Went Away,1952年),而且当时他正参与创办一本名为《零点》(Zero)的小刊物。同行的还有另一位有抱负的作家、《零点》的联合编辑阿萨·本维尼斯特(Asa Benveniste),以及他的未婚妻、画家皮普,但最后他们推迟出发。

"终于到了发车的时间,"奥托写道,"每个人都挤在火车上,有人还在依依不舍,引擎开始轰鸣了……"

此时,玛丽·基恩的美国朋友已经在大西洋的另一边。当她从玛丽那里得知这次壮游的消息,她气急败坏地写道:

我希望这会是一件好事,希望吉米会在丹吉尔重新开始写作。但我觉得他不会,被艾尔、皮普、塞米斯托克利斯和吉斯克包围着,事情也不会按照它应有的样子发展。我已经得出结论,吉米是一个彻头彻尾的愚蠢的傻瓜(就算可能是暂时的)!他唯一的魅力和可取之处是他总听你的话,同意你的观点,似乎理智上对你跟他说的任何事情都很有兴趣(尤其是那些关于他的事),从而表现甚至塑造出一个迷人、可亲、极端聪明的人的样子。同时他也是一个"可爱"的人,他的诀窍是把自己所有可能的麻烦都藏在袖子里,然后把它们像头皮屑一样拂在你身上——只是吉米总有麻烦,以至于当你必须处理它们并且帮助他解决它们的时候,只会隐约而徒劳地感到谄媚,诸如此类。看看这次旅行就知道了……他究竟以为自己在做什么?他怎么跟自己解释这桩荒唐、肮脏的事?他撒谎。日复一日,他把时间用在撒谎上面,关于现实,关于他是谁,关于他能做什么、将要做什么,关于他身边的每一个人。

然而,这次旅程他连丹吉尔都没去成。先是塞米斯托克利斯弄混了船期,他们发现必须在马赛等一周,才能继续航行。另外,船票的价格比预期的更高,这样等他们到了那里,就几乎身无分文。更严重的是,鲍德温病倒了。因此,当塞米斯托克利斯在马赛等着继续去丹吉尔时,鲍德温和吉斯克·安德森退回到邻近的艾克斯-普罗旺斯,他们在那里的米拉博酒店找到了便宜的住宿。奥托·弗里德里希在他的日记中记下了这一系列事件:

11月9日……沙夫收到了吉斯克的信,信里说吉米病了。起初他们以为只是吉斯克所说的被"臭虫"叮了,但后来情况越来越糟,他不得不去医院。他们说是腺体发炎,必须动手术。

11月14日……吉斯克写信说现在吉米已经好些,但他们还不知道他是否需要手术。她说他们已经放弃去丹吉尔了……她的英语依然很奇妙。她形容吉米的医院是"拥挤的、肮脏的、毫无效率的,闻起来就像一个马厩"。

吉斯克身材高大,金发碧眼,而鲍德温身材矮小,皮肤黝黑,他们常对人说她是他的"未婚妻"。他是她见过的第一个黑人,起初,他对她来说就像"一个来自神奇的冒险之地的人"。很快她就喜欢上并仰慕他,她喜欢他的魅力、他的严肃,还有他那一小堆个人藏书——和那些更富裕的美国人冷漠的占有欲截然不同。在她眼里,鲍德温是那种会反复阅读莎士比亚和《圣经》的人。

多年以后,吉斯克写下了她关于他们在艾克斯度过的那段日子的记录,其中描绘了一幅可爱但偶尔也令人心碎的画面。在巴黎,鲍德温买了一台旧的办公打字机,"就像打谷机一样大",非常笨重,很难搬动。然而他坚持带着它出行,一到米拉博酒店安顿下来,就把它放在房间里一张摇摇欲坠的老桌子上。每当他敲击键盘,"整栋酒店都能听见它的声音"。

酒店管理人员还算宽容,鲍德温得以重新开始写《圣洁的哭泣》,但后来酒店主人病重,他们要求他在老人去世前不要再敲打他的机器,他照做了。其实当时酒店里没有人会被噪声打扰,因为房间里都没有暖气，那里整天都空无一人。

我们穿着全套冬装，坐在办公桌前，努力完成一些工作，但最终还是放弃了，于是整天坐在咖啡馆里聊天，等待着。

他们在等待从巴黎寄来的钱，在钱寄来之前，他们已经身无分文，连饭都吃不上。最后，他们找到了一家愿意让他们赊账的普罗旺斯餐馆，当鲍德温被送进糟糕的市立医院，慷慨的餐馆老板还让吉斯克带着面包和水果去探望他。医生给他做手术时，吉斯克就在走廊里等着，当她看到他被"可怕的"医院勤杂工抬回病床，她觉得他简直就像一个意外落入地狱的"国王"。两周后，他回到巴黎，但尚未完全康复。

地狱之王——鲍德温给许多人都留下这样的印象。他是一位智慧、敏锐、有风度的贵族，却忍受着贫穷和偏见带来的极端痛苦和屈辱。大多数美国人来到巴黎是为了奇遇或教育。鲍德温却简直把迁徙视作拯救自己的生命。

这种干扰使他的性格变得扭曲。难以捉摸、不可信赖、反复无常、歇斯底里、自我戏剧化等等——所有这些都是鲍德温的性格特征。戈登·希斯也逃离了纽约的种族主义，在不久前抵达巴黎，他说："吉米本质上是一个演员，无论是在剧场内还是剧场外。"鲍德温本人也曾提到"所有那些名叫吉米·鲍德温的陌生人"——从诗人到演说家，从外来者到受压迫的人，这表明他对自己被要求扮演各种角色而感到困惑。朋友们也常常分不清他什么时候是在演戏什么时候不是，他到底对自己身上的哪位"陌生人"最熟悉,他们又到底是谁。

鲍德温向来热爱表演,尤其当他是主角的时候。在巴黎,他的演出仅限于酒吧和餐馆,后来又在电视屏幕上大放异彩,矛盾的是,竟完全令人信服。他有个愿望是去剧院工作,还幻想拥有一台 16 毫米的摄影机,拍摄实验电影。奥托·弗里德里希甚至在他的日记里记录了一个日期——1949 年 9 月 15 日,这是鲍德温本应以歌手的身份为阿拉伯区一家夜总会开幕的日子(后来就没有下文了,他可能并没去)。

尽管如此,这位首席演员表现出一种惹人怜爱的谦逊和脆弱。当时在世界劳工组织担任翻译的玛丽·基恩记得,鲍德温住在维尔纳伊酒店的那段日子充满了疾病和混乱。前一年他生病,年长的杜蒙夫人照顾他,允许他在酒店享用免费伙食,这个善举令他终生难忘。他混乱的生活方式已然臭名昭著。他借东西从不归还,他总是爽约,他付不起自己房间的租金,却住在玛丽的房间,在她的床上跟别人幽会,不管对别人的钱还是自己的,他都一样不负责任。"他从来买不起烟酒,更别说吃饭。他会跟人借钱,当然,他还不起。"玛丽·基恩说。

他借钱和不守约的习惯并不讨人喜欢,但只要他在朋友的对面坐下,手里拿上一杯酒,他就会变得幽默、亲密、魅力四射,便又会得到原谅。

除了玛丽·基恩之外,维尔纳伊酒店那群人里还有一些有抱负的作家,比如埃利奥特·斯坦恩(Elliott Stein)、弗雷德·摩尔(Fred Moore)、阿萨·本维尼斯特和赫伯特·戈尔德(Herbert Gold)、吉斯克·安德森和她的朋友博斯利·布罗特曼(Bosley Brotman),以及一个名叫查理的法国无政府主义者。他们都是白人。

玛丽·基恩说,跟鲍德温一起在酒店和花神咖啡馆度过许多夜晚的朋友们,都不把他当成黑人。不过,尽管鲍德温没有表现出自己是个异类,却强迫自己面对黑人的身份,把低人一等的自嘲技巧融进自己的机智。玛丽·基恩记得,陌生人总是以为他是一名爵士乐手——这是他们对所有在巴黎的黑人的定义,她和鲍德温开玩笑编出来的一个假书名就是,《不,我们不吹小号》。

在这段时间认识鲍德温的人常用紧张、不可靠、滑稽这些词形容他。那时另一位熟人记得他"非常丑陋":"他的鼻子里可以插进一根骨头",安·比尔斯坦(Ann Birstein)说。她现在是纽约的一名小说家,当时她和鲍德温都是艾琳·盖斯特(Eileen Geist)和斯坦利·盖斯特(Stanley Geist)在维尔纳伊街上的公寓举办的文学聚会的常客。"不管什么倒霉事,他都会碰上。但吉米从头笑到尾。他非常风趣。"那时好像挺流行给不存在的书乱起名字。比尔斯坦说:"我记得我们给吉米想的书名是,《一个读亨利·詹姆斯的黑人》,当时这是一个很大的笑点。"

未必所有人都觉得有那么好笑。鲍德温会跟着笑,公开展现他接受自己是打趣的对象,当然他也意识到这些玩笑背后有真实的部分。可他也在努力摆脱"年轻黑人作家"甚至"年轻黑人"这样的描述。无情地称他是鼻梁上插着骨头的野蛮人,只会强化这种分类。鲍德温深知把他人对自己恶意的看法内化的这个过程。他理解自己诗作中的"黑姑娘"为何张大嘴巴,然而他的理解并不总是与人共通。

离开花神咖啡馆后,这群人可能会去戈登·希斯位于修道院街上的民谣俱乐部,那里的观众用打响指来喝彩,而不是鼓掌。

或者，鲍德温会去圣日耳曼大道南侧的白雪皇后酒吧，那里的客人主要是他当时口中的"摇摆的男人"。但鲍德温不喜欢遵循白人黑人、男人女人的区分，比如，他会带着他的女性友人去白雪皇后。有五个姐妹的他，喜欢女性的陪伴，也很容易跟女性交朋友。来自纽约、比他大一岁的博斯利·布罗特曼就是其中之一。据博斯利·布罗特曼（现在随夫姓怀尔德）说，他们曾是短暂的恋人。对此，鲍德温曾在文章中坦白："我第一次摆脱了没有一个美国白人能够真正理解我的恐惧这个念头。"

"吉米总能从内心深处发出笑声。"吉斯克写道。女人们被他的幽默与智慧吸引，很多人也欣赏他坦率地表达自我感受的特质。此外，他还经常需要人照顾，杜蒙夫人和吉斯克这些女性都"像母亲一样关怀他"，还有玛丽·基恩，她因为在维尔纳伊酒店用英国炖菜喂养饥饿的作家们而名声在外。

然而，从艾克斯回来后，鲍德温不得不重新找房子，因为他在维尔纳伊的房间被别人占了。他住进巴克街上一间阴暗、潮湿的旅馆，吉斯克·安德森写道："这个房间大得像城堡里的舞厅，楼梯和地板踩上去后发出吱吱嘎嘎的声音，走廊里弥漫着一股霉味。"圣诞节快到了，这对"如胶似漆"的情侣想要庆祝一下，来一棵圣诞树、一顿圣诞大餐——可惜大餐只能"用我们那只小火炉"来烹饪。

跟事情后来的结果和他的遭遇相比，鲍德温的确应该认为那是一场国王规格的盛宴。就在圣诞节前几天，吉斯克路过巴克旅馆去找他。

> 旅馆老板一如既往地伏在他正在写的那几本神秘的书

上,头也不抬地回答我。吉米不在。这并不奇怪。但是,当第二天他又给了我同样简短的回答——"他出去了",晚上是这样,第二天早上也是这样,后来又有好几次——我就开始担心了。我试着跟他打听吉米到底有没有回过旅馆,有没有见过他,但他的回答总是让人觉得吉米刚出门一样……一天下午五点,我遇到我们共同的一位朋友,对方告诉我吉米被关进监狱了,而且已经关了好几天。

指控很轻微,和导致这项指控的事件一样滑稽。鲍德温因涉嫌持有赃物而被拘留,赃物是一张床单。床单是一个新认识的美国朋友送给他的,从右岸一家旅馆偷来,很快就到了鲍德温床上,他写道,这样做是为了"让巴克大酒店注意到自家床单令人不适的状况"。

警方接到失主的报警后,迅速展开调查,来到巴克街,找到了最近才认识鲍德温的那位年轻的美国白人的房间。警察后来又被带去鲍德温的房间。无知的房客热情地邀请警察们继续搜查,很快发现了他们要找的东西。

鲍德温为自己的清白抗辩,但还是被送进了弗雷斯纳监狱——巴黎郊外一座哥特式建筑,在那里度过了圣诞节,"悬在某种虚空中,在我妈妈的炸鸡和冰冷的监狱地板之间"。一周后,案件被提交法院,在节日的欢乐氛围中,他被无罪释放。

在那篇《巴黎的平等》里,鲍德温把自己塑造成查理·卓别林的形象,总是处在失败的一方,以乐观的态度忍受着不断累积的不幸,这种乐观是建立在这样一种信念上,即不会有比这更糟糕的事情发生了——尽管总是会有的。这是他最有趣的文章,但幽默没有掩盖它严肃的目的。在弗雷斯纳的历险让他深感不安和屈辱，也给他上了宝贵的一课，让他意识到欧洲这个庇护所的脆弱：那些在法庭上听到偷床单的故事时发出笑声的人，正是那些——

> 总认为自己安全，远离所有的不幸（的人）；对他们来说，生活的痛苦是假的。我在美国经常听到这种笑声，我才决定要找一个再不会听到这种笑声的地方。在巴黎的第一年，当我深切地意识到这种笑声是普世的笑声，从来不会消失之时，我的人生，在我自己的眼里，就以一种深沉、阴郁、冷漠和解放的方式开始了。[1]

也许我们应该假定，这次痛苦而"解放"的成年礼包含后见之明的成分，因为这篇文章写于事件发生五年以后（《巴黎的平等》1955 年 3 月首次发表在《评论》杂志）。从另一个同样具有隐喻性但更直观的角度来看，在他出狱之后，人生确实"开始了"——他恋爱了。

1949—1950 年，瑞士人吕西安·哈伯斯贝格尔（Lucien Happersberger）在白雪皇后酒吧邂逅鲍德温时，年仅 17 岁。他未经父母同意，离开洛桑的家来到巴黎，在那里自己想办法谋生，间或被男人和女人"包养"。

鲍德温一眼就看上了他英俊的外表、无所顾忌的寻欢以及对待享乐的好胃口。吕西安不爱读书，但他思维敏捷、机智幽默，

---

[1] 本书中《巴黎的平等》一文中的内容，均引自《土生子札记》一书的中文版《村子里的陌生人》，2023 年由南京大学出版社出版，李小均译。——译注

善于察言观色，弥补了鲍德温拥抱一切、有时很幼稚的信任。吕西安本能地无视性别的界限：他喜欢女人，也喜欢男人，最重要的是，他喜欢做爱。

鲍德温首先把吕西安当作朋友，其次是弟弟，最后是情人。但哈伯斯贝格尔坚持认为，前者才是他们关系的主要养分。它在接下来的四十年里持续着，在鲍德温未来人生的每一幕里，哈伯斯贝格尔都扮演着重要角色。"我们是好兄弟，"他说，"我们完全接受对方本来的样子。这很难得。我们不是恋人，也没有同居。"

无论鲍德温有时看起来多像一个波希米亚和性解放者，他都坚持着自己的爱情理想。"吉米非常浪漫，"哈伯斯贝格尔说，"他有一个安定下来的梦想。坊间似乎传说在 20 世纪 50 年代，我和他在巴黎同居——后来我也听他自己对其他人这么说，但我没有。我们每天都见面，但从未在巴黎一起生活。"

两人都继续交往别的人，1952 年夏天，吕西安的女友告诉他，她怀上了孩子。"我跟吉米说，她怀孕了，我该怎么办？他是个虔诚的新教徒，他说，'那就娶她'。"

没过多久，新晋的哈伯斯贝格尔夫人就为她的丈夫生下一个儿子，他受洗的名字是卢克-詹姆斯，他父亲和教父的名字被连在了一起。

第六章

鲍德温第一次踏足巴黎的那天，和理查德·赖特一起坐在双叟咖啡馆的人，正是塞米斯托克利斯·霍蒂斯，他是《零点》杂志的创刊编辑。这位年轻的黑人作家即将抵达左岸的消息启发了霍蒂斯，他打电话给赖特，带他去圣日耳曼大道碰头。

赖特自己也曾编辑过一本小刊物，他同意为《零点》撰写一篇文章。在双叟咖啡馆重逢后，霍蒂斯把鲍德温带到龙街上一家廉价旅馆。他们彼此欣赏。霍蒂斯个子不高，有一双顽皮的眼睛，愿意尝试一切。他也在写小说。两人的会面不仅带来了友谊，还促成了鲍德温在巴黎的第一篇文学约稿：《每个人的抗议小说》（"Everybody's Protest Novel"）。

这篇文章收录于《零点》1949年春季的创刊号，也成了这本杂志至今被人们铭记的原因之一。克里斯托弗·伊舍伍德（Christopher Isherwood）、肯尼思·帕琴（Kenneth Patchen）、威廉·卡洛斯·威廉斯（William Carlos Williams）以及赖特本人都为这期杂志撰文，在目录中，赖特的小说《杀死影子的人》（"The Man Who Killed a Shadow"）排在鲍德温的文章之前。

鲍德温自认为深度参与了杂志的运作，甚至在1953年的一封信里用"我们"来指代编辑部，但其实他和杂志的编辑或运营都没什么关系。他的身份就是撰稿人之一。他的第二篇随笔发表在杂志的第二期；《土生子札记》的写作开始于 1952 年，直到 1955 年才完成，最初打算投稿给《零点》（最终发表在《哈泼斯》杂志 [Harper's]）；剧本《阿门角》（The Amen Corner）第一幕的初稿发表在 1954 年 7 月第 6 期（后来为了演出又进行了彻底修改），而到那时，编辑部已迁往美国 [1]。

《每个人的抗议小说》探讨的是抗议小说本身，主要聚焦在哈里耶特·比彻·斯托的小说《汤姆叔叔的小屋》上。鲍德温认为这本书"非常糟糕"，它对黑人的描写感伤且不诚实。书中的黑人角色通过让皮肤变白来彰显他们的教养，而且，如果他们是男性，他们的男子气概都会遭到训诫，忍耐则被视为奴隶所能拥有的主要美德。斯托夫人的小说没有回答"唯一重要的问题：到底是什么，促使白人犯下此类暴行？"

在文章的最后，鲍德温介绍了另一部以黑人为主角的小说——理查德·赖特的《土生子》。鲍德温冷静地对待他的导师，他认为赖特笔下的主角比格·托马斯不过是汤姆叔叔的后人，"是汤姆叔叔的肉中之肉，刺中之刺，但他们是完全对立的形象。若将《土生子》和《汤姆叔叔的小屋》对照，可以发现，当代黑人小说家和那个死去的新英格兰女人似乎卷入一场生死攸关的永恒战斗之中，一方声嘶力竭地发出无情的规劝告诫，另一方高声

---

[1]《零点》出版到第七期（1956 年春），刊载了华莱士·史蒂文斯（Wallace Stevens）、保罗·鲍尔斯（Paul Bowle）、戈尔·维达尔和艾维·康普顿·伯内特（Ivy Compton Burnett）的作品，然后便停刊了。

咒骂"[1]。

这是他的论辩中一处有趣的转折，不过也是尾声，这篇文章如今被视作讨论抗议文学的经典之作。它标志着鲍德温的书评生涯宣告结束，尽管这也仅是他试着写过的为数不多的长篇文学批评之一。

他将文稿的一份副本寄给了威廉·菲利普斯，后者代表《党派评论》接受了这篇文章，尽管他们对鲍德温没有第一时间把这篇文章交给他们略有不满。《每个人的抗议小说》首先在巴黎发表，当理查德·赖特读到这篇文章的时候，他颇为不解——在所有年轻黑人作家，尤其是被誉为"下一个理查德·赖特"的鲍德温眼里，《土生子》难道不是一座丰碑、一种可能性的尺度吗？于是他生气了。

"赖特对《零点》事件非常愤怒，"霍蒂斯说，"他认为我们陷害了他。我说我们没有陷害任何人。我们不过是发表了一位前辈黑人作家的小说，又发表了一位年轻黑人作家的随笔。事情就是这样。但他非常生气。"

1949年春天，就在这篇文章发表的当天，鲍德温漫步走进了双叟咖啡馆在圣日耳曼大道对面的利普啤酒馆。赖特已经在里面。他把鲍德温叫到他桌前。

> 理查德指责我背叛了他，不仅背叛了他，还因为我攻击了抗议文学的概念，背叛了所有美国黑人……理查德认为我试图毁掉他的小说和声誉，但我从不认为这两者是可以被毁

---

[1] 本书中《每个人的抗议小说》一文中的内容，均引自《土生子札记》一书的中文版《村子里的陌生人》，2023 年由南京大学出版社出版，李小均译。——译注

掉的，更别提是被我毁掉。

鲍德温声称他主观上无意谴责赖特的小说，他写道，"我甚至没有批评它"。这番话不免有些虚伪，因为他几乎是一离开利普啤酒馆、结束和赖特不愉快的交流以后，就着手写另一篇文章《千千万万的逝者》（"Many Thousands Gone"），篇幅是前一篇的两倍，围绕着《土生子》的诚实展开了持续攻击。

一方面，鲍德温只是在尽一个文学评论家的职责，阐述他对这部作品的看法，其真正的价值如今已被过誉所掩盖：《土生子》远非一部进步的黑人小说，而是一部倒退的作品。鲍德温剖析了作者在道德上的摇摆不定，无力判断他的主人公到底是对还是错，他认为正是这种不置可否，让《土生子》"纠缠于美国黑人生活的形象"。大托马斯——或者说他后来的分身们，因为鲍德温曾准确地预言，赖特只能重复他自己——除了再制造一起血腥谋杀案外，没有其他更坚决或更有创造力的事情可做，作者其实和哈里耶特·比彻·斯托一样：赖特也回避了"唯一重要的问题——到底是什么，促使白人犯下此类暴行？"

鲍德温小心翼翼地告诉《党派评论》的联合编辑菲利普·拉赫夫——《千千万万的逝者》也发表在这本刊物上，他不希望这篇文章被解读成对理查德·赖特的攻击。无论是否属于有意攻击，他们之间的紧张气氛只会因为新的批评而加剧。

为什么这段曾经和睦而富有建设性的关系会发展成如此困难的"社交场面"？赖特是一个敏感的人，他缺乏鲍德温的幽默感，对自己在文学界的地位尤其在意。他认为鲍德温比自己小16岁，又是个新人，竟敢批评他的作品，这不恰当。他将此视为对他的侮辱，尤其是考虑到四年前他曾帮助这个孩子获得奖学金。

鲍德温最初视赖特为父亲，也因此成了他灵感和帮扶的来源，但到了某个程度，他就成了障碍。当年那个年轻传教士的父亲曾是传教士，而现在这位年轻作家的"父亲"是一位作家。和大卫·鲍德温一样，赖特不知不觉阻碍了这位奇才的成长，即使他自认为是在帮助他。他是世人衡量这位年轻人成长的一杆标尺。后来，鲍德温就指责赖特让下一代黑人小说家无话可写——这并非赞美之词。因此，紧张、惶恐而又雄心勃勃的鲍德温，正如一位朋友所说"随身携带着所有可能的麻烦"，跃跃欲试地拿起量尺，用它来抨击大师，也就不足为奇。

然而赖特本可以对此置之不理，把鲍德温的评论当作一个忘恩负义、肆无忌惮的新星的闹剧。尽管他没有这样做，没有从他们尴尬的丑闻中全身而退，但我们至少必须考虑到这样一种可能性，即鲍德温在他的书面陈述中夸大了赖特的愤怒。鲍德温称之为"可怕的战争"，但根据赖特自己的说法，在他留下的关于这段关系的唯一记录中，这只是单方面的战争。他希望澄清的是，实际上鲍德温对他的愤怒远大于他对鲍德温的。

以前从未有人研究过赖特这边的版本，原因很简单，所有证据都是由另一方收集：鲍德温有六篇文章都波及赖特（其中四篇专门讨论他），而赖特从未在公开发表的作品中提及鲍德温。不过，1960年11月8日，赖特在巴黎美国教会的一次公开演讲中，提到了这位年轻的作家，这是他在当月底辞世之前的最后一次公开露面。这篇演讲讨论了巴黎黑人知识分子之间的关系，其中讲述了他和鲍德温之间一次十分激烈的争吵。

时间是1953年，赖特正在双叟咖啡馆和小说家切斯特·海姆斯喝酒，海姆斯此前只是读过鲍德温的作品。赖特告诉海姆斯："第三位黑人作家加入了我们"，跟他一起的还有"一位普特曼夫人"。虽然在他发表演讲时，两人已经相识16年，鲍德温也已声名鹊起，赖特在讲稿中却一直拼错鲍德温的名字（以及普特南夫人的名字，她是詹姆斯·普特南的妻子，曾任国际笔会美国分会干事）：

> 我必须告诉你，在我和切斯特·海姆斯以及鲍温之间存在着某种紧张关系，它源于我们对种族关系的看法。对我们来说，鲍温的作品似乎带着某种负担——身为黑人的歉意，我们总觉得在他那些敏感的句子之间，回荡着一种不太男子气的哭泣。现在，切斯特·海姆斯和我都不再是这样的人。海姆斯是个自然主义者，而我不管多么业余，也是个心理学家。鲍温、我和海姆斯之间的这种紧张关系，从来没有被提及或被直接写出来，直到那天晚上。
>
> 那天，我们四个人——那位白人女士、鲍温、海姆斯和我——坐在一起喝着啤酒。
>
> "我想和你谈谈。"鲍温对我说。
>
> "当然，为什么不？我在这呢。"我说。
>
> "你觉得我写的那篇关于你的文章怎么样？"鲍温问。
>
> 我想起了那篇文章。我没理解鲍温文中关于我或针对我的论点。他的文章谈到了身份认同的问题，我不明白他为什么对自己的身份认同感到困惑。我认为我是黑人，一个美国黑人。而鲍温对这铁一般的事实提出了质疑。
>
> "鲍温，我不知道你在那篇文章里说什么。"我轻声说，

试图用微笑来缓解言辞中的震惊。

鲍温瞪着我。

"别把我当孩子了。"他警告。

"你在说什么啊?"我问道,还笑了一下。这下糟了。我的笑声激怒了他。

他一跃而起,用手指着我的脸,大喊:

"我要毁了你!我要毁了你的名声!你等着瞧!"

"你在说什么?你在说什么?"

"我说我要毁了你!"鲍温尖叫起来。

"告诉他,吉米,告诉他!"那位白人女士、鲍温的朋友怂恿他说。

"为什么你不告诉我呢?"我质问她。

"他正在替我跟你说",白人女士说,她的脸上洋溢着一种溢于言表的恨。

"上帝啊!"海姆斯站起来惊呼,他擦了擦前额的汗水,然后说,"失陪一下。我要去附近街上走走。我受不了了。"

他离开了。由于我是被攻击的对象,我不能离开。我坐下来,同情地看着鲍温。

"听着,伙计,忘了我吧,"我请求他。

"我要毁了你。"他歇斯底里地发誓,一遍又一遍。

我什么也没说。任由他在大庭广众之下辱骂我。最后,鲍温和他的白人女朋友起身离开了。海姆斯重新回到我身边。

"太可怕了。"海姆斯叹了口气。

"好吧,我想,公开说出来总比私下里盘算更好。"

在门外谈话

我说。

"可他是当着那个白人女人的面说的。"切斯特·海姆斯说出了我们共同反对的核心。

"问题就在这里。"我说。

是陈述事实还是报复？就"攻击"而言，这可比鲍德温发表的任何内容都更卑鄙，最后那句嘲讽算是致命一击：鲍德温对赖特的怨恨和忘恩负义，被解释成黑人的自我厌恶。

然而这个故事符合实情吗？鲍德温当然会发脾气，甚至会报复。他承认自己对赖特的情感从偶像崇拜降为了怜悯，两位作家关系不和在巴黎也是众所周知。但没有人认为他们之间的争吵已经恶化到如此危险而恶毒的地步。据赖特的遗孀埃伦说，这位年长的小说家直到生命的最后一刻都对鲍德温保持着好感，他经常回家说起自己在街上遇到鲍德温的愉快经历。而鲍德温本人在1952—1953年写信给他的出版商，他说应该给理查德·赖特寄去一本他即将出版的小说——"为什么不呢？我和他关系很不错。"在生命的最后阶段，鲍德温也鼓吹过这样一种观点，即他和赖特的关系从未像外界描述的那般是戏剧性的敌对：1984年，当一位采访者问及赖特，他回答"我们早年间对立的那段时期，我认为被夸大得离谱"。

因此，让我们听听当时在场的其他人的看法吧：切斯特·海姆斯也写了一篇关于这次会面的文章。海姆斯是从监狱里开始他的写作生涯，他因持枪抢劫而服刑，1953年才来到巴黎。更晚些时候，他和鲍德温才成为挚友，在这次事件之前，他们并没有见过面。这些细节告诉我们，事件发生的时间和地点与赖特的描述相符,尤其是普特南夫人的到场。然而两人的说法也有很大出入,首先,在海姆斯的版本里,在双叟咖啡馆的会面并非偶然,而是鲍德温安排的,他给赖特家里打了电话(海姆斯当时在场),要问他们借十美元。同样根据海姆斯的说法,普特南夫人不仅是鲍德温的"白人女性朋友",还是鲍德温和赖特共同的友人,去双叟咖啡馆见鲍德温,意味着赖特要推迟他原计划出席的鸡尾酒会——当晚的酒会正是由普特南夫人本人举办。

我们匆匆赶到双叟咖啡馆,发现鲍德温正在圣日耳曼教堂对面的露台上一张餐桌旁等我们。我有些惊讶地发现,鲍德温是个矮小、严肃、十分激动的年轻人。迪克高傲地坐了下来,立刻开始对鲍德温发难,鲍德温极力为自己辩解,以至于他开始结巴,脸和身体都开始发抖。我坐在一旁看着他们,迪克扮演着肥猫的角色,逼得鲍德温去扮演颤抖的老鼠……突然,一大群人向我们走来。我抬起头,惊愕地发现普特南夫人也在其中……没过多久,普特南夫人和她所有的朋友们就已经找到了问题的核心,并且开始站边。所有女人和大多数男人都站在鲍德温一边,我想,主要是因为他看上去如此渺小、紧张而脆弱,迪克则如此自信、优越和残忍。随着时间的推移,当他们离开我们去吃晚饭,鲍德温和迪克仍在争吵,我坐在一旁,看着往来的人群。后来,我们沿着大马路走,去了一家马提尼克咖啡馆。时间已经接近午夜,我们还没吃饭,但讨论仍在继续。鲍德温似乎已让迪克筋疲力尽,我也喝得酩酊大醉。在我离开之前,我记得的最后一件事是鲍德温说:"儿子必须杀死父亲。"当时我以为他失去了理智，但最近这些年，我逐渐明白了他的意思。

这两个版本都是在他们描述的这件事发生很久之后才写下。鉴于它们的差异，甚至很有可能的是，鲍德温本人在《唉，可怜的理查德》("Alas, Poor Richard")一文中所指的是同一个场合，他写道："曾经，有一个晚上……理查德、切斯特·海姆斯和我出去喝得大醉。那是一个美好的夜晚，可能是我认识理查德以来最难忘的一晚。"不过，也许我们最好相信切斯特·海姆斯，因为他是没有利害关系的一方，而且他的叙述具有赖特的故事所缺乏的生动而清晰的细节。

在赖特去世后，鲍德温写《唉，可怜的理查德》这篇文章时，主要的关切是探究自己和赖特之间分歧的本质。他迂回地完成了这一点。他接受了后来被大做文章的"父子"关系，这篇三段式文章的第二部分"流放"（原为赖特的讣告）的结尾，和鲍德温纪念自己父亲的文章《土生子札记》十分相似。后者的结尾是：

> 我多么希望，父亲一直在我身边，这样我就可以从他的脸上找到答案；如今，父亲已逝，只有未来才会给我答案。

与《流放》的结局一比：

> 无论他是谁，无论你在哪里，愿上帝与你同在，理查德，愿他帮助我赢得你教我开启的争论。

即便考虑到时间的流逝（距离赖特描述的那次会面，已经过去了七年），以及死亡总令人心软，这个表述都和"我要毁了你"相去甚远。

《唉，可怜的理查德》在某些地方具有讽刺性，甚至残酷，但它的主要动机并非出于恶意。鲍德温一如既往地努力从混乱中找出意义，把一些事物记录在案。如果这个过程会在别人身上留下一些小伤痕，那就随他去吧。《唉，可怜的理查德》中冷静的笔调，经常和激起它的强烈情感两相抗衡，然而这种情感并非怨恨。

鲍德温列举了一系列他自己和其他人对赖特的抱怨：他不懂爵士乐；他不了解非洲；他自认为是白人；他在自己讨好的法国作家面前，夸大自己的重要性；他对其他旅居海外的美国人对黑人的偏见抱有幻想；他与美国种族问题的现实脱节；他让曾经敬重他的年轻作家感到厌倦。诸如此类。从这里我们可以看出，鲍德温和赖特之间的分歧不仅在于儿子和父亲之间。评论家们有时会援引"弑父"这一古老的指控，似乎它可以解释这两个极其复杂的人之间关系的全部。它包含了一定的真实性，但实际上它不过是一桩众所周知的罪，以及一种假设。本质上，他们的争吵是为了更切实的东西：作家的社会和艺术责任。

赖特和鲍德温是不同时代的人，对于作家在社会中所应扮演的角色有不同的看法。赖特属于20世纪30年代诞生的那一代"坚定的"左翼作家。他曾是一名共产党员，必要的时候他还是会加入甚至创建一个组织，组织抗议或者发表演讲。他多年来一直被联邦调查局监视，即使在巴黎，美国政府对他生活的干扰仍在继续。比如，1951年11月，美国大使馆通知国务院，说赖特"会不择手段引起人们对普遍的种族歧视的关注，尤其是这个问题在美国的表现"。一名联邦调查局特工指认他"声称共产党可以选择捍卫民权"，还说共产党"在劳工和法律等领域帮助过黑人"，以及"美国需要一个革命党"。

据切斯特·海姆斯说，就在和鲍德温见面当天，赖特还在家里接待了参议员约瑟夫·麦卡锡（Joseph McCarthy）、非美活动委员会[1]调查员大卫·希恩（David Schine）和罗伊·科恩（Roy Cohn）这几位不速之客。甚至鲍德温也在不知情的情况下，被联邦调查局的线人利用来诋毁赖特：1951年12月16日，在赖特创办的法美联谊会的一次会议上，有线人报告，公开反对赖特的主要是詹姆斯·鲍德温，他"抨击赖特作品中的仇恨主题"。

赖特对鲍德温在《零点》杂志里批评他的回应，必须放到这种更大的、不安全的情境里来看。经历了一生的骚扰和歧视之后，赖特已然四面楚歌，他出于本能地选边站。他知道谁是他的敌人——联邦调查局、中央情报局、麦卡锡、科恩，然而当他的朋友和门徒也反对他时，他的情感网络短路了。

至于鲍德温，相较起来他是一个美学家（要到后来他自己才意识到政府安全部门的力量）。20世纪四五十年代，他认为作家的位置不是在讲台上，而是在书桌前。他的职责是洞察统治行为背后的隐秘法则，进而影响它，并将自己的理念转化为艺术作品。他应该努力成为"那些一无所有的人之一"，这是他从自己的新偶像亨利·詹姆斯那里学来的格言。赖特会斥责他，"你又

---

[1] 众议院非美活动委员会（House Committee to Investigate Un-American Activities, HUAC），成立于1938年，旨在调查美国公民个人、公职人员以及被怀疑与法西斯主义和共产主义有联系的组织涉嫌的不忠和颠覆活动。——译注

开始说这些为了艺术而艺术的废话",他坚持认为所有的文学都是抗议。而鲍德温回答,文学可能都是抗议,但并非所有抗议都是文学。

要是赖特能克制他那什么都要理解的偏执,他也许会选择无视鲍德温及其批评。但鲍德温无法无视赖特。赖特曾经象征着他所能取得的成就,但如今在他看来,赖特是一个堕落的作家——既过时,也与现实脱节。赖特曾经是偶像,现在地位已不复从前,鲍德温只能把他当作反面教材。"小心点",他在《唉,可怜的理查德》中告诫自己,"对你来说,时间也在流逝","也许有一天,这也会发生在你身上"。

第七章

当理查德·赖特抱怨鲍德温"敏感的句子"中回荡着"一种不太男子气的哭泣",我们可以认为他指的就是鲍德温的同性恋身份。根据赖特夫人的说法,她的丈夫对同性恋一般毫不宽容,他至少在一封信中对鲍德温的性取向表现出"厌恶"。鲍德温的终生挚友伯纳德·哈塞尔记得,《去山巅呼喊》在杂志上先刊出节选时,赖特在巴黎对此有过一句评价:"是的,他能写。但他是个基佬。"

鲍德温也曾被贴上其他标签:"黑人""贫民窟的孩子""狂热的教徒""私生子""同性恋"。没有标签能丰富人,标签只会限制人。无论鲍德温的性取向是什么,都不能用基佬这个贬义词来概括。鲍德温从来没有隐瞒自己的同性恋身份,也没有把自己的性取向作为一种政治姿态。他只是坚持做自己的自由,拒绝接受正统观念,后者会给他各种各样的定义,比如怪胎、变态、兔子、某种基因失衡或病变的受害者——以及后来的说法"同性恋"……一个人一旦接受了这些定义,就会损坏他对自身的感受和理解。

他在《乔瓦尼的房间》里首次用小说的形式处理了这一

主题，但在此之前的许多年，在为《零点》杂志撰写的一篇文章中，他就曾针对同性恋在美国文学中的表现形式——主要是被压抑的形式——展开了相当大胆的讨论。《保存天真》（"Preservation of Innocence"）这篇随笔不如《每个人的抗议小说》那般知名，发表在 1949 年夏季号。文章为同性恋者辩护，反对以他们"背离了繁衍生命的功能，追求不育的结合"为由指控他们"反自然"。

文章的第一部分从哲学角度探讨了"自然"这一概念，以及为了将同性恋排除在外对这一概念进行的种种扭曲。第二部分，鲍德温调转方向，开始探讨文学。他引入詹姆斯·M.凯恩（James M. Cain）和雷蒙德·钱德勒（Raymond Chandler）的美国"硬汉"小说，来说明他的观点，即同性恋"眼下的堕落以及我们对他们的执念，与两性关系的堕落分不开"。硬汉小说的流行证明了这一点：

> 我们完全不可能相信凯恩或钱德勒笔下的任何一个英雄爱他的女孩，而我们有大量证据表明他想得到她，但这并不是一回事，并且，他真正想要的似乎是报复……在这些精力旺盛的作品中，女人是未知数，是性恶魔的化身，是持刀的笑匠。

他最初打算把这篇文章作为一个长篇中的一部分，题目听起来雄心勃勃，叫作《新道德研究》。这个项目并未完成，但《每个人的抗议小说》和《保存天真》这两篇并置在一起，做出了一些关键性的论断：肤色与性别，是美国人头脑中决定性的思维定式，由于个人创造国家，所以这两者也是美国历史的思维定式。在美国人受困的灵魂深处，是他们对血缘的否定（因为鲍德温相信美国的确是一个大熔炉，"融合"的过程"在子宫里"就已发生），以及他们对情欲本能中主要因素的压抑。

这是鲍德温自己国家的历史中两个重大的反题，他将在未来的小说和非虚构创作中继续追寻它们。

正是在巴黎的生活激发了他表达这些颠覆性思想的信心。然而，尽管巴黎给了他写作的勇气，却没给他什么空间。鲍德温从一家冰冷狭窄的旅馆搬到另一家，没什么隐私，也没多少钱，他发现自己很难安顿下来写小说。巴黎很适合生活，很适合聊天，这是鲍德温真正的技能之一，对工作却并不有利。问题就出在享乐。左岸的社会主要是咖啡馆的社会，人们很容易从一个聚会转到另一个，如果鲍德温恰巧不在吕西安身边，他也总能找到同伴，如果他身上没钱，也总能找到一个乐意请他喝酒的人。

当然，还有双叟咖啡馆和花神咖啡馆，尽管价格不菲，却时常聚集一众艺术家和学生，且又完美地坐落在圣日耳曼大道的中心。茶余饭后，人们可以去"雅各布的梯子"，戈登·希斯经常在那里唱《挑一包棉花》这首歌，他身后厨房里的厨师会跟着节奏制作蛋奶酥；或者去"修道院"，希斯是那里的老板；还有"伊内兹"，由歌手伊内兹·卡瓦诺（Inez Cavanaugh）经营，特色是爵士和炸鸡；以及"白雪皇后"，那里净是一些摇摆的男人。下午时分，人们可以去摩纳哥咖啡馆，一家开在奥德翁家乐福拐角处的小咖啡馆，离赖特夫妇在王子先生街上的寓所仅一箭之遥；或者去图尔农咖啡馆，图尔农街上一个狭小、通风不畅的去处，黑人作家切斯特·海姆斯、威廉·加德纳·史密斯和理查德·吉布森都喜欢去那里。据吉布森说，赖特习惯在下午四点钟路过图尔农咖啡馆，"喝杯咖啡，玩一会儿弹球机。他把他的贵客带到那里，有时还颇威严地给那些迷途的黑人青年传道授业"。

鲍德温并不常去图尔农。吉布森记得原因："他在那里左翼的氛围中感到不自在。而且，许多图尔农的常客对同性恋并不同情。"

1949年夏天，奥托·弗里德里希在他的日记里描述了那些日子典型的"工作"场景：

> 八月十七日……七点半在皇家饭店见到吉米，莱昂内尔（阿贝尔）也来了，吉米说："我最喜欢的知识分子来了。"阿贝尔很高兴，我们一起去马比永街上的巴斯克餐厅吃晚饭。虽然价格不菲，但味道很好——吉米和我吃了一份牛胸脊肉，配马德拉酱和蘑菇汁，阿贝尔买了一瓶桃红葡萄酒……烦人的是，阿贝尔和吉米不由得谈起理查德·赖特，这个话题我已经听过无数遍。他们还在重提吉米在《零点》上发表的文章，阿贝尔还在为赖特辩护……阿贝尔很有魅力，谈兴也很浓，他谈起亨利·詹姆斯、福楼拜、福克纳、西里尔·康诺利、莱斯利·费德勒和毕加索时，都夜不能寐，而老一辈法国作家对年轻的法国作家没产生什么影响。
>
> 晚饭后，吉米和我准备去看一场电影——博耶和沙利文主演的《芳华虚度》，但电影院在巴比伦街的最远处，阿贝尔一路上都滔滔不绝，等我们赶到电影院时，结果发现电影是九点开始不是十点，而现在已经十点半了，于是我们又回

到皇家饭店，阿贝尔还在讲（格雷厄姆·格林、萨特、贝尔纳诺斯，等等）。

我们谈起米尔顿·克隆斯基，他想成为诗人，阿贝尔用列宁的话说他是"拿着笔的流氓"，结果他突然出现，趾高气扬，于是我们都无视他。然后是一个叫尼娜什么的女孩，刚听了马勒的《大地之歌》，还刚看过一场斗牛，非要给我们讲讲。再然后，一个叫特德的人骑着一辆双人自行车来了，自行车的另一半上坐着一个叫齐格弗里德的人，他当天下午刚从鲍德温先生那里拿回他的短篇小说，鲍德温让他把这些小说撕掉，因为它们太糟糕了，尤其是里面关于一个世界著名的钢琴家没有小手指的那篇，因为他的经纪人埃尔博先生，为了宣传，让他把小手指切掉了（而他不是在开玩笑）……

八月十八日……斯蒂芬，写出那本糟糕小说的人，正怨声载道，因为写不出下一本书，他说，"干脆你卖给我一份手稿吧？"我说："我不卖给你，但我可以给你写。"吉米说："我可以给你写一份稿子。"然后我们就说要为斯蒂芬合写一本畅销书，卖给电影公司。斯蒂芬说他是认真的，我们说我们也很认真。斯蒂芬说他已经拿到了 1000 美金的预付款，而他一句台词都没写，他该怎么办？我们说他应该给我们每人 400 美金，我们可以写 100 页来证明预付款的合理性，然后我们就可以拿到成书版税的一半。斯蒂芬说："大仲马都这么做了，我为什么不能？"……

他走后，吉米和我开始构思这部伟大的小说，书名就叫《我第一次见到巴黎》，一个真实而真诚的青春爱情故事……

第七章

我们分别时，这位大师和我一起庄严发誓，我们真的会干成……今天下午，我写了六页纸。吉米读后大笑，阿贝尔读后也笑了。但吉米一句话没写过，斯蒂芬也再没出现，那个混蛋。

这种胡闹固然非常有趣，却没有成效。一坐在书桌前，鲍德温就会被咖啡馆诱人的谈笑声吸引出门，但只要进了咖啡馆，他就明白自己应该待在书桌前。

因此，在 1951 年底，他和吕西安·哈伯斯贝格尔跑去了瑞士。吕西安的父母在洛桑附近的山区小镇洛伊克巴德拥有一间小木屋。洛伊克巴德因其富有疗效的温泉而闻名，海拔 4630 英尺，冬季终年积雪。鲍德温一直想找个安静的地方完成《去山巅呼喊》这本书，吕西安为了说服父亲允许他们整个冬天都住在小木屋里，不得不要了个花招。

> 我从一个学医的学生那里拿来别人的肺部 X 光片，带着吉米，一起去了瑞士。我把"我肺部"的这些 X 光片拿给父亲看，假装我的肺结核已经痊愈，需要去山里疗养。我们就是这样到了洛伊克巴德，住进了母亲祖传的木屋。父亲每周还寄来 50 瑞士法郎。1951 年的整个冬天都是这样度过。吉米重写了《去山巅呼喊》，完成了它。

鲍德温是这个只有几百人的小村庄里出现的第一个黑人，当地人毫不掩饰他们的好奇。他们想要摸他的头发，看看是否带着刺。他们想要摸他的皮肤，看看是否可以擦掉那层黑色。他们把他和非洲联系在一起，一直跟他说他们传教工作的最新进展，以此认为可以把捐款用来为上帝"购买"非洲儿童。在教堂之外，乐善好施的村民会自豪地告诉鲍德温："我们今年已经买来了六个。"

洛伊克巴德的居民不仅从未见过黑人，也从未见过打字机，这更增添了鲍德温的独特性。哈伯斯贝格尔回忆说，这台打字机给住在楼下的人带来很大噪声，他只好把他们带到楼上，让他们好好看看这台神奇的机器，以及操作它的那个奇怪的小个子黑人。

在到达瑞士之前，鲍德温一度就快放弃他的小说。这部小说已经耗费他八年时间，以各种方式被拒绝了好几次。这打击了他的信心。但在哈伯斯贝格尔家的小木屋里，小说的各个部分逐步成型。在接下来的三个月，在白雪皑皑的高山中，他打磨出终稿，于1952年2月底将其寄给了他在纽约的经纪人。

当他打出这本书新的扉页——在此之前一直被叫作《圣洁的哭泣》，他想的当然是那首福音歌曲《去山巅呼喊》，但在瑞士的一次遭遇又给这个名字增添了新的内涵。哈伯斯贝格尔带鲍德温去了一次小型登山探险，鲍德温在登山过程中滑倒，哈伯斯贝格尔说，他差点摔死。吕西安是一位经验丰富的登山者，当鲍德温卡在一个不稳的位置，他拉着鲍德温的手，跟他说话，直到他平静下来，才哄着他起身站稳。他们攀登这一侧山峰是背阴面——因此被冻得很结实，十分危险，但当他们安全抵达新的落脚点，高原上突然出现了美妙的阳光，映照在柔软的雪毯上。宛若天堂。

鲍德温会告诉人们："《去山巅呼喊》的名字就是这么来的。"哈伯斯贝格尔则觉得这很典型，鲍德温需要这个故事及其戏剧效果，来合理化在山坡上的惊险一幕。"他说得好像这是一个奇迹。但这种事情经常发生在登山者身上。他很喜欢讲这种自己亲身经历的故事。"

《去山巅呼喊》一书的开篇就带有自传色彩：约翰·格兰姆斯，和父母、兄弟姐妹一起生活在贫穷的哈莱姆，向上帝宣誓自己的忠诚。他已被拣选出来，长大后要成为一名牧师——"像他父亲一样"。他早已对暴虐的加布里埃尔唯命是从，加布里埃尔并不是他的亲生父亲，在这位清教徒的统治下，他实际上和周围那些在街上玩闹的男孩女孩们隔绝开来。加布里埃尔·格兰姆斯偏爱自己的亲生儿子罗伊，而约翰是"一个陌生人，活生生地见证了他母亲身陷罪孽的日子"。在加入教会以前，约翰的主要慰藉是母亲的爱。

评论家的一个恶习，就在于从小说中寻找根本不存在的自传性。有些读者受到《去山巅呼喊》的开篇与作者本人生活相似之处的鼓舞，继续把它当作纯粹的自传来读，甚至从理查德（约翰那位死在美国南方的亲生父亲）这个人物身上得出结论，鲍德温知道父亲的身份，理查德在小说里的命运，就是他自己一生的命运。

这种粗糙的解读可以置之不理。但是，除了这些细节——约翰将成为一名牧师，像他父亲一样；父亲管他叫"青蛙眼"，说所有的白人都是邪恶的，等等——我们在阅读鲍德温的小说处女作时，在多大程度上有把握将其视作对他自身经历的讲述？鲍德温本人对此又有什么话要说？1953年2月，这本书出版前一个月，他接受《密歇根纪事报》的访问，似乎否认了《山》这本小说中有任何自传性的内容：

> 从父亲葬礼那天起，我就一直在酝酿这本书。我父亲的葬礼并未在小说中出现——也和它毫无关系，到现在亦是如此。坊间有一种很大的误解，认为作家是把生活中的人写进书里，事实并非如此……如果我不认识我父亲，如果我不曾生活在哈莱姆，我不会写这本书。这显而易见。但是，小说家不是肖像画家，他处理的是现实的变形。

这似乎是一个完美的例证，轻信一个作家谈论自己的作品是愚蠢的，尽管鲍德温还说过这样一段话：

> 我想《山》可以算做一首情歌——一次爱的告白，因为我花了这么多年才理解大卫·鲍德温……《山》的创作源于一对特殊父子之间的紧张关系。不管他是不是我的亲生父亲。

两段话之间隔了三十二年，处理这种矛盾最好的办法也许是说，《山》作为一部小说作品保持了完整性，同时浸润着深刻的自传式情感，而在写作这部小说期间以及完成后的几个月里，鲍德温已经远离了这种感情。

《山》的第一章，把约翰对父亲的憎恨和他自己的罪恶感联系在一起："父亲经常说他长了一张撒旦的脸……他盯着自己的脸，仿佛已经认不出自己，而它很快就真的变成了一个陌生人，一个掌握着约翰永远也无从知晓的秘密的人。"小说的这一部分以哈莱姆为背景，发生在他们家以及这家人所属的临街教堂——

受洗之火礼拜堂之间。小说的第二部分追溯到南方,紧凑地介绍了约翰的祖先们包括他的母亲和继父的历史,小说的第三部分则主要描绘了约翰在教堂"打谷场"上度过的漫长一夜,他恳求耶稣"带他过去",拯救他。

"主啊,从此我不再是
一个陌生人!"

是的,黑夜已经过去,黑暗势力被击退了。此刻,他走在信徒中间——他,约翰,已经回家,成为这群人当中的一员。

《去山巅呼喊》是鲍德温在技术上最纯熟的小说,也是他最严谨的小说。其中没有理想化和多愁善感,没有生硬的语调和冗长的对话,甚至没有道德狂热,这些缺点部分或全部地出现在他后来的小说中。这部小说有一种冷静的完美,它的另一面则有些生硬和拘谨。约翰富有同情心,但缺乏热情,他的南方祖先的生活场景(鲍德温并未见过),欠缺色彩和氛围。行文中充满圣经典故和黑人灵歌的歌词,通过一种紧张而痛苦的意识流,让约翰童年时期的欲望和感受同灵歌的劝诫形成了鲜明对比:一边是"把你的信仰托付给主",另一边是"你当留遗嘱给你的家"。如果说他的叙事中还缺少一种元素,也许是孩童视角的奇异与温和。但由于约翰的童年本身就缺乏温柔的影响,作者的声音缺少这些也就不足为奇。

人最高级的奉献必须献给上帝,但世俗之爱在小说中也占据了中心位置。它集中体现在17岁的教友伊莱沙身上:"约翰上课时一直盯着他,崇拜他嗓音的质感,比自己的声音更低沉,也更有男子气概,也崇拜在那身礼拜日制服之下,伊莱沙优雅苗条、黝黑强健的身体。"在最后的部分,当约翰躺在祭坛前的地板上,他感受到"对圣洁的伊莱沙涌起一股爱慕之情。欲望,如同一把锋利而可恨的射刀,盗用了伊莱沙的身体,躺在他躺下的地方"。

同性恋主题在鲍德温第一部长篇小说中并不显著。故事的焦点在肉体和精神之间不断跳转,语言却充满了感官的吸引力。在小说的结尾,两位年轻人从教堂走出来,伊莱沙攀着约翰,分别时,伊莱沙还亲吻了这位新"教友"的额头:

> 太阳此时已经完全升了起来。它正在唤醒一条条街道、一栋栋房子,在一扇又一扇窗边呼唤着。它照在伊莱沙身上,仿佛一件金色的袍子,也照在约翰刚刚被伊莱沙吻过的额头上,像一个永恒的无法磨灭的印记。

就在这一刻,约翰转身离开了盯着他的不苟言笑的父亲,因为他意识到,父亲永远不会原谅他不是自己亲生儿子的"罪",也永远不会给他像伊莱沙那样的爱,他赖以生存的爱。正是接受了这一点,再加上伊莱沙"无法磨灭"的印记和他自己神圣的救赎,约翰在他14岁生日的第二天早上获得解放,走上了自己的道路:"我准备好了……我来了。我在路上。"[1]

---

[1] 关于约翰·格兰姆斯的虚构生活,还有一个鲜为人知的奇闻,那就是在《去山巅呼喊》出版的三年前,这个人物就以18岁的年纪出现在短篇小说《先知之死》中(《评论》杂志,1950年3月)。鲍德温在1965年出版的小说集《去见那个男人》中没有收录这个故事。

第七章

到 3 月中旬，鲍德温的小说已经他在纽约的经纪人之手，送到麦迪逊大道上阿尔弗雷德·A. 克诺夫（Alfred A. Knopf）出版社的办公室。那里第一个读到这本小说的人是宣传总监威廉·罗萨·科尔（William Rossa Cole）。科尔只是偶尔参与编辑工作，但他早就知道鲍德温，在杂志上读过鲍德温的随笔和小说，他对这部小说给予了热情回应，小说此时仍有两个书名：《去山巅呼喊》和《圣洁的哭泣》。尽管对最后一章还有保留意见，他还是准备赌一把："我希望看到我们出版这样一本书（和推出这样一位小说家）。我怀疑这是关于哈莱姆一系列著作中的第一本……他是周遭为数不多的令人兴奋的年轻作家之一。"

然而科尔几乎是克诺夫出版社里唯一对这部小说给予高度评价的人，要不是他的影响，《去山巅呼喊》很可能不会被克诺夫出版社出版。第二位读者阿瑟·奥格登（Arthur Ogden）承认他并不认为鲍德温"像比尔·科尔说的那样是令人激动的天才……我认为他的稿子离出版还差得远"。手稿从奥格登这里又转到了主编哈罗德·施特劳斯（Harold Strauss）手里，他说"这绝对不是我喜欢的书"，他在稿件记录表"最终决定"一栏中写道，"这是绣花，不是叙事"。但他还是空着"拒绝"的选项，将手稿交给了另一位读者。

这次是公司的资深编辑菲利普·沃德林（Philip Vaudrin）。沃德林注意到鲍德温"毫无疑问的才华"，但他同意奥格登的看法，认为这部小说目前还无法出版。不过他对这本书有足够的信心，授权了"一小笔投资"，条件是鲍德温收回书稿，再次修改。这笔 250 美元的投资相当于"装订费"，等于是 1000 美元预付金中的一部分，只有在小说改到出版社满意为止，才会全额支付。

对一个初出茅庐的小说家来说，这不能算是坏消息。鲍德温从瑞士回到巴黎，他的小说被有条件地接受，促使他在旅馆安顿下来，搭乘第一班船返回纽约。在鲍德温在巴黎生活的四年里，他的许多朋友都回到了美国，有些甚至回国后又返回了巴黎。但对他来说，回去的路只有一条——拿到一份出版合同。这是他的骄傲与决心使然。1952 年 4 月，当他和塞米斯托克利斯·霍蒂斯一同登上"法兰西号"邮轮，即使他没有正式签合同，但至少有克诺夫出版社确认他们对他的书真的感兴趣，这在当时已经足够。

事实上，他用来支付酒店欠款的钱是通过霍蒂斯所谓的"欺诈"筹来的，其中包括马龙·白兰度（Marlon Brando）和《零点》。"他在美国曾见过白兰度几次"，霍蒂斯说：

> 但白兰度如今已经功成名就，这意味着吉米要去见一个他相逢于微时的名人。为此他还要靠我。我是那个做杂志的小希腊人，但手头没钱。我们想说自己都很穷，都想把这件事做起来，这是白兰度"为艺术"做贡献的机会。于是这就是敲诈白兰度的借口。
>
> 吉米在双叟咖啡馆接上我，然后带我去海豚街附近的巴黎美术学院酒店。我当时并不知道怎么回事，但不管吉米跟白兰度说什么，我都在那里附和就行。随后门房打来电话。白兰度下楼来到大厅。你好。你好。然后吉米就开始了他的兜售……他在帮我办一本小杂志。我们没有钱。我们想出版优秀的年轻诗人和小说家等人的作品……钱却不够。我们向他道谢，事办成了。

第七章

鲍德温和白兰度多年来保持着密切的关系，这笔账在友谊中得到偿还。如果说是白兰度帮他上了船，那么还需要他的弟弟大卫帮他下船。七天之后，当"法兰西号"停靠在纽约码头，鲍德温——他旅途中的大部分时间都跟霍蒂斯介绍给他的迪兹·吉莱斯皮（Dizzy Gillespie）在酒吧里度过——已经没有什么钱留给服务员作为礼貌但必要的小费。只好交给大卫来付。

不管能不能出书，鲍德温一家仍住在哈莱姆西131街上一栋脏污的廉租房的五楼，鲍德温夫人还在替人做卫生，正如家中大儿子痛苦地意识到的那样。1949与1950年之交，奥托·弗里德里希在一次回家探亲时，给鲍德温的母亲打电话，邀请她和自己以及未婚妻普里西拉共进晚餐。他提议大家在吉米常去的一个地方见面，也就是格林威治村麦克杜格尔街和布利克街上的圣雷莫餐吧。

> 大约七点钟的时候，我离开酒吧，来到旁边的餐厅，想看看鲍德温夫人是否已经到了，我是否应该预订一张桌子。和酒吧一样，这里也是一个普通的地方，但里面已经坐满了吃意大利面的客人。我环顾四周，没有发现鲍德温夫人的踪影，于是找到领班，说我正在等我的未婚妻和一位朋友的母亲，一位中年黑人女士，当她们到时请他告诉我。
> "哦，对不起，先生，"他说，"我们不能这么做。"
> "不能做什么？你什么意思？"我是真的没搞懂。
> "我们这里不能服务黑人。"
> "这是为什么？"
> "这违反规定。在酒吧可以，但这里不行。"

"你在开玩笑吧。"我说。

"行了行了,我们并不想惹麻烦,"他说,"你只能去别的地方。"

鲍德温回到纽约肯定会发现,一切都不曾改变。1948年将他赶出国门的噩梦般的力量,现在仍在追击他,并将在夏天结束之前,迫使他再次离开美国。

然而鲍德温夫人无法离开,在弗里德里希轻描淡写的讲述方式里,她那不露声色的坚强,比那些逼她离开的恶毒规则更不同凡响:

> 她站在街角,身形瘦小,肤色黝黑,紧张地四下张望。她看了看我们,又看了看餐厅,似乎不知道该怎么办。普里西拉走过去对她说:"是鲍德温太太吗?"
>
> "是的,我是鲍德温太太。你们是吉米的朋友?"
>
> "是的,我是普里西拉·鲍顿,这位是奥托·弗里德里希,他们说里面都客满了,我们去别的地方吃吧。"
>
> "没关系的,我不介意,"鲍德温太太说,"我明白。"

*

7月中旬,鲍德温重新修改了他的书稿,交了出去。菲利普·沃德林读完书稿,发了一份新的报告:

> 鲍德温并没有执行我们向他提出的所有修改意见(书

第七章

的结尾和我们看到的第一版一样),但他做了许多工作,让整本书更上一层楼。他删去了一些我们都反对的"归向上帝"的场景,大幅改进了开头部分……我觉得这是一本非常有力、非常动人的书……我认为我们现在应该选择出版这本书。

只等威廉·科尔补上他的支持——他写道,"鲍德温修改得很好",出版社便起草合同,签下这本书。

鲍德温没有心情在纽约逗留。只等到在他最小的弟弟大卫的婚礼上担任完伴郎,他就在9月返回巴黎。他把从克诺夫出版社得到的剩余的预付金,花在了自己家里、跨洋航行以及再次定居巴黎左岸。他告诉比尔·科尔,自己正在尽最大努力确保冬天不至挨饿,比尔·科尔仍是他在克诺夫最亲密的联系人。谈及自己未来的文学计划,他补充道,希望下一本书的写作不会像第一次那样"艰难"。

次年年初,当他收到装订好的小说校样,得意之情早已平息,他向科尔表达了几句对编辑菲利普·沃德林压抑已久的抱怨:他决心下一次要更努力地争取修改意见。现在,他后悔当初没有反对删掉被编辑认为不堪的段落。沃德林做了一些存疑的改动,比如将鲍德温写的句子"他的心脏像锤子一般跃起"改写为"像锤子一般砰砰直跳"。文本中诸如此类的改动和错误,让他怀疑沃德林可能不是适合他的编辑。他告诉自己忠诚的朋友,科尔本人会是他的选择,然而科尔不是编辑。

鲍德温一直在巴黎找工作,但没有成功,当时他正"相当绝望地"考虑从他的经纪人、威廉·莫里斯经纪公司的海伦·施特劳斯(Helen Strauss)或克诺夫那里借款的可能性。"我想这两个机构都不会对这样的提议感到高兴。"他的经纪人寄来了一点钱,比尔·科尔借给他250美金。但1953年初,科尔又收到一封信,里面又写了一大堆关于钱的哀叹:他一直付不起旅馆的账单;他想再去瑞士写作,但旅费不够;他试图通过给法国杂志撰稿来赚钱但没有希望;等等。最后,一张意料之外的支票出现了,他终于能够付清旅馆的账单,但房租付清之后,他就没钱外出了。

当他终于再次来到洛伊克巴德和吕西安家的小木屋,吕西安本人却不在——那时他已经结婚。塞米斯托克利斯·霍蒂斯同他一起住了一个星期,鲍德温得以创作他的剧本《阿门角》,白天喝苦艾酒,夜里"胡言乱语"。不久后,霍蒂斯回到巴黎,初春时,鲍德温也回去了。5月11日,《去山巅呼喊》出版。

这本书取得了一定的成功。正如比尔·科尔预言的那样,许多评论家对作者表示欢迎,认为他是文学界而不仅仅是"黑人文学界"一位非常有前途的新成员。当然,这正是鲍德温想要的。他当时的英国友人戴维·罗斯(David Ross)在这本书出版的当口,曾在巴黎见过鲍德温,"他非常坚持地认为,自己不是一个黑人作家,而是一个美国作家,一位真正的英语作家"。

只有最狭隘的评论者才会先将这部小说杰作归入一个子类别,然后再称赞它,大部分人觉得没有必要这样做。《纽约先驱论坛报》(*New York Herald Tribune*)的评论人写道,"指出一部小说首作显示出作者的前途是废话,但是,当它的确取得了成功,又能说什么呢?"《星期六文学评论》认为鲍德温的第一部小说"写得娴熟,作者不像是第一次写小说",而他的老阵地《新领袖》的评论家写的是,"这部小说没有陷入被归类到抗议小说的危险"。

鲍德温已经亮出自己的观点,整体看来,他基本没有受到"善待黑鬼,善待犹太人"这类居高临下的对待,然而在他回首往事的时候,有时会声称自己在职业生涯之初遭受过这样的待遇。《纽约时报》将他和黑人小说家拉尔夫·埃里森(Ralph Ellison)[1]相提并论,但由于埃里森前一年凭借《看不见的人》获得了美国国家图书奖,这种比较完全是恭维。

他有资格以一种谦虚而真诚的方式感到自己"获得了成功"。他的才华受到了关注,在此后关于年轻一代小说家的讨论里,他的名字会被提及,而现在,无论他选择写什么,在接下来的四五年里,他都会得到评论界的关注。

然而,与即将发生的事情相比,再多的世俗成功都无法弥合他和欧洲居民之间的鸿沟,也无法弥合他和纽约人之间的鸿沟,他们是欧洲人的血亲,如今正热情地把鲍德温迎进他们的书房、办公室以及宾客名单。

似乎正是为了提醒自己这个"印记"——正如伊莱沙教友在约翰·格兰姆斯额头上盖的印章一样"无法磨灭",他在完成小说后写了一篇随笔,讲述他在洛伊克巴德的生活。他把这篇文章命名为《村子里的陌生人》(在他初获成功的那些日子里,陌生人这个词如此频繁地出现在他的随笔中),用它来反制自己已经被接纳、终于心安理得"获得成功"的想法:

因为这个村子,无论它多么偏僻,多么原始,它依然是

---

[1] 拉尔夫·埃里森(1913—1994),美国作家、文学评论家、学者,其小说代表作《看不见的人》(*Invisible Man*)于1953年获得美国国家图书奖。——译注

西方,是我如此奇怪地被嫁接进入的西方。就力量而言,这些人在世上任何地方都不可能是陌生人;事实上,他们创造了现代世界,即使他们没有意识到这一点。他们中间最没有文化的人,也以一种我没有的方式,与但丁、莎士比亚、米开朗基罗……有着某种联系……倒回几个世纪,他们已满身荣耀;而我在非洲,看到的是征服者到来。[1]

---

1 本书中《村子里的陌生人》一文中的内容,均引自《土生子札记》一书的中文版《村子里的陌生人》,2023 年由南京大学出版社出版,李小均译。——译注

第八章

从今以后，鲍德温始终处于四处奔波之中，离开一个避难所又去下一个，不愿长时间停留在同一个地方，一直觉得自己像个陌生人。《去山巅呼喊》出版后第二年，他去了沙特尔附近的加拉尔东，去了格拉斯，去了蔚蓝海岸，去了意大利、西班牙，最后又回到巴黎。有人说他要跟霍蒂斯一起去墨西哥，也有人说他会在圣诞节前再次回到纽约（结果他都没去）。他似乎从未在一个地方停留足够长的时间以便安顿下来工作——即使他在，他的行李也在别处。

这段时间，他曾短暂地挥霍一把，在巴黎北边的诺莱街和霍蒂斯一起租了一套公寓——他跟比尔·科尔显摆，"我再也不用住旅馆了"——这暂时提振了他的士气。戴维·罗斯在巴黎给伦敦的玛丽·基恩写信说："吉米也在这边，看起来过得很安逸，几乎可以说奢侈。"罗斯是一个记者，也属于混在维尔纳伊酒店的那帮人，他在鲍德温穷困潦倒时认识他：

> 人们显然期待吉米能够回报过去的恩情，可他做不到。有一次，他跑去西班牙，据说是为了躲债！他现在的境况当

然和从前完全不同，但也远算不上富裕。他打算给母亲买间房子，帮助抚养他那一群兄弟姐妹。吉斯克讲的关于他如何成名的故事，会随着她的心情而变化：有时他是个吸血鬼，欣然接受她所蔑视的俗人们的赞美；有时他又完全不为所动。我只跟他说过几句话，他的高傲就让我很不适。

感情生活与写作生活，鲍德温每时每地都被他这两种执念主导着。两者都趋于某种无政府状态。霍蒂斯回忆说，诺莱街公寓里的不速之客络绎不绝，其中包括一名高级警官，鲍德温的书信，则证明还有许多未完成的写作计划。

他的灵感很容易涌现，同样容易消失。他告诉出版商，完成《去山巅呼喊》之后，他在写两篇短篇小说，又放弃了他原本要写的两部长篇。他还放弃了《新道德研究》，给《零点》杂志写的随笔《保存天真》原本应是其中的开篇。在给科尔的另一封信中，他概述了一项关于黑人书信的批判性研究，从废奴主义者到理查德·赖特，此后也没有下文，科尔原本希望他写一本关于哈莱姆的书，亦没有任何进展。

吊诡的是，在一团乱麻中，《阿门角》诞生了，这部剧作以传教士玛格丽特修女的客厅和街边教堂为背景。玛格丽特把儿子培养成虔敬的教徒，让他成为一名教会钢琴师，但她那位不务正业的丈夫、爵士乐手卢克一回家，便搅乱了他们的生活。

鲍德温对他在克诺夫出版社的编辑菲利普·沃德林的不满，经过激化已经发展成对立。他的出版商准备把他打造成下一个"黑人小说家"，他们想出版他的第二部小说。一本关于哈莱姆的非虚构也欢迎，甚至短篇小说集也可以接受——可以卖给杂志，还能被视作一本小说的前奏。以上任何一种作品都可以视为这位作家往前自然迈出的一步，但戏剧不是。

然而，沃德林的劝阻只会让他更坚定地完成这部剧作，并大做文章，即使这意味着他要返回纽约，亲自兜售它。（结果他做到了，《阿门角》在百老汇上演，尽管是在十二年以后。）沃德林的目光有些短浅，因为写《阿门角》的时候，鲍德温在不完全自觉的情况下，已经完成了哈莱姆和教堂里的黑人生活三部曲，在他选择的每种体裁中都有一部相应作品：首先是他和摄影师佩拉托夫斯基合作的未出版的非虚构，其次是他的小说，现在是一部戏剧。此外还有随笔《哈莱姆贫民窟》，正是这篇文章第一次让科尔注意到鲍德温的名字。

可以说，他的黑人意识基于民间，而非基于政治。鲍德温的写作不是服务于某个社会或政治理念——正如赖特和埃里森以各自不同的方式所做的那样——而是出于一个黑人青年在白人世界中的成长经验。和赖特一样，他也认识到，自己的痛苦不过是整个国家黑人们无声的苦难中的一个片段，但他绕开了抗议文学，而是遵循他早年另一位导师海明威的建议：写你所知道的。鲍德温关注的是他的社区的特殊性，以及身处其中他自己的特殊性。他写家庭，写教堂，写父子。虽然白人世界实际上并未进入这个社区，但若不是白人世界在包围和控制它，这个社区便不会是这副样子。

与此同时，鲍德温在行文中流露出一种优雅的自省和明亮的光芒，和赖特经常显得笨拙的表达大相径庭，他揭示出此前从未被看到或谈论过的黑人身上方方面面的重负，其中也包括白人的。这就涉及某种复杂的社会讽刺，因为鲍德温的大多数朋友都是白人。吕西安是白人，霍蒂斯和他的女性密友玛丽·佩因特（Mary Painter）、吉斯克·安德森和博斯利·布罗特曼都是白人，维尔纳伊酒店的那群人也是，他新近结识的另一群美国文人也是，他们的据点是艾琳和斯坦利·盖斯特在维尔纳伊街上的公寓。鲍德温在纽约的杂志编辑、出版商和经纪人也都是白人。而理查德·赖特和混在图尔农咖啡馆的作家大多是黑人，但鲍德温和赖特闹翻了，不会再去那里。去年来到巴黎的博福德·德莱尼，还有演员、民谣歌手戈登·希斯也是黑人，但除此之外，他最亲密的朋友中几乎就没有黑人了。

这是他一贯以来的作风：正如他在最早发表的那批书评的其中一篇所写，他坚持认为世界上只有一个种族，我们都是它的一部分——这也就意味着，尽量不要理会人的肤色。正常情况下，这一原则也将贯彻到他的写作中。不论他身上的黑人特质为何——他的文化比他的皮肤更重要——都会不经思索地进入他的作品，就像博福德·德莱尼的画，还有那些歌手和爵士音乐家一样。但如果想写白人，他也会写。

因此，1954 年 1 月 13 日，当克诺夫出版社这位年轻有为的黑人作家写信给比尔·科尔，提出再写一部小说的想法，他并不是简单地给人出难题。"它无关黑人"——对他来说这是一次伟大的启程，尽管他承认对此心存疑虑。事实上这部小说的主人公全是白人。他透露了这本书的名字——《给我的宝贝来一个》（One for My Baby），取自哈罗德·阿伦（Harold Arlen）和约翰尼·默瑟（Johnny Mercer）创作、比莉·哈乐黛（Billie Holiday）等人演唱的歌曲，故事设置在巴黎的美国人聚居区。他想表达出美国人所特有的不安全和孤独感，为此他不得不使用"善良的白人新教徒"这类角色。痛苦和亲身经历让他了解这种人。他继续写道，这是一个爱情故事，而且，"你知道吗——是个悲剧"。

跟前几年相比，他信中的语气发生了变化。过去，谦虚和低调是他的主要特点。他曾谦逊地对威廉·菲利普斯说："如果你有时间，可以回一下这封信。"当他把对方索要的"生平自述"作为《去山巅呼喊》的宣传材料寄给比尔·科尔时（这些文字后来成了《土生子札记》那本书的序言），他还在后记中补充说，他"一刻"也没想过他们能用它。把《千千万万的逝者》交给菲利普·拉赫夫时，他紧张地请他把它当作一篇随笔的"草稿"。

如今他对自己有更大的确信，经常表现为"自大"。毕竟，他不是已经让自己成为小说家了吗？然而，这种新的自信又不得不与过去的自卑搏斗：他对经纪人海伦·施特劳斯承认，他的新书可能听起来不令人激动，但还是要写，"因为它让我自己激动"。在比尔·科尔面前，他为自己准备了很长时间的创作计划找借口，但现在克诺夫出版社的人知道，他并没有放弃小说这个形式——事实上，他才刚刚掌握窍门。

他可能是对自己的工作计划絮叨太多，为了跟上自己突然变成小说家的步伐，他被自己的打字机绊住了。他总有这个习惯。几年前，奥托·弗里德里希曾在日记中透露，他对鲍德温能完成任何事情感到惊讶：

> 关于理查德·赖特的那篇文章，原本要在周一或周二（现在成了周三）寄给《评论》杂志[1]，现在只完成了初稿，而

---

[1] 可能是《千千万万的逝者》，1951 年 11—12 月刊载于《党派评论》。

且他还不满意。新的小说也只写到第 19 页，看起来没什么希望，尽管他还是说会在圣诞节前完成。今天下午，我去了他的房间，读了打字机上的内容，听起来又像一部《圣洁的哭泣》——有个叫加布里埃尔的人，找到了上帝，而他的母亲曾是奴隶。我问："这本新小说是《圣洁的哭泣》的翻版吗？"他说："嗯，是也不是。"

更换书名和随意开头是他创作方法中的一部分。不到一个月，《给我的宝贝来一个》的书名就改成了《给我们孩子的寓言》。某个阶段还曾被叫作《无知的军队》。最后，它变成了《乔瓦尼的房间》。

他给经纪人写了一份很长的故事概要，但此时还未提及这部小说核心的爱情故事发生在同性之间——并非他想隐瞒这个事实，只是因为作者自己都尚未察觉。这一版本的情感核心（和《乔瓦尼的房间》的终稿一样，包含勒索和断头台的情节），是一对男女之间的爱情：一个三十多岁、离异的美国女人和一位年轻、善变的演员。作为比较，鲍德温提到了海明威的小说《太阳照常升起》，但他认为自己笔下的女主人公更接近詹姆斯的小说《一位女士的肖像》中的伊莎贝尔·阿切尔，而不是海明威笔下的勃莱特·阿什利。

海伦·施特劳斯尽责地把信转给了菲利普·沃德林，她说："我相信这个消息会让你高兴。"的确如此，然而她的信心和鲍德温乐观地夸口自己已然克服了"第二部小说的焦虑"，都为时过早。

我厌倦了巴黎,但我无法忍受纽约——这是鲍德温在1953—1954年反复发出的求救信号。《去山巅呼喊》上市以后,他又回到自己的庇护所,怀着既期待又拖延的心情,再次开始念叨回家的事。先是为了《山》的出版,接着是为了秋天,然后是新年,再然后是春天。他订了1954年5月4日"法兰西号"的船票,结果因为不安引发崩溃而延期。最后,他在6月1日搭上了"法兰西号"——他上次坐过的那艘邮轮。行李箱里装着他那部巴黎悲剧小说的草稿和《阿门角》的完稿。

鲍德温6月7日抵达纽约时,正值美国黑人争取平权的斗争史上最重要的事件之一:宣布公立学校种族隔离违反宪法,推翻了早前"隔离但平等"的规定。5月17日,也就是鲍德温在勒阿弗尔登上"法兰西号"的前两周,美国最高法院做出了这一判决。

然而在鲍德温的作品中,不论随笔还是书信,都完全没有提及这一事件。初看可能令人惊讶,但我们应该记住,当时对"黑人问题"或"黑人议题"的思考和谈论方式并不相同,甚至两三年之后也在起变化,尤其是像鲍德温这样的北方人。尽管当时民权运动早已发生,但尚未形成大众阵线。当然,鲍德温很可能在巴黎跟戈登·希斯和其他朋友或者在纽约跟家里人,谈起过这一历史性的判决和相关的事,但此事在情感上还没有引起他的注意。如果有的话,那么在他笔下一定会留有证据——因为不管他的感受多么明显,他都会很快诉诸文字。两者是一体的。

不到两年时间,他就会在政治上觉醒,当南方的黑人意识到法院的裁决多么无效,斗争便蓄势待发。但到目前为止,作为黑人的一员,他从个性上不赞同任何形式的运动——不管在文学、政治或是其他方面。

在纽约，鲍德温曾和比尔·科尔夫妇在他们西54街上的公寓住过一段时间，也跟其他朋友一起住过格林威治村，经常去哈莱姆探亲。一天清晨，他和霍蒂斯（霍蒂斯从墨西哥回来，到纽约跟鲍德温会合）沿着第三大道向52街某个地铁站走去，正好遇上警察在收拾一帮年轻混混。鲍德温和霍蒂斯跟其他人一起被押往臭名昭著、被称为"坟墓"的地下监狱，关了一夜。当时他们正在53街一家酒吧停留，正要离开酒吧时，一群年轻人走了过来，手里拿着一盏灯，显然是从附近另一家酒吧或餐馆拿走的。"就在他们把灯拿给我们看的时候，"霍蒂斯回忆道，"我们所有人都被警察包围了，我们全都被捕。他们把鲍德温关在我旁边的一间牢房。他一直在叫喊。整整喊了一个晚上。我说，冷静点，吉米，明天早上会有人来救我们出去——因为他们准许我们打一个电话。我打给了我的编辑，他打给了比尔·科尔。尽管我对此感到恼火，但我肯定我们早上就能出去。但是吉米说，'我是个黑鬼，他们抓我是因为我是黑人'，诸如此类的话。整个晚上，他都极度崩溃，像个疯子。早上起来，他依然愤愤不平。"

这并不奇怪。无疑这又唤来了此前他被关在巴黎的那些记忆的幽灵——据霍蒂斯说，那次监禁对他影响很深，还有另一些更古老、更残酷的幽灵，比如"我们这里不接待黑人""你们这些黑鬼为什么不待在属于你们的上城区""我不把房间租给黑人"，不胜枚举。

第二天早上，鲍德温被法官传讯，罪名是行为不检，拒绝执行警察的命令。他被判缓刑，重获自由。

到了八月，他被安顿在新罕布什尔州的麦克道尔艺术村，在宁静的乡间发奋写作：他在森林中央有一间工作室，未经许可任何人都见不到他。午餐在12点准时送来。他告诉比尔·科尔，夜里的工作略显痛苦，因为工作室没有电灯。"缺点是该死的附近没有酒喝。"

在美国度过的这一年多时间是鲍德温的创作高产期。尽管他一有时间就写小说，但并未完成，不过他写出几篇重要的随笔，包括《巴黎的平等》（"Equal in Paris"）和《作为丈夫和同性恋者的纪德》（"Gide as Husband and Homosexual"）（再版时名字改为《男性的牢笼》["The Male Prison"]）。他还完成了《土生子札记》，后来将其用作自己第一本随笔集的书名，这本书被灯塔出版社接受——这是一家位于波士顿的出版社，规模虽小但久负盛名。与此同时，他结识了许多纽约新作家，包括威廉·斯泰伦、詹姆斯·琼斯（James Jones）（两人后来都成了他的好友）、杰克·凯鲁亚克（Jack Kerouac）和诗人约翰·阿什贝利（John Ashbery）。

他努力促成自己的剧本在专业舞台上演出，结果徒劳无功。其中爵士乐手卢克的角色，以戈登·希斯的形象为原型创作，但由于希斯当时在巴黎，鲍德温便要求他的经纪人换一个演员——路易斯·阿姆斯特朗。结果也不了了之，鲍德温告诉希斯，几乎所有人都"热情地拒绝"这部戏，提到了伊利亚·卡赞（Elia Kazan）等人的名字。

然而，1955年5月10日至19日，一部学生排演的《阿门角》在华盛顿霍华德大学上演，导演是欧文·多德森（Owen Dodson），他本人也是一位诗人和剧作家。鲍德温陶醉在这一时刻。吕西安仍是他最信任的朋友，尽管他们之间不再有亲密关系，他在前一年抵达纽约，租了一辆车，带着鲍德温的部分家人，来到霍华德大学观看了首演。

这部戏经过反复修改，但当鲍德温看到第一次排练，听到演员们说出他写的台词，他吓坏了，仿佛"被自己的作品轰炸"。陈述的部分时间太长，有些讲话冗长而做作。"我不得不开始删减，因为我意识到演员可以在沉默中完成许多事，或者，让一个词、一个姿势比两三页对话更有意义。"[1]

霍华德大学剧团是一个卓有成就和声誉的团体，曾在欧洲巡演，对他们自身来说，这部戏获得了成功。鲍德温也很高兴——他对戈登·希斯说，"这是一次极好的绝妙的经历"。但他对百老汇的失望正转变为幻灭，他猜测伦敦可能更容易接受这部戏，于是请希斯带着他的剧本横渡英吉利海峡，尝试去那里推销。希斯答应了他的请求，但没有成功，直到很久以后《阿门角》才在伦敦和纽约上演，当时鲍德温已经凭借其他作品（包括另一部剧本）成名。

他对出版随笔集的期待，远不如对学生演出自己的剧本那么激动。这些文章是"杂志工作"，脱胎于命题作文，基本上它们只是他维持温饱的方式。鲍德温不认为自己是随笔作家，而是小说家和剧作家，在《新领袖》的书评生涯结束后，他似乎很少或根本没有有意识地努力提高自己的随笔技艺。但这恰恰是关键：随笔的形式和风格，对他来说就像说话一般自然。

---

[1] 尚不确定这部戏最终在霍华德大学演出的是哪个版本，但是，《零点》杂志（1954年7月第6期）发表的最初的第一幕剧本和1965年在专业舞台上演出的文本，几乎没有任何相似之处。而后一次演出的文本出版于1968年。

他的文章很少从讨论种族关系开始，而是从其他话题入手，比如文学批评、一周牢狱生活的记述、一个男孩与父亲不愉快的关系、一张来自雪山村庄的明信片、对《波吉与贝丝》或黑人音乐剧《卡门·琼斯》的评论。在他最终形成如今已经成为他的修辞特色的过程中，这些作品都展现出一个共同的主题：如何在痛苦——仇恨和自我仇恨的痛苦——中生存下来，这种痛苦对自我的结构性破坏，比任何个体的白人所能做的都更加猛烈。

他确实从亨利·詹姆斯那里学到了标点和词汇；从海明威那里学到了简洁；从弗雷德里克·道格拉斯和他听过的所有街边布道者那里学到了如何有效地使用奇闻逸事和抑扬顿挫。以及，他从未失去黑人语言中的讽刺意味，"那些反讽的、始终被低估的东西"。

但是，他对文学形式的专注——一种深刻而引人入胜的专注——几乎完全集中在长篇小说、戏剧和短篇小说上。20世纪50年代中期，在写给科尔、拉赫夫和其他人的信中，他长篇大论地讨论了他的美学问题，而关于他的随笔（除了提及他正在写随笔，并希望得到稿费外），几乎只字未提。每当鲍德温表露出自己是一名作家，他总是把自己当作小说家。

然而是随笔为展现智识提供了空间，而非小说（尤其是鲍德温在写的那种社会现实主义小说），鲍德温的强项正是智识能力，而非想象力（这是他和他的偶像亨利·詹姆斯之间最大的不同，后者是 T. S. 艾略特所说的"用感觉思考"的典型）。鲍德温的机智给他在巴黎的朋友们留下的印象最深。戈登·希斯说："他能理解你所说的一切，并以非常快的速度和口才加以综合，以至于你最终会赞赏他对你的想法的重述。"随笔这种形式让鲍德温能够边说边写，用散乱的方法呈现他的经验，直到他找到核心的意义。

《土生子札记》释放了鲍德温的天赋——自传式的沉思，以及他愿意迎难而上接受新的棘手的挑战。其中最大的挑战就是如何在美国社会里自由地选择自己的人生道路，尽管他一再从那里逃开，但他知道自己属于那里。为了实现这个目标，摆脱他继承的"黑鬼"身份，他必须发明另一种方式来思考自我。随笔就是这种方式，《土生子札记》则展示了这个谆谆教诲的过程。

这本书在1955年晚些时候出版，当时鲍德温已经返回巴黎。书名明显附和了理查德·赖特的小说和亨利·詹姆斯的《一个儿子和兄弟的札记》——而在赖特听来，这种借鉴无疑并不恰当。小范围内的读者大多很热情。不过有一位评论家用模糊的赞美表达了批评，依鲍德温来看，他可能是最重要的评论者，他就是兰斯顿·休斯。

两年半以前，休斯曾对《去山巅呼喊》的出版做出古怪的反应。他对自己的朋友阿纳·邦当（Arna Bontemps）说，鲍德温"过度书写和过度诗意的意象，远远超出人们的想象"。他说这是一本"'艺术性的'书"，"写的却是那些并不'艺术'的人"。《山》就是"一个装在天鹅绒袋子里的卑劣故事"。

这些评价都写在鲍德温的小说正式出版之前，因为克诺夫出版社的威廉·科尔给休斯寄去一份试读本，想请他写几句能派上用场的推荐语。然而，这本书一经出版，鲍德温便被称为后起之秀，休斯转而向他表示敬意。他费尽周折通过书信在巴黎找到鲍德温，告诉他"很高兴你的书得到这么好的评价"，还特别称赞其中一章，甚至给鲍德温寄去一些他写的书评的副本，让他"拿去送人什么的"。

但是，当他要为《纽约时报》评论《土生子札记》这本书时，休斯转过头又回到了他原来对《山》那部小说的立场，只能对这本新的随笔集说出一些挖苦的恭维。他承认，比起《去山巅呼喊》，他更喜欢这本书，但这位"署名詹姆斯·鲍德温的土生土长的美国人"离"一位伟大的作家"还有一段距离。如果鲍德温能够"单纯地作为他自己、也为了他自己来看待生活"，放弃对肤色问题的执着，那么"美国和世界可能会迎来一位当代重要的评论家"。

在美国逗留期间，鲍德温的心情一如既往，阴晴不定。他带着成功的喜悦从巴黎回到纽约；他的"挚友"吕西安也跟随他回归故里；他的剧作完成了首演；另一部书稿正要交给出版商；还有一段新恋情正在萌发。然而，在《阿门角》上演时那个"梦幻般"的一周后的两个月，仍在华盛顿的他，写信给一位也观看了首演的朋友、纽约戴尔出版社的编辑爱德华·帕罗内（Edward Parone），说自己依然诸事不顺。当时他只能说一切如此糟糕，自己的厄运不至持续太久。他提到自己疑似患病，但真正伤害他的是吕西安丢下他回了欧洲。连续地推迟出行以后，鲍德温也去了，但他的情绪更加消沉。他一心想着和吕西安过上幸福、稳定的家庭生活。即便吕西安单身且同意，鲍德温很可能不久后又变得焦躁不安——更何况吕西安两个条件都不符合：他已经结婚，随时都可以回归家庭。然而，孤独和苦恼急需安全感的镇静，而最大的安全感就是爱。鲍德温很擅长谈论爱（他可以滔滔不绝专门探讨它），但当爱情降临到自己身上，他却总是不善于留住它。他的机智和魅力难以阻挡,极易吸引人,他也从来不缺仰慕者——那种愿意在花神咖啡馆请他喝一杯的人,或者伴侣。几年后,当他说没什么比无休止的征服更无意义的时候,他说的正是自己的亲身经历。

抑郁时,他习惯性地哀号自己健康不佳、心神不宁。1955年秋天,在回到巴黎后的几周里,他在信中列举了各种各样的症状。离开纽约时,他也给爱德华·帕罗内写了一封信抱怨自己的"焦虑",到了大洋彼岸,又写了一封,告诉他自己回来后一直在生病。他给戈登·希斯发信说自己的胃出了问题,1956年新年伊始,他在给比尔·科尔的新年贺信里又附带一个消息:安全地待在欧洲,在黑暗中只身一人——他早就知道自己会陷入"小崩溃"。

当时在他写的其他信里,也提到过"幻觉和恐惧""愤怒和眼泪"。在给小说家、摄影师、哈莱姆文艺复兴的白人赞助者之一卡尔·范·韦克滕的信中,鲍德温说自己被一种奇怪的微生物侵袭,因此去看了医生,陷入令人无力的抑郁。

他向帕罗内倾诉了自己对吕西安感到心碎,这是一切的根源。他登船赴欧最重要的原因就是他无法控制自己去想,如果在欧洲跟"L"待在一起会是怎样。鲍德温说,没有什么可以夺回,但同样,有些事情也永远不会消失。他并不确定眼下的状态会持续多久——太多次他试图逃开,却发现双脚无法离地。他即将接受人生中一个重大事实:无处可逃。但境遇可以被超越——而且,可能正是用那些在眼泪和愤怒中"无疾而终"的能量来超越。

鲍德温自始至终都缺钱。他告诉莱昂内尔·特里林(特里林总愿意为他扮演前辈的角色，为他申请资助背书），自己一直期待下一本书出版后，能在心理和经济状况上都获得信心。与此同时，之前那种求助仍在继续：他请帕罗内给他寄五美元、十美元，并代他"谢谢范"的支票，指的是那位摄影师。在启程去美国之前，他请求他的法国经纪人给他一万法郎，一回到巴黎，他就问比尔·科尔能否再多借给他两百美金。

这表现出一种近乎无耻的率直——鲍德温不仅几乎没有马上还钱的可能，而且他还说他之所以请求科尔而不是欧洲这边的某个人，是因为他发现自己陷入困境的原因之一，正是一直在清偿巴黎的债务。

科尔十分喜欢鲍德温，既把他当作职业投资，也当作私人朋友，因此给他汇了钱。但这笔钱从未被归还。没过多久，鲍德温就不得不开始另寻出版商。他那部爱情悲剧，最初是关于一位离异女子和一个男演员，现在改名为《乔瓦尼的房间》，虽然它仍是悲剧，仍不关于黑人，其核心的爱情纠葛变成了两个男人之间的故事。

他在克诺夫出版社的编辑们已经因为没有收到第二部以哈莱姆为背景的小说而恼火，他们担心小说中的同性恋内容会带来法律诉讼，因此决定不出版这部小说。事实上，他们（科尔不在此列）警告鲍德温说，除非他改得含蓄一些，否则没人会碰这本书。

鲍德温收到这个并不意外的消息时，绝望地耸耸肩：他写信给帕罗内说，把这本书改得含蓄，实际上就消灭了这本书。

第九章

鲍德温回到巴黎后做的第一件事就是将《阿门角》的修订本寄给戈登·希斯，他仍希望希斯能出演卢克一角。他通过信使将剧本寄到希斯居住的拉辛别墅，并在随信的便条末尾写上附言："请将您的电话号码告诉送信人。送信人名叫阿诺德，一位音乐家，一个好孩子。"

鲍德温在格林威治村结识阿诺德。有点讽刺的是，他们是由吕西安介绍认识。阿诺德曾去霍华德大学参加《阿门角》的制作，如今和鲍德温一起在巴黎，吕西安则回到瑞士，照顾他的妻儿。

阿诺德迄今为止的生活历经哈莱姆的贫民三角、军队和毒品。他比鲍德温年轻，他掉入的陷阱，正是鲍德温担心他的弟弟们将要面对的。现在，阿诺德在音乐的刺激中寻求解脱，他用的乐器是电颤琴，鲍德温把他介绍给自己认识的一些爵士音乐家，试图帮他站稳脚跟。继吕西安之后，这将是鲍德温在巴黎期间最认真的恋情。

他们在一起度过了整个冬天，毫无疑问，日渐加深的感情促使鲍德温的情绪发生了变化，但到1956年春天，他就完全变了。事实上，鲍德温的命运那时正在发生全面的逆转。首先，他有钱了——国家艺术与文学学会（NIAL）给他一千美元的资助，同时，《党派评论》也给他一笔三倍于此的奖学金。更妙的是，1955年底，他把《乔瓦尼的房间》带到伦敦，迈克尔·约瑟夫（Michael Joseph）读完之后买下这本书，并承诺无论律师说什么都会出版它。鲍德温的英国出版商看不上美国同行的胆怯，支付给他四百美元，跟他说自己会接受他写的其他任何作品（这个承诺兑现了）。

到了四月底，前一年压在他身上的各色烦恼——疾病、来自家庭的持续的精神负担、爱情和金钱上的困难——似乎都烟消云散。他因为获得了富有盛名的NIAL奖而"欣喜若狂"，以至差点忘记把那笔更丰厚的《党派评论》奖学金的事告诉比尔·科尔：它也是在五月到来，一个"快乐、快乐、快乐、快乐的月份"。

《党派评论》的资助促成了长达40页的小说《桑尼的蓝调》（"Sonny's Blues"），刊登在1957年夏季号。但资助的消息公布后，杂志发表的第一篇鲍德温的文章其实是一篇随笔，也是一场争论。争论的对象是美国最著名的作家之一：威廉·福克纳。

福克纳无意中引发了这场争论，但此刻正拼命试图制止它，它不仅涉及鲍德温，而且在全国范围内展开。福克纳在接受英国记者罗素·豪（Russell Howe）的采访时——刊登于《记者》杂志（1956年3月），谈及美国南方最近发生的一些争议事件，它们源于最高法院1954年做出的学校种族隔离违宪的裁决。黑人女孩奥瑟琳·露西（Autherine Lucy）根据宪法赋予她的新权利，报考阿拉巴马大学并被录取。然而，全州的白人都在抗议这一决定，威胁使用暴力，阻止她进入教学楼。全国有色人种协进会

（NAACP）[1]当然支持她，但此时阿拉巴马州威胁要取缔有色人种协进会，这将使黑人运动家们的组织中枢不复存在。

福克纳和豪讨论这一问题时，对黑人事业保持了总体同情的立场，但与此同时，他也对自己的家乡密西西比州表达了坚定不移的声援，那里是南方种族隔离最严重的地区之一。他能为黑人提供的唯一实际的支持，就是"慢慢来"这个已然令人厌烦的建议。他警告说，忽视这一建议的后果将是街头暴乱，"如果真要打仗，我将为密西西比与美国作战，即使这意味着要到街上去枪杀黑人。总之我不会向密西西比人开枪"。为了澄清最后一句话（难道黑人不是密西西比人吗？），豪问福克纳，是否是指"密西西比白人"。福克纳的回答几乎等于白说，他说："不，我说的是密西西比人——密西西比的问题不在于种族。"

"我种植园里的黑人兄弟会跟我一起对抗北方（指的是支持平权的白人自由派）。如果我对他们说，'去拿你们的猎枪，孩子们'，他们就会来。"福克纳的立场并没有因为这样的言论更有力。他还一再坚称，如果南方的白人们能有一些时间去反思，看到"世界正在关注和嘲笑他们"，他们就会幡然醒悟，心甘情愿地允许提高黑人的社会地位。

这种逻辑几乎不可能说服整个南方失去耐心的黑人们，停止他们（主要是和平的）抗议活动，回家去等待自由和权利自然而然到来。他们认为自己等得足够久。几个月前，14岁的爱默特·提尔（Emmett Till）因被指控调戏一名白人妇女而被处以私

---

1 全国有色人种协进会（National Association for the Advancement of Colored People）是一个全美民权组织，成立于1909年，创始人包括W. E. B.杜波依斯等，主要通过政治游说、宣传和法律诉讼等方式，促进美国的黑人民权。——译注

刑，杀害他的两名男子在法庭上被无罪释放——又把他们如何杀人的故事卖给了一家全国性的杂志。马丁·路德·金和他同事们的家都曾被投掷炸弹，他们完全有理由认为这种事还会发生。所谓体面的中产阶级白人男女，突然表现出暴民统治的倾向，为了阻止一名年轻的女孩上州立大学，他们不惜动用从吐口水到私刑的暴力手段。福克纳认为，是顽固的自尊心让南方白人做出了如此恶劣的反应（他们自古以来就不喜欢被北方人摆布），这可不是文明的美国公众期待从一位著名作家和诺贝尔奖得主口中听到的观点。

应菲利普·拉赫夫的请求，鲍德温在《党派评论》上做出回应，大胆回击这位不着边际的"牛津乡绅"。他在《福克纳与废止种族隔离》（"Faulkner and Desegregation"）一文中宣称，福克纳的"中间立场"根本不是什么立场，他一再声称自己站在黑人一边的说法也是假的：

> 他代表黑人斗争的证据在哪里？如果他和他在南方的开明同仁们一直致力于从内部摧毁种族隔离，那么当隔离墙有倒塌的迹象时，他们为什么会如此惊慌失措？一个人为什么又是怎样从一条帮助黑人的半途中走上街，然后朝他们开枪？

大家都说福克纳接受采访时喝得大醉，他后来否认了罗素·豪所写的煽动性言论，《记者》杂志亦发出否认声明。不过在那则声明的下方，还刊登着豪的进一步反驳，他说如果福克纳的言论曲解了他的想法，那么"我作为一个崇拜者……很高兴知道这一点。但我记下的就是他当时所说的"。

这种对质加剧了鲍德温对南方和白人的怨恨,因为这些人一边宣称"黑人是对的",一边又同意采取极端手段来维持现状。这是他参与政治的开端,也是他第一次公开流露出不耐烦的情绪,但到目前为止,他还是抑制住了挫败感,让位于一种以克制为本质的文学风格。

同时,这场辩论也标志着鲍德温对福克纳作品看法的转变。前一年出版《土生子札记》时,他曾对这位来自密西西比的小说家推崇备至。在这本书的序言《生平自述》中,他抱怨美国有一种谈论"黑人问题"的倾向,仿佛它是独立的事物,而不是整个社会结构的一部分。但他赞扬了福克纳以及罗伯特·佩恩·沃伦(Robert Penn Warren)和拉尔夫·埃里森的作品,人们在其中看到"至少开始了——一种更加真诚深入的探究"。

在此之后,他对福克纳及其创作的黑人题材的评论主要都是贬损,尽管他在《无名的街道》(No Name in the Street)(1972年)里对福克纳《修女安魂曲》(Requiem for a Nun)一书的批评尚称不上精炼。鲍德温说,福克纳对黑人的描写"缺乏一套微妙的细节,也许只有黑人作家才能看见黑人生活中的细微差别——福克纳只能看到黑人和他自己的关系,而不是黑人之间的关系"。这既是不争的事实,又不完全准确,但鲍德温没有停下来就此论辩,而是奉上了自己最厉害的反唇相讥:福克纳笔下的黑人形象虽然有失精妙,却"因为作者的折磨显得栩栩如生"。

《福克纳与废止种族隔离》一文,让人们注意到作为黑人代言人的鲍德温,也预示着他将参与到有关南方危机的辩论中。然

第九章

而这篇文章是他在巴黎写成的，发表时鲍德温仍住在巴黎。他从未去过他充满激情谈及的"南方"。文章发表时，他对哈莱姆文艺复兴的老将哈罗德·杰克曼（Harold Jackman）说："我仍然热爱巴黎。"在美国，他觉得自己总是走在一种恐怖的阴影中，这种恐怖从他年轻时开始就从未减轻。

继他上次回国后，其实也一成不变的巴黎，似乎开始欢迎他的归来。然而，有些东西已然改变，那就是他自己；这次重返欧洲，他发现自己并非这座伟大、解放的城市或其文化中的一部分，也永远不会是。他承认自己亏欠欧洲许多，欧洲能给予他最重要的东西就是他的自我认同。他觉得自己既不是欧洲人，也不是非洲人，甚至主要也不是黑人，而是美国人。如今，鲍德温从情感上接受了这一点——这是他唯一能够真正接受事物的方式，而且这种接受是决定性的。

事实上，《乔瓦尼的房间》正是脱胎于这一信念，书中没有一个黑人。故事的背景设定在巴黎，角色中有许多巴黎人，包括书名中出现的意大利人乔瓦尼。然而书中最重要的人物不是乔瓦尼，而是大卫，一位正直、健康的美国中产阶级青年（金发碧眼，"像一支箭"[1]），听父母的话，一心想结婚、组建家庭并开创一番事业，他在事业方面无疑也将步他父亲后尘。小说家正是在这个人物身上投入他探索的精力，而不是在那个急躁、活泼的拉丁人身上。

正如鲍德温向菲利普·拉赫夫解释的那样，他写这部小说是出于一种需要，把他认识的所有"大卫"式的人物清理出自己的

---

[1] 本书中《乔万尼的房间》的内容，均引自其中文版，2024 年由上海译文出版社出版，李佳纯译。——译注

认知系统：他们之间的团结大于分歧。大卫是他认识的几个不同的男孩和女孩的综合体，而认识他们"让我付出了巨大的代价"。鲍德温写道，只有从"他们努力揭露的东西"中找出他们试图隐瞒的部分，他自己才能保住性命。

《乔瓦尼的房间》篇幅不长，是一部缺点很多的小说，但从1956年秋天首次出版至今，一直受到读者的欢迎。小说的源头之一来自一起1943—1944年发生在纽约的谋杀案，涉及一个名叫卢西恩·卡尔（Lucien Carr）的男人和一个为他痴迷的年长富翁戴维·卡默勒（David Kammerer）。一天晚上，卡尔和卡默勒在哈德逊河边散步，卡默勒开始性骚扰。随后两人发生争执，卡尔刺伤了他的追求者，将他的尸体抛入河中。

这桩案件还牵涉到杰克·凯鲁亚克和威廉·巴勒斯（William Burroughs），杰克·凯鲁亚克在卡尔向他坦白后，跟卡尔一起去了电影院，威廉·巴勒斯则建议卡尔自首，找个好律师。但这已经超出鲍德温的兴趣范围。让他着迷也让他反感的是，一个男人面对另一个男人的抚摸，竟可以杀人。在卡默勒的求爱被拒绝后，据传他对自己的欲望对象说："如果你不爱我，那就杀了我。"

鲍德温并未成功地将这些戏剧性融入他的故事，尽管乔瓦尼最后被送上了断头台——这也是受一桩真实事件的启发（根据鲍德温后来的采访）。鲍德温真正的关注点在别处：首先就是为了写出跟詹姆斯·M.凯恩和雷蒙德·钱德勒那类硬汉小说不同的小说，正如他曾在《保存天真》一文批评的那样，在这些小说中，同性恋的出现仅仅是一个表达厌恶之情的借口。

《乔瓦尼的房间》是第一批用讨论异性恋所允许的坦率来处

理同性恋主题的美国小说之一（也许，把人物设定成全是白人是作者和自己的好战保持距离的一种方式）。事实上书中没有露骨的色情描写。确实，除非在最下流之徒的眼里，书中几乎没有任何在今天看来耸动的内容。它之所以持续流行，更可能的原因是它恰切的寓言式结构和与之相应的恰当的道德警示。

小说的情节很简单：大卫在巴黎，而他的未婚妻赫拉在西班牙旅居。在一间酒吧里，他被介绍给乔瓦尼，后来两人一起出城，最后睡在了乔瓦尼那间小屋的床。乔瓦尼主要的性取向是同性恋，但他在意大利曾与一名女子同居，并生下一个孩子，最终，他对爱的反应超越了性别意识。而对大卫来说，这一经历虽不是第一次，但也令他困惑，因为社会不接受一个男人对另一个男人的爱。

为了确认自己的男子气概，他引诱一个可怜的女性熟人上床，然后，当他的未婚妻从西班牙回来，他又故意躲开乔瓦尼；后者开始卖淫，犯下谋杀罪，最终被送上断头台。与此同时，大卫在酒吧里猎艳，试图勾搭水手，他和乔瓦尼一样都是受害者，甚至更惨，因为他的死亡是灵魂之死。他的惩罚者不是社会中无情的法律机器，而是自己与生俱来面对爱情时的无能为力。

这是一个传统、典型的美式主题：《乔瓦尼的房间》设置了清教主义、克制和勇气、冒险之间的一次冲突，以及随之导致的丧失纯真。这个情节构成了十九世纪小说中常见的准寓言故事，它在这里归结为大卫面临的一个抉择：是不顾等级、财富或社会地位，献身于他所爱之人，还是向他的未婚妻赫拉妥协？如果他把乔瓦尼带回家，父亲会做何反应？如果他跟赫拉一起回家，他又会有什么感觉？

鲍德温一定程度上扩展了他的素材，以充分展现大卫未能达成正确的道德交易所带来的悲剧影响，他在审美上的妥协，还包括很强的情节剧属性、过于华丽的文风以及一些处理不当的人物描写。乔瓦尼是鲍德温小说中第一个具有强烈人性且理想化的人物，他们身上有一种圣人气质，后来，这类人物在他的小说里占据了主要地位。他们的脆弱——通常发生在被迫去面对他人虚假的价值观和行为时——正是衡量他们道德完好的标准。在安全与荣誉之间，他们选择了后者。继乔瓦尼之后，他笔下这样的人物多数是黑人。

在写给菲利普·拉赫夫的信中，鲍德温担心对大卫的生活细节缺乏了解，会让他的描摹显得失真，但在这些方面，大卫的形象相当令人信服，反而，对他小说完整性的主要威胁直接来自小说作者本人，这也是鲍德温在《去山巅呼喊》之后的小说中经常出现的缺陷。即作者无法避免让书中的人物讲出他自己的观点和语气。这个问题在《山》或鲍德温20世纪40年代末创作的短篇小说中几乎没有出现过。在《乔瓦尼的房间》中，它首先出现在开篇的末尾，之后便笼罩着整部小说的气氛。

矛盾的是，鲍德温在小说创作中的缺陷，和他的随笔具有力量和个性的原因，来自同一个源头。直截了当的观点和清晰的论述，为《土生子札记》和《巴黎的平等》注入生命力，却损害了大卫的虚构性，一定程度上也损害了乔瓦尼。鲍德温担心的不应该是他把自己的主角写成白人，而是他抑制了这些人物说出他们自己的心声。

在第一章结尾，大卫说自己是"那种对自己的意志力引以为傲的人"，然后开始自我反省，这反省的声音不属于他自己，而属于作者:"这项美德,跟其他大部分美德一样,本身就是模棱两可的东西。相信自己意志坚强、有能力掌握自己命运的人,只有成为一个自欺的专家才能继续相信下去。"听起来不像是一个因为缺乏自知而自我谴责的人。而后,大卫用鲍德温式的语言反思道:"家不是一个地方,而是一种不可更改的状态",再后来他又说,"无辜的终结同样也是罪恶感的终结"。

同样具有破坏性的,还有小说中经常出现的诗意散文。小说以一个法国南部的场景作为开头,大卫置身其中,思索着即将向我们详述的事件。然而,当小说转入黎明时的巴黎咖啡馆,在大卫和乔瓦尼在那里相遇之前,生动描绘过哈莱姆宗教气氛的明快行文,变成了浓郁的抒情诗。坐在巴黎大堂一家通宵营业的咖啡馆里,大卫望向站在吧台前的一个男孩——"他的脸红了起来,让他在苍白初升的太阳之下,看起来像刚下凡的天使"。在下一页,他描述乔瓦尼的眼睛"不可思议地,像早晨的星星",几行之后他又写道,乔瓦尼"好像圣诞节早上醒来的五岁小孩"。

除了随之而来的风格和结构问题,在大西洋两岸都认定同性恋非法的时代,写作和出版《乔瓦尼的房间》需要勇气。他在克诺夫出版社的编辑和他的经纪人海伦·施特劳斯(曾让他"烧掉书稿")发出的警告,被证明毫无道理。这本书在英国被接受后,美国戴尔出版社的负责人乔治·乔尔(George Joel)阅读了它,将其交给了年轻的编辑吉姆·西尔贝曼(Jim Silberman)。西尔贝曼最初的保留意见被他对专业才华的辨认所推翻。他建议将揭露乔瓦尼悲惨命运的部分从小说开头(原来的位置)移到结尾,跟鲍德温签订了一份价值两千美元的合同,出版他的这部小说和下一部。

一位美国朋友在收到这部小说后，给鲍德温写信说："你对双性恋的痴迷确实很有意思。"在巴黎享受着退伍军人的待遇、日后将成为小说家的莱斯利·申克（Leslie Schenk），也提到吕西安、阿诺德以及大卫。他很想知道"其中有多少自传的成分"。

此后那些抱着同样疑问的人，都从那句来自沃尔特·惠特曼（Walt Whitman）的题记中嗅到一丝气息，"我是人，我受过苦，我曾经在场"，并将这句话和"献给吕西安"的题献结合在一起。但乔瓦尼和大卫的故事，完全没有反映出鲍德温和哈伯斯贝格尔的故事，和大多数这类小说一样（包括《去山巅呼喊》），对那个自传性问题的回答都是：各处都有一点，有某些氛围和感觉，却没有更多具体细节。鲍德温在写给菲利普·拉赫夫的一封关于这部小说的信里说，乔瓦尼是"大概四个人的综合体"，大卫也是。吕西安和另一位朋友玛丽·佩因特一致认为，"房间"的灵感来自鲍德温常去拜访的一位朋友在文森门附近的家。20 世纪 50 年代初，鲍德温的生活中并没有重要的拉丁情人，尽管不应由此得出什么特别的结论，因为小说家只需要和一个活人短暂见面，就能被激发出灵感，在小说中赋予他或她完整的一生。

大多数评论家对鲍德温的第二部小说表示欣赏，钦佩他自信而敏感地处理了这一微妙的主题，许多人称赞他有勇气决定创作一部没有黑人角色的作品（四年后，独具慧眼的哈罗德·伊罗生[Harold Isaacs] 才在《族群》[Phylon] 杂志[1]上撰文指出，鲍德温决定将他父亲"非常黑人"的名字给予这位美国白人新教徒主人公，从而在故事中贯穿了一条"非洲线索"）。和建议鲍德温再写

---

[1] 《族群》是一份从非裔美国人的视角报道美国文化的学术期刊，1940 年由 W. E. B. 杜波依斯创办，副标题为"克拉克·亚特兰大大学种族与文化评论"。——译注

一部"黑人"小说的克诺夫出版社编辑团队的预设相反,更好的评论家们认为,鲍德温最新的创作期望超越黑人作家通常对其自身处境的执念——莱斯利·菲德勒在《新领袖》上说,"这让他永远写不出第一本书",这无疑悄然影射了理查德·赖特。

鲍德温意识到这种危险。他没有服从出版商的意愿,显示出艺术上的成熟。如果他这部主题敏感、背景不在纽约而在巴黎、人物全是白人的小说最终失败,那么至少不会是因为他犯了重蹈覆辙的错。

鲍德温的朋友莱斯利·申克对小说质量的意见与评论家们基本一致,但他认为小说在一个方面存在严重不足:

> 没让一个懂法语的人检查你的法语,这是不可原谅的。吉米,每一次你开始用法语,几乎都会出现严重错误,而且是低级错误……第 46 页:Ma cheri 应该是 ma chérie 或 mon chéri,而不是现在这个词。第 59 页:Va te faire foutre 应为 Vas te……正如下一页的 T'aura 应为 T'auras 一样。第 71 页,quelle boulot 当然应该是 querel boulot。第 77 页,由于是女性发言,她应该说 Je suis ravie,而不是 Je suis ravi。第 79 页,nouveau riche 应为 nouveaux riches。第 95 页,il faut beau bien 应为 il faut bien beau……哎,数不胜数。

尽管这本书先在英国被接受,但英国版的出版时间比美国版晚了一年,那时鲍德温本人或其他人已经纠正了这些错误[1]。

---

1 奇怪的是,这些错误在后来的一些平装本版本中又出现了。

正如威廉·科尔促成了《去山巅呼喊》被克诺夫出版社接受一样，说服戴尔出版社接受《乔瓦尼的房间》的人是菲利普·拉赫夫，他与这家公司的关系可以追溯到十多年前。他并不认为这是一部伟大的小说，但他说服乔治·乔尔相信作者拥有巨大潜力。

尽管鲍德温和戴尔出版社的关系时常紧张，但二十多年来，戴尔一直是鲍德温的出版商。1984年，他谈及《乔瓦尼的房间》时说："他们选择了这本书，因为他们不会有什么损失。而且他们出版了它，却没用我的照片。"

这里，我们再次看到他在改写自己的故事。尽管我们不应过多地解读他一句随口的话，但在1956年，出版一位不知名作家关于同性恋的小说，不管他是黑人还是白人，戴尔都承担着很大风险。如果他们出版这本书时没用他的照片，他很可能同意，因为写一本没有黑人角色的小说，是他在进行一次可敬的赌博。他的经纪人警告说，这场赌博可能会阻碍他成为"下一个黑人小说家"。但在1956年，仅仅成为下一个黑人小说家，并不是他的愿望。

第十章

在1956年的巴黎，每晚都有阿尔及利亚战争的消息传来。"很可怕（但有意思）"，鲍德温对菲利普·拉赫夫说——这是他当时对这场斗争为数不多的评论之一。他似乎从未考虑过就殖民地的起义写点什么，比如给《党派评论》写一封"巴黎来信"，乍一看，这件事本应刺激他的灵感。

鲍德温对外国局势的理解，源自他的自我认识。他跟拉赫夫打趣说，这让巴黎看上去更像家了。他把阿尔及利亚人看作是法国的"黑鬼"，他们的相貌时常让他感到亲切，现在却让他觉得残忍，这种残忍正是他长期以来在纽约试图战胜的。

在法国人眼里，他是美国人，因此可以免受帝国的轻蔑，而他把自己在欧洲的逗留视作一段假期，因此也觉得自己可以无视周围的政治。但他看到了法国人对待阿拉伯人的态度，这令他震惊，暂时终结了他与法国的蜜月期。在付诸行动之前，他总是先在情感上确定：虽然自己不想回美国，虽然吕西安还在，但他留在欧洲的理由更少了。事实上，此时他选择一位来自哈莱姆的新欢，便标志着他和法国的婚姻破裂了。

同时还要考虑到他的职业生涯。在美国，他名声渐隆，在巴黎，他却默默无闻。《去山巅呼喊》在法国的出版一再推迟，他在《证据》(Le Preuve)等杂志上的露面也很少。而且，在他祖国上空肆虐的风暴，转移了他对眼下他乡局势的注意力。

现在他已经能很好地读和说法语，但没什么兴趣接触法语文学。他不像理查德·赖特那样热衷于和萨特和德·波伏瓦为伍，不管是他们还是那些仍在活跃的老作家——科克托（Cocteau）、蒙泰特（Montherlant）、塞利纳（Céline）——现在对他来说都没什么吸引力。更值得注意的是，著名的"黑人性"（Négritude）知识分子运动对他也没有吸引力，这场运动以非洲为中心，以巴黎为大本营，由塞内加尔的列奥波尔德·桑戈尔（Léopold Senghor）和马提尼克岛的艾梅·塞泽尔（Aimé Césaire）两位诗人领衔。

"黑人性"是一个自觉的现代主义政治和文学团体，试图将前卫与传统、超现实主义与非洲歌舞精神等多重影响，融入一种适应现代的新的"非洲原创性"之中。鲍德温1956年首次接触到这个组织的领袖，当时他为《证据》和《文汇》(Encounter)杂志报道了在巴黎举行的非洲黑人作家与艺术家大会[1]（撰写了《王子与权力》[Princes and Powers]一文）。虽然从表面上看，这似乎是让他进入这片黑暗大陆一个合适的切入点，但其实"黑人性"这个概念中几乎所有内容都令他不安。

首先，它使用法语，和存在主义一样，其次，他不愿把时间

---

[1] 黑人作家与艺术家大会（The Conference of Negro-African Writers，后更名为 The Congresses of Black Writers and Artists）是黑人知识分子为解决殖民主义、奴隶制和民族主义问题举行的会议，1956年9月在法国巴黎举行第一届。詹姆斯·鲍德温的报道，引发了英语国家对大会的关注。——译注

花在艺术宣言和现代主义自觉上：在他眼里，艺术家的角色是见证者，要在事实允许的范围内，尽可能清晰地讲述自己的故事。最重要的是，桑戈尔、塞泽尔、莱昂·达马（Léon Damas）等人的文学创作，丝毫没有改变或颠覆鲍德温对自己身为黑人的想法（从某种意义上说，非洲没有"黑人"）。这么说来，他仍是一个"西方世界的杂种"，而非洲人不是。对他来说，"黑人性"不过是一个概念。鲍德温对那些并不直接源于他自身经验的概念没有耐心，文学运动也一样。

他一定对自己在非洲人中的社交失败感到失望，因为他完全没有料到这一点。他知道巴黎有很多非洲人，这无疑给他带来过希望，希望他自己的历史中如影随形、神秘莫测的那部分能在那里获得另一个版本。任何追溯自己血统的美国黑人青年，都会发现那并不在欧洲，而是在黄金海岸；不是在看莎士比亚或拉辛，而是在听嗵嗵的鼓点；不是在"五月花"号上，而是在奴隶船的船舱。跟非洲人亲密接触的想法，只会让他们感到激动。理查德·赖特和小说家威廉·加德纳·史密斯都曾在非洲旅行，史密斯后来还定居在那里。

但鲍德温在巴黎发现，非洲人和美国黑人完全是陌生人，他们被共同的肤色分隔开，隔着几个世纪的鸿沟，面对着彼此。不管是否愿意，他都以一种非洲人从来没有、永远不能也不想的方式委身于西方文化。

"我觉得他们让我感到恶心，"在1959年的一次谈话里，鲍德温告诉哈罗德·伊罗生，其中还特别提到了桑戈尔，"他们憎恨美国充斥着种族故事，他们的态度主要基于种族的原因。政治上他们知之甚少。每当我和非洲人在一起，我们都会感到不安……

我们生活中的词语是如此不同,几乎需要一本字典才能交流。"

在非裔美国人与其古老的非洲表亲之间的窘境上,鲍德温从未形成一贯或彻底的立场。就像在许多其他领域一样,他的思想摇摆不定,令人眩晕,他经常被情绪左右,无法找出一个有意义的模式。随着20世纪60年代更加激进的时代情绪,他的心境也发生了变化,1962年亲身访问非洲后,他便绝不会再说出"他们让我感到恶心"这种令人震惊的直白的话。

然而,在他早年的生活中,非洲象征着困惑,这种困惑从他还是个小男孩时就存在,他把在父亲的教堂里跳舞的人们想象成非洲野蛮人,父亲则是非洲酋长。在他早期的作品里,非洲的形象是原始主义的形象,也是退化的形象——他这么写的时候就充分意识到它们不会受欢迎:《相遇塞纳河》中"令人鄙视的鼓声",《村里的陌生人》中那些征服者的幽灵,以及《土生子札记》中他想象出来的那幅父亲"裸身,涂满油彩……站在长矛中间"的画面。

在巴黎和真正的非洲人会面——鼓声和丛林对他们的意义,可能还不如对他那般重要——有助于消除他的幻觉,对确认他们之间的联系却毫无帮助。事实上,这些相遇只会让他和美国的黑人、白人兄弟姐妹更加紧密地团结在一起。

如果我们问,鲍德温在1956—1957年自我感觉如何,我们首先看到的是一个32岁的年轻黑人,出版了三本书,正在开启作家生涯。他"获得了成功"。然而他的私人生活"一而再再而三地失败",正如他不久之后所回顾的那样。

他也拿自己的性格没办法,刻意塑造出某种"真诚的"脆弱。但他同时也知道，自己用了各种防御技巧来保护自己不受伤害：他轻易就能迷住别人，他调情，拈花惹草，被人伤害然后伤害别人；他很少准时赴约；他不信守承诺，也不还债；他试图把自己塑造成一个有掌控力的人，在给申克的信中，他说这是防止自己任由自己摆布的一种方式。

他很在意自己个子不高、长得不帅，他也确信人们最终都会离开他，他的本能就是不断逼迫别人，看看他们在离开自己之前能承受多少。他觉得自己在欧洲成了孤儿，也为自己未能建立一段稳定、持久的关系而感到沮丧，他知道，即使建立了也会无疾而终。他害怕在自己选择的职业中失败，害怕孤独终老、身无分文，甚至像许多跟他一起长大的年轻人一样疯掉，英年早逝。每当他照镜子，他都会发现那个风趣、健谈、聪明、很好相处、夜夜笙歌的吉米——或者叫"吉姆""詹姆斯""杰米"——只是一个惊恐、没有安全感、"想要写作的古怪黑人男孩"的面具。

这种自信危机——不是第一次也不是最后一次——是促使他 1956 年 9 月在索邦大学举办的非洲黑人作家与艺术家大会上，发表完闭幕演讲之后前往科西嘉岛的主要原因。阿诺德和他在一起，但他们的旅行并不悠哉，因为他们正在闹分手——这也是他后来崩溃的导火索。

原计划是去那不勒斯海岸的伊斯基亚岛，但他们在科西嘉的鲁塞岛停了下来，那里是维尔纳伊酒店的所有者杜蒙夫人的家乡。他们住在吕西安一个朋友城外的房子里。鲍德温在给申克的信中说，鲁塞岛并不比花神咖啡馆大，还打烊得更早。

对巴黎的朋友们来说，他的出走突然得令人伤心。但那时他已无暇道别。他想跟阿诺德一起离开巴黎，解开心结。在他无情离去一个月以后，就在阿诺德离开的那个早晨，他从科西嘉写信告诉申克，要是他们在那里分手，以当时怨恨的心情，他们将永远无法再面对彼此。

鲍德温在科西嘉住了六个月，只有一条狗和他作伴。他正在写《另一个国家》的初稿，但发现深陷痛苦时很难工作。他的个人困境暂时压倒了他对美国南方急剧恶化的局势的担忧。一段恋情乱七八糟，另一段已然支离破碎。他不停地自我分析和自我谴责。在给戈登·希斯的信中，他承认自己总是突然想起阿诺德，质问自己到底哪里做错了。是不是他有什么毛病？是不是他只是需要阿诺德成为自己的附属品？

在写给莱斯利·申克的另一封长信中，他重述了整个伤心故事和故事的起因。可怜的阿诺德。看着一个人试图摘下自己的面具，他一定很痛苦。而奇迹不在于他离开，而是他竟然待了那么久。"啊，可怜的阿诺德。"

1957年初，鲍德温前往巴黎看望希斯、申克、博福德·德莱尼、玛丽·佩因特和其他朋友，并庆祝《去山巅呼喊》[1]在法国出版，这是他最后一次以居民的身份来到这座城市。随后他回到鲁塞岛，再次离开这座岛时，他的目的地是纽约。

侨居巴黎的黑人社区里气氛急转直下。前一年夏天，在非洲黑人作家与艺术家大会上，非洲人和美国人发生了争执，艾梅·塞泽尔指责美国黑人代表团（不包括鲍德温）由精英组成，因此不具有代表性。还有，在黑人们常去的摩纳哥咖啡馆和图尔农咖啡馆里，有关联邦调查局和中央情报局线人的谣言满天飞。

---

[1] 法文书名为 *Les Élus du Seigneur*，亨利·赫尔和莫德·维达尔译，圆桌出版社（La Table Ronde）出版（1957年）。

就连理查德·赖特本人（联邦调查局的主要监视对象）也遭到怀疑。

非洲黑人作家与艺术家大会期间发生的两件事，给鲍德温留下了印象。开幕式上，有人向现场观众和代表宣读了德高望重的黑人作家和民权运动者W. E. B.杜波依斯的一段话："我没有出席你们的会议，是因为美国政府不给我护照。如今所有出国旅行的美国人，要么不关心黑人，要么只说美国当局希望他说的话。"

第二件事因为错误的记忆而变得复杂，由此产生的情感却很真实。在《无名的街道》一书中，鲍德温回忆道，当时他、理查德·赖特和其他一些索邦会议的与会者，"正在圣日耳曼大道上闲逛，准备去吃午饭"，结果"几乎在每个报亭里"，都看到了"15岁的多萝西·康茨（Dorothy Counts）在前往北卡罗来纳州夏洛特市上学的途中，遭到歹徒谩骂和羞辱"的照片，令他们震惊。

新闻不仅从北卡罗来纳州传来，而且来自整个南方，在杜波依斯看来，所有美国黑人（事实上是所有美国人）都身处其中。那么他们有理由问，高谈阔论的鲍德温先生此时在哪里？当他的远房表亲，有的还只是孩子，站在自解放以来黑人历史最重要的事件的前线，他却待在利普啤酒馆里。

他花了将近一年的时间才有所行动，但他声称，正是在1956年9月那个明媚的下午，一个年轻女孩遭受嘲笑和唾弃的画面让他的良知意识到，无论是否愿意，他都必须回去。这件事的复杂之处就在于：非洲黑人作家与艺术家大会是1956年9月在索邦召开，而多萝西·康茨穿过夏洛特市歹徒们的讥讽、走向那所以前是纯白人学校的照片拍摄于1957年9月4日。很难说鲍德温

1956 年那天在巴黎的报刊亭里看到了什么。显然，在十几年后的写作中，他把照片弄混了，尽管《无名的街道》中记录的感情是真诚的。

"你要去哪里我就去哪里，"乔瓦尼对大卫说，"我对巴黎的感觉不像你那么强烈。我从来都没有那么喜欢巴黎。"在这番话的背后，人们昕见了乔瓦尼的作者怀疑的声音——既是恳求，也是表白，既承认脆弱，也保持了仁慈。但对大卫来说，乔瓦尼就是巴黎，乔瓦尼不顾一切的自由精神（可能永远也可能只是暂时地解放了大卫，这取决于他如何选择），和大卫在巴黎的咖啡馆和林荫大道上找到的自由不可分割。乔瓦尼已经为爱做好了准备，大卫却还只懂得浪漫。

鲍德温意识到，同样的困境以另一种形式摆在他面前：如果他留在欧洲，那里最让他有家的感觉，他有可能掉入外宾、寻求避难者、远在三千英里之外总是晚一两天才看到新闻的那类人的陷阱。另一方面，如果他回到美国，他将不得不再次面对当初迫使他逃离的事情。

最后，正是这个理由把他拉了回去：他并不想回美国——他害怕回美国，但如果只是恐惧阻止了他，那么恐惧就是他应该回去的原因。

欧洲是一个有交流、有阳光、有朋友、有美景、有乐趣的地方，美国则有行动。此时此刻，他最关心的是南方各州的行动，那里的种族隔离制度正在被打破。

作为一个男人、一个黑人，他理应与其他黑人并肩作战，而作为一个作家，他有责任旁观这一主题。他可能觉得自己是受道

第十章　　　　　　　　　　　　　165

义责任的驱使，去北卡罗来纳州亲眼目睹这场运动，但他也是记者，明白自己眼前有一个好故事。这是给作家的礼物：一桩可以将他非凡的才华提升到更高境界的事件。

然而当他漂洋过海，接近这一事件的热浪，他却陷入了矛盾：他无法再像在巴黎时那样，不受美国社会深层的肤色情结日复一日的摧残，或者远离每时每刻袭来的政治。巴黎成了他作为艺术家的鼎盛时期。

鲍德温的第一部小说《去山巅呼喊》取材于南方的农村和城市里的黑人教堂，《乔瓦尼的房间》则来自巴黎的街头和他发现的亨利·詹姆斯。鲍德温研究过詹姆斯剖析社会的方式，以及他对新旧世界充满戏剧性的对比。他借鉴了詹姆斯的宏图，来完善自己圣经式的图景。他发现詹姆斯比其他任何美国作家都更关注那个"最强烈之物"——人的本我，这才是他自己真正的主题。他经常引用詹姆斯的话，钦佩他的思想"如此精细，任何理念都无法破坏它"。

T. S. 艾略特的名言就像是对他的警告。在南方，黑人领袖们感到他们的内心被一种思想——正义的思想——点燃。鲍德温也一样，渴望看到正义得到伸张，但从现在起，他必须确保自己内心中的作家，不被空想家所压倒或背离。

第三部分

沉重的十字架

鲍德温：但这不是我的生活，如果我假装这是我的生活，我就会死。我不是一个公众演说家。我是一个艺术家。

采访者：那你是窃取了自己艺术家的这部分，来为黑人负责？

鲍德温：是的，这是我成功的代价之一。

——《丽人》(*Mademoiselle*)杂志的采访，1963年5月

第十一章

"我会一直视自己为那种有幸之人，"在首次奔赴美国南方的许多年以后，他这样宣称，"因为，再怎么不足，我在那里。"

"我在那里"——一场政治搏斗，国家陷入动荡，他自己的人民处在风暴眼中。鲍德温曾是美国白人在哈莱姆封闭的家庭和紧锁的教堂里的内线，是巴黎同性群落谨慎的观察者，更是人们的内心挣扎敏感的记录者，突然他开始投身政治——不是左与右，而是是与非的政治。他立刻意识到南方开始发动的革命的重要性，就像他所离开的那群法国作家一样，他成了一名介入的作家。

他直到后来才在这场斗争中全情投入。在南方学校取消种族隔离的首次尝试中，鲍德温的参与并不那么重要，也没有什么"不足"，他只是做了他在那里该做的事，诚实报道。

1957年7月，他从法国回到纽约，在城里闲晃了几个星期，正好可以见见家人和好友。他一直很想去看看那片在他想象里沾满鲜血的土地，他的父母在那里长大，他的祖祖辈辈都曾是奴隶，某种程度上，他把那里视作自己的家。另一个家！而现在，它似乎成了当务之急。他漂洋过海来到这里。每天在阿肯色州的小石城，在阿拉巴马州的伯明翰，在佐治亚州的亚特兰大，在北卡罗来纳州的夏洛特，包括学校里的孩子在内的黑人正在遭受殴打、虐待和死亡威胁，不过是为了有权和白人学生上同样的学校。种族隔离极易转化为制度化的种族主义，在致力于结束种族隔离制度的伟大运动中，这是一场小战役。黑人曾是南方的奴隶（对少数人来说，这仍是活生生的记忆），但让他们获得解放的一个非正式条件，是必须把黑人踩在脚下，在一个低人一等的系统限制内生活。而现在，他们全部从白人脚下站了出来。

"坐在屋子里……/…… 一切都在我脑海中"，分别是鲍德温正在写的新书《没有人知道我的名字》（*Nobody Knows My Name*）中两个部分的题记。在纽约的这段时间，他一直待"在屋子里"，沉浸在他自己的情绪中——一种阴郁、自我沉溺的心境，压倒了他特有的向上精神，无论当时是谁与他相伴，都会认为这是突如其来、毫无理由的孤僻。在这种情绪之下，他将所有人所有事都拒之门外，甚至对最简单的问候也反应迟钝，全然被他心中无声的烦忧占据。

他在反思自己刚刚在欧洲度过的九年时光，反思自己当时离开的那个美国，以及现在回到的这个国家。他承认它已发生了变化，但他想追问它是否真的变得更好。那些不可思议的事已经发生在旧南方的黑人身上，鲍德温想去那里的原因之一，就是他意识到，无论好坏，那里都不再是以前的样子。如果说这是一次见证新南方形成的机会，也是最后一次见到旧南方的机会。只是他一贯的潦倒让他没有即刻动身，他需要先找到一份约稿。

尽管1954年最高法院已经裁定学校里的种族隔离违法，但大多数南方州都故意拖延执行法院的判决。1957年春，最高法院进一步下令，以"快速而谨慎的速度"执行这一裁决，大多数州的部分地区才开始取消种族隔离，随之而来的是白人公民委员会[1]等组织发起的暴力抗议，更别提三K党。

这场危机在阿肯色州的小石城达到高潮，影响甚广。全由白人组成的学校董事会在如何对待最高法院裁决的问题上意见不一，他们不仅厌恶种族混合的学校，而且反感联邦政府干涉南方的"州主权"，后来才终于决定，1957年9月3日暑期结束重新开课后，9名黑人学生可以进入小石城中央高中就读。这9名学生将加入其他2500人的行列，他们全是白人。

至少在公开场合，小石城的9名学生没有被死亡威胁和窗外扔来的砖头吓倒，他们第一天来学校，就发现这里已经被全副武装的国民警卫队包围。州长出动他们来应对暴乱威胁。孩子们放学回家以后，第二天再次来到学校。国民警卫队仍守在那里，成千上万的白人示威者正堵在教学楼周围，举着反黑人的标语牌，高喊着口号。其中一名黑人女孩伊丽莎白·埃克福德（Elizabeth Eckford）和她的伙伴走散，她试图接近军事路障寻求保护，结果发现有一把刺刀伸向了自己，一群暴徒在她身后大喊："处死她！""把她拖去树上！""没有黑鬼婊子能进我们的学校！"

伊丽莎白·埃克福德后来回忆说，当她的眼神和人群中一位年长的白人妇女对视，想要寻找一点表情或语言上的支持，"她朝我吐了一口唾沫"。

---

[1] 白人公民委员会（White Citizens' Council）是美国白人至上主义和种族隔离主义组织的关联网络，成立于1954年7月11日，在美国南部曾拥有约6万名成员，主要目的是反对公立学校的种族融合、干扰南方的选民登记工作、反对公共设施的种族融合等，后转入1985年成立的保守公民委员会。——译注

第十一章

这就是鲍德温九月底抵达时的情况。《哈泼斯》杂志的约稿终于来了。当飞机降落在树梢和"锈红色土地"的上空,他用额头贴着舷窗,试图从脑海中驱除这样的想法:这里土地的颜色"是由这些树上滴下的鲜血染成"。家族的幽灵也在那里迎接他:"我的父亲一定见过这样的景象……或者听说过,抑或曾经遭遇这种危险。"

鲍德温主动从巴黎回到这里,接受暴风雨的洗礼,但他认为自己的参与无法避免,就像命运的安排——或者,在不改变前提的情况下,更直白地说,是受祖先意志所迫:

"你可以把孩子从这个国家带走,"我的长辈喜欢这么说,"但你无法从孩子身上卸下这个国家。"我当时以为他们指的是他们自己的祖先,好像无论如何也不可能是在警告我,我带我自己离开了这个国家,去了巴黎。到了那里我才知道这些老人家说的是什么:一踏上法国的土地,我就发现自己身不由己地变成了一个美国人。

如今,时隔近九年再次回到美国,我反思自己要不是在法国生活了那么久,我永远不会觉得有必要(或者说有可能)去美国的南方,这真是讽刺。

他的第一站是北卡罗来纳州的夏洛特,那里和小石城一样,正在推行种族融合的教育。(尽管鲍德温到过小石城,但他从未写过关于那里的文章。)白人当局采取的策略相当残酷:全城共有五万名黑人,其中四人被分配到从前的纯白人学校,每个人的学校都不同。作为这四个黑人孩子,作为他们的父母,都需要极大的勇气。就算融合学校的试验有效,很难说它最终会带来什么,它显然还有无穷的改进空间。鲍德温发现,在1957年的北卡罗来纳州,黑人"甚至连电工或管道工的执照都没有。白人还时不时跟我说,那里的'种族关系'很好。我遇到的黑人没有一个同意这种说法,这就是这个国家'种族关系'的一般状况"。

在夏洛特,鲍德温为他的随笔《一只黄油牛奶里的苍蝇》("A Fly in the Buttermilk")收集素材,《哈泼斯》杂志1958年10月发表了他写的这篇文章。[1]他采访了一名15岁的学生格斯·罗伯茨(Gus Roberts)和他的妈妈。文章仅用"G"和"R夫人"来指代他们——记者的保护意识太强,以至他都不敢说出这所学校、这个镇甚至州的名字。鲍德温十分欣赏格斯·罗伯茨不卑不亢的勇气,甚至为之着迷,他如是跟比尔·科尔描述格斯·罗伯茨:"内敛,痛苦,但迷人。"他让克诺夫出版社给格斯寄去一本《去山巅呼喊》,把账单寄给了人在纽约的自己。

他从夏洛特飞往亚特兰大,在那里第一次见到小马丁·路德·金(Martin Luther King Jr.),尽管只是短暂会面。从那里他又前往阿拉巴马州中心的伯明翰和蒙哥马利。这趟旅程持续时间比预期要长。一切都是上帝的启示,每一次启示都坚定了他的决心。

这场斗争怎么可能跟教育无关呢?如鲍德温所言,那些带头对想要走进课堂的黑人孩子进行野蛮攻击的人,有一大帮都是"没怎么受过教育的人"。更确切地说,这场战斗关乎政治权力,关乎性。

---

1 刊出时原名为《艰难的勇气》。

鲍德温的祖先是非洲人，后来成为南方黑人。但和其他数百万美国黑人一样，他的祖先也是白人。在他看来，这一事实——在南方难以启齿的事实——是所谓"肤色问题"的症结。鲍德温写道："在南方的北方黑人，不管他或者其他人愿意相信什么，他的祖先都既是白人也是黑人。白人作为他后代的后代，却因此憎恨他。"亚特兰大一位浅肤色的人跟他说："入夜以后，南方的种族融合一直很顺利。"

佐治亚州、北卡罗来纳州和阿拉巴马州的种族纷争并不像报纸编辑和电视旁白所说的那样，仅仅是强制融合的结果。在这里，鲍德温首次提出了他后来经常重复的说法："我们在子宫里就已经融合。"正如以下这段雄文所描述的那样，鲍德温从街头众人的脸上读懂了南方的历史：

> 在亚特兰大的郊区，我第一次感受到南方的风景——树木、沉寂、流动的热气，以及人们似乎总要远行——仿佛就是为了暴力而设计，仿佛就是在呼唤暴力。在南方夜晚漆黑的道路上，有什么激情不能释放呢！一切都显得如此肉欲，如此慵懒，如此私密。欲望可以在这里发泄，在这道栅栏上，在那棵树后面，在黑暗中，就在那里；没人会看见，也没人会知晓。只有黑夜在注视着，而黑夜就是为欲望而生。对生活在这种气氛里的人来说，新教是一门错误的宗教，而美国也许是最后一个处于这种气氛的国家。在南方的黑夜里，似乎一切都是可能的，最私密、最难以启齿的渴望也是可能的，然而南方的白天随之而来，黑夜多么柔软、神秘，白天就有多么坚硬、无耻。对那些把这个地方搞成今天

这副样子的人来说，情况诚然就是如此。也必定给他们造成了巨大的苦痛。也许，第二天早上，和奴隶苟合的主人就透过妻子苍白的眼睛，看见了自己的愧疚。而他的妻子在奴隶们住的地方看见了他的孩子，看见了他的姘妇，以及那个长相性感的黑人女孩看她的方式——同样也是女人，几乎同样性感，但她是个白人。孩子们都由黑人保姆哺育长大，她们的怀抱充满温暖和爱欲，但他们依然会困惑于自己和她的后代之间那些可怕的禁忌，而在初尝黑人的身体之后，他一定会想，在炽热的天空下，他无地自容。白人一定看见了自己的罪被写在某处，他一直都知道，即使在黑人眼里，他的罪仅仅是欲望，仅仅在于他的权力。他可能并没有偷走他的女人，但他肯定偷走了他的自由——这个黑人拥有和他一样的身体，和他一样的激情，以及更粗狂、撩人的美。有多少个南方的清晨，人们起来发现那个黑人被阉掉了，吊在树上！

*

那些白人包围了小石城高中，向伊丽莎白·埃克福德和她的八位同学吐口水，高喊着"处死她！""把她拖去树上！"，并非只是虚张声势。他们的父辈和祖辈早就这样干过，而且还会继续这么干。

J. W. 米拉姆（J. W. Milam）对记者威廉·布拉德福德·休伊（William Bradford Huie）说："不能让黑鬼们在我住的地方投票，除非他们控制了政府。他们也不会跟我的孩子一起上学。如果一个黑鬼胆敢说他要和白人女人上床，他就是活腻了。我可能会杀了他。"

事实上，米拉姆已经杀了一个 14 岁的男孩爱默特·提尔，在 1955 年 8 月的密西西比州——他把这事告诉休伊，赚了四千美金。当时爱默特·提尔被几个朋友怂恿，走进一家商店，叫柜台小姐出去约会。据说他喊了她"宝贝"。她把这件事告诉了她的丈夫罗伊·布莱恩特（Roy Bryant），随后他和米拉姆来到提尔住的房子，开车把他带走。折磨了他几个小时后，他们将他杀害，把尸体扔进了河里。

在法庭上，他们因证据不足被无罪释放，他们的故事迅速被《看客》（Look）杂志买走。威廉·布拉德福德·休伊的文章刊登在 1956 年 1 月刊（编辑还就里面骇人听闻的内容补充了一段预警），此时距离米拉姆和他的同伙获得自由已经过去四个月。米拉姆对《看客》杂志的读者说："只要我还活着，还能做点什么，黑鬼就会乖乖待在他们的地方。"

爱默特·提尔被杀一案绝非孤例。除了其他私刑，时常从河中浮起的黑人尸体以外，如今还出现了有组织的针对民权运动积极分子的暴力事件。他们的房子被炸，他们的孩子被威胁，夜里砖头从他们的窗户砸进来，并附有死亡警告。但和其他同样残暴的谋杀案相比，提尔案有两个不同寻常的特点。首先，提尔来自北方的芝加哥。这吸引了媒体的注意力，也把北方人的目光聚焦在了落后的南方各州。另外，米拉姆和布莱恩特被无罪释放，收了巨款以后又招供，这种明目张胆的不公让许多白人和黑人都感到恶心，也让提尔成了烈士。

米拉姆告诉威廉·布拉德福德·休伊，他一直用一把点 45 手枪殴打那个男孩，然后用枪指着他的头问他："现在你还是跟我一样棒吗?"

他回答"是的",米拉姆便一枪射穿了他的耳朵。

未来的某一天,鲍德温会将爱默特·提尔一案改写成剧本,但眼下这个案件还沉睡在他的想象里。他不需要这起特殊的私刑案来说服自己相信,某些白人会对越界的黑人干出杀一儆百的事。他在《去山巅呼喊》中提到过私刑。这是他从他的南方祖先、《汤姆叔叔的小屋》、流言与传说、古老的蓝调和比莉·哈乐黛《奇怪的果实》那样的新歌中学到的。

这种"民间知识"加上每天阅读的新闻,在他第一次跨过梅森·迪克森线时,给他灌输了一种强烈的恐惧——当他抵达那里,跟人接触,亲眼目睹以前只在书上看到或听说的事,这种恐惧转化成了狂热的兴奋。他在《卡罗来纳希伯来人报》的办公室给比尔·科尔写信说,这个地方随时都会"爆炸",当时局势的危险已经无需赘言。

尽管鲍德温感到兴奋,但从某个角度来看,他从南方发出的现场报道还是有点乏味。他的报道没有充满行动感,而是反思性的。他没有试图去捕捉暴徒、骚乱或抗议活动中的压迫与恐惧。对鲍德温来说,自由是"复杂、困难而私人的"。因此,他忠于自己,写出了他在周遭看到的暴力事件对人内心的影响。让大众媒体去报道受伤的身体,他致力于研究破碎的心灵。当一位亚特兰大的老人带着他,第一次坐上种族隔离的公交车,鲍德温想知道的是,像他这样的人长久以来是如何忍受这些侮辱:

> 他似乎知道我的感受。他的眼睛似乎在说,我的感受他一辈子都在感受,而且承受着更大的压力。但我的眼睛从未

见过他所见过的地狱。这个地狱就是他一生中从未真正拥有任何东西，不论是妻子、房子还是孩子，全都随时可能被白人的权力夺走。这正是家长制。于是在南方剩余的时间里，我一直在观察老黑人们的眼睛。

在职业生涯的这一阶段，鲍德温是一名勤奋、自律的记者，为了报道的客观性，他愿意在必要时牺牲自己个人、敏锐的感情，即使在他看上去最主观的时刻。然而，在十五年后，在回忆录《无名的街道》中，他回忆起自己第一次造访阿拉巴马州的经历，包括一些主观的细节和一种可怕的兴奋感，这正是他为《哈泼斯》和《党派评论》写报道时省去的。

在蒙哥马利的第一个晚上，我决定像个称职的记者一样对这个小镇进行一番调查。我曾被警告过，天黑后在南方行动要格外小心——事实上我被告知根本不要出去，但这是一个令人愉快的夜晚，夜幕刚刚降临：到了晚饭时间……隔着一个街区的街角有一家餐馆。一走到街角，我就走了进去。

这一幕我永远不会忘记。我也不知道自己是否能够描述它。一切都突然凝固了，那一刻我甚至觉得像是一出恐怖的马克斯兄弟滑稽戏。每一张白人的脸都变成了石头：死亡使者降临所产生的破坏力，也不会比一个身材矮小、手无寸铁、完全惊呆的黑人出现在餐厅门口更大。我一打开门就意识到自己的错误：但所有这些白人脸上绝对的恐惧——我发誓没有一个人动弹——让我动弹不得。他们盯着我，我也盯着他们。

其中一个女人打破了魔咒，我希望只有在南方才出产这种女人，她的脸长得像一把生锈的斧头，眼睛像两颗生锈的钉子——十字架上留下的钉子。她向我冲过来，要把我打倒似的，叫唤了一声——那不是人的声音："你要干什么，孩子？你在这里干什么？"然后做了一个消毒的手势，"就在那待着，孩子。就在那待着"。

我不知道她在说什么。我退到门外。

"就在那待着，孩子。"身后传来一个声音。

一个白人突然出现在人行道上，一秒钟以前这里还空无一人。我茫然地盯着他。他牢牢地看着我，带着一种暂缓的威胁……

我发现自己来到一个小隔间，里面只有一盏电灯、一个柜台，大概四五张凳子。隔间的一侧有一扇窗户。这扇窗户更像是笼子的网眼，网眼上有一个开口。现在，我到了餐厅的后面，但餐厅里没人能看见我。我在餐厅柜台的后面，在斧头脸女人的身后，她背对着我，为柜台前的白人顾客服务。我近到几乎可以碰到他们，当然也可以碰到她，近到可以把他们都杀死，而他们依然看不见我。

斧头脸女人转过身来对我说："你想要什么？"这一次她没有说"孩子"；也不必说了。

尽管第一次南方之行是杂志委派的任务，它还是成了一次发现之旅和启蒙仪式。一年后，鲍德温对《族群》杂志的哈罗德·伊罗生说："我意识到正在发生的事多么惊人，我确实有责任发挥作用。"他还说："我在这里不会快乐（指的是美国），但我可以在这里工作。"

他和在欧洲时相比已经发生了很大变化。美国的氛围和科西嘉岛、洛伊克巴德、艾克斯、沙特尔甚至巴黎本身的气氛如此不同——"惊人的事""发挥作用"。他给比尔·科尔的信就像从战区写来的一样,那里局势的复杂和危险已经无以复加。他那句"我在这里不会快乐,但我可以在这里工作"流露出不安的良知,让我们读到一个已经找到目标之人的信念感。

他所说的"作用"是指为民权运动工作,撰写报道,把文章送到《纽约时报》《哈泼斯》《时尚先生》《纽约客》等任意一家发行量靠前的报纸杂志的编辑桌前。这是一项独特的任务,因为没有其他黑人作家可以胜任。理查德·赖特的星运正在走下坡路,而且他当时在法国,对非洲去殖民化运动的兴趣超过了自己祖国的危机。拉尔夫·埃里森无论现在还是以后都不会积极参与民权运动。兰斯顿·休斯也没有这种倾向。

尽管鲍德温仍然首先视自己为艺术家,但他在他的族群的斗争中认出了自己的志业。他曾说他无法忍受自己坐在巴黎,"擦着我的指甲",他试图向法国人解释小石城的情况,那里的孩子们每天为了上学要经历残忍的考验。现在,除了其他几个战场,他还终于看到了小石城,亲自去那里考察。通过这次旅行,他被迫进入一个黑暗的区域,那里需要他来照亮。他最能胜任的角色仍然是作家,就目前而言,这似乎是要求他做出的唯一切实的承诺。

他开始发展自己的艺术活动,来平衡新晋的政治参与,对剧场的兴趣与日俱增。从南方返回以后,他再次隐居到新罕布什尔州的森林和麦克道尔艺术村里，开始对《乔瓦尼的房间》进行戏剧改编。这个项目由演员工作室（Actors Studio）发起，他们曾委托鲍德温将他的小说改编成戏剧，在工作坊上予以呈现。工作坊的理念是，当演员们在其他演员面前演出自己的角色，戏剧的主题可以得到探索和深化，如果成功的话，这部戏的全本就可能会在工作室的宝石剧场（Bijou Theater）上演。

然而当鲍德温看到工作室改编的版本，他很失望，于是开始自己动笔写一版新剧本。他从年轻的土耳其演员恩金·塞萨尔身上找到了完美的乔瓦尼，塞萨尔身材结实、长相性感，刚从耶鲁大学退学，加入演员工作室。1957年12月9日，他从麦克道尔写信告诉塞萨尔，自己完成了第一幕。戏剧改编在某种程度上是一种合作（"共同工作"一直是鲍德温的愿望），塞萨尔在舞台技术方面提供了建议，对剧本也给了意见。

鲍德温对这部戏越来越感兴趣，无论身处何地都经常给他的"乔瓦尼"写信，告诉他自己构思"大卫"这个角色的进展。鲍德温的眼光很高，保罗·纽曼（Paul Newman）、蒙哥马利·克利夫特（Montgomery Clift）和马龙·白兰度等跟工作室有关的演员，他都曾提及，虽然满怀希望，但还是很现实。他跟塞萨尔打趣说，"好消息是"，他们不太可能被白兰度拒绝，"因为他从不回复任何人"。

1958年春，演员工作室在工作坊上演了《乔瓦尼的房间》，塞萨尔和马克·里奇曼担任主角，伊莱·里尔担任导演。不过，这部戏并未如鲍德温所愿完成制作，登上宝石剧院。

鲍德温一直在筹划《乔瓦尼的房间》的舞台剧或电影制作，直到生命最后一刻。他和塞萨尔的合作到1962年仍在继续，已

第十一章

有五年时间。鲍德温声称,如果工作室能说服一位有票房号召力的演员、一个有同性恋秘密的美国男孩来扮演大卫这个角色,那么这部戏就能在百老汇上演——这也是他的梦想。"但是,我们做不到。"鲍德温说。白兰度愿意出演,但他太忙(他倒是回复了),而他们接触的其他演员都拒绝了,因为担心会被这个题材染上污点。

情况跟霍华德大学那次一样,《阿门角》受到观众的热烈欢迎,却没能被搬上专业舞台,鲍德温的剧院经验增多了,但仅此而已。他再次将自己的失败归咎于戏剧制作人的胆小,因为他们总是担心戏剧的主题是"少数人的兴趣":《阿门角》关于哈莱姆的生活,《乔瓦尼的房间》关于同性恋。

尽管如此,演员工作室仍是进行戏剧实验的场所,能参与其中令他兴奋不已。1958年10月,鲍德温在巴黎和博福德·德莱尼一起度过了三个月的夏日旅居,之后又飞回纽约,在伊利亚·卡赞身边任职。他在演员工作室制作的阿齐博尔德·麦克利什的《JB》和田纳西·威廉斯的《青春甜蜜鸟》(*Sweet Bird of Youth*)中担任导演助理。

卡赞希望鲍德温能成长为常驻工作室的剧作家:他可以通过培训获得全面的戏剧知识。卡赞也曾接到《阿门角》的邀请,他拒绝了,但作品中的某些东西一定给他留下了深刻印象。他邀请鲍德温加入当时正在组建的一个新团体——剧作家小组(Playwrights Unit),小组成员囊括了美国新一代作家中的佼佼者。诺曼·梅勒改编自己的小说《鹿苑》(*The Deer Park*),还有爱德华·阿尔比(Edward Albee)的两部剧本《动物园的故事》(*Zoo Story*)和《贝西·史密斯之死》(*The Death of Bessie Smith*)。卡赞还建议鲍德温完成手头的小说后,以爱默特·提尔的谋杀案为题材创作一部完整剧本。

然而,协助卡赞工作的经历,没能让鲍德温相信美国戏剧的生态是健康的。他喜欢威廉斯的剧本,对麦克利什的剧本却并不感冒(《JB》的制片人阿尔弗雷德·德·利亚格尔还记得,鲍德温说过"毫无必要"这样的贬损之词)。这种反感其实是他对美国戏剧界整体蔑视的一部分。"他们把所有人都卷进来,"他说,"所有这些精力,你知道的,周而复始……花了这么多努力和钱以后,你在舞台上究竟得到了什么?一堆屁话。"

在他看来,剧场的主要失败在于,它无法正确地处理黑人的生活(他对《贝西·史密斯之死》也无感)。这无异于道德的失败。如果剧院不能处理黑人的生活,那它就很难有能力处理白人的生活——鲍德温的辩证法被精简成一种优美的简洁。

第十二章

20世纪50年代末,人们在格林威治村里热议的是时髦与古板,是现代爵士乐,是惹是生非,是酷与性感,是迈尔斯·戴维斯五重奏和比莉·哈乐黛破碎的灵魂。这里有方法派表演和行动绘画,有《乡村之声》(Village Voice)和诺曼·梅勒的每周专栏,有金斯堡的《嚎叫》(Howl)、巴黎版的《裸体午餐》(Naked Lunch)、不知是喜是悲的"垮掉的一代"以及在路上的故事。

那时的美国文化充满活力和乐观。梅勒、斯泰伦、卡波特、维达尔、鲍德温等作家,尽管每个人都是个人主义者,但在读者心目中,他们完全展露出"一代人"的气象。

尽管鲍德温声称自己不喜欢纽约,还是暂时留在了那里。1957—1958年,他在格林威治村最西边的霍雷肖街81号租了一间小公寓,窗外就可以看到哈德逊河。他只要一完成杂志派来的各项任务(这越来越难以做到),就会立马投入别的工作,比如《另一个国家》。这部小说已经花了他三年时间,某天凌晨四点,他昏沉、沮丧地给比尔·科尔写信,说这本书已经让他身心俱疲。他夸张地说,他渐渐觉得这小说他注定死也写不出来。

鲍德温的大部分写作都是在午夜之后进行,他经常工作到天亮，然后一觉睡到午后。他常常生病，总是抱怨紧张和压力，这些都应看作是他那异于常人的精力的残余。他拥有无限的社交能力——喝酒聊天多于吃饭——并寻求各种不同方式将自己的能量倾泻在纸上。他手头正在写的这本小说，最终交稿时篇幅将近450页。1957年至1960年间，他还写了两个中篇小说《桑尼的蓝调》和《游子情》，篇幅都相当于一本小说的一半，同时期他还写了《没有人知道我的名字》一书中收录的大部分随笔，以及一些其他文章，如果加上这些，那本书的篇幅还能再增加一半。与此同时，他继续跟卡赞和演员工作室合作，参与《乔瓦尼的房间》的戏剧制作。

1959年初春，他的一项撰稿任务是为《纽约时报书评》评论《兰斯顿·休斯诗选》(Selected Poems of Langston Hughes)。这篇文章以及它引发的风波，展现了50年代行将结束之际，鲍德温是如何将自己和前一个时期的"黑人文学"流派区分开来，并与美国主流文学保持一致。

休斯出生于1902年，他是哈莱姆文艺复兴时期的核心人物，也是最早的黑人职业作家之一。除了诗歌以外，他还创作了长篇小说、短篇小说、戏剧、歌词和两部自传。20世纪30年代和40年代，理查德·赖特是世界上最知名的黑人作家，休斯则是最有名的黑人诗人。他完完全全是个哈莱姆人，有一次，他被问到既然已经功成名就，为何不搬到郊区，他回答道，比起野兽，他更喜欢与野人为伴。面对自己所在街区的贫穷和肮脏，休斯并不像鲍德温那样坚称哈莱姆的衰败，而是强调它的活力和温情。他在电视节目里被问到哈莱姆究竟是否拥挤，休斯回答："是的。这里挤满了人。什么人都有。我足够幸运，可以将他们中的许多人

第十二章

称作我的朋友。"

然而,"哈莱姆的吟游诗人"对于自己身为黑人在白人世界中的遭遇,和他年轻的对手几乎同样愤慨。他声称,作为一名作家,他在美国名义上的敌国苏联受到了比在国内更友好的对待。1962年,休斯和鲍德温等人一起参加了一次广播讨论,他告诉听众,经纪人永远没法给他找到去女性俱乐部演讲或者朗读诗歌的机会,因为"女性俱乐部有茶会,(而)她们不想跟讲者社交"——如果讲者碰巧是黑人。

休斯怀疑鲍德温在刻意寻求白人世界的赞赏,怀疑他背叛了自己的出身——这些怀疑在休斯心里已经坐实,并随着鲍德温越来越出名,受白人听众和评论家青睐,变得越来越强烈。鲍德温则继续坚持将自己视为一名美国作家,他认为没有什么理由更多地向休斯而不是赖特致敬,因为这位诗人的任何作品都不曾像赖特的《土生子》和《黑孩子》那样影响过他,或者看上去为他打开了可能性。

两人之间互不信任的气氛,导致了一些刻薄言辞和两面派行为——必须要说,休斯在这方面做得比鲍德温更多。我们已经看到他对《去山巅呼喊》狡猾的反应——当着鲍德温的面称赞这本书,背地里却对其大加挞伐,以及他对《土生子札记》相当勉强的欢迎。休斯曾号称自己非常欣赏这本文集中的大部分内容,预言鲍德温可能会成为"当代重要的评论家",但没过几年,他就摒弃了这一观点,公开批评鲍德温第一本随笔集,把它称作"今天的《汤姆叔叔的小屋》"。

休斯对《土生子札记》的评论也发表在《纽约时报书评》。当同一份报纸邀请鲍德温评论休斯的《诗选》,这就给了他一个向休斯还礼的机会。"每次读兰斯顿·休斯的作品，"他写道，"我都会再次为他真正的天赋感到惊讶，同时为他对这些天赋的利用如此之少而感到失望。"他认为这本书中包含了"大量更有自我要求的诗人会扔进废纸篓的东西"。

据休斯的传记作者阿诺德·兰佩萨德说，这篇评论让休斯"震惊至极"。文章发表当天，他就给鲍德温寄去一张明信片，上面写道：

嘿，吉米：
　你没听说吗？
种族和艺术
相去甚远。

休斯在这里暗示了自己的理论，他认为鲍德温比自己更受种族问题的束缚，尽管鲍德温看起来与此相反。鲍德温实际上可能并不是故意将他的评论作为报复——这不是他的风格，休斯也不觉得两人已经扯平。用他的助手拉乌尔·阿卜杜勒（Raoul Abdul）的话说，休斯对这篇评论"非常生气"，现在他伺机"报复"。不过他还是克制了自己的愤怒。他的报复方式是发表贬低的评论，比如将《土生子札记》和《汤姆叔叔的小屋》相提并论，再比如，发送诸如下文的信笺，这些信笺于1962年5月寄出，在他读了鲍德温新的随笔集校样之后：

　我担心你正在成为一名"黑人"作家，而且还是那种宣传员！发生了什么?????（还是我读错了？）

第十二章

不管怎么说,《没有人知道我的名字》是一本引人入胜的读物,很适合全城上下那些话多的人拿来做夜晚的谈资,而且肯定会让你成为一位智者——一位被拣选出来的智者——他的头发一旦经过处理就可以恢复原样。

希望这本书能上畅销书排行榜。那样你遭罪的时候还能舒服一些。

这篇文章初读起来可能让人觉得还算友好、无害,但其中所有赞美之词都是讽刺,字里行间充满了怨恨。休斯玩笑式的口吻并不足以弱化他的恶毒攻击——他说鲍德温"成为一名'黑人'作家",他说这本书是"全城上下那些话多的人"的素材,还说"一旦经过处理"头发就能复原,等等。

休斯和鲍德温可能一直在远远地研究对方——相距不止一百个街区,简直隔着上城和下城、哈莱姆和格林威治村、美国黑人剧院和百老汇、在女性俱乐部或别的地方举行的诗歌朗诵会和畅销书排行榜的距离。两个人都忍不住想知道对方在做什么。对鲍德温来说,休斯"民众诗人"的身份既无趣又有局限性,早在1943年,当他向朋友推荐诗时,他引用的是现代主义诗人艾略特,而不是哈莱姆的民间行吟诗人。对休斯来说,鲍德温在白人读者中取得的成功至少让他有点羡慕,这位年轻的作家似乎正是休斯口中的——汤姆叔叔。

他们之间的分歧说明战后纽约的黑人作家们随着人数的增加,没有因为阶级或种族的团结而凝聚在一起,反而经常因为猜疑、嫉妒、害怕背叛,以及害怕别人成功,使他们对彼此的看法变得模糊。巴黎的黑人作家也是如此,理查德·赖特1960年11

月最后一次公开露面就是在讨论这个话题。

鲍德温正迅速成长为他们之中最成功的黑人作家，整体上这没太让他陷入纷争。他和赖特之间的争吵起初只是文学上的分歧，关于抗议文学是否有用，他和休斯的不和也是如此（尽管休斯因为自尊受到伤害而对这一事实视而不见）。它实际上是技巧上的分歧。

毫无疑问，如果鲍德温认为休斯是一位重要的诗人，他一定会直言他的赞美。比如，他就从不掩饰自己对拉尔夫·埃里森的小说《看不见的人》的欣赏，尽管他和埃里森的私人关系同样紧张。而鲍德温在休斯的作品里找不到太多值得宣扬的地方。他评价《诗选》的许多内容是"更有自我要求的诗人会扔进废纸篓的东西"，这句话被多次引用，经常被说成是最冷淡的否定。然而鲍德温接下去说的话更具体，也更有趣，却常常被忽视。"黑人的言论"，他写道：

> 之所以生动，主要是因为它私密。它是一种情感速记，或者说是一种手法，黑人不仅通过它表达了彼此之间的关系，还表达出他们对白人世界的评判。然后，随着白人世界接管了这些词汇——却根本不明白它们的真正含义——这些词汇就被迫去改变。黑人音乐也是如此，它必须变得越来越复杂，才能继续表达任何私人或集体的经验。

休斯知道这些象形文字背后辛酸的真相：它们致力于保护什么、传达什么。但他并没有把它们强加给艺术领域，因为在艺术领域里，它们的意义会变得清晰而压倒一切。"嘿，波普！／瑞-博普！／莫普！"这些词在莱诺克斯大道上传递

第十二章

出的意思,要比在这本书中表达的多得多,这不是它应有的表达方式。

最后,也许差别就在于代际,休斯既被这些年轻的黑人作家所吸引,又感到厌恶,因为他们似乎获得了白人的认可,而这很大程度上取决于他们对白人社会以及个别成员的谴责强度。他们靠白人的内疚感养肥自己,他们成了"美国的末日预言家,在腐肉上鸣叫的黑乌鸦"。休斯认为,黑人作家应该表达出他们种族独特而基本的品质,这种努力本身会消除他指责鲍德温和其他人所延续的那些刻板印象。他将这些品质定义为"灵魂",也就是"美国性"(American Négritude),"一种从黑人民间艺术中提炼出来的精髓的综合体",当它通过现代形式表现出来,便能够"向黑人也向世界揭示他们内在的美"。

就写作成就而言,休斯对这门手艺有着旧式的自豪感,他认为一首诗或一个故事写得好,本身就是足够的奖赏。鲍德温并不蔑视手艺,但他被另一种骄傲所驱使:野心,野心让他向畅销书排行榜的高处攀登,这是他的权利,也是他的能力,和所有人一样。

这一切都属于不断变化的环境中的一部分,这种变化正在改变南方的学校、公共汽车和快餐店的种族构成。变化的势头是如此巨大和突然,以至于老一代人很容易受到惊吓而掉队。比如,年长的南方黑人认为年轻的激进"煽动者"的干预是危险的,其中不少人拒绝了要求他们登记投票的施压。但是,经过多年不同形式的斗争,像鲍德温这样雄心勃勃的年轻人,已经可能以一种以前从不被容许的方式横跨两个世界,一只脚站在上城,另一只脚站在下城，走出哈莱姆的"斯莫尔斯乐园"，走进格林威治的"白马酒馆"，平等地和黑人、白人交往。

这并不代表背弃哈莱姆，而是意味着不再被困在那里，无论是在字面还是隐喻的意义上。比如，在象征意义上，比莉·哈乐黛闻名世界，然而她一生都住在贫民窟。在和一支白人乐队巡回演出时，作为他们的明星歌手，她被迫在音乐厅使用服务电梯，晚上还要被带去住"黑人专用"的酒店。

公共生活中的黑人再也不会忍受这些折磨，再比如：玛丽安·安德森（Marian Anderson），20世纪40年代，她可以为第一夫人埃莉诺·罗斯福（Eleanor Roosevelt）演唱，却不能登上大都会歌剧院的舞台；兰斯顿·休斯的经历也令人感到羞辱和愤怒，他被禁止跟白人女性社交，即便作为她们"茶会"上的表演者也不行。

鲍德温激烈的反建制的态度，让他做出一些尴尬的妥协，一个经济上更有保障的作家或许可以避免这种情况。他在巴黎逗留期间，让·保罗·萨特拒绝了诺贝尔奖及其可以免税的奖金，宣称作家不应让自己体制化；尽管鲍德温私下表示过不喜欢萨特，但他肯定会钦佩这种姿态。

他本人这段时间一直靠机构的资助生活：从萨克斯顿和罗森瓦尔德基金会开始，再到古根海姆和国家艺术与文学学会。现在，当他的声誉稳步上升，商业的成功又尚未到来，他又接受了最为美国化的机构的资助：福特基金会。

投入在《另一个国家》这本书里的多年心血，让他到了只能向比尔·科尔哀叹自己可能无法活着完成这部作品的地步。但是，当 1959 年 2 月福特基金会来信通知他的奖学金申请已被接受，让他重新振作起来。他将在两年内获得 12000 美金，按季度分期支付。

如果说这还算不上初尝财富的滋味，至少足以让他不再担心：在 20 世纪 50 年代末，在固定收入之外每年额外获得 6000 美元，可以让他过上格林威治标准的体面生活。

还没完呢：接下来几年里，他还将写出三本畅销书和一部百老汇戏剧。他已实现了自己的部分目标：他的母亲不再需要靠帮别人打扫屋子为生（尽管她继续做这份工，"保持忙碌"，让她儿子很生气），还可以在他弟弟妹妹实现梦想的过程中帮一把——一个弟弟想成为演员，另一个想成为爵士乐手，妹妹想做服装设计师。他开始相信，给母亲在哈莱姆郊外买一栋房子的愿望可能会实现。他抛下家人、绝望地飞往欧洲的愧疚感得到了缓解，不论现在还是将来，只要他能够帮到他们的地方他都会去做。

在提交给福特基金会的申请中，鲍德温说他正在打造一部"很长"的小说（事实上这部小说几乎又花了三年时间），故事源于他在纽约和巴黎这两座城市的生活，源于这种生活给他带来的"疑问"，作为一个美国人到底意味着什么。

他列出了《另一个国家》的人物表（当然，鲍德温没有提到黑人爵士乐手鲁弗斯，他的故事最终占了小说的前九十页，但此时他还没想出这个人物），随后继续阐述道，这部小说是基于他的假设，亦即美国公民必须面对的两个"最深刻的现实"是"肤色和性"。伊达是一个害怕爱上黑人的女孩——她见过太多黑人的毁灭。她也无法爱上白人。尽管她与维瓦尔多感情深厚，但她"真正的冲动"是伤害他。然而通过与伊达的交往，维瓦尔多在寻找自我认同的道路上到达新的一站。

鲍德温接着又简述了他打算在完成《另一个国家》之后动笔的小说——一部以解放日为背景的奴隶小说，他从 20 世纪 50 年代初就开始构思，暂定名为《在门外谈话》或《在大门外谈话》。他号称自己在这部小说中关注的不是种族问题，而是"非常复杂的社会"中存在的各种关系，以及一旦特定的社会基础崩溃，这些关系将受何影响。他意在通过这部小说去探讨他所坚信的——美国黑人与白人紧密相连，在血缘上也是如此，正是病态地去否认这些关联，激化了种族之间的噩梦，而非真的存在什么差异。

这个想法听起来可期，但只存在于他的脑海里。鲍德温写奴隶小说的想法至少在六年前就已萌生（再过六年，他还在念叨它），因此当他向福特基金会的人承认，他对奴隶们穿什么、吃什么、几点起床、居住条件等细节一无所知，不免让人有些惊讶。为一本书进行详细调研并非他的风格，《在门外谈话》一书也未能写成——就像过去曾经点燃过他想象的其他计划一样。

这本书的蛛丝马迹——在他已出版的文字里的唯一痕迹，竟是在鲍德温 1960 年写的一篇瑞典电影导演英格玛·伯格曼（Ingmar Bergman）的人物报道里。与伯格曼的会面启发了鲍德温，让他在想象中创作了一部自己的电影。虽然它跟鲍德温交给福特基金会的大纲有很大出入，但能从中看出一些他可能会怎么写这个故事的端倪：

> 我的电影将从奴隶们登上一艘名叫耶稣号的上好的船只开始：一艘白色的船，在漆黑的大海上，主人像船帆一样白，奴隶像海一样黑。船上有一名不服软的奴隶，一位不朽

的人物,每一代人中都注定会出现这种人,然后被处死。在奴隶船的船舱里,他会是巫医、酋长、王子或歌手,他会因为保护一个黑人妇女被扔到海里而丧命。这个女人会为他生下孩子,这个孩子将领导一场奴隶起义,然后被绞死。在重建时期[1],他将在离开国会时遭到谋杀。在第一次世界大战期间,他将是一名回国之后被活埋的士兵,此后,在大萧条时期,他将成为一名爵士乐手,并陷入疯狂。这就把他带到了我们的时代——他现在的命运将会如何?我该给这个可怖的复仇的幻想故事取个什么名字?长久以来,主人们的后代又会经历些什么呢?

在向福特基金会提交的申请书最后,鲍德温恳求——"您不知道我是多么真诚地祈祷"——基金会能给他一笔资助,支持他完成手头的工作。二者确实结成了一个不可能的联盟:一边是美国道路的纪念碑,一边是特立独行的作家,试图用自己的每一句话来颠覆它。乐观的人会说,这笔资助证明了美式民主的开放,以及美国企业本质上的民主和慷慨。鲍德温本人并不这么看。他那句"我真诚地祈祷"表达出太多的怀柔、慎重和顺从。毫无疑问他是真诚地想得到一些资助,但这种郑重的感激之情很容易转化为愤世嫉俗,尤其是当这些钱来自一个他原本认为是种族主义者的机构,他对这个机构的愿景深表厌恶。

记者们也对他接受这些施舍提出质疑,而他毫不犹豫地为自己辩解。到 1964 年,鲍德温已经花光这笔钱——他花自己和

---

[1] 重建时期是指美国南北战争后的 1865 年至 1877 年,当时联邦政府试图重建南方各州的政治、经济和社会制度。——译注

别人的钱，都同样不负责任，有人问起他迄今为止接受过的尤金·萨克斯顿、罗森瓦尔德、古根海姆、国家艺术和文学学会、《党派评论》、福特等资助，他用舌头舔了舔嘴唇，回答道："傻瓜才会认为他们是在资助我——他们不是，他们是在向自己证明他们有多自由。"

第十三章

1961年1月26日拍摄的一张照片显示,鲍德温在格林威治村克里斯托弗街的一间公寓里,参加一个纪念"垮掉派之死"的聚会。照片里还有"垮掉的一代"中常为《乡村之声》等报纸撰稿的记者西摩·克里姆(Seymour Krim)、诗人特德·琼斯(Ted Joans)和诺曼·梅勒。威廉·斯泰伦、苏珊·桑塔格和后来加入浊气乐队的图利·库普弗贝格(Tuli Kupferberg),也都参加过"垮掉的一代"两场"葬礼"中的一场,组织者是鲍德温在巴黎认识的比利时戏剧导演罗伯特·寇迪耶(Robert Cordier)。据寇迪耶说,这种不太庄重的做法是为了埋葬这场运动、这种语言和风格的残余,它们的灵魂已被商业和媒体攫取。当时已经不存在什么垮掉、被垮掉、很垮掉的形式,只有最新的流行趋势罢了。

梅勒虽然不是"垮掉的一代"的作家,却是眼下的"嬉皮"心理和嬉皮士最有力的辩护者。1957年,他曾写过一篇题为《白种黑人》("The White Negro")的文章,在文章中,他将嬉皮士描述成白人与黑人联姻的产物:"在这场婚礼中,"梅勒写道,"……是黑人带来了文化的嫁妆。"这不仅指"时髦"的年轻白人从黑人的语言中夺走了和他们自己的经历相近的词汇,也指黑人音乐获得了大批白人听众的青睐，在梅勒眼中，它还指年轻白人们在"复杂的文明禁忌"以外找到了另类的选择。生活在恐惧中的黑人，"只为周六晚上的狂欢"而存在，他们"为了肉体上更加强烈的欢愉"，牺牲了精神的愉悦。如今，面对集中营和原子弹的阴云，面对弥漫在现代生活中"恐惧的恶臭"，年轻白人可能也会陷入同样的病态。在拒绝传统行为模式的过程中，他们向黑人寻求另外的选择：

> 于是出现了一批新的冒险者，他们在夜色中游荡，按照黑人的模式来行事，以此来适应他们的现实。嬉皮士吸纳了黑人的存在主义神经，实际上可以被视为白种黑人。

作为他那一代最富才华的黑人作家，鲍德温又如何看待这一问题？他丝毫没有让步。在评论兰斯顿·休斯的《诗选》时，他就表达过自己对白人采用黑人语言和音乐的看法（"白人世界接管了这些词汇——却根本不明白它们的真正含义"），他故意非常傲慢地告诉梅勒——同时也不乏关爱，尽管自己曾经试图阅读《白种黑人》，但还是不能理解。

鲍德温不像梅勒那样执迷于"垮掉的一代"和他们的"精神病理学"。20世纪50年代中期，他从巴黎回国时曾在派对上遇到凯鲁亚克，对他兴趣平平。他个人喜欢金斯堡，但对巴勒斯及其对枪支和毒品的喜好有所保留，在《裸体午餐》这本书上，他跟梅勒也意见不一："这不是一本书，"后来他随口对巴勒斯的小说做出了评价，"这是一场痉挛！"

鲍德温对垮掉派的总体看法是，他们的时髦和酷都是假的。

他认为除此之外没有别的可能,他们怎么可能了解"嬉皮"的真正含义?又怎么可能知道"酷"的代价?当他们假扮的波希米亚主义失败以后,他们只需回家"接管家族生意"(这是故意夸张的说法,很可能源自巴勒斯其实有机会从他们家的计算器生意里分一杯羹)。年轻白人所拒绝的特权——投票权、受教育权——正是南方黑人此时此刻拿生命作为代价去争取的。在这个提醒面前,那些嘴上念叨着"黑人的模式"和"黑人的存在主义神经"的垮掉派和嬉皮士们,应该知道为自己感到难为情。

鲍德温憎恨的正是最让梅勒困惑的东西:嬉皮士挪用和剥削黑人灵魂的方式,对他们正在谈论的这个群体的经历缺乏应有的尊重;他们想要"灵魂",却不在意提纯出这种灵魂的历史。在纽约或他祖国的任何地方,没有一个"披头族"因为自己的种族而被拒绝入住。如果艾伦·金斯堡被赶出自己的家、学校、酒会和餐厅,或者不得不离开这个国家,那是因为他拒绝接受社会的条件,而不是相反。在鲍德温、理查德·赖特或兰斯顿·休斯看来(他们每个人都在国外找到了在国内无法获得的平静心灵),这是一种永远无从体验的奢侈,因而是可鄙的。黑人的生存取决于他们对时代氛围的揣测,并与之共存,在每条道路上都一步一步地走,看看自己能走多远,社会又能接受多少。失败者都会在自己身上画上该隐的印记,而在一个排他的社会里,黑人生来就带着这个印记。

如果"垮掉的一代"、披头族、嬉皮士等群体想要拒绝和反抗,鲍德温也不能阻止他们,但如果要他认可他们接纳了他的"模式",那就过分了。

鲍德温参加了朋友寇迪耶在纽约举办的"垮掉派之死"的派

对后不久，就开始撰写一篇关于梅勒的文章。他在文中引用了凯鲁亚克的小说《在路上》中的一段：

> 淡紫色的傍晚，我浑身肌肉酸疼，在丹佛第二十七街和韦尔顿街之间的已经上灯的黑人区溜达，希望自己也是黑人，因为我觉得白人世界给我的最好的东西不足以让我入迷，没有足够的生活、欢乐、刺激、罪恶、音乐和足够的黑夜。我在一个买盒装红辣椒的男人的小棚屋前站停，我买了一点，一面吃，一面在幽暗神秘的街道上溜达。我希望自己是丹佛的墨西哥人，或者甚至是穷苦的、过分劳累的日本人，什么人都行，只要不是现在这个活得腻味的、理想破灭的"白人"。我一辈子都抱有白人的野心，正因为如此，我把一个像特雷那样的好女人泡在圣华金山谷。我经过墨西哥人和黑人家的幽暗的门口；那里传来悄悄的说话声，偶尔可以看到某个神秘的、性感的姑娘的黝黑的膝头；还有玫瑰树后面的男人的黑黢黢的脸。小孩们像睿智的老人那样坐在古老的摇椅上。[1]

在复述完凯鲁亚克的话之后，鲍德温紧接着做出完美的反击："如果凯鲁亚克真疯了，敢在哈莱姆阿波罗剧院的舞台上大声读出这段话，我将很难站在他这边。这当然完全是无稽之谈，即便客观地看，也相当冒犯。"

尽管鲍德温很少思考"嬉皮"的流行用法，也很少真的想到

---

[1] 译文依据《在路上》，2006 年由上海译文出版社出版，王永年译。——译注

"垮掉的一代"的作家,但他很喜欢梅勒,甚至有些敬畏他。梅勒拥有火山般的能量,他的想法层出不穷——其中一半天才一半傻瓜。他十分迷人,是一位有远见的作家。

尽管如此,鲍德温和其他人一样,也曾对梅勒古怪的友谊观感到困扰(如果不是冒犯的话),因为其中既包含极大的热情、智慧和魅力,也可能包含一场拿头撞人的比赛挑战,或是对一个人的作品、身体特征突然而不必要的挖苦(比如他说鲍德温"又矮又丑,像黑桃 A 一样黑")。在"垮掉派之死"的派对上,鲍德温对梅勒说:"我是希腊人,你是罗马人。"他的意思大概是说自己更接近欧洲的经典情感,而不是他在美国所见的分裂文化,梅勒却在其中如鱼得水,大显身手。在他看来,即使是"嬉皮",本质上也是私事,梅勒这样喜欢公开表态的人,无法理解这一点。

1956 年,在《裸者与死者》的译者、小说家让·马拉奎斯(Jean Malaquais)位于巴黎蒙帕纳斯的公寓里,鲍德温遇到梅勒。两人一见如故。"那几年,吉米的性格简直好极了,"梅勒说,"我认为文学界没人比吉米更受欢迎。他的举止最为可爱。情绪也十分特别:不高兴的时候,他带着一团深沉的红褐色的忧郁走来走去,一旦有什么事逗他开心,他大笑的样子也很奇妙,因为那笑容是从他的悲伤中流露出来。"

1961 年,在他们相识五年后,鲍德温描写阿诺德和梅勒的妻子阿黛尔陪伴他在巴黎的酒吧和咖啡馆里度过的许多个夜晚,就像描述一段再也无法重获的爱情里那些幸福的曙光。梅勒"热情奔放、富有爱心","如角斗士一般在温柔的巴黎夜晚"大步流星。在他的炫耀下,"一些非常美妙的事情正在发生。我意识到我的生活中出现了一种新的、温暖的存在"。

这些话出自《黑人男孩眼中的白人男孩》("The Black Boy Looks at the White Boy")一文,这篇文章先是发表在《时尚先生》,后又收录于《没有人知道我的名字》。写这篇文章时,尽管梅勒在鲍德温的生活中仍是"温暖"的存在,但已经比当初那些快乐的巴黎之夜显得更加复杂。

鲍德温称这篇随笔为"情书",这个词很少引起人们的议论,他们更常用拳击比赛的术语来形容他们的关系。"鲍德温对他恨之入骨,"演员工作室的戏剧导演弗兰克·科尔萨罗(Frank Corsaro)对一位正在为一本关于梅勒的书搜集素材的记者说,"当他和诺曼在一起的时候,两个人总好像在争夺地位。"随后的 1962 年,鲍德温和梅勒又在芝加哥碰上了,两人同时在报道桑尼·利斯顿(Sonny Liston)和弗洛伊德·帕特森(Floyd Patterson)的首场比赛,鲍德温那篇关于梅勒的文章标题,呼应的正是此前帕特森和英格玛·约翰森(Ingemar Johansson)之间的一场对战。甚至有本书的副标题就叫《鲍德温对阵梅勒》,书中毫不隐晦地描述了一场决斗的酝酿过程,然而这场决斗从未到来——也不可能到来,因为尽管科尔萨罗那么讲,但两人之间那种可能激化矛盾的敌意并不存在。

如果说赖特、休斯等人顶着鲍德温之父的阴影,反倒成了他的对手,那么梅勒则被视为伙伴、平等的人,因此也是爱人,因为在鲍德温的字典中,伙伴通常就等同于爱。如果说伙伴之间也不时出现强烈的恨,那么这种恨肯定也来自与之相反的情感。

两边的确都存在大量的暴躁、自负、虚荣、对对方的选择和抱负感到不耐烦。但双方相互尊重的程度也相当高,尽管梅勒觉得鲍德温在欧洲浪费了自己的才华，鲍德温则认为梅勒大肆宣扬的有关黑人的优雅和超强性能力的理论，不过是重新描绘了一张高尚的救世主的肖像。毕竟，这些理论反映的正是他多年来一直在与之战斗的陈腐观念。"你接下来就会告诉我，所有有色人种都有节奏感！"这是他最喜欢的一句反驳，从理查德·赖特那里借来的。

1959年，梅勒出版了《为自己做广告》(*Advertisements for Myself*)一书，这段一开始充满希望的友谊第一次变了味，这本文集汇编了他的随笔、文论、访谈和断章，其中包括《估价——对业界才俊的快意点评》("Evaluations—Quick and Expensive Comments on Some Talent in the Room")，梅勒在书中对他所谓的"竞争对手们"一一发表了裁决。

鲍德温当时回到了巴黎，住在詹姆斯·琼斯家里，这本书正好到了他们手中。威廉·斯泰伦也在场。他们读到梅勒对索尔·贝娄的评价：他"精于文字，但我觉得写作风格上很自我……我无法将他作为一位重要的小说家来认真对待"。而他对拉尔夫·埃里森的评价是："本质上是一个充满仇恨的作家。"戈尔·维达尔则"需要一道伤口，才能将他对自己超然的自豪转变成新的认知"。

这些对同时代作家的评价并非全都偏激，也不都是为了伤害他们。但毫无疑问，当他们在琼斯家里"以一种受虐狂般的迷醉"大声朗读梅勒的文字时，这些评论对詹姆斯·琼斯（"这些年严重出卖了自己"）、斯泰伦（"多年来一直为每一种可以帮他前进的文学工具和力量服务"）以及鲍德温本人都产生了影响。这三人都自认是梅勒的朋友。

至于鲍德温，梅勒说他"太迷人了，不可能有大出息……即便他写的最好的段落，也喷满了香水"。还说三年前他们在巴黎初次见面时鲍德温出版的小说《乔瓦尼的房间》，是一本"烂书"。总之，鲍德温好像"无法对读者们说出脏话"。

鲍德温在《黑人男孩眼中的白人男孩》一文中再次回应，他的第一个念头是给梅勒发一封电报，"让他打消这个想法，至少已经有一个读者表示关切"。然而还得再等等，鲍德温的文章1961年才刊发。在这篇文章里，他对这位嬉皮的使徒进行了难以辩驳的奚落。鲍德温写道，巴黎的黑人音乐家有时会发现自己"真的很喜欢诺曼"，但他们一刻也不曾"觉得他哪怕有一点点'嬉皮'……他们认为他是一只可爱但有点疯狂的白色猫咪"。

这是良好而体面的交手，比起梅勒在《估价》里的嬉笑怒骂，鲍德温在《黑人男孩眼中的白人男孩》中的目的更严肃，也更大方。鲍德温对梅勒在《估价》中把人生分成赢家和输家感到反感。他用这封"情书"作为告白和恳求的载体：对他来说，爱比权力更重要，而对梅勒来说似乎恰恰相反。而且，他知道梅勒无法进行这种忏悔。鲍德温希望通过这种方式，阻止一位重要而有远见的作家越界太多。

相反，他只是成功地伤害了他，就像他自己曾经被伤害一样。"从那以后，情况就变了，"梅勒说，"我被那篇文章轻微地伤害了。它不太正常。他让我在我不够强的地方强大起来，在我本不弱的地方变得脆弱。这些比恶意更令人讨厌。他居高临下。可能是对我写他的一些东西的报复。"

当他们的伙伴关系变成一场较量，大部分攻击都来自梅勒一方，这可能是他处理一段艰难友谊的办法。他们最严重的一次争执发生在 1962 年年底举行的利斯顿-帕特森拳击赛上,似乎也算合理。梅勒为《时尚先生》报道这场比赛,而鲍德温为"男性杂志"《金块》工作,两人都在文章中提及这场争吵。鲍德温写道:

> 我去看这场比赛的时候,内心充满了奇怪而强烈的压抑,我把这种压抑部分地归咎于疲倦——那是一段相当折磨人的日子,一方面因为我在帕特森身上押的赌注超过了应有的数目,另一方面因为我和一个我原本希望成为朋友的人发生了一场相当激烈的争吵。

梅勒一开始也想交这个朋友,欢迎鲍德温进入他的生活,但后来,当他发现这是一位竞争对手,便顺从了自己自然的冲动,发起攻击。就像他的英雄海明威一样,他似乎不得不常常伤害最关心他的人。

鲍德温迎来了好日子。他的经纪人告诉《乌木》杂志,1961 年他有望赚到 2 万美金,这是一笔不小的数目。他的日记开始有美国明星作家的样子。1959 年底,他乘船前往巴黎,圣诞节后又离开巴黎前往斯德哥尔摩,然后返回纽约撰写《时尚先生》关于伯格曼的报道。5 月,他带着两家知名杂志的约稿再次南下。他花了几天时间跟踪小马丁·路德·金,写了一篇 12000 字的关于他的文章,但和他在南方写的许多文章一样,这篇文章缺乏亮点,他也并未将其收入自己即将出版的随笔集。同年秋天,他在旧金山参加了第三届《时尚先生》年度研讨,主题是"作家在美国的角色"。

这种紧张的日程开始挤压这位知名作家真正需要的写作时间和空间，鲍德温因此养成了用碎片时间写作的习惯，并保持了一生。1960年3到4月间，在南下之前，他再次回到新罕布什尔州的麦克道尔艺术村，第二年初，他悄悄住到威廉·斯泰伦在康涅狄格州的家里，随后又躲进戴尔出版社老板理查德·巴伦（Richard Baron）在上韦斯特切斯特郡的房子，仍在努力完成《另一个国家》。"他总是抱怨在纽约会被人打扰，"巴伦说，"但无论他到哪里，那里就会不知不觉开始门庭若市。"那年晚些时候，他发现即使是新英格兰也不够远，于是逃到了土耳其。

他的社交能力也随着新的成功与日俱增。《乌木》杂志的记者到霍雷肖街来采访他（"在一幢略显破旧的没有电梯的建筑里，一套布置整洁的三室一厅公寓……离哈德逊河仅一箭之遥"），他告诉对方，"可以说我是个嗜酒如命的人"。人们开始谈论他对波本或苏格兰威士忌的嗜好，他也在同一辈的文学同仁中找到了酒友，比如威廉·斯泰伦和詹姆斯·琼斯。1960年的旧金山，在《时尚先生》举办的一次研讨会上，他第一次见到菲利普·罗斯，还和约翰·契弗建立了深厚友谊，他非常欣赏契弗的短篇小说。契弗后来也回敬他，赞美他的小说："多好的风格！""多么强烈！多么虔诚的感情！"这两位作家不仅对优美的随笔和烈酒情有独钟，对男人也是，尽管契弗的性取向当时还鲜为人知。

在西海岸参加研讨会时，鲍德温在会上发表了题为《一部假想小说的笔记》的演讲（收录在《没有人知道我的名字》这本书里），在此期间，鲍德温和老朋友西奥多·佩拉托夫斯基待在一起，两人曾在1946年合作过一本未出版的书。佩拉托夫斯基现在更专注于绘画，而非摄影，他把一幅自己的画作为礼物送给了鲍德温，这幅画后来被挂在霍雷肖街的公寓。"从周一到周五，吉米一直和我们待在一起，"玛丽·佩拉托夫斯基女士回忆道，"我想我整个星期都没合眼。"

鲍德温1949—1957年间的写作跟他此后再次定居纽约时写的，基调和内容上都有所不同。他在巴黎发表的两部小说，一部关于过去，另一部关于生活在巴黎的外国白人，他那段时间发表的大部分随笔，要么是文学评论要么是回忆录。而当他一回到美国履职，他的写作就更直接地反映出美国生活的脉搏，采取了一种在早期作品中基本不存在的坚定立场。转折点是他对福克纳的抨击，他的新书《没有人知道我的名字》也充满了警示、抗辩和深沉的预言。书中的话题范围比人们预想的更广：除了福克纳、伯格曼和梅勒，还有关于安德烈·纪德和理查德·赖特的文章，并涉及小说写作的技巧，以及"发现成为美国人的意义"。字里行间都体现出鲍德温的才华，他的行文灵动、精湛，他的思维大胆，充满丰富的预言。

这本书在1961年7月出版，直接登上畅销书排行榜，上榜六个月之久——对一本随笔集来说，这是一次罕见的成功。这是鲍德温真正在美国生活期间出版的第一本书，也是他第一次接受名人待遇。他多次在电视上露面，有一次还接受了迈克·华莱士（Mike Wallace）的采访，后者称他是"观众感兴趣的人之一"。7月在芝加哥，他又接受了斯塔兹·特克尔（Studs Terkel）一次长时间的广播采访，后者用"非凡""美好""出色""机智"等溢美之词来形容他的客人和他的新作。

鲍德温在节目中的表现同样凛然。他用白人能理解的语言描述黑人的困境。特克尔称他是当今世界上少数几个知道自己是谁的人之一。他问鲍德温,黑人是否会接受白人对他们的刻板印象,鲍德温拿黑人在周遭看到的形象来解释这一点:"所有形象都不适用于你。你去看电影,和其他人一样爱上了琼·克劳馥,你也支持那些杀死印第安人的好家伙。但当你意识到所有这些其实都象征着你自己遭受的压迫,你会感到非常惊讶。"

回答有关南方动乱的问题时,他表现出典型的调停态度——"黑人很难真的恨白人:他和他们的关系太深了"。他还对阿拉巴马州伯明翰市发出一个可怕的预言:"伯明翰总有一天会发生暴力事件(这一点我深信不疑,正如我相信自己此刻正坐在这张椅子上)。而这不能怪黑人。"三年之后,历经持续的骚乱,四名黑人儿童在伯明翰上主日学校时被炸身亡。

这次采访半小时的侃侃而谈,展现出鲍德温身上一种崭新的权威感和信念的深度(以及愤怒),这是他五年前从巴黎寄回的信中所不具备的。在那些其中"黑人问题"很少被提及,即使是和密友的通信,法国的阿尔及利亚"问题",对他而言也只是"有意思"而已。鲍德温经常会在他写的信后面,加上"我相信你不会想用这个"或者"我相信你不会对这个感兴趣"的附言,作为自我保护,或者,他可能会谦虚地向菲利普·拉赫夫请教"道德"问题——要发表批评理查德·赖特的文章,却不事先把文章给赖特本人看。

他的写作失去了那种克制的态度,随之失去的还有菲利普·拉赫夫本人以及他所代表的那种团结一致的知识分子杂志,这并非完全是巧合。

这种关系的损耗已有一段时间。自1956年以来,鲍德温就没有在《评论》或者《国家》杂志上发表过文章,自1954年以

第十三章

来也没有登上过《新领袖》。1959年,《党派评论》发表了他的《南方来信》(后来收录在《没有人知道我的名字》,成为这本书的副标题),为了他1960年春天的第二次南下,他要求杂志社支付100美元预付金来购买这篇约稿。他拿到了这笔钱,同时还收到了《哈泼斯》和《丽人》杂志的预付金,菲利普·拉赫夫和威廉·菲利普斯都很清楚,这些杂志比《党派评论》富裕得多。

然而,临近年末,他完成了这两家杂志的委托(《马丁·路德·金面前的危险道路》["The Dangerous Road before Martin Luther King"]和《他们无法回头》["They Can't Turn Back"]),却没为《党派评论》写出任何作品。他有过一些计划,但从未完成,菲利普斯提出一系列问询,他也没有解释原因。在截稿日期过去将近一年后,菲利普斯仍被蒙在鼓里:"你躲到哪里去了?给我们的稿子怎么样了?"

鲍德温常常不按时交稿,但这次拖稿是因为在安排他的第二次南下之际,他跟《党派评论》之间发生的轻微争执。争执的焦点是他正在写的小说《另一个国家》中的一章,杂志希望将它以《随时开始》("Any Day Now")为题发表在1960年春季号上。[1]

4月初,鲍德温在艺术村有点不耐烦地写信给菲利普斯,询问他对小说选摘的看法。菲利普斯回信向他保证他们正在处理,但是,"如你所知,我们正在听从菲特尔森关于其中脏话部分的建议"。鲍德温的回答很干脆:他们听从菲特尔森的建议,"这很好"——但他的建议是什么呢?

---

[1] 《随时开始》是鲍德温给已经完成的《另一个国家》的续集所拟的书名,但奇怪的是,《党派评论》节选的内容却来自第一部。显然,他在交出完稿时又有了新的想法,因为很多地方的"脏话"都被省略了。

威廉·菲特尔森（William Fitelson）是杂志社的律师，他曾向编辑们建议，刊登四字脏话可能会有被起诉的风险。菲利普斯于是让菲特尔森写信向鲍德温解释，印刷厂拒绝印刷操、操他妈、狗杂种和口交等字样。杂志的二等邮寄权会有风险，甚至可能波及免税待遇。因此在最终的文本里，这些词被替换成了 f***、mother******、c***suckers 和 b***j**。

鲍德温很恼火，菲利普斯试图哄他——"这些符号比正常印刷的文字更刺激人"，但没什么效果。他讽刺地回复说，他从菲特尔森那里得知印刷厂的人过着这种"无可挑剔的生活"，让他心烦。早知如此他可能会撤回这篇稿子。不过，他继续讽刺道，他们生造出两个新的脏字——"吹"（blow）和"工作"（job），倒也算一种安慰。

鲍德温的信是在佛罗里达州的塔拉哈西写的，他正住在城里"臭名昭著"的黑人区里的黑人专用旅馆，被进步的言论和落后的证据所困扰。他来这里是为《丽人》杂志报道学生运动，但他也向菲利普斯提到，自己正在为《党派评论》写一篇题为《启示书》（"The Book of Revelations"）的文章，还咆哮道，如果印刷厂不喜欢，"你他妈最好炒了他们"。

由于这篇文章没有交，菲利普斯也就一直没有这么做的机会。

第十四章

在《一只黄油牛奶里的苍蝇》的结尾,鲍德温曾预言,"今天在南方发生的事,明天就会发生在北方"。长期以来他一直认为,北方和南方一样,存在种族隔离,只不过以非正式的形式存在。到目前为止,北方尚未发展出分裂南方的那种危机,但斯塔兹·特克尔在电台采访中向鲍德温提出的一个问题,已经提到黑人穆斯林的出现,这是民权斗争中一股新力量。伊斯兰运动那时已经吸引了报刊和电视的眼球,他们讨论的是建立一个独立的黑人国家,同时放弃非暴力——这是一场北方所特有的运动。

整个国家都把小马丁·路德·金视为最主要的黑人领袖。但马丁·路德·金的故乡在南方,他的信仰是基督教。他的策略和战略正是在那样的背景下产生——人人生而平等,黑人应该通过非暴力抵抗的方式,争取平等权利。包括鲍德温在内的一些人开始意识到,这些策略已经过了有效期,而且,当这些策略被搬用到城中黑人聚居区正快速增长、常常充斥着暴力的北方城市,比如底特律、芝加哥、费城和纽约等,似乎有些格格不入,贫困正在那里蔓延,与之相伴的毒品和犯罪问题占领了街区。黑人穆斯林领袖伊莱贾·穆罕默德（Elijah Muhammad）[1]正是在这些城市，尤其是在他的根据地芝加哥，找到了他的支持者。

"伊斯兰联盟"（Nation of Islam）的成员主要是来自城市的黑人青年，他们改名换姓，开始按照伊斯兰教义生活。黑人穆斯林被禁止使用毒品、酒精或烟草，矛盾的是，这使得这项运动在贫民区具有吸引力——禁欲和对主的虔诚正是超越贫民窟生活的传统方式。现在和过去的主要区别在于，今天的主是真主，教义也披上了伊斯兰的外衣，取代了过去的基督教。

运动的许多追随者是在监狱服刑期间被招募，比如马尔科姆·艾克斯（Malcolm X）[2]，其他追随者则是在主要由白人统治的领域获得成功后，改掉了他们的信仰和名字，比如诗人兼剧作家阿米里·巴拉卡（原名勒鲁瓦·琼斯）和拳击手穆罕默德·阿里（原名卡修斯·克莱）。在他们看来，金的"梦想"——建立一个所有肤色的人都能平等生活的世界，不过是帮白人继续掌权而已。马尔科姆·艾克斯会告诉在穆斯林集会上越聚越多的人群："你们就是美国公民，为什么还要为自己的公民权利而战？"他传递出的信息是，现在是黑人停止忍气吞声、"不择手段"为自己夺取权利的时候了。

黑人穆斯林拥有一整套有计划性的排他信仰，替代了金对种族融合的渴望，旨在彻底颠覆自第一个白人踏足非洲以来始终

---

[1] 伊莱贾·穆罕默德（1897—1975），美国黑人伊斯兰教领袖，自1934年起担任全美伊斯兰联盟的领导人。他是马尔科姆·艾克斯、路易斯·法拉罕、穆罕默德·阿里等人的精神导师。——译注
[2] 马尔科姆·艾克斯（1925—1965），美国革命家、伊斯兰教士、美国黑人民权运动领袖之一，有人批评他宣扬暴力、仇恨、种族主义，也有人认为他是20世纪美国历史上最有影响力的黑人。——译注

奴役着黑人的世界观。他们宣扬，黑人非但不是劣等人，反而是优等人；尽管现在白人掌握着对黑人的权力，但这只是建造一个秩序合理的世界的过程中的一个阶段，在那个世界里，目前的等级制度终将被推翻。此外，在失落的《摩西五经》中"记载"了白种人会被指定统治地球6000年。20世纪中叶，随着安拉的使者伊莱贾·穆罕默德的出现，这个时代即将结束。伊莱贾继承了真主的启示，拥有拯救失落的伊斯兰民族的神圣指引，他教导人们，这份信仰将会得到"生命"的报偿，让黑人"和地球上所有其他文明以及独立的国家和民族，站在同一水平线上"。

即便是鲍德温，一位坚定的黑人融合主义者和金的忠实崇拜者，也承认金在北方的追随者不足，他承认自己拿不准金的策略是否有效。不过这只是思想上的矛盾，感情上他坚定地支持金。

在芝加哥回答斯塔兹·特克尔的提问时，他没有进一步扩展黑人穆斯林的话题，但在第二个月，也就是1961年8月，他回到芝加哥，这次是去会见伊斯兰联盟的领袖伊莱贾·穆罕默德。这次访问让鲍德温写下了让他扬名世界的文章《十字架之下》（"Down at the Cross"）[1]，大概可以称得上是他的代表作。

鲍德温到芝加哥时，并没想到会见到尊贵的伊莱贾——他当时在芝加哥处理其他事务，但伊莱贾在电视上看到鲍德温和伊斯兰联盟的二把手马尔科姆·艾克斯一起出现，于是邀请他到"圣殿"共进晚餐。他一抵达那里，就被人带进餐厅，里面的男人坐在一桌，女人坐在另外一桌。每当伊莱贾·穆罕默德讲话，

---

[1] 《十字架之下》和另一篇短文以书的形式出版，书名为《下一次将是烈火》。这个名字如今更广为人知。

桌边的人却会齐声说:"是的,就是这样。"这让我感到紧张。伊莱贾还有另一个更加令人紧张的习惯,就是在你开始回答他的问题之前,他跳开这个问题,评价别的去了。现在他转向坐在他右边的那个人,开始谈到上次和我一起出现在电视里的那个白人魔鬼:他们让他(指的是我)感觉怎么样?

然而,伊莱贾在许多方面都给鲍德温留下了深刻印象:他的礼貌,他的权威,他的真诚,他处理自身责任的方式:"我感到我了解他的一些痛苦和愤怒,甚至他的美。"他本希望能把他当作"盟友"来尊敬。

重读《十字架之下》里关于这次会面的叙述,显得有些软弱,这预示着鲍德温日后每次写到其他黑人,尤其是那些处于领导地位或者殉难的黑人,笔下都会流露出的那种多愁善感。在一年左右的时间里,他调整了自己对待伊斯兰联盟以及他们为黑人青年提供的信仰的立场,他告诉一位采访者,穆斯林让他"害怕",他认为他们不负责任——

> 我认为就他们对黑人社区应尽的义务而言,他们不负责任,所有种族主义者都不负责任。他们在利用黑人的绝望。

伊莱贾后来被爆出是个伪君子和诈骗犯,他挪用运动的资金,骚扰女信徒(一度作为他接班人的马尔科姆·艾克斯,在1964年也说他是"骗子"),鲍德温不可能预见到这一点。他也没有严肃地质疑真主的使者关于创世、白人魔鬼等荒谬理论,没有

第十四章

因此收回自己的恭顺。他需要找到那种父亲式的人物，立刻能接受他的敬意，反过来又能以许可来祝福他。他在文章中写，他不仅愿意以"盟友"，也愿意以"父亲"的身份来尊敬伊莱贾。

不过，尽管他不能谴责伊莱贾，但也无法容忍他对人性的选择性看法。鲍德温自己也离开了教会，因为他发现讲坛上宣扬的"爱"只适用于"那些和我们持同样信仰的人，而且根本不适用于白人"。他试图给伊莱贾·穆罕默德和伊斯兰联盟一个公允的评价，但当他要离开圣殿时，他非常清楚地表达出，"使者"希望引导他走的路并不是他自己的路：

> 伊莱贾和我握手，他问我之后去哪儿。不管我去哪儿，他们都会开车送我。"因为，当我们把别人邀请过来，"他说，"我们都会负起责任，保护他不受白人魔鬼的侵扰，直到他到达下一个目的地。"

鲍德温深吸了一口气，然后承认，实际上他正要去城市的另一边和几个"白人魔鬼"喝一杯。

回到纽约后，鲍德温遇到了《评论》杂志的新任编辑诺曼·波德霍雷茨（Norman Podhoretz），对方提议他为杂志写一篇文章，主题就是伊斯兰联盟以及它在北方黑人生活中的重要性。鲍德温同意了，几乎立马开始动笔。

第二个月，厌倦了格林威治村生活的鲍德温，又开始了他贯彻一生的孤单习性：打包自己的行李箱。他只能出走，他写信告诉评论家阿尔弗雷德·卡津（Alfred Kazin），同时感谢他对《没有人知道我的名字》一书所做的深刻评论。他答应给波德霍雷茨写的文章的笔记，也被放进行李箱。那时是 1961 年 9 月，《另一个国家》这本书已经逾期。但他并没有像大多数作家那样，为了完成自己的书而推迟行程，而是把当时已经长达几百页的书稿也打包带上。

1957 年，他从巴黎回到纽约，原本想留下来，但他周期性离开这座城市的次数越来越多。他不希望自己再次移居国外，然而，在纽约生活的"压力和恐惧"，他写信给经纪人罗伯特·米尔斯（Robert Mills）说，"最终将证明，我无法忍受"。在同一封信里，他说自己正在适应成为"一个跨大西洋的通勤者"，对"我在任何地方都是一个陌生人"这个事实表示惋惜。

他搬离霍雷肖大街的公寓，计划让自己至少远离纽约六个月。第一站是巴黎。吕西安这一年都在美国，按计划他将带着鲍德温十九岁的妹妹保拉·玛丽亚去巴黎，同鲍德温会和。鲍德温希望带她去看看欧洲。但这次旅行的主要动力是另一份杂志的约稿，为《纽约客》撰写关于非洲的文章。

当时的编辑威廉·肖恩（William Shawn）说，1959 年末或 1960 年初的某个时候，鲍德温找到杂志社，希望去非洲撰写一系列文章。"我们给他支付了预付款，"肖恩说，"然后就再也没有他的消息。过了好几年。"（如果说这是鲍德温的工作方式，那么也是《纽约客》的工作方式：众所周知，这本杂志的撰稿人要花费数年的时间才能完成一篇文章，要发表一篇文章则需等待更久）。

除了他自己的作品（小说、随笔、系列专栏和他答应为伊利亚·卡赞创作的以爱默特·提尔一案为题材的戏剧）之外，他还收到一大堆邀请需要处理：其中正式的邀请包括以色列政府邀请他1961年10月去该国访问，另一个是请他次年4月参加在马略卡岛举行的国际出版社奖的评审，非正式的邀请包括恩金·塞萨尔邀请他访问土耳其，这位年轻演员曾在1958年被认为非常适合出演演员工作室版《乔瓦尼的房间》中的男主角。而鲍德温的计划是最后写出一本关于非洲的书，他打算把对以色列的观察也写进去，作为"序幕"。"我们不得不尊重这一小撮人的能量和勇气，"在给罗伯特·米尔斯的信里他谈到以色列，"但我们也不得不怀疑，英国人和美国人在建立这个国家的过程中充满了政治犬儒主义。"

鲍德温在旅途中涌出许多想法，他在这本关于非洲的书中，不仅看到了以色列和阿拉伯问题，还看到了阿尔及利亚问题。"我打算在离开之前……至少把以色列的部分交给你，让你寄给肖恩。"在给经纪人的信中他这样写道。此外他还准备写一篇关于土耳其的文章。但全都没有下文。

鲍德温总在别人没有准备的时候到来，在别人等待他的时候消失。他最喜欢的旅行原则就是随心所欲。每一个计划都有变数，每一个在外国城市的约会都代表另一个城市之约被取消。他无意中去了伦敦，未能如约在雅典和卡赞会面讨论剧本。冬天的时候，他还没动身去非洲，还向米尔斯恳求，"容忍我一下吧"（因此无法完成他那篇稿酬丰厚、米尔斯也很感兴趣的《纽约客》约稿），他说"我依靠雷达旅行……我知道这很难让每个人都接受"。

这对他自己的神经来说，也是一种折磨。在巴黎过圣诞节时，他的身体采取了传统的逃避方式：生病和崩溃。"倒下"已成为他应对压力的一种方法,"崩溃"则是他最喜欢的用词之一。医生建议他不要在这么疲惫的状态下前往非洲,于是鲍德温同意自己被送往瑞士和洛伊克巴德的阿尔卑斯山上,《去山巅呼喊》正好是十年前在这里完成。吕西安与他同行,帮他安顿下来,放松心情。

这一切让他如释重负:非洲应该是一次朝圣之旅,而不是一项艰巨的任务。他写信给米尔斯,承认对那里的情况感到害怕:"梦想非洲是件好事,可一旦到了那里,我就再也没法做梦了。"非洲意味着难题,一直被肤色之谜困扰的鲍德温,有一种"灰心的感觉",他认为在非洲找不到任何答案,"只有更多问题"。

于是,跟随从推销员工作和家庭中抽身的吕西安,来到这个他拥有写出第一本小说的快乐回忆的地方,成了一种休息。如今看来,那是多么天真的快乐。

不知何故,他那六个月穿梭于国境和海洋之间,为永远也写不完的书和随笔打草稿,结果不仅写出了《评论》杂志的波德霍雷茨翘首以盼的《十字架之下》的一部分,还完成了《另一个国家》,把它寄给了他在戴尔出版社的编辑吉姆·西尔伯曼。早就该交了,在《乔瓦尼的房间》出版之前,他就已经开始写这部小说。最后一句写于土耳其,他住在恩金·塞萨尔家,他在最后一页落款"伊斯坦布尔,1961年12月10日",以示纪念。

然后他去了瑞士,接着回国。他进行了大量旅行,谈到许多关于非洲的事(他曾对米尔斯说:"我现在就去,星期六,从巴黎到达喀尔"),旅行本身却被推迟。拖延越积越多,自然就延期了。他如此渴望认识自己祖先的故乡,却又如此担心自己不被它所接受,一切都不得不继续等待下去。

"直到今天,在大多数黑人写的小说中,"鲍德温在《唉,可怜的理查德》一文中写道,"……本该出现性的地方,都留了很大空白,填满这个空白的通常是暴力。"

这句话不仅隐晦地(再一次)批评了理查德·赖特,还宣告《另一个国家》即将出版。鲍德温的小说含有一定程度的暴力,但大部分是心灵上而不是肉体上的暴力,更多的是性——异性恋、同性恋、跨种族恋、婚外恋、肛交,可能还有其他,而1962年的爆炸新闻正是,亨利·米勒的"回归线系列"(*Tropic*)、巴勒斯的《裸体午餐》以及操(fuck)和屄(cunt)等字眼都因淫秽被禁。鲍德温也许会承认自己追求惊人的效果,但他从未追求下流。《乔瓦尼的房间》中的主题——移居国外、爱的治愈能力和接受爱的困难——在《另一个国家》中被放大。此外,这本书还试图探究埋藏在美国人灵魂深处复杂的种族伤痛。

和他的其他小说一样,《另一个国家》没什么情节;生活真正的戏剧性在于人的性格,《另一个国家》正是通过聚焦纽约市七个人物的艺术生涯和相互关系展开。其中两位是黑人:爵士鼓手鲁弗斯和他的姐姐、歌手伊达。其余都是白人:理查德是一个廉价小说家,卡斯是他的妻子,维瓦尔多是一位未来的作家,也是艾达的情人,伊夫是一位年轻的法国人,埃里克是一位演员,还是伊夫和几乎所有人的情人。

《另一个国家》在篇幅和视野上都很宏大,它试图展示黑人和白人角色的平等地位,并探讨他们无法做到这一点的原因。这部作品的背景设定在他开始写这本书的20世纪50年代中期,充满那个时代的气息。它的成功之一就在于它展现了纽约市的真实面貌——公寓、酒吧和街道——以及那里的人。它深深植根于社会现实主义传统，关注特定历史时刻中一群美国人的生活。如果类比，那就是巴尔扎克。鲍德温说，在抵达巴黎之前，他就是通过阅读《人间喜剧》来了解巴黎和巴黎人，巴尔扎克如果有机会读到《另一个国家》，也会增加许多对20世纪中叶纽约市日常喜剧的了解。

鲁弗斯·斯科特可能是继《命中注定》里的彼得之后，鲍德温塑造得最完整的黑人角色，原因很简单，他和彼得一样，不像其他大多数黑人角色那样感情用事（尤其跟他姐姐伊达相比）。鲁弗斯短暂而残酷的生与死，占据了《另一个国家》前五分之一的篇幅，是鲍德温长篇写作中最好的段落之一。这个人物以他的朋友尤金·沃斯为原型，沃斯从"为纪念国父而建"的乔治·华盛顿大桥上投河自尽。

《另一个国家》几易其稿（也有过别的书名，比如《最好的结婚季节》），鲁弗斯是最后才写出来的角色。鲍德温后来说，他必须把鲁弗斯的故事放在开头，"好让小说的其他部分具有意义"。创造出鲁弗斯以后，他就改写了整个故事，让它围绕鲁弗斯和他的自杀展开。毫无疑问，鲁弗斯主导了这部小说。然而，他的死让全书其余五分之四的篇幅显得平淡，因为他的离去，留下了一个永远无法被满意地填补或解释的空缺。

鲁弗斯的突然离世，并不是《另一个国家》的读者必须消化的唯一问题。鲍德温第三部小说有些地方的文风惊人得笨拙。1957年6月，鲍德温告诉他的法国经纪人，意识到自己总是写得那么糟糕，这让他精疲力尽，他开玩笑说这是他努力不让公众知道的秘密。小说中有不少出色的段落，但每一段生动的感悟，都跟着一段词藻华丽的行文，每写出一个精准的人物形象，就又出现一个夸张的人物，每一段紧张的对话都会变得冗长，远超它对情节发展的贡献。

《另一个国家》一经出版就引发抗议，但其中具体的性描写已经相对较少。在《乔瓦尼的房间》中，即便作者的视角几乎一直在房间内，他也只是谨慎地描写了性行为，在《另一个国家》中，作者依然在场，他不但没有展开生动的性描写，还提供了大量甜腻的美文（b***、j** 这些被《党派评论》的印刷商拒绝的词只出现在谈话中）。

有时，你很难看出写出《土生子札记》《唉，可怜的理查德》和《黑人男孩眼中的白人男孩》的那支笔——让人觉得活力无限的那支笔，也写出了《另一个国家》。其中表现性爱场景的激烈部分最为糟糕。当维瓦尔多和伊达做爱时，他"沿着一条原始野性的丛林大河逆流而上，寻找那隐藏在黑色的、危险的、滴水的树丛中的源头"[1]。完事之后，伊达看起来"非常像成年的女子，也非常像害羞的小女孩"。他们的身体"搂抱在一起"，"颤抖和悸动"，在"遥远的海浪拍击声"中抵达高潮。另外一处的描写是，一列火车"犹如生殖器般冲入黑暗之中"，一个女人"浑身透着美丽，宛如伟大的女王穿着睡衣一般"，一双情人的眼睛照亮了"深沉的黑暗"，就像"埃菲尔铁塔的探照灯，或者说，就像灯塔上的明灯"。《云山巅呼喊》中紧凑、精致的文风在这里变成了糨糊。

像鲍德温这样的作家，本应调整这些文绉绉的语句，或者干脆将其删除。他在这部创作了七年的小说里留下这些句子，某

---

[1] 本书中《另一个国家》的内容，均引自其中文版，2002 年由译林出版社出版，张和龙译。——译注

种程度上必须归咎于他的创作生活缺乏连续性。一部长篇小说需要专心致志的创作，而从一开始，《另一个国家》就只能跟《乔瓦尼的房间》、《土生子札记》、某些短篇小说、《没有人知道我的名字》中的所有文章、他在演员工作室的戏剧工作、在世界各地的旅行、《十字架之下》以及更多作品同期竞争。这种忙碌的生活对短篇小说更有利，比如精巧的故事《桑尼的蓝调》和《游子情》。

《另一个国家》的另一个问题是，力有不逮的小说家有时不得不在这里跟他冷酷的对手——随笔作家分享篇幅。这位随笔作者曾经闯入乔瓦尼的房间，让大卫说出只有他的作者才能想到的话，在《另一个国家》里，作者的在场更加明显。鲍德温已经意识到自己作为"黑人领袖"的责任正在逼近：他在 1962 年 2 月写给米尔斯的信中使用了这个词，表示自己将拒绝接受这个角色。因为他当时就知道，领袖或发言人的目的是解释，小说家则是描绘。

这个问题是莱昂内尔·特里林在《世纪中叶》杂志（Mid-Century）发表的小说评论中提出的，这位受人尊敬的评论家向作家提出了温和的警告，他在 20 世纪 50 年代中就认识鲍德温，还曾推荐他获得洛克菲勒的资助："鲍德温先生生活在奢侈的公共生活中，他又怎能找到被我们视为真理的条件的作家的内在性呢？"特里林对《另一个国家》中潦草的文字展开批评，但对其"力度"表示赞赏，他将鲍德温比作西奥多·德莱塞（Theodore Dreiser），后者的伟大并不取决于"艺术的精致与细腻"。

其他评论家就没这么大方，斯坦利·埃德加·海曼（Stanley Edgar Hyman）在《新领袖》上写道："可耻的……色情的……"

这还不是他唯一的异议："无论用什么标准来看，文笔都很糟糕，用鲍德温自己的高标准的话，更是糟糕透顶。"诺曼·梅勒也嗅到反击的机会，在鲍德温那篇《黑人男孩眼中的白人男孩》的文章对他进行了优雅批评之后，他说："写得很差……迟钝……毫无生气……呆板……鲍德温犯了小说写作的艺术中的所有错误。"然而梅勒也承认，鲍德温写出了"一本有力的书"。

"有力"似乎是评论家们最容易想到的词。就连几乎不可能喜欢这本描写"男女之间、同性之间、白人与黑人之间……备受折磨的爱情"的小说的兰斯顿·休斯，在给《柯克斯书评》(*Kirkus*)撰写的匿名评论的结尾，也称赞了书中"某种情感的力量"。

如果说鲍德温因这些攻击而受伤，那么这本书立刻而持续的畅销，则有助于抚平伤痛。如果说主流评论界的赞赏对他很重要，那么金钱和名声也同样如此，《另一个国家》同时给他带来了这三者。1963年，当《另一个国家》以平装本再版，它成为当年第二大畅销书（仅次于威廉·戈尔丁的《蝇王》）。鲍德温似乎写出了一部能吸引所有人的小说。他已经在知识分子中拥有一批追随者，现在又增加了一批要求不那么苛刻的读者，他们对他提供的进入那些禁忌之地的密码感到兴奋不已。如果说他的随笔具有洞察力和辨识度，是他的"冷静模式"，那么，《另一个国家》则展现了鲍德温富有节奏感的表演风格，就像爵士乐手说的那样。

除了公众和评论家，《另一个国家》也引来联邦调查局的注意。由于鲍德温的小说"在许多方面……都和米勒的'回归线'系列相似"，联邦调查局局长埃德加·胡佛（J. Edgar Hoover）亲自对这本书进行了审查,在 1962 年 9 月 19 日,又将其转交联邦调查局实验室进行"检查"。虽然当时的意见认为没必要采取法律行动,但关于这本书的记录可不少,到 1974 年结案时,已有长达 1750 页的档案。

每当这本书因文学以外的原因成为新闻,联邦调查局都会记录在案,比如,新奥尔良的一位书商因为备了这本书的货被捕,此举违反了"关于销售淫秽文学作品的城市管理条例"(最后地方检察官决定不予起诉)。1965 年 1 月,德克萨斯州沃思堡的一位市民写信给胡佛,投诉市里的药店在出售《另一个国家》,请求采取行动,阻止继续销售这种"最卑鄙的性变态"的货色。难道没有联邦法律可以管管这本书的作者吗?

胡佛回复说,调查得出的结论是作者迄今为止并未触犯任何法律,但他对写信人的担忧表示感谢。为了表示支持,他随信附上一些出版物,表达了自己"对淫秽和色情文学泛滥"的看法,包括《打击淫秽商人:联邦调查局的作用》(Combating Merchants of Filth: The Role of the FBI)《让我们铲除校园性交易!》(Let's Wipe Out the Schoolyard Sex Racket!)和《与污秽做斗争》(The Fight against Filth)。

鲍德温和他的出版社都还没有意识到联邦调查局的关注。眼下他们的问题是如何应对成功。戴尔出版社在哈莱姆大威尔特的斯莫尔斯乐园酒吧替这位知名作家举办了一个派对,来宾多达数百人。鲍德温的编辑吉姆·西尔伯曼对这一派对记忆犹新:"我看到所有人都玩得很开心,他转身对妻子说:'这样就对了。情况好得不能再好。我是对的。'"

第十五章

出发一年后,鲍德温终于到达非洲。在妹妹格洛丽亚的陪同下,他游历了塞内加尔、加纳和塞拉利昂。虽然有些小事令他高兴,比如被误认为是达荷美人,但并没什么启示和发现;隐藏的祖先没有突然现身,故乡的黑暗也没有被照亮。

20世纪50年代,他曾坦率地说,自己和在巴黎遇到的非洲人缺乏交流(他曾对《族群》杂志说:"我觉得他们让我感到恶心"),但现在"非洲"成了一个不同的概念。非洲在美国黑人中间正"流行",成了时髦。即使鲍德温对细微的变化不敏感,也意识到所指的转变。"我想到美国那些贫穷的黑人,他们把自己和非洲联系在一起……但依据是什么呢?"在1962年的一封信中他写道,"直到非洲和权力挂上钩,美国黑人才开始将自己和非洲相提并论。"

鲍德温察觉到自己没能和非洲产生共鸣的悲哀,但没有因此感到沮丧。他是一个美国人,和某些美国黑人一样,穿着花衬衫来非洲寻根,这在塞内加尔并不稀奇。前一年,他在写给米尔斯的信中说"我骨子里总觉得有什么在非洲等着我",结果他找到的是一种熟悉的无家可归的感觉。最后没有发生什么足以说服他动笔的事。

他在旅行中寻找慰藉，寻找别人的家的感觉，结束非洲之行之后，他又去了土耳其，塞萨尔在那里接待过他。也是在那里，他完成了《十字架之下》。这篇文章的格局已经远远超出最初的构思，也就是评论最近伊斯兰教在北方城市的兴起。他对文章很满意，但遇到一个实际问题：由于计划中关于非洲的系列文章已经彻底没戏，他没有任何文章可以交给《纽约客》，现在距离约稿日期已经过去大约三年。

波德霍雷茨也等了很久，开始不耐烦。几个月来，他一直试图联系鲍德温。终于，鲍德温从非洲回来后，波德霍雷茨通过电话联系上他，问起他要给《评论》杂志写黑人穆斯林的文章。结果鲍德温告诉他，文章已经写完。波德霍雷茨说，太好了，他马上派人来取。但鲍德温回答说，其实他的经纪人已经拿走了这篇文章……可能正在给《纽约客》的肖恩看，因为他还欠他们一篇稿子。不过不用担心，他肯定这篇文章不适合他们，一旦被拒绝，他就会把它转给《评论》。

波德霍雷茨讲述这个故事时，让人感觉时间并没有缓和他的怒火。显然，《纽约客》要走了《十字架之下》或者叫《下一次将是烈火》这篇文章，《评论》最终一无所获，他完全有权利愤怒。鲍德温的行为既不道德，也不光彩，他没有兑现对波德霍雷茨的承诺，而是冲着钱去了。为了《十字架之下》这篇两万字的文章，《纽约客》付给他6500美金，大约是1962年哈莱姆普通家庭年收入的两倍，《评论》不可能付得起这个价。他也从此再没为这份让他当年初露头角的杂志写过文章。

与此同时，威廉·肖恩对摆在他案头的这篇替代非洲选题的文章非常满意。他给文章加了一个副标题叫"来自我脑海中某个区域的信",以符合《纽约客》的严格分类(必须是"来自……的信",后来设立了《反思》栏目),发表在11月17日感恩节那周的那一期。

"这是我在这份杂志工作以来,仅有的两三件真正引起轰动的事情之一,"肖恩说,"《纽约客》每周出版,文章质量通常都在水准线以上。但鲍德温的文章含有政治性的内容。令人激动,也出乎意料。如果现在再读这篇文章,你可能会觉得其中的观点无甚出奇,但当时鲍德温说出了前人从未说过的话。每个人都在谈论它。"

到今天,《下一次将是烈火》里的观点并不像肖恩担心的那样已经成为常识。这篇文章除了记述鲍德温造访穆罕默德的"圣殿"、阐述他对伊斯兰联盟的看法之外,还是一篇个人回忆录。鲍德温将自己的童年、青春期、不断变化的观念、在贫民窟的荒野中找到支柱的需要、在讲坛上短暂的辉煌、与父亲的竞争以及最终逃往人文主义这边的经历都写了进去。这篇文章最接近对他的完整思想的表现——不是以简略的形式,而是成熟、堪称典范的世界观。鲍德温这篇文章读起来很像一位天才的讲话,他对美国社会的批判,涉及这个国家贫乏的物质状况——同时也是其民族精神的反映,接受死亡对人生的重要性,"俄罗斯威胁"的幻觉,黑人历史上的现实——"绳索、火焰、折磨"——以及爱与和解的治愈力量:

> 如果我们现在负起自己的责任——我指的是那些相对清醒的白人和黑人——就必须像爱人一样坚持或者创造彼

此的自觉，也许还能一起结束这场种族的噩梦，成就我们的国家……

这是一次富有远见的布道，鲍德温扮演了美国人当中忏悔者的角色，至少是"相对清醒"的那部分人。这篇文章发表的时机也恰到好处，正值解放黑奴一百周年纪念日前夕。

同时南方的局势正在失控，向北方逼近。一位名叫詹姆斯·梅雷迪思（James Meredith）的黑人青年打算进入大学深造（他现在才得到合法的入学资格），结果在密西西比州引发一场危机。这件事成了头条新闻。肯尼迪兄弟的态度一直摇摆不定，处理问题也不得力，犹豫不决的讲话收效甚微。当总统就梅雷迪思危机向密西西比州做出策略性的表态时，鲍德温称他的讲话"可耻"，指责他对密西西比州的发言，"就仿佛那里不存在黑人"。

鲍德温不是政客，他不需要计算选票、考虑策略，他所做的讲演非常精彩。他的见识与乐观鼓励其他人团结起来——"我们也许还能一起……"——那一刻，他似乎成了这个国家所需要的精神领袖。

美国媒体也这么认为。1963年5月10日，《时代》杂志的封面上出现了亚伯拉罕·林肯的面孔，以庆祝解放黑奴纪念日。紧接着一周后，封面上又出现了詹姆斯·鲍德温的脸，《时代》杂志的出版人认为这"正逢其时"。

在《下一次将是烈火》里，鲍德温为黑人斗争做的斗争和他的创作融为一体。他过去写过的所有关于黑人与白人关系的论述，可能都是为了这本书的写作练习。个人的痛苦被升华成为公共事件。这篇文章囊括了他在这个问题上的全部观点。

和他前两本书的名字一样,这本书的题目也取自黑人灵歌。这首《我在那块石头上有个家》的其中一节是这样写的:

> 上帝给诺亚以彩虹作为标记,你不明白吗?
> 上帝给诺亚以彩虹作为标记,你不明白吗?
> 上帝给诺亚以彩虹作为标记,不会再有洪水了,下一次将是烈火!
> 最好在那块石头上安个家,你不明白吗?

并不是每个人都相信这本书是一部伟大的作品,甚至不觉得它的论点站得住脚。一旦褪去修辞的装饰,在有些人看来,余下的内容显得相当单薄,缺乏真正的思想。弗雷德里克·威尔科克斯·杜佩(F. W. Dupee)在《纽约书评》上撰文,批评鲍德温对黑人穆斯林运动的目标和财务状况的调研没有做足"功课",他不欣赏这些观点整体上的随意性。罗伯特·科尔斯(Robert Coles)在《党派评论》中给鲍德温的万金油——"爱"打了一个大大的问号。另一位评论家马库斯·克莱因(Marcus Klein)则认为鲍德温的文章"避实就虚",缺少"概念的推进",反而沉溺于"伊甸园式的幻想"。

社会哲学家汉娜·阿伦特(Hannah Arendt)在一封私人信件中更友好地指出了鲍德温哲学上的缺陷:她说让她"害怕"的是鲍德温在文章结尾开始宣扬的那种爱的福音。她对鲍德温说,"在政治中,爱是一个陌生人",

当爱闯入政治，除了虚伪，没有别的作用。您所强调的黑人的所有特征：他们的美、他们快乐的能力、他们的热情以及他们的人性，都是所有受压迫的人众所周知的共同特征。这些品质从苦难中成长出来，是所有贱民最引以为豪的财产。不幸的是，它们从来撑不到解放的时刻，哪怕五分钟。

鲍德温的照片登上《时代》封面一周后，他和美国司法部长罗伯特·肯尼迪相约，在对方位于弗吉尼亚州的希科里山家中见面。早餐会本来是安排讨论跟当前危机相关的问题，但鲍德温来晚了，时间所剩不多，司法部长只得建议他们第二天在纽约再聚，这次鲍德温召集了一群黑人领袖一同参加。

接下来的一整天，混合了黑人和白人（令肯尼迪感到诧异）的一群人被召集起来。其中包括莱娜·霍恩（Lena Horne）、哈里·贝拉方特（Harry Belafonte）、白人演员雷普·汤恩（Rip Torn）、黑人剧作家洛林·汉斯伯里（Lorraine Hansberry）、芝加哥城市联盟主任埃德温·卡洛斯·贝里（Edwin C. Berry）、社会学家肯尼斯·克拉克、马丁·路德·金的律师克拉伦斯·琼斯（Clarence Jones）、鲍德温的经纪人罗伯特·米尔斯和鲍德温的弟弟大卫（一个在南方遭到暴徒殴打、留下伤疤的年轻人），以及其他一两位。

从某种意义上说，这个代表团代表了黑人中的佼佼者——他们大多在自己选择的领域获得了成功。其中一些人（克拉克、贝里、琼斯），具备了参与肯尼迪和他的民权事务负责人伯克·马歇尔（Burke Marshall）设想中那种对话所需要的经验，但从讨论

第十五章

一开始，他们就被其他人爆发的情绪淹没了。

鲍德温的目的是让司法部长看到并感受到作为美国黑人的滋味——你是如何与警察周旋，如何难以找到住处，即便你是莱娜·霍恩。肯尼迪则想讨论正在北方大城市破败的中心地带发展的危机，以及黑人穆斯林的崛起。这是一个"内在的人"面对"外在的人"的例子，而且两人同时开口讲话。因此，作为政治事件，这次会面是灾难性的，但作为宣传活动，取得了一定的成功，尽管鲍德温和黑人发言人声称，"富有同情心的"肯尼迪政府缺乏想象力去理解他们所遇到的问题的范围，也缺乏解决这些问题的意愿。后来，肯尼迪与鲍德温的会面被描述成罗宾汉与诺丁汉郡长[1]的对峙：人民代表的使命遭到政府代理人的阻挠。鲍德温本人也这么认为。

肯尼迪被小马丁·路德·金和另一些人视为自由主义者和盟友。他意识到南方各州需要取消种族隔离，为全国的黑人争取更好的待遇。但他必然也是一个实用主义者，他把每一个决定都当作更大战略的一部分来计算，最终目的或许就是保住自己的职位罢了。当他在1961年5月为所谓的"母亲节"自由乘车者辩护时，他在保守南方的威信已经被削弱，当时，南方各州正试图在灰狗和旅途公司的巴士上执行取消种族隔离的新规，结果引发大规模的暴力和骚乱。在长达两周的旅程中，自由乘车者们多次遭到野蛮殴打，无论黑人还是白人，无论男性还是女性，因为他们试图在法律允许的范围内使用如今有名无实的"仅限白人"的候车室和快餐店。当时，肯尼迪兄弟被顽固的种族隔离主义分子、南方

---

[1] 英国民间传说中的一对英雄与反派。——译注

政府的官员们逼到尴尬的境地，比如阿拉巴马州的约翰·帕特森（John Patterson），他对罗伯特·肯尼迪的行政助理约翰·席根塔勒（John Seigenthaler）说："除了我，整个国家没有人有胆量站出来对付那些该死的黑鬼。""站出来"对付那些自由乘车者就意味着，当这些坚定的非暴力十字军遭到一群3K党暴徒挥舞着铅管和棒球棒的袭击，必须确保警察不介入保护他们。第一批自由乘车者到达目的地新奥尔良时，已浑身是血和伤口，与其说他们靠的是政府干预，不如说是靠自己的勇气与决心。

杰罗姆·史密斯（Jerome Smith）是鲍德温带去参加肯尼迪纽约办公室会议的人之一，他参加过母亲节自由乘车运动。他在密西西比州的麦库姆试图登上公共汽车时，遭到反复殴打和监禁。因此他身上有伤，走路一瘸一拐。直到现在，史密斯仍是一个非暴力的信奉者，但他警告肯尼迪，离他拿起枪的时刻"不远了"。

史密斯在跟司法部长的会谈开始时称，"来这里让我感到反胃"。他的意思是，美国公民坐在快餐店或者乘坐公共汽车时，本不必恳求自己的政府提供保护，这完全是他们的权利。就在前一年9月，竟还需要动用一万名美国士兵，来保证詹姆斯·梅雷迪思安全地去密西西比大学上课。

然而，这位司法部长对杰罗姆·史密斯的言论和语气感到不快（史密斯对他说，"那时我就扣动扳机，跟它吻别"），后面的会议便难以挽回。肯尼迪试图忽略史密斯的发言，跟其他人交谈，鲍德温又转回去问史密斯，他是否能想象自己为了国家去海外打仗。"永远不会！永远不会！"史密斯喊道。他怎么可能冒着生命危险去保卫一个连自己的家乡都不能保护的国家？肯尼迪对

第十五章

这种缺乏爱国精神的行为感到震惊。"噢，我真不敢相信。"他尖锐地反驳道。但史密斯是认真的，他和其他人都知道，成千上万的黑人都是这么想。肯尼迪的惊讶只是证明了他们一直以来的猜测：他完全不了解黑人的真实想法和感受。

肯尼迪眼下关心的问题未被提及——如何解决"北方城市的中心地带"愈演愈烈的危机。而另一方把这些地方叫作贫民窟。两边用不同的道德武器来接触对方，完全是鸡同鸭讲。

在之后喋喋不休的争论和分歧中，大卫·鲍德温对着司法部长的脸挥起拳头，詹姆斯·鲍德温则批评联邦调查局的中立。莱娜·霍恩认为肯尼迪对南方问题的理解过于天真，而洛林·汉斯伯里大骂"白人男子汉的代表"——阿拉巴马州的警察，他们在《时代》杂志最近刊登的一张照片中，将一名黑人妇女按倒在地，其中一人还用膝盖顶住她的喉咙。

会谈破裂了。双方都比此前更加沮丧和怀疑。双方都声称是对方安排了这次见面，这也从侧面说明会议没能取得任何重要的成果。《新闻周刊》报道了这一新闻，根据他们6月3日对鲍德温的采访，好似他和肯尼迪之间有某种秘密协定，见面只是为了解决某个本地小问题，鲍德温说："肯尼迪亲自促成了会谈……他说，'听着，吉姆，把你们最好的伙计召集到纽约，我也去，我们好好谈谈这件事情'。"另一方面，弗恩·埃克曼在她20世纪60年代中撰写的关于鲍德温的书里，给出的原委如下：5月12日，鲍德温给肯尼迪发电报，呼吁就当时发生在伯明翰街头的种族骚乱采取行动，5月22日，伯克·马歇尔做出回应，并发出5月23日在希科里山共进早餐的邀请，第二天再举行更大规模的会谈。在这场互相较量的考验中，肯尼迪本人后来公开表示，是鲍德温缠着他要求见面："我不知道是谁想要我去见他——阿瑟·施莱辛格（Arthur Schlesinger）还是迪克·古德温（Dick Goodwin）。总之我不断收到他想见我的信息。"

同一份材料（1967年进行的一连串采访，肯尼迪从他的角度讲述了当时的重大事件）显示，他和马歇尔对他们跟鲍德温和他的"伙计们"的会面并不上心：

> 他出现了……洛林·汉斯伯里说他们要下场去拿枪，他们要把枪分给街上的人，他们要开始杀白人……但这为他赢得了大量曝光，明白吗？所以他扮演了这个角色——詹姆斯·鲍德温——这把他放在了事件的中心，给了他一个领导者的位置。

当肯尼迪说"听着，吉姆，召集你们最好的伙计"，不管是不是促成会谈，他都没有认真对待他面对的人。鲍德温处理社会经济问题的方式是感性的，不是理论性的。他不太能够参加肯尼迪设想的那种实操性的对话，正如他不能通过诉诸人们的善良本性来消除种族主义的恐怖一样。

类似的事情在次年年初再次发生，波德霍雷茨邀请他参加《评论》杂志主办的题为"自由主义与黑人"的圆桌讨论，参与讨论的还有悉尼·胡克（Sidney Hook）、内森·格莱泽（Nathan Glazer）和贡纳尔·默达尔（Gunnar Myrdal），他们都精通社会科学和"黑人问题"的理论性。讨论开始前，鲍德温在这些人面前感到很不自在，他问其中一个人，对于他们侃侃而谈的"社会学和经济学的爵士乐"，自己到底应该讲什么。鲍德温"最好的伙计"们真诚地希望遏制南方和哈莱姆街头的危机，然而他们中的大多数人（那些掌握话语权的人），对社会学和经济学几乎一无所知。

鲍德温之后再也没见过罗伯特·肯尼迪，尽管他一直在批评司法部长和肯尼迪家族。六个月后，当约翰·肯尼迪在达拉斯遇害时，鲍德温没有表示哀悼，而是发表了一篇演讲，表达对以下事实的愤慨："一代又一代……黑人的头被砍掉，却无人关心。因为它不是发生在一个人身上，而是发生在一个'黑鬼'身上。"

可能是因为鲍德温的这些言论，以及两人会面时他所听到的激烈言辞，罗伯特·肯尼迪急欲以某种特殊方式跟鲍德温保持联系。在纽约会面之后，联邦调查局开始对鲍德温及其关心的问题和他的行踪产生了浓厚兴趣。肯尼迪会议之后的几天里，联邦调查局华盛顿总部的高级官员开始从媒体收集关于这次会议的信息。在其中一组剪报的底下，胡佛的首席助理兼室友、单身的克莱德·托尔森（Clyde Tolson）[1]潦草地写了一个问题："关于詹姆斯·鲍德温，我们从文件里能发现些什么？"这距离鲍德温和罗伯特·肯尼迪会面的日子仅过去了四天。第二天，也就是5月29日，一份标题为《詹姆斯·阿瑟·鲍德温/相关信息》的备忘录就交给了副局长艾伦·罗森（Alan Rosen），被分发给局里六个最高级别的办公室。

> 托尔森先生询问最近与司法部长会面的詹姆斯·鲍德温的有关情况。

---

[1] 这里强调克莱德·托尔森是胡佛的"单身室友"，可能是由于他除了是胡佛的长期副手，还一度被认为是他的秘密恋人。这一传言至今没有被证实。——译注

局里的档案显示，黑人作家鲍德温1924年2月8日出生于纽约市，曾旅居欧洲。由于他的作品关于白人和黑人的关系，他已变得相当知名。1960年，他赞助了"公平对待古巴公平竞争委员会（FPCC）"[1]的广告，被认为是该委员会的重要成员之一。该组织是美国一个支持卡斯特罗的宣传机构……

　　鲍德温支持那些倡导种族融合的组织，据报道，他在1961年表示，世界正面临一个革命时期，只有在革命中才能解决美国的问题。他主张废除死刑，批评局长说，胡佛先生"不是法律的制定者，也没有任何理由认为他对人性有什么特别深刻的研究……"

"参加最近与司法部长会议的其他人"的信息也被收集起来，被编入"内容翔实的备忘录，呈给司法部长"。就在艾伦·罗森收到备忘录的同一天，联邦调查局纽约办事处接到指令，要在其索引中查找有关鲍德温的任何信息，"尤其是负面信息"。但他们只查到1954年的一场闹剧——鲍德温和塞米斯托克利斯·霍蒂斯莫名被捕，在狱中过了一夜。

　　鲍德温的名字第一次引起联邦调查局的注意是在1960年，原因是他和"公平对待古巴委员会"的短暂接触。据理查德·吉布森说，鲍德温对这个组织的目标兴趣不大。"我试图让他更深入地参与进来，"吉布森说，"但他总是避免在政治上跟我保持一

1　古巴公平竞争委员会（The Fair Play for Cuba Committee）1960年成立，源于当年4月1日古巴驻纽约总领事馆举办的"古巴之友"招待会，目标是为古巴革命提供民间支持。——译注

致。"不过鲍德温确实短暂地支持过 FPCC，他在 1960 年 4 月《纽约时报》上一则阐述该组织宗旨的广告上签了字。在联邦调查局认真追踪鲍德温活动的十多年间（1963—1974 年），只要调查局的官员们开始交换信息，就可能会重点提到他的名字曾和一个同情共产主义古巴的组织联系在一起。

毫无疑问，正是这则广告使得联邦调查局在鲍德温的名片上标上了"共产主义者"的字样，这也证实了这个机构如今的恶名，它已经无法区分共产主义者、激进分子和自由主义者，它把鲍德温视为一名不折不扣的革命者。1961 年年中，联邦调查局记下了鲍德温在霍雷肖大街的电话号码 WA-95921，注意到他在纽约"知识分子"中的"影响力"。

除了他在肯尼迪办公室的激烈表现以外，另一件事也让鲍德温看起来是联邦调查局监视的合适目标：大约在 1963 年，他说自己打算写一本关于调查局的书。这一消息在华盛顿的胡佛办公室引起了很大反应。《下一次将是烈火》的销售数字甚至也传了出去，言下之意是，鲍德温写联邦调查局的书肯定也会畅销。他们敦促特工们利用"可靠的信源"，向戴尔出版社进行"谨慎"问询（但另一份备忘录指出，联邦调查局在戴尔出版社没有这样的联系人），是否可能获得一套校样或者样书。1964 年 7 月 17 日，胡佛政治上的捍卫者、副局长卡撒·"德克"·德洛奇（Cartha "Deke" DeLoach）收到一份备忘录，内容如下：

在《华盛顿邮报》1964 年 6 月 21 日的图书栏目里，有消息称文件所指的这个人未来考虑至少出版四本书。其中一本关于"南方的联邦调查局"。我们建议并要求纽约办事处对其出版方面的信源进行仔细调查，以核实这一信息……

1964年7月14日的《纽约先驱论坛报》刊登了有关此事的补充信息。据称，鲍德温的书将于明年春天出版，不过，在以书籍形式出版之前，它将先在《纽约客》杂志上发表……

多年来，《纽约客》杂志在涉及局长和联邦调查局的议题上一直是不负责任和不可靠的。它曾发表过关于联邦调查局之旅、《联邦调查局故事》（包括书和电影）以及犯罪统计数据等讽刺性文章。鲍德温的《下一次将是烈火》在以书籍形式出版之前，已在该杂志上发表。

《纽约客》的前编辑威廉·肖恩并不记得鲍德温计划要在杂志上发表一篇或多篇关于联邦调查局的文章。而联邦调查局记道，鲍德温曾在报纸采访中"敦促解除局长的职务"，鲍德温说，J. 埃德加·胡佛利用"他巨大的权力和威信，庇护了复仇的暴徒们最盲目、卑劣的本能"。这使得胡佛准备了一份声明，"以防鲍德温对调查局提出不实指控"，"如果形势需要"就会发出来。无疑，如果他们发现了任何"负面"信息，也会在此时派上用场。

联邦调查局不了解的是，鲍德温常常给书想好了名字（《数血者》），却没有任何内容。然而联邦调查局对这本书的关注仍然很高。联邦调查局捕捉到马丁·路德·金在和他某些助手的谈话中提到了鲍德温的名字。一个在联邦调查局文件上被抹去名字的人公开说，鲍德温正在准备一份关于联邦调查局的"声明"。此人声称看过这份声明，告诉别人："我见过别的关于联邦调查局的声明，但从未见过这样的。他（鲍德温）要把他们钉在墙上。"

第十五章

"把他们钉在墙上"这句话让胡佛和他的副局长们如鲠在喉,频繁出现在关于鲍德温的备忘录里。然而,这份"声明"从未发出,如果它曾经存在过的话。

跟肯尼迪的争吵发生之后,鲍德温的名字被列入了联邦调查局的备用索引,它是指这样一类人:在紧急情况下,"在拘捕完安全索引里的对象后,将优先考虑对这些人进行调查和/或采取其他行动"。到了1963年12月,鲍德温在局里的地位进一步提高,被列入了安全索引。在1964年12月18日的一份备忘录里,胡佛通知纽约办事处,特别探员(姓名被隐去)收集到的有关鲍德温的信息,"清楚地表明此人是一个危险人物,在紧急情况下可能会做出危害美国国防和公共安全的行为。因此,他的名字被列入安全索引"。在记录中,罗伯特·肯尼迪认为鲍德温是个"疯子"。

鲍德温开始意识到联邦调查局突然对自己的生活产生了兴趣,因为关于肯尼迪和鲍德温之间争吵的报道一直见诸报端。有人给他家打电话问询(这是联邦调查局的"钓鱼电话",他们以此来确认"当事人"的居住地,以及他是否在国内等等);吕西安·哈伯斯贝格尔应邀从瑞士来到纽约,抵达纽约时被海关无故扣留,后来明确提到鲍德温的名字来警告他,才被放行;肯尼迪会议结束后不久,两名联邦调查局人员出现在鲍德温位于东三街的公寓,试图进入,但被管理员拒绝;此时来到纽约居住的哈伯斯贝格尔,见证了鲍德温生活中不断出现的威胁、暗杀恐吓,还确认了鲍德温一些最亲密的伙伴,包括他的一名秘书和一名律师,正在或曾经充当有偿的告密者。

鲍德温向联邦调查局提起骚扰投诉。他还把这件事告诉了正在研究他生平的弗恩·埃克曼,埃克曼则尽职地采访了伯克·马歇尔。在她的《詹姆斯·鲍德温的愤怒之路》(The Furious Passage of James Baldwin) 一书中,她引用了马歇尔的回答:

> "联邦调查局没有迫害鲍德温。但按照联邦调查局的一贯作风"——他抑制不住地笑了——"联邦调查局坚持盯着鲍德温,并且知会过他。当然,这只会让他更加确信,他们确实是在迫害他。"

可能这就是那两个人突然造访鲍德温在东三街的住处的原因。但是,既然现在可以确定,司法部长在他们会面后的几天内就索要并收到了关于鲍德温的信息,鲍德温当时甚至还在联邦调查局高度优先的备用索引名单里,那么自然可以得出结论,马歇尔对他的采访者并不够坦诚。

当然,除非——也很有可能,他本人并不太了解联邦调查局对鲍德温的重视程度。如果我们假设马歇尔相信他对弗恩·埃克曼说的话("联邦调查局没有迫害鲍德温"),那么联邦调查局档案的存在本身就表明,在民权危机最严重的时候,鲍德温比司法部民权司助理检察长伯克·马歇尔更了解联邦调查局在做什么。

既有直觉也有洞察力的鲍德温,的确比包括马丁·路德·金在内的大多数人更早意识到联邦调查局在民权运动中的真正角色。此时,金还将肯尼迪家族视为朋友,将联邦调查局视为盟友,他赞赏联邦调查局对南方的积极介入。

事实上,联邦调查局的介入比金知道的还要多——其中很多都是针对他本人的。1962 年 10 月,《新奥尔良时代花絮报》刊登了一篇文章称,金的南方基督教领袖会议(Southern Christian

第十五章

Leadership Conference，SCLC）[1]高层被共产党人渗透。报道中还提到其中一名高级成员杰克·奥德尔（Jack O'Dell）的名字。金并不知道这篇文章是联邦调查局的栽赃。1962年11月，金最信任的副手斯坦利·利维森（Stanley Levison）的家中被安装了窃听器，这样联邦调查局就可以监听金在自认为安全的空间里的谈话。这导致利维森一共被窃听四次。当时他们一度认为窃听金本人的风险太大，但不到一年，这种谨慎的心态就消失了。最后，金几乎走到哪里都会被联邦调查局监听，通过15个被隐藏的麦克风。

由于联邦调查局从鲍德温的档案中扣留了大量篇幅，根据《信息自由法案》已经公开的那些篇章也受到严格审查，因此现在还无法确定鲍德温本人是否遭到过窃听。他坚信自己被窃听过，两位当时和他关系最密切的人——大卫·鲍德温和吕西安·哈伯斯贝格尔，也坚信不疑。然而，在迄今提供的档案中，没有任何具体证据可以证实这一怀疑。

自鲍德温的名字被列入安全索引之后（和其他10000名美国人一起，其中有1500名黑人），他们就开始频繁检查他的住所，

1　南方基督教领袖会议是一个非裔美国人民权组织，与首任主席小马丁·路德·金关系紧密，后被其他更激进的民权组织认为斗争方式过于保守。——译注
2　鲍德温的档案是从联邦调查局多个办公室收集而来，总计1750页，但考虑到重复性，页数就减少到1302页。迄今为止，联邦调查局已经解密并公开了其中大约1000页，这1000页经过了严格的审查。

与其他美国作家相比，鲍德温的档案数量庞大。比如诺贝尔文学奖得主辛克莱·刘易斯（Sinclair Lewis），他和鲍德温一样与左翼组织保持着松散的关系，但他的档案只有150页。赛珍珠的档案有280页，约翰·多斯·帕索斯（John Dos Passos）（后来"指名道姓"地与联邦调查局合作过）的档案只有82页，纳尔逊·艾格林（Nelson Algren）的档案有546页厚，而威廉·福克纳的只有18页。

以确认他是否继续居住在档案里记录的地址。这通常是通过"钓鱼电话""钓鱼问询"或者通过监视他家出入口来实现。从表面上看，如果联邦调查局窃听了他的电话，这种核实方法就没有必要（当然，鲍德温的电话也有可能是被其他政府情报机构窃听，比如中央情报局）。就连鲍德温居住的西区大道 470 号公寓楼的邻居们，也在不知情的情况下被联邦调查局招募为间谍。1964 年 6 月 2 日的一份"信息核实"备忘录显示，以一个恰当的借口，"（姓名被隐去），住在西区大道 470 号，接受了关于此人的询问，并主动提供了相关信息"。

1963 年 10 月，联邦调查局收到鲍德温关于两个形迹可疑的人出现在他家门口的指控，还向约翰·肯尼迪的特别助理肯尼斯·奥唐纳（Kenneth O'Donnell）断然否认，鲍德温受到了骚扰（尽管这也和伯克·马歇尔的说法互相矛盾，他承认曾进行过一次拜访，仅是为了澄清事实）。备忘录称，调查局"没有对鲍德温进行过任何调查"。

这种说法并不符实。"调查"在这里是一句技术黑话。很明显，联邦调查局正在收集有关鲍德温的信息，目的是把备忘录递交给白宫，向他们通报进展。他们甚至认为值得将鲍德温的"危险"言论汇编成册，在联邦调查局办公室里分发（例如，"鲍德温说：'我从不害怕俄罗斯、中国或古巴，但我害怕这个国家'"）。说他没有被"调查"，仅仅意味着联邦调查局还没有动用重型武器来压制他。他们暂时没有出击，并非出于对自由的热爱——事实很简单，他们害怕他的宣传天赋。他们在备忘录中一再指出，联邦调查局任何问询鲍德温的企图，都有可能被他反转，"可能会使联邦调查局非常难堪"。

鲍德温之所以被认为是联邦调查局应该监视的对象，不仅因为他是一个"危险人物"，热衷于"颠覆活动"，也因为他经常发表"我们必须让当权者害怕我们"之类的言论，还因为他是同性恋者。一份日期为 1964 年 7 月 17 日的备忘录，被退还给了发件人，胡佛在上面写道："鲍德温不是一个众所周知的变态吗？"随后又有一份备忘录显示，这句话原本可以被当作一个无关紧要的反问而被忽略，却被当真了。

7 月 20 日的备忘录《詹姆斯·阿瑟·鲍德温／相关信息》称："在官方记录中，他并不是一个同性恋，不过在他出版的三部小说中，有两部以同性恋为主题。"备忘录作者接着列举出鲍德温就同性恋这个主题发表的一些言论，例如，"在意大利……没有人会因为害怕被别人触摸，而要去看心理医生，或者变成瘾君子"——得出了滴水不漏的客观结论："虽然不能说他是一个同性恋者，但他在多个场合表达过对同性恋的同情，对美国公众对同性恋的反感表示了明确的反对。"

官僚主义行事神秘：尽管鲍德温终其一生拒绝公开自己的性取向，到了 1966 年，局里还是倾向于对这个问题保持开放。1966 年 3 月 29 日的一份备忘录写道：

> 关于黑人作家和剧作詹姆斯·鲍德温目前的去处，我们一无所知。1965 年，鲍德温参加了在美洲酒店为保罗·罗宾逊举办的一次活动。据传鲍德温可能是一名同性恋者，他看上去似乎是的。

这份备忘录用典型的联邦调查局的内部风格写成：拼写错误

（保罗·罗伯逊是当时最著名的美国人之一，他本人也是联邦调查局大范围调查的对象），乱用大写字母和从句，句式混乱——而且最后没有任何信息量。

联邦调查局把鲍德温标记为共产党员，但他在政治上是独立的；他们把他标记为已婚，但他并没有结婚（一位窥探者声称曾与鲍德温夫人["当事人的妻子"]交谈过）；他们把他的家乡标记为波士顿，但他来自纽约，现在住在"霍雷逊街"——尽管当他们的记录显示他搬进霍雷肖街的时候，他已经搬走。他们还把他标记为霍华德大学的"前教授"，和小说《对山巅呼喊》《另一个世界》的作者。而且一再把他说成是"公平对待古巴委员会"的"重要成员"，但他对这个委员会其实兴趣寥寥。由此可见，联邦调查局对鲍德温的兴趣是建立在谬误之上。

鲍德温没有写出他扬言要写的那本关于联邦调查局的书，然而他一如既往，心怀许多计划，其中包括一本奴隶小说（现改名为《明天给我们带来雨》[Tomorrow Brought Us Rain]）、《另一个国家》的电影版、音乐剧版的《奥赛罗》、伯格曼打算在斯德哥尔摩制作的戏剧《索多玛的第121天》(The 121st Day of Sodom)，以及为他的老同学、《喜鹊》编辑理查德·阿维顿的摄影集撰写的文章。

这些都没有完成，除了为阿维顿的摄影集撰写的那篇一万字的文章，收录在1964年出版的《无关个人》一书中。此时鲍德温能抽出的写作时间主要用在他的剧本《查理先生的蓝调》(Blues for Mister Charlie)上，这次创作和他的公共角色相关，取材于爱默特·提尔被私刑处死的事件——它在一定程度上推动了现代民权运动的发展。

鲍德温后来说,他是在为民权奔波的公共汽车和飞机上写下了《查理先生的蓝调》。《节目单》杂志被联邦调查局称作"这座城市(即纽约)官方剧院的合法出版物",它的编辑沃尔特·瓦杰(Walter Wager)在这部戏在百老汇上演前夕问鲍德温:"说真的,你到底是怎么写出来的?"鲍德温回答说:"在飞机、火车、加油站等地方的便笺纸上。用钢笔或者铅笔。沃尔特,这真是一部手写剧本。"

当然,鲍德温在加油站写剧本的故事不一定属实——即便如此又如何呢?在这里,他表现出某种自己受困于象牙塔的尴尬,那里的空气和黑人兄弟姐妹在抗议的队列和快餐店里所呼吸的截然不同。但在修辞的意义上,鲍德温在旅途中写出《蓝调》的说法,并非完全错误,因为当斗争在他周围蔓延,他发现自己很难集中精力进行富有想象力的写作。他告诉《淑女》杂志的记者:"我不是一个公众演说家。我是一个艺术家。"但他知道他的黑人和白人同胞每天都面临着生命危险,他希望自己的写作能够反映他所经历的时代。因此,《查理先生的蓝调》中渗透了强烈的"使命"式的情感能量,他可以想象爱默特·提尔的反抗,也可以想象杰罗姆·史密斯在阿拉巴马州汽车站下车时的惊恐,那里有上百名暴徒等着他,却没有一个警察愿意帮忙。

而对文学评论家而言,一切只取决于艺术家是如何塑造出这种情感。回过头来看,对鲍德温最持久的批评,就是说他在20世纪60年代中期的那段时间里失去了耐性,再也没有复原,作为人群中的作家和传教士,在所有人都失去理智的时候,他未能保持住它。这种指责忽视了鲍德温坐下来写作时那种情感热度,但也不无道理,尤其是提到他对文学创作的本质失去了控制:如果一个作家过于愤怒而写不出好作品,那么无论在文学还是政治领域,他对别人来说都没什么作用。

鲍德温对这场运动的价值主要是象征性的。他是一个知识分子,有着令人生畏的口才、遍布全球的读者,而且——从他与罗伯特·肯尼迪的会面被大肆报道来看——他也受到了身居高位的人的关注。他既不像杰罗姆·史密斯或吉姆·佩克(Jim Peck)等人是民权运动中的普通一员,后者曾在母亲节"自由乘车运动"中遭受毒打,也不像他后来经常声称的那样,是民权运动的领导者之一。领导层不得不提防鲍德温,提防他的伶牙俐齿,提防他有时古怪的交际圈,提防他的性取向。

1963年夏天,联邦调查局记录了金对鲍德温的看法。6月1日或2日,联邦调查局窃听了金参加的一场谈话,谈话中一个身份被保密的人问金,是否愿意跟鲍德温一起参加电视节目。联邦调查局特工在报告中记录道,金"对这个想法没什么兴趣,因为他觉得鲍德温对他的运动并不了解"。金告诉他的谈话者,虽然鲍德温是"媒体眼中的黑人发言人",但他"不是民权领袖"。在另一个场合,他还提到鲍德温不加掩饰的同性恋行为可能引发尴尬:感觉鲍德温"更有资格领导同性恋运动,而不是民权运动"。

如果鲍德温知道这些言论,他一定会受伤。尽管他从未在种族隔离的快餐店里遭受攻击,但他身上的情感创伤就像杰罗姆·史密斯身上的伤疤一样真实、深刻。他有一些朋友曾被棍棒殴打得奄奄一息。他也从史密斯那里听说,3K党袭击自由乘车者时,警察是如何在公共汽车站袖手旁观。1963年6月,他收到消息,他的朋友、密西西比有色人种协进会主席麦德加·埃弗斯

(Medgar Evers)[1]在妻儿面前遇刺身亡。

同年八月,马丁·路德·金的斗争运动随着华盛顿大游行达到顶峰,鲍德温的绝望也随之加深。在主要的集会开始前一周,鲍德温带领一队大约五百人的小型"示威队伍"来到美国驻巴黎大使馆门口,递交一份请愿。他随后飞回华盛顿,期待着成为主会场的发言人之一,却失望地得知,自己被排除在外。金不想要他上场,不能冒险用他。在金发表演讲之时,鲍德温和运动中的其他名人一起,参加跟西德尼·波蒂埃(Sidney Poitier)、哈里·贝拉方特、查尔顿·赫斯顿(Charlton Heston)和马龙·白兰度的电视讨论。

1963年8月28日,25万人和平游行到华盛顿的林肯纪念堂,表达他们对黑人平等的渴望。在那里,他们听到金跳脱事先准备好的讲稿,即兴演说了他一直以来的"梦想"——"深深扎根于美国梦之中的梦想"——亦即"上帝所有的子民——黑人与白人,犹太人与外邦人,新教徒与天主教徒——将能携手同唱那首古老的黑人圣歌:'终于自由了!终于自由了!感谢全能的上帝,我们终于自由了!'"

游行结束两周半以后,他们收到南方的白人对他们和平请愿的回应,阿拉巴马州伯明翰市第十六街浸礼会教堂被炸,四名正在上主日学校的年轻女孩被炸死。教堂里的其他孩子受了重伤,两名黑人青年也在同一天被暴徒袭击并杀害。

---

1 麦德加·埃弗斯(1925—1963),美国民权活动家、二战退伍军人,致力于推翻密西西比大学的种族隔离制度,并争取黑人的投票权、经济机会、使用公共设施等权利。1963年,他被授予有色人种协进会斯平加恩奖章。同年,他在家中被杰克逊市白人公民委员会成员谋杀。——译注

金跟肯尼迪总统见了面（后者曾反对游行），并告诉他："如果你走在街上，你不安全。如果你待在家里，你不安全——会有被炸的危险。如果你待在教堂里，现在也不安全。黑人们觉得无论自己走到哪里，甚至就算哪也不去，都有遭受身体暴力的危险。"

鲍德温在一次巡回演讲中得知伯明翰爆炸案。这个消息先是让他感到震惊，然后加速了他的抗议活动。这场悲剧也进一步削弱了他对金的非暴力抵抗原则的无条件支持。鲍德温再次上电视，这次是和神学家莱因霍尔德·尼布尔（Reinhold Niebuhr）讨论"失踪的基督的脸"（耶稣的脸从伯明翰教堂东墙的彩色玻璃窗上完全被撞了下来），他质疑白人自由派对金的策略的支持。鲍德温称，纵观美国历史，"只有黑人实践非暴力，非暴力才会受到推崇"。他试图组织一次全国性的抵制圣诞购物行动，他代表种族平等大会（CORE）和学生非暴力协调委员会（SNCC）等民权组织[1]以及所谓的"门罗被告"（三名因绑架指控而被关押的民权分子）签名，还参与组织了哈莱姆的罢租运动。

亲爱的朋友：

当您阅读这封信的时候，年轻的男男女女正在进入密西西比州……参与各种各样的活动，目标无非是帮助密西西比

---

[1] 种族平等大会（The Congress of Racial Equality）是一个美国黑人民权组织，1942年成立，其使命是"实现所有人的平等，不论种族、信仰、性别、年龄、残疾、性取向、宗教或民族背景"，组织了"自由乘车"运动。学生非暴力协调委员会（Student Nonviolent Coordinating Committee）由美国学生在1960年代组建，积极介入了美国黑人民权运动。1968年，该组织曾试图与黑豹党合并，未能成功。1976年解散。——译注

的黑人进入20世纪……这些勇敢的斗士面临着最严重的危险……我请求您给他们一个机会，为密西西比"自由之夏计划"[1]慷慨解囊，并请您现在就寄……

亲爱的朋友：

在民权头条新闻的背后，还有许多不为人知的痛苦——学生因为参加示威游行被大学开除，工人因为试图登记投票而被赶走、被解雇，年轻人因为没有律师辩护而被长期关押在监狱……随信附上一个信封。请您慷慨解囊……

亲爱的朋友：

在哈莱姆、布朗克斯东部和布鲁克林的贝德福德·斯图伊韦森特区的旧法租房里，巨大的凶残的老鼠已经成为罢租运动正在蔓延的象征……今天您是否愿意跟我一起，按照以上地址，寄一张支票给社区住房委员会呢？

10月的第二周，他和挥舞棍棒的南方警察发生了近距离冲突，在主场参与运动的人每天都要跟这种警察打交道。SNCC的执行秘书詹姆斯·福尔曼（James Foreman）邀请鲍德温帮助他们在阿拉巴马州的塞尔玛发起选民登记活动，因为他知道鲍德温的出现将确保媒体的广泛报道。

黑人拥有投票权，但首先他们必须进行选民登记，对他们来说这并不容易。白人反对者通过捣乱和恐吓来破坏这一过程，并

---

[1] 自由之夏（Freedom Summer）是1964年6月由美国民权运动者策划的社会运动，旨在保护和协助密西西比州的黑人参与投票登记，引发全国性的关注。——译注

且得到警察的大力协助。

鲍德温深知这背后的阴谋。在波德霍雷茨主持的《评论》杂志圆桌讨论上，他对其他与会者说："说到底，在南方腹地发生这场争夺的一部分原因就在于，随着黑人开始投票，并获得经济自由，南方寡头的权力显然将会被打破。"

1963年10月6日星期五，他和弟弟大卫（加上联邦调查局的一名尾随者）一起飞往伯明翰。鲍德温以为会有人在机场接他——联邦调查局不愿透露此人的名字，结果到达时并没有。他联系了另一个人（同样没有透露姓名），最后前往加斯顿旅馆，在那里试图给罗伯特·肯尼迪打电话。这一切都被联邦调查局记录下来。

10月9日星期一上午，鲍德温再次在联邦调查局特工们的监视下前往塞尔玛，普遍认为他此行是去帮助南方黑人的斗争。在那里，325名准备申请合法投票权的申请者在法院外排队。警察几乎立即开始恐吓。凡是离开队伍的人，比如上厕所，都不被允许重新排队。当鲍德温和他的弟弟试图跟等待的人交谈，县警长全副武装地告诉他们："走开，你们挡住了人行道。"当他们下午带着点心再来，警察又禁止他们分发，对方的解释是："我不会让这些人受到任何骚扰。"当他们试图陪同詹姆斯·福尔曼进入法院询问有关延迟受理申请人的情况，入口处的武装警卫告诉他们必须从侧门进去，而在侧门，他们又被告知只能从前门走。一天的艰苦工作结束之时，在县法院排队等待投票的325人，鲍德温估计大约只有20人获准进入（《纽约时报》对同一事件的报道称这一人数接近50）。

这些行动以及随之而来的压力，或多或少妨碍了作家的生活。那一年鲍德温去了土耳其、波多黎各和巴黎——这趟消失之旅成为他唯一的喘息机会。在伊斯坦布尔，他参与到恩金·塞萨尔的传统家庭生活，逃脱了一个著名作家在纽约受到的日常骚扰：在大街上被认出来，被要求采访，被索要签名，被叫去演讲，被邀请到各种地方。他得以重新成为一个普通人，沉迷在音乐、威士忌、持续到黎明的谈话等最令他感到愉悦的爱好里。

与此同时，他放大了家人在他生活中的重要性。他的妹妹格洛丽亚为他管钱，他帮助家里年纪最小的保拉·玛丽亚组织了一场时装秀，大卫则经常陪他旅行，实际上成了他的副手。他还在曼哈顿西区大道上买下一栋大房子，梦想着包括母亲在内的家庭成员都能拥有各自的房间。

对家庭生活的憧憬和他的成名时刻不谋而合，那时他几乎每天都要在公共舞台上表演。他的成功远远超越了一个从哈莱姆逃到格林威治村的男孩最大胆的梦想，也超越了一个在巴黎挣扎的艺术家的希望。他的个人生活又如何呢？现在他可以说，我的家人都在这里，在我身边。情人和朋友可能来来去去，但家人是永恒的。他对一位采访者重复了一句现在已经耳熟能详的话，他试着告诫自己不要"因为可以躲在公共生活中，而逃避私人生活"。

这种自我意识是鲍德温的特点，但他在公开场合承认自己的私人生活被入侵，有一层酸酸的讽刺意味。这里我们见证了鲍德温同自己的隐私分离的过程。他将自己的个人生活、最私人的情感、最强烈的感受和最私密的想法暴露在公共场域，因而不可避免地失去了一些个人性。与此同时，鲍德温对哪些属于他自己哪些属于世界丧失了某种确切的把握，因此失去了他和自我的亲密关系。也可以换个角度来看：对美国安全部门来说，他已经完全被剥夺了隐私权。鲍德温一定程度上意识到了他们的意图，但他对抗他们的方式不是变得更加隐蔽，而是更加公开。

大致来说，1948 年至 1959 年间，鲍德温的生活中没有什么公共事件，因此，为了了解这个人，我们不得不追溯他的私人传记，其中最具体的就是他的书信。然而，在此之后，情况发生了变化，1963 年至 1968 年，鲍德温的生活主要由外部事件构成，要想讲述他的故事，只有不断参考公开的记录。

因此，我们发现，在 20 世纪 50 年代，鲍德温经常和朋友们坦诚地通信，而在接下来的十年里，来采访他的人成了他的忏悔对象。

第十六章

这一年他把时间都花在讲台和麦克风,面前的学生和记者都渴望从《下一次将是烈火》的作者这里得到最新的启示。从1963年春到1964年春,他只发表了五篇文章,而且都是演讲稿。人们期待他措辞强硬,扰乱和平,把即将到来的怒火作为威胁。他痛斥美国人是"地球上最没有吸引力的民族",谴责美国是"一个没有爱的国家"。鲍德温说:"别跟我谈融合,谁愿意跟一所燃烧的房子融合?"

鲍德温告诉听众,当黑人唱起福音歌,他不仅仅是在唱歌,而是在告诉你们他今天的遭遇:

> 这些歌和布道跟《旧约》的关系不大,而和我们的日常生活有关。当他唱起这首歌:
> 如果我有办法,
> 我就会拆了这栋楼。
> 他并不是在谈论参孙和大利拉——他说的是非常具体、非常非常明确的事:
> 如果我有办法!……(焦急地轻声道:)我就会拆了这

栋楼!

这个国家的人至今仍不知道黑人在讲什么。

他的听众主要是白人,这让兰斯顿·休斯反感,他把鲍德温列为"在腐肉上鸣叫的黑乌鸦"之一。

但这只乌鸦可以奇迹般地变为鸽子,因为他忏悔的羊群期待着他成为指路明灯,许诺事情还会好转。他给了他们一个选择,能让他们想要成为更好的人,这个选择是:要么团结在一起,要么眼睁睁看着光芒熄灭。鲍德温承诺,只要有爱,我们就能改变自己,改变彼此,也改变国家,改变世界的历史。"我丝毫不怀疑,并且到死都会相信,只要我们愿意,我们就能建造耶路撒冷。"

当他终于提笔写作,笔调已与早年有所不同,甚至和《下一次将是烈火》也不一样。1963年是鲍德温的声音发生断裂的一年,这影响了他文学风格中的所有要素——他的节奏、句法、词汇以及他进行区分和判断的方式。这一年,鲍德温不再使用抒情的腔调,这种腔调一直是他的标志性特点。在以后的岁月里,这会让人们产生好奇:鲍德温的伟大风格究竟怎么了?而他是故意这样做。

在《纽约时报书评》的圣诞特辑里,几位作家被要求评论自己的文学技巧,鲍德温避开了跟其他作家比较,而是选择将自己比作爵士乐手和蓝调歌手:

> 我总希望那些喜欢《另一个国家》的人对这本书的反应,和他们对待迈尔斯(·戴维斯)和雷(·查尔斯)的演

奏一样。

这两位音乐家身上吸引听众的是某种"普世的蓝调",他认为自己也是这样的人,他摘下戴在自己头上的桂冠:"我不是知识分子……也不想成为知识分子。"

他开始频繁地将自己和蓝调、爵士乐的世界相提并论。1963年2月,他在参加《另一个国家》的英国首发式时,向英国广播公司的采访者重申,他并不认为自己是伟大的作家,他说,"我觉得自己是一名蓝调歌手"。6月,他回到美国,《下一次将是烈火》的精装版出版仅五个月后就进入第十次印刷,他向记者纳特·亨托夫(Nat Hentoff)抱怨自己没完没了的"一夜情"——"就像一个爵士乐手那样"。

在《下一次将是烈火》中,他写道:"几乎没有语言可以形容美国黑人的恐怖生活。"注意,是"几乎":福音、蓝调和爵士乐例外。同一年,他就这个主题写了一篇随笔《蓝调的用途》("The Uses of the Blues")。鲍德温解释说,这个题目不是指音乐,而是指"生命体验"。他引用贝西·史密斯和比莉·哈乐黛的歌来支持他的论断——蓝调构成了对黑人日常生存的精确记录,指向"一种特定的节拍",仿佛它是一种秩序井然的美学原则。他说自己的榜样是爵士乐手,他试图"写出他们的歌声"。

这是鲍德温职业生涯中一个关键时刻,我们发现他正式宣告脱离了此前心向往之的古典文学传统,将自己和黑人文化或者用那个新词——"黑人意识"联系在一起。从跟爵士乐手一起思考自己的艺术,到效仿爵士乐手来写作,二者之间仅咫尺之遥:他的节奏变得更加自由,他听到了切分音,他的随笔被即兴感所影响，一如至今所有忠诚于詹姆斯和海明威式结构的句法，都开始为"一种特定的节拍"让路。

这一切都发生在鲍德温几乎已经成为美国最知名作家的鼎盛时期，因此显得格外不同寻常。莱昂内尔·特里林在《另一个国家》的书评中写道："就它所赢得的关注程度而言，在今天的美国，可能没有任何谁的文学事业能与詹姆斯·鲍德温相比。"就在鲍德温登上《时代》杂志封面的同一个月，《生活》杂志也用九页篇幅的文字和图片介绍他。他被称为"当今文学丛林里的王者"，频繁接受采访，每次都能让人耳目一新。马文·埃尔科夫（Marvin Elkoff）在次年《时尚先生》的长篇报道中写："很少有美国作家拥有如此高的公众知名度。"鲍德温是"出版界最炙手可热的人物"。

然而这位著名作家不想同作家、知识分子为伍，而是希望与蓝调歌手、爵士乐手同列。

与此同时——也并非巧合的是——民权运动示威者的情绪也在发生变化。马尔科姆·艾克斯的名字如今比金更频繁地被人提及，他批评金带着他的队伍前往华盛顿乞求自己的权利，而许多不再"做梦"的黑人支持他这么做。他也批评鲍德温屈尊与罗伯特·肯尼迪坐在一起，而鲍德温接受了这个批评。

鲍德温意识到巨大的"公众声誉"把自己推向了黑人事业的前线，同时也使他远离这些人。鲍德温的讲话基本上都是面向受过良好教育的白人群体。用弗雷德里克·威尔科克斯·杜佩的话来说，他的文章是"一个理想的文学团体的范文，某些人梦想中的高贵法兰西"——这种美誉很难吸引街头的黑人青年，鲍德温却对他们寄予厚望。他的声誉很大程度上取决于知识分子沙龙，完全不在贫民窟。对后者而言，莱昂内尔·特里林、《纽约客》的读者、菲利普·拉赫夫和国家艺术与文学学会都没什么信誉。

"在伯明翰和哈莱姆，"为《时代》杂志采访他的记者写道，"大多数黑人仍然不知道他的名字。"那些知道他名字的人（学生、艺术家、"嬉皮士"）可能读过他，但他读过的那些作家（亨利·詹姆斯、狄更斯、陀思妥耶夫斯基），对其中大部分人来说几乎毫无意义。他们的榜样是迈尔斯、雷、贝西和比莉……而他声称，从现在起，他的榜样也是他们。

与此同时，他的幽默感也发生了变化，他的性格和举止都流露出紧张的迹象。1963年5月，鲍德温在接受《淑女》杂志的长篇访问时（现在他发表访谈的速度超过了出版文章），对白人自由主义者加入民权事业的努力提出批评。他声称自己的身份意识与白人并不平等，而比他们更高，他还提到奥斯威辛的幽灵，希望将其和美国黑人的苦难相提并论。

《时尚先生》的专栏作家记录下在斯莫尔斯乐园酒吧里发生的一件事：一位年轻的大学生试图找鲍德温谈论T. S. 艾略特，却遭到拒绝："我来摆个谱，让我来教教你。T. S. 艾略特的写作不来自个人经历。他是用文化在写。他不是诗人。"这和当年他在给朋友斯蒂芬·D. 詹姆斯的信中，推荐《阿尔弗雷德·普鲁弗洛克的情歌》和弥尔顿的诗歌大相径庭。

他强调艾略特不是诗人，却认为那位凭自己的才智写下"每当我感到迷失，我的地牢就会震动，我的锁链就会掉落"的无名奴隶，是"自荷马以来最伟大的诗人"之一。可见在鲍德温成熟的人生观和艺术观里，艾略特意义上的文化不如"特定的节拍"重要。

服务于这种"节拍"的词汇,开始频繁出现在他的随笔里:他在正式出版的《查理先生的蓝调》的序言中写道:"这部戏几年来一直在我的脑子里困扰着我。"他在《蓝调的用途》那篇文章里用口语化的俗话来写作。"好吧,一团糟,你却无能为力。你不能待在那里,你不能死掉,你不能放弃,但好吧,好吧,就像贝西说的:'拿起我的包,宝贝,我再试一次。'"

詹姆斯·鲍德温对黑人的不幸和持续被奴役的境况有了新的种族认同,这给他带来一种迥异的认识,对他来说,这是一种很难避免的讽刺。他也无法忽视这样一个事实,他的名气已经把他关进某种牢笼:作为世界上最著名的黑人作家,人们现在期待他不停地对黑人困境表态。问题的本质是什么?解决办法是什么?白人能做什么?黑人真正想要的是什么?

他再也写不出像《乔瓦尼的房间》那样主角是白人的小说,不能像20世纪50年代那样,声称自己不想"仅仅成为一名黑人作家"。也不会像1953年那样,倾向于抗拒为黑人进行特殊的抗辩,当时他写道,他不想"暗示黑人作家的处境比其他任何人的都更难"。他现在的态度恰恰是,黑人的处境比其他任何人都更难。鲍德温眼下最喜欢的表达方式是接受采访,这有助于改变他的口吻,因为大多数采访者希望他谈论的,正是鲍德温自己曾经咒骂过的"铁板一块的抽象概念"——黑人问题。

"我不应该做这些演讲。"他对《生活》杂志的采访者说,对方当时正跟着他在南方各地巡回演讲。"我从未计划这么做。这对我来说太容易了。我应该在打字机前说我想说的话。"

然而一旦他坐在打字机前,他就表现出对自己的材料失去信心的作家病。他重复自己的话(清晰度也越来越低),他写下

第十六章

太多个人往事，也写了很多关于写作的内容。有一次，他在研究自己为什么对自己的主题不再有信心，甚至不再信任自己的语言。在《为什么我不再憎恨莎士比亚》这篇随笔中，鲍德温试图澄清他和英语的关系。尽管这篇文章1964年在《观察家报》(Observer)上发表之后就不见踪影，但它仍是一篇重要的文章，因为就在某些评论家称赞他是当代最杰出的英文随笔作者之时，鲍德温本人却在谴责自己的语言是专制性的。英语的传统形式无法表达他这位"蓝调歌手"想说的话。在《为什么我不再憎恨莎士比亚》中，他阐述了自己的不满：

> 我和英语的分歧在于，始终在于它没有反映出我的经验。但如今我开始从另一个角度看待这个问题……也许这种语言不是我自己的语言，因为我从未尝试使用它，只是学会了模仿它。如果是这样的话，那么如果我能找到勇气来挑战它，也让自己接受这样的考验，它就有可能可以承担起我经验的重负。

为了支持"这种可能性"，鲍德温列举出"强大的见证人"：他的黑人祖先。他们被迫使用一种不属于自己的语言，这种语言本应控制他们的经验，他们却用它来服务自己的经验——他们用这种语言"衍生出悲歌、蓝调和爵士乐"。

这段话揭示了鲍德温在《下一次将是烈火》之后的写作方向——迫使英语容纳他的黑人经验。这种努力需要形成一种现代美学，它深植于奴隶的文学和音乐遗产：福音和灵歌，W. E. B. 杜波依斯在1903年称之为"不仅是唯一的美国音乐，而且……是大洋彼岸人类经验最美的表达……是这个民族独一无二的精神遗产"。

如果鲍德温能够成功地将这种文化和他依然精通的英语的传统资源结合起来,用他从未停止过的布道者的修辞将两者结合起来,那么他也可能成为伟大的"诗人",成为荷马的后裔,成为有史以来最伟大的黑人作家,并且,在美学的意义上,成为他们之中最黑的那一位。

第四部分

拆了这栋楼

我再也不去拍卖场了,
再也不了,再也不了……
成千上万的人都走了。

——民谣

第十七章

"差不多就是在此时,"戴尔出版社的吉姆·西尔伯曼说,"吉米开始和那些人混在一起。你知道,其中一个年轻人是摄影师,结果吉米买下他所有的相机。诸如此类。"他也很可能跟以下人物同时出现:艾娃·加德纳(Ava Gardner)、妮娜·西蒙(Nina Simone)、向他索要签名的男大学生、能和他说法语的阿尔及利亚女孩,以及原本带着任务来采访他结果最后一起去参加通宵派对的记者。鲍德温一直很爱社交,随着他的名气越来越大,他的交际范围越来越广。如果他四点与人有约,可能会迟到三个小时才出现,然后再哄骗那些耐心等他的人,陪他一起赴六点的约会。接着,这些之前互不相识、现在却已成了老朋友的人,又将被要求送他去一家餐馆,赶九点的晚餐之约(而他最早会在十点宣布这个消息)。到了午夜,这群人中还会加入在街上偶遇的熟人、餐馆老板、被鲍德温许诺"我稍后会去某某餐馆"的人,或许还有另一桌的两个陌生人——他们在离开时问了一句"你是詹姆斯·鲍德温吗?"就被报以微笑、握手和敬酒,得到邀请加入聚会。这个庞大的熟人群体是多国籍、多语言、多民族的……鲍德温的哲学偏向黑人,他的气质和天性却是彩虹色。

同时，秘书、司机、财务管理者和可以被称作"随行"的人也在不断增加。吕西安·哈伯斯贝格尔来美国常住，作为鲍德温身边人中最可靠、最可信的一个，他和鲍德温的妹妹格洛丽亚一起被委以管钱的重任。根据《纽约时报》上的一幅漫画，在1964年中期和鲍德温有关联的人还包括：

> 他的律师，纽约市议员西奥多·库普弗曼（Theodore Kupferman）；他的经纪人，罗伯特·兰茨（Robert Lantz）；他的赞助人，汤姆·米凯利斯（Tom Michaelis）；他的摄影师，弗兰克·丹德里奇（Frank Dandridge）；他的歌曲作者，鲍比·夏普（Bobby Sharp）；他的出版商，理查德·巴伦；他的DJ，弗兰基·（重拍）·布朗（Frankie [Downbeat] Brown）；他的牧师朋友，西德尼·拉尼尔（Sidney Lanier）；以及每几个月就更换一波的仰慕者、顾问和门徒。

与此同时，伊利亚·卡赞多年前在鲍德温心中埋下的创作剧本的种子，已经萌发成了《查理先生的蓝调》。鲍德温在长短篇小说和随笔方面的成就，都得到了认可，但他仍然怀抱一颗要在戏剧界取得成功的雄心。他被戏剧的神话吸引，坚信演员与观众之间产生的能量，以及这种宣泄能够带来改变——毕竟，詹姆斯·鲍德温的使命就是改变。

这里我们又遇到一个悖论。鲍德温对美国商业戏剧的评价很低。1961年，他在给昙花一现的黑人杂志《都市人》（*Urbanite*）写戏剧评论时，曾将其称为"不温不火的浴缸"。然而，野心或者虚荣心驱使他为《查理先生的蓝调》寻找在百老汇上演的机会，而不是去那些更前卫的勒鲁瓦·琼斯等人工作的上城剧场。百老汇意味着名声，名声意味着影响力——鲍德温以此来化解这个悖论。如果有人质疑他在"白人城镇"中心上演"黑人城镇"故事的决定，他可以说，这一切都是为了事业。罗伯特·寇迪耶曾与鲍德温合作过《蓝调》，他回忆说，某天晚上，鲍德温和杰罗姆·史密斯一起走到52街，这部戏正在美国国家剧院和学院（ANTA）上映。"你能从这儿看到那些灯光吗？"鲍德温焦急地问。史密斯回答说，"一路到密西西比河，你都能看见它们！"

但他尚未陷入沙文主义。当《纽约先驱论坛报》就黑人戏剧问题提问，鲍德温说他不认为"美国存在黑人戏剧"，甚至不相信"这种发展是值得的"。他并不热衷于支持这种黑人民族主义的发展。他关注的是问题的核心。他说，"国家"应该倾听"黑人对自己和白人的看法"，这一点至关重要。

这既是强硬的言论，也是融合主义的体现，附带地，这也是他将话剧搬上百老汇舞台的理由，勒鲁瓦·琼斯的哈莱姆黑人艺术剧院（在《蓝调》首演六个月后开业）完全禁止白人入内。

作为美国最著名的黑人作家，鲍德温现在发现自己处于一种独特的困境，既被以休斯为代表的传统守旧派反感，也被以琼斯为代表的年轻激进派讨厌。鲍德温和琼斯[1]1955年在霍华德大学相识，两人一度称兄道弟，鲍德温从巴黎回到纽约后不久，琼斯便寻求鲍德温的帮助，帮他创办以"垮掉的一代"为基础的杂志《坐禅》（*Zazen*）（鲍德温曾回复说他"很狡猾"）。然而到了20

---

[1] 勒鲁瓦·琼斯（1934—2014），美国作家、诗人、剧作家，其作品是黑人文学的重要组成部分，2008年，凭借《出走与消失的故事》一书荣获美国笔会/边缘之外奖。——译注

世纪 60 年代中期，琼斯的激进民族主义将他带向了这位老作家的反方（从格林威治村到哈莱姆，而不是反过来），不久后他就加入了黑人穆斯林运动，改名叫艾米里·巴拉卡。

1963 年，琼斯发表了一篇攻击鲍德温和南非作家彼得·亚伯拉罕（Peter Abrahams）的文章，题目是《对两个热门人物的简要思考》("Brief Reflections on Two Hot Shots")。自诩"革命"作家的琼斯，对鲍德温的艺术感受力没什么耐心，他说鲍德温写的每一句话中都有一部分"必须拿来告诉那些愿意接受他的读者，他是多么敏感和聪明"。在充满攻击性的琼斯看来，这位美国最伟大的黑人作家在吃查理先生（也就是白人）的老本。"比如，如果亚伯拉罕和鲍德温变成白人，他们就没法发声了……就能在平静中保持敏感。在我看来，他们的肤色是他们追求这种境界的唯一障碍，我也认为，他们没有理由因为肤色较深这种小事而被剥夺这种境界。谁把他们变过来吧！"

鲍德温不仅在白人戏剧界的中心工作，跟白人剧团、白人导演、白人制片人、白人资助者等合作，甚至还从一个白人那里获得剧本的灵感。在一起合作《JB》和《青春甜蜜鸟》的过程中，伊利亚·卡赞建议鲍德温根据爱默特·提尔谋杀案写一部剧本，再由卡赞在演员工作室搬上舞台。提出这个建议一段时间后，卡赞就去林肯中心成立了一间剧目公司，但他仍以为自己对等待已久的鲍德温的剧本拥有优先权。然而，当卡赞在希腊执导一部电影时（他期待跟鲍德温会面，但鲍德温没有出现），演员雷普·汤恩作为工作室背后的强大力量，劝说鲍德温将他的剧本交给新成立的制作部门——演员工作室剧院。

卡赞认为这是背信弃义，并如是告诉了鲍德温。鲍德温对此提出两个理由：第一，林肯中心的董事会中没有黑人，第二，他觉得卡赞的"父亲形象"是一个庞大而不可能跨越的障碍。

卡赞非常受伤，也很恼火，但并不感到惊讶，因为尽管鲍德温是出了名有魅力的人、道德家和布道者，但他在人际关系上也是出了名的不靠谱。他还有一种偏执的害怕被人轻视的恐惧，尤其是被白人（这也是他向白人献殷勤的原因之一）。以前，当他被指责忘恩负义，他用过一个很方便的理由：儿子必须杀死父亲。至于"林肯中心没有黑人"的问题，卡赞的反驳也很合理，他说这正是他想改变的局面。通过制作《查理先生的蓝调》这部由黑人剧作家创作、关于黑人、主要演员都是黑人的剧目，他可以开启一次大胆的尝试。

开始制作这部戏以后，鲍德温把经验丰富的巴黎戏剧导演罗伯特·寇迪耶叫到纽约，对方说，和其他事情一样，鲍德温被艺术上的势利驱使。他说："他想要演员工作室的加持和所有这类东西。"而且他想向卡赞证明，"他是按自己的方式来行事"。

无论如何，工作室负责人李·斯特拉斯伯格（Lee Strasberg）给了他想要的保证：在百老汇全面公演。为了完成剧本，鲍德温像往常一样飞离纽约，这次他躲进斯特拉斯伯格在火烧岛上的房子，1963年秋天，《查理先生的蓝调》在西44街的教堂旧址举办了首场剧本围读，那里也是演员工作室的所在地。

鲍德温把自己的剧本搬上百老汇舞台，却遭到黑人知识分子的批评和反对，对他来说，这是个不小的打击，因为《查理先生的蓝调》让他看到自己从"爱邻如己"的态度到公民权利的转变，也宣告他作为美国白人自由派的黑人宠儿这个阶段业已结束。

这部戏以虚构的密西西比州瘟疫镇居住区为背景。黑人青年理查德·亨利因为跟布里顿的妻子调情,被爱喝啤酒的乡巴佬莱尔·布里顿杀害。主要归功于另一个白人——报社编辑帕内尔·詹姆斯的努力,莱尔被捕并接受审判。然而,在第三幕一场漫长的庭审后,莱尔被无罪释放。

这部戏的时间线比较复杂:在灯光亮起之前,杀死理查德的那一枪就已经发出,莱尔紧接着说"但愿每个跟这个黑鬼一样的黑鬼,都能像他一样去死",但导致这一枪的莱尔和理查德两人的对峙,直到剧末陪审团做出判决后才上演:

> 莱尔:你对着我的枪。(掏出枪来)现在,只需要一分钟,我们就都可以回家了。
>
> 理查德:你妈的!为什么你就不能放过我?白人!我什么都不想要。你什么都给不了我。因为你可怜的小妞们都不会做饭,所以你没得吃。因为没人理你,所以你无话可说。因为没人跟你跳舞,所以你不会跳舞——难道你不知道我盯了你一辈子吗?一辈子!我了解你的女人,你以为我不知道吗?——我比你更懂!
>
> (莱尔开了一枪。)

《查理先生的蓝调》不乏出色的文笔和激情的演说,但缺少行动和戏剧性。其中最富想象力的一笔是,布景既被设定成黑人教堂,在最后一幕中又变成法院。教堂的过道既是南方法院中把白人和黑人隔开的分隔线,也是"白人城镇"和"黑人城镇"的分界线。黑人的行动发生在舞台的一侧,白人的行为则发生在另一边。

然而,围绕《查理先生的蓝调》的制作发生了许多戏剧性的事件,其中大部分发生在首演夜之前。第一位导演是弗兰克·科尔萨罗,他是演员工作室的老手——可能也是李·斯特拉斯伯格的有意安排,因为他和鲍德温一样毕业于德威特·克林顿高中。

科尔萨罗带着鲍德温完成了初步修改,但当作者目睹他剧本的第二次围读排练,意识到在他缺席的情况下,剧本被删减一半,于是他宣布对自己的导演产生了"信任危机",不久之后,科尔萨罗就被剧组解雇。

科尔萨罗说,他想做的是防止这部戏看起来像"一部反对白人的史诗"。鲍德温的看法则不同:删减就等同审查。他辩称,科尔萨罗的问题在于,他没办法让黑人演员听他的话。

风波并没有因为解雇科尔萨罗而平息,因为此时鲍德温几乎和整个演员工作室对着干。未经删减的剧本要演五个多小时,这让所有人感到震惊,尤其是剧院总经理阿瑟·瓦克斯曼(Arthur Waxman)。他告诉鲍德温,期望人们从七点一直在座位上坐到午夜以后是荒谬的。鲍德温抗议说,如果剧院可以上演尤金·奥尼尔的长剧《奇妙的穿插》,没理由不上演五个小时的《蓝调》。瓦克斯曼答复说,这情有可原,因为鲍德温不是奥尼尔。鲍德温跟瓦克斯曼说,他"这样对我只是因为我是个黑鬼"。瓦克斯曼则告诉鲍德温,不要对他用这种词。

诸如此类。由于剧情在时间线上快速跳跃,他们在争论观众是否能够理解剧情的发展。鲍德温说,如果跟不上剧情,他们就不该来剧院。另一个问题是那些光顾百老汇的文雅观众,是否介意所谓的"脏话"。斯特拉斯伯格的得力助手、联合艺术总监谢丽尔·克劳福德（Cheryl Crawford）的判断是，如果演出时长不会阻止观众前来，那么反复出现的"狗娘养的""黑鬼"和"没用的黑杂种"肯定会把观众赶走。鲍德温回复，在一部旨在探讨种族仇恨的强度的剧作里，这些词语不可避免。如果删掉它们，只会迎合他希望破除的那种错觉。"这不是阿瑟·米勒的《青青草原》(*The Green Pastures*)。如果你想制作那部戏，可以打电话给阿瑟·米勒，去拿他的剧本。但我们现在要制作的这部戏，你们要按我说的做，因为这是我写的。"

一个更棘手的问题是，鲍德温坚持让他弟弟大卫出演一个角色——理查德，算是黑人城镇里的男主角。大卫·鲍德温没什么表演经验，但他跟着科尔萨罗读过剧本，科尔萨罗也给了他一个角色，尽管不是理查德。现在科尔萨罗走了，新导演伯吉斯·梅雷迪思（Burgess Meredith）也面临同样的难题：作者坚持让他弟弟担任剧中的一个主角，演员工作室现在却说应该解雇大卫。大卫·鲍德温本人好意提出退出，梅雷迪思和瓦克斯曼却认为没必要，于是双方达成妥协，由他出演洛伦佐一角，但戏份比原先减少很多。

鲍德温不仅让自己的弟弟出演，还请来寇迪耶和杰罗姆·史密斯。寇迪耶的戏剧经验丰富，一度可能出任这部戏的导演（最终担纲了音乐总监），而曾经辱骂过罗伯特·肯尼迪的自由乘车者史密斯被聘为"特别顾问"，负责研究南方种族隔离和民权策略的具体细节（例如，开头一幕就用到了他的专业知识，一群黑人学生正在接受非暴力的自律教育）。鲍德温得寸进尺，他每天都来剧院——这已经违反了作家不应参加排练的规定，而且，他的亲戚、朋友和门徒都在剧院里。

对工作室的高管们来说,还不只如此,在他们看来,剧作本身还存在一个基本缺陷。几乎所有人,包括鲍德温自己帮派里的成员,都建议他淡化这部作品的论战色彩。就当时的版本而言,种族的划分过于僵化——黑人都是善的,白人都是恶的。更有戏剧经验的剧组成员都清楚地知道,一部戏剧的道德重量在大部分时间里都必须保持平衡,这样观众才会对故事最终如何收尾保持好奇。在《查理先生的蓝调》中,黑人和白人城镇的故事一开幕,作者的立场就十分明显,更别说开场白。克劳福德、寇迪耶等人都知道,如果出现这种情况,情节就无法成为中心人物内心变化的载体,观众的兴趣也就不可避免地减弱。就像寇迪耶告诉鲍德温的那样,你不能指望人们被一连串的演讲所吸引,尤其是五个小时的演讲。

对这部戏所能达到的效果,鲍德温抱有一种更惊人的想法。他对《生活》杂志的采访者说:"大部分当代戏剧都是为了证实你的幻想,让你吹着口哨走出剧院。我可不想让你对我的作品吹口哨,宝贝。我要你在椅子上如坐针毡,等着护士把你抬出去。"

这是一句夸张话,部分是为了打动记者,却暴露了他现在作品(无论是长篇小说、短篇小说、随笔还是戏剧)存在的缺陷。这种好战地以为艺术能让人宣泄的想法(即通过"真相"的含量震撼观众来达到效果),和他在创作之初发表的《每个人的抗议小说》中所批评的想法相去不远。十五年前,他曾勇敢挑战哈里耶特·比彻·斯托的那种创作公式——"黑人等于邪恶,白人等于优雅"——如今他在自己的作品中重蹈覆辙。

当然,孕育出《蓝调》的社会环境,比他早年在巴黎写随笔

第十七章　　　271

的时候更加紧张,也更血腥。南方的学校和教堂外面高呼的"我们必胜"口号,未能平息棍棒声、炸弹声和枪炮声,鲍德温觉得自己不能坐视剧中最具政治敏感性的台词被删掉、被扔进垃圾桶。有人试图说服他,艺术责任和政治责任应该分开对待(不久前他也曾不厌其烦地向他人指出这一点),自己却陷入情感死角。应该有人为四名死去的伯明翰女学生伸张正义。如果有人跟鲍德温讲道理,认为最大声的方式不一定是最好的方式,他很可能会遭到更大声的反驳。

《蓝调》幕后的故事,确保了它在百老汇的传说里占有一席之地。有这样一个故事:鲍德温爬上剧场里一架 30 英尺高的 A 字梯,当着自己剧团人的面,斥责李·斯特拉斯伯格破坏了他的剧本,另一个故事说他看到剧本被删减以后真的崩溃了,还有一个说他威胁要杀掉雷普·汤恩,如果汤恩违反他的禁令进入剧场(汤恩后来扮演了白人主角)。鲍德温不断向那些还愿意听他讲的人重申他对演员工作室所推崇的方法派表演的蔑视——"那和表演毫无关系",并不在乎自己的话是否在剧院里得到回应。最后,当一位记者问他,是否还会在工作室上演他的剧本,他回答说,"除非我的脑子得了麻风病"。

此时,工作室也有同感。谢丽尔·克劳福德认为,《查理先生的蓝调》和其他几部戏标志着工作室作为美国戏剧界的力量之一开始衰落。1964 年 4 月 23 日,历经这些骚动,鲍德温的剧作首演,并未如他期望的那样大受欢迎。首演当晚,观众高声喝彩,作者也鞠躬致谢,饰演女主角胡安妮塔的戴安娜·桑兹(Diana Sands)受到普遍赞美。然而,尽管评论界中最具影响力的《纽约时报》表示欣赏,其他评价却褒贬不一。

公众们则用脚投票。他们不喜欢被人威吓，也不喜欢在鲍德温身上表现出的变化，18个月前才发表过"我们可以改变世界"这种布道的传教士圣詹姆斯，现在听起来就像黑人激进分子詹姆斯·艾克斯。1964年5月，菲利普·罗斯在《纽约书评》上写道："如果有一个黑人穆斯林国家，如果那个国家有电视，那么像《查理先生的蓝调》第二幕第三幕这样的东西，很可能会成为家庭主妇们午后在电视上看到的内容。"

真正的麻烦现在才开始。鲍德温坚持以特别低廉的票价，吸引上城贫困地区的观众。但是，尽管在《蓝调》上演期间，ANTA接待的黑人观众可能比百老汇历史上任何剧院都要多，但还远远不够。首演刚满一个月，谢丽尔·克劳福德便指示，在剧院外贴出为期一周的停演通知。

鲍德温被激怒了。这表明他具备这样的影响力，能够违背艺术总监的意愿，让自己的剧本再演三个月。他把停演《蓝调》的企图视为种族主义的胜利，反过来也是对他的恭维。他不是想用自己的戏剧来扰乱人心吗？好了，他成功了，现在他们正在试图停掉它。

鲍德温和剧院管理层开了一次会，鲍德温即便没有在会上取胜，至少也自信地表示自己将撕掉这份停演通知。他发起一场运动：印制海报和传单，出动两辆音响车，在《纽约时报》和其他报纸上刊登广告，以唤起人们的良知：如果《蓝调》能被挽救，那么"救下的不仅仅是它而已"。一大批黑人和白人名流支持这项动议，承诺捐款，呼吁有正义感的公众加入。

这就是作为政治行为的文学。正如鲍德温所希望的，他的剧本引起了轩然大波。他一直反感"为艺术而艺术"的陈旧准则，

第十七章　　273

现在他的创作完全符合自己的目的，引发了变革：人们联合起来，倾其所有，以确保政治戏剧《查理先生的蓝调》继续在百老汇上演。

募捐活动前两周（当时已是五月底）就筹集到大量资金，但尚不足以让这部戏延期足够长时间。演员们意识到每晚演出都可能是最后一晚。在本该是最后一场演出的大幕落下以后，鲍德温阵营里的成员南·拉尼尔（Nan Lanier）把演员和一群可能提供帮助的人召集到舞台上。大家做了一些小额认捐。当拉尼尔呼吁更多捐款（"我们只需要再来 10000 美元"），两位女士举起了手。她们是姐妹俩，安·皮尔森（Ann Pierson）和玛丽·斯特劳布里奇（Mary Strawbridge），出乎所有人意料，每人捐出 5000 美元。

演出得以继续。《时代周刊》报道了这个故事，直到那一刻才公布了姐妹俩的娘家姓：照片中的鲍德温露出大笑，两只胳膊各挽着一位洛克菲勒。

《查理先生的蓝调》最终在 8 月 29 日落下帷幕，ANTA 剧院必须腾出场地，为另一部戏让路。鲍德温正在经由巴黎和马赛前往伊斯坦布尔的途中，无法再战。但针对这部戏的争论并未就此停止。演员工作室接受了 1965 年 4 月伦敦国际戏剧节的邀请，选择契诃夫的《三姐妹》和《查理先生的蓝调》作为代表剧目。鲍德温在伦敦的声望很高，斯特拉斯伯格认为，英国评论界的友好接纳将有助于演员工作室的事业。

与此同时，鲍德温屈从了伯吉斯·梅雷迪思的压力，允许对剧本进行一些改动（主要在混乱的时间线问题上），并且找到了黛安娜·桑兹和雷普·汤恩的替代者，前者如今已经在出演一部成功的商业戏剧,而后者"破坏性的态度"最终击败了导演的耐心。对于他们的离开,鲍德温很可能并不感到遗憾,因为他们每个人都以自己的方式令他头疼。他和汤恩在很多问题上争吵不休,甚至威胁要杀了他。他的女主角已经离去,还结了婚——结婚对象不是别人,正是鲍德温的男主角吕西安·哈伯斯贝格尔。鲍德温非常生气——寇迪耶说他砸了自己在西区大道新装修的公寓,但这段婚姻只维持了一年,吕西安就再次回到欧洲。

如果说《查理先生的蓝调》在纽约的演出是从濒临失败一路向上跋涉,直至取得傲然的成功,那么在伦敦的演出则是一场直接的灾难。奥德维奇剧院的灯光出了问题,演出在昏暗的灯光下进行。评论家们基本都同意《泰晤士报》匿名评论的观点,认为作者"把创造性的写作换成了煽动性的演讲"。翘首以盼的演员工作室剧团,非但远未深化这出戏,反而"让它更加粗俗"。第二幕开始,信奉法西斯的英国国家党成员站在楼座里高喊:"这太污秽了""滚回非洲去",制造了一场令人不安的插曲,让情况变得更坏了。

第二天上午的新闻发布会上,斯特拉斯伯格又犯下不可原谅的过错,他否定了自己的作者和演员。他告诉参会的记者们,鲍德温的剧作中存在"模糊之处",愤怒激发了这部作品,未能恰当地融汇成"人类的情感"。这"一部分是他的错,一部分是我们的"。这种试图挽救演员工作室崇高声誉的笨办法,只成功激怒了谢丽尔·克劳福德、伯吉斯·梅雷迪思,当然还有鲍德温本人。让鲍德温感到欣慰的是,《三姐妹》在评论界和公众中的反响更加糟糕。

《查理先生的蓝调》留下了自己的印记。尽管它在戏剧的艺术方面存在缺陷，但它和《另一个国家》以及鲍德温几乎所有作品一样，拥有"某种情感的力量"。它是美国戏剧作品中为数不多的由黑人作家主要为黑人演员创作的重要作品，在英国、美国和其他地方都经常被排演。

它最初在百老汇上演时还留下另一笔遗产：又给一大批记者和采访者提供了现成的标题"鲍德温先生的蓝调"。

第十八章

如今,"出版界最炙手可热的人物"的生活呈现出荒诞一面。在意大利逗留期间,鲍德温对一位采访者说:"在纽约我不能出门。我不能去我喜欢喝酒的地方,不能去见我喜欢的人,不能去闲逛。我是个名人。"

和其他事情相比,鲍德温尤为沉迷于自己的名气。他经常提起这件事,似乎不太相信它会发生在自己身上——黑人领袖、自己种族的代言人、公众人物、"名人"。这满足了他儿时在哈莱姆的一个幻想——"我拥有一辆大别克车,我开着它,穿着灰色西服,从市中心的某个地方开过来。我把车开到我住的街区,每个人都会注意到我。我的家人……会为他们富裕而有名的儿子感到骄傲。我们会开着这辆车离开哈莱姆,到乡间去。"

慢慢地,想不注意到他都难。他在巴黎时的老朋友莱斯利·申克回到美国,在他的印象中,每次打开电视,鲍德温的脸就会出现在上面。鲍德温自己也说过,"我可能是世界上出镜率最高的作家"。

其中有一丝虚荣,但更多的是惊讶,甚至自我辩护,因为这个富裕而有名的儿子、这位名流仍然很难在纽约街上叫到出租车,尤其是去上城方向时。吉姆·西尔伯曼回忆说:"当他离开戴尔办公室时,我常常主动帮他叫出租车,但他不愿意。相反,他会站在市中心的街边等,一旦上了车,就让司机掉头。"还有的时候,他得站在红绿灯旁边,趁司机在红灯前停下时钻上车。鲍德温说:"只要我上了车,麻烦就是司机的。"

有一次,他和他的两个兄弟用这种方法上了一辆出租车,他们坐好以后,却听到司机说:"对不起。我不去哈莱姆。"但鲍德温现在可以回答:"很好,我们也不去那儿。"——可想而知是带着怎样的讽刺和辛酸。

面对这些涌来的羞辱,他的反击时而是愤怒,时而是大笑。但当这些事情像罗伯特·寇迪耶回忆的那般琐碎而突然,后者可能仅仅是前者的伪装。那是在《查理先生的蓝调》的演出季,寇迪耶和鲍德温选择在曼哈顿中城的"我们家"餐厅共进午餐,又是一家"专供白人"的餐厅(多么心酸!)。"我们到达后,在衣帽间存了外套,然后走向餐厅。但里面烟味很大,拥挤又嘈杂,于是我说我们找个安静点的地方吧。吉米同意了。但当衣帽间的服务员看到我们返回时,他露出那种残忍而愚蠢的微笑,几乎是把我们的大衣丢给我们——'来错地方了哈?'"

寇迪耶继续说,一走到街上,"吉米憋了大约十分钟,但我看得出他的内心已经失控。最后,当我们经过一家珠宝店,他看中了橱窗里的一枚中国玉石戒指,售价约四千美元。'我想要那枚戒指。'他说。我说:'吉米,别开玩笑了。'他说:'鲍比,我一定要拥有那枚戒指!我想买给贝蒂·卢(Betty Lou,寇迪耶的妻子)。'于是我们走进商店,他买了下来。就是为了说出'我是詹姆斯·鲍德温,没人能这样跟我说话,我想要什么就有什么'

之类的话。这件事撕碎了他的心"。

类似的故事还有很多,比如他 1964 年在西区大道买的房子。房屋中介先是声称不想要"职业人士"住在那里,这个理由行不通以后,又说他们不能卖给单身汉。鲍德温最终在年底搬了进去,这归功于他们用了吕西安这张白人脸。这次经历让他感到恶心(二十年前,理查德·赖特在永远离开这个国家之前,也遇到过类似问题),他意识到,只有他的"名人"身份才能让他成为胜者。"如果对我、莱娜·霍恩和哈里·贝拉方特来说都是如此,那么城里街角的那只小猫该如何是好?"

关于鲍德温的一切,包括 1964 年 8 月《时尚先生》的长篇报道中所凸显的矫揉造作和歇斯底里,都必须跟这种日常磨难放在一起权衡。作者马文·埃尔科夫目睹了鲍德温和一名黑人青年在哈莱姆斯莫尔斯乐园酒吧发生的一场恶性冲突,鲍德温受到了严重侮辱。杰罗姆·史密斯要过去跟对方对峙,但鲍德温阻止了他。他很痛苦,甚至掉了眼泪——来自自己种族的冷嘲热讽对他的伤害最甚。在那之后,他和弟弟大卫一起消失了半个小时:

> 当鲍德温回来时,眼泪已经抹干,取而代之的是一副东倒西歪的样子、一脸怪相、过分紧张的神情、一扫而光的情绪和空洞的微笑。他亲了太多人的脸,手捧了太多人的头,前仰后合地投入了太多的怀抱……他走到或被拉到不同桌和不同人的身边,但并没有真正融入其中,没有融入任何人。

这是一种紊乱的表现,一种明显在压力之下试图保持优雅的努力,一种个人应对过分的关注和需求的方式:在他不得不忍受

第十八章

尊严被践踏的情况下，他克制的文学性情，尤其是早期随笔表现出来的克制，近乎圣人。令人惊讶的不是他偶尔的松懈，而是他竟能如此频繁如此长久地保持住它。

鲍德温的新书《去见那个男人》（Going to Meet the Man）（1965年）由 8 个短篇小说组成，其中《去见那个男人》一篇讲述了白人警察杰西的故事，他小时候被父母带去看过私刑。杰西是鲍德温随笔体小说中的一种新类型：他的出现完全是为了充当美国种族主义的象征。他代表着鲍德温在同年一次访谈中谈到过的，白人同胞"不良动机和未经消化的历史……道德上的逃避和惊人的幼稚"。鲍德温将杰西视为这些动机和逃避的综合，试图揭露它们。

由于杰西从未正视童年时目睹的罪行的本质，他无法理解自己在其中的角色，也无法原谅自己，因此，根据《查理先生的蓝调》序言中提出的信仰体系，他注定要重蹈覆辙。就像剧中的白人主角莱尔·布里顿一样，警察"闭上眼睛，不断重复自己的罪行，走入一片精神的黑暗"。杰西是鲍德温眼中放大一亿倍之后的美国白人。

他以警察躺在妻子身边等待黎明时的一段反思作为载体，引出白人对黑人性优越之幻想这一主题。这种虚构有一个明确的目的，展示出两种恐怖——一种是真实存在的私刑，另一种是编造出来的黑人不可控制的欲望——是如何在杰西的想象中被形塑成嫉妒、自我厌恶、残忍和内疚这一串噩梦般的循环。

杰西在黑暗中抚摸着半睡半醒的妻子。然后：

他想到了早晨，便一把抱住她，笑了又哭，哭了又笑，他一边搂着她抚摸她一边轻声说："来吧，甜心，我要像黑鬼一样对你，就像黑鬼一样，来吧，甜心，就像你爱黑鬼一样爱我吧。"

正如《蓝调》中对莱尔的描写，《去见那个男人》也试图"理解这个可怜人"。也像《蓝调》一样，在故事开始之前，道德基础就已经确立，因此作者是站在道德偏见的立场上进行写作。理解——尤其是理解那种令人厌恶的可怜人，需要保持中立，而鲍德温现在发现，保持中立比以往任何时候都难。《去见那个男人》不是一篇反白人的檄文，《查理先生的蓝调》也不是，但鲍德温已经无法阻止它以这种面目出现在公众视野。他允许自己的情感如此贴近故事情节，让故事的寓意被过快揭示出来，从而丧失戏剧张力。那位警察的形象确实可怜，作者却丝毫不怜悯他。他允许他表现出大方的样子——例如，杰西被写到给了一个黑人男孩一些口香糖，却不愿承认这个堕落的人可能在某个地方、某种程度上包含真正的善意。鲍德温剥夺了他笔下人物的灵魂。

《去见那个男人》书中的其他小说比这一篇更好，但并没有得到评论界的好评。心情欠佳时，鲍德温会把如今困扰着他的评论界的拒绝，解读为某种政治阴谋。他认为自己把杰西、白人警察和莱尔·布里顿描写成不妥协的种族主义者，再加上在他目前发表的文章里的信念，令白人自由主义者不快，从而引发了他们的反对。

这个猜想没有考虑到他的作品质量实际上在下降的可能。民权运动所需要的精力，加上情绪上的压力，使他很难长时间集中

第十八章

精力写作。此外,他也越来越不接受编辑在交稿后对他的作品进行修改。鲍德温早年曾得到一些一流编辑的帮助(拉赫夫、沃肖、莱维塔斯),如今这些编辑都被炒了鱿鱼,因为鲍德温不再为他们报酬微薄的杂志撰稿,也不再是初出茅庐的小说家。现在他是个明星,可以随心所欲地写,自由地发挥他一向擅长的修辞手法。这关系到他正在形成的"爵士与蓝调"新美学。

"在我最反感英国的日子里,"他在《为什么我不再憎恨莎士比亚》那篇文章的开头说,"我谴责他是一个沙文主义者。('这个英格兰'那一段,尤其!)""我最反感英国的日子",这种对抗性的自我陈述,对《没有人知道我的名字》《巴黎的平等》的作者来说不可接受。即便写了,他原本也可以依靠菲利普·拉赫夫或罗伯特·沃肖的意见删掉它。括号中的"'这个英格兰'那一段,尤其!"想达到的修辞效果也是同样。然而,在他现在为之写作的那些光鲜的杂志里,如果他想用括号和尖刻的感叹号来表达自己的观点,还有谁会站出来反对《下一次将是烈火》的作者呢?

基本上,鲍德温开始遭遇的风评转变,和他成千上万的前辈艺术家所经历的并无不同。评论家们发现了鲍德温的弱点,并抓住这个弱点不放。而他的弱点不仅被充满敌意的评论者发现,也被菲利普·罗斯和罗伯特·寇迪耶等几位朋友发现(有时甚至被鲍德温自己发觉),那便是政治家的面向破坏了作家的面向。和其他有地位的艺术家一样,鲍德温为自己设定了标准,评论家和读者都希望他能够保持甚至超越这个标准。如果做不到这一点,必然会被视为失败。

尽管他为自己辩护,指责批评家,指责自由派公众,但他仍对自己的政治角色是否有效心存疑虑。1965 年 2 月，在接受 BBC 电视台采访时，他向科林·麦金尼斯（Colin MacInnes）承认，现在他带着一种惶恐不安的心情写作，感觉"观众站在你的肩膀上……对你说'这对事业有什么用呢？'"在他内心深处，他知道自己应该扮演什么角色，当他的声音越像一个政治家而不是艺术家，他就越是篡夺了原本的自我：

> 麦金尼斯：理查德·赖特……在某种意义上是你的前辈。在你的两篇随笔中，我想你确实暗示过，在某一时刻他成了一个象征性的人物。对吗？对你来说，现在是否也存在这种危险？
>
> 鲍德温：哦，是的。

*

现在他已不再被主流（主要是白人知识分子）青睐，但别忘了他从来没有受到过黑人知识分子的欢迎。理查德·赖特、兰斯顿·休斯和勒鲁瓦·琼斯都曾以这样那样的方式攻击过他，拉尔夫·埃里森也曾谨慎地这么做过。

不仅仅是他们。早在 1962 年，在黑人杂志《自由之路》（*Freedomways*）的冬季号上，记者西尔维斯特·利克斯（Sylvester Leaks）就对鲍德温发起了激烈攻击。由于脱离了"黑人乡亲"，利克斯写道："鲍德温先生可能无法深入了解黑人"。人们在他的"创作中感受不到他对黑人的爱"。如果是一位白人作家创造了《另一个国家》中的鲁弗斯和伊达，"大多数黑人组织和知识分子都会立即发起对这部小说的抵制,并把这位作家定义为种族主义者、沙文主义者和反黑人者"。黑人杂志《喷气飞机》(Jet)的小说评论员也抱怨,鲍德温"对黑人一无所知"。

下一期《自由之路》(1963年春季号)又刊登了另一篇攻击文章,这次是来自小说家朱利安·梅菲尔德(Julian Mayfield)。梅菲尔德声称大多数黑人作家都不屑于了解鲍德温,在他们的心目中,鲍德温是"一个'文艺'新贵,是前卫(原文如此)杂志的有色人种宠儿,他很快就会暴露自己是一个一知半解的骗子"。梅菲尔德引用了有些黑人的原话,他们认为鲍德温是最糟糕的那种黑人。其中一位"博学的大学教授"把鲍德温比作"一头叛逆的母牛":"市场不接受她的牛奶,孩子们也不喝她的牛奶,但她有一大群追随者,因为她确实是最好闻的……"

除了这些侮辱,鲍德温还不得不忍受"马丁·路德·皇后"这样的外号,在类似斯莫尔斯乐园这样的公共场合,不止一次发生过这种情况:一个黑人走近鲍德温,不是索要他的亲笔签名,而是送上恶毒的致意。如果对方是白人,鲍德温很可能会以一连串愤怒的雄辩来回击,但面对黑人对手,他很可能只会泪流满面。

他走得太远,以至于黑人兄弟姐妹都无法企及,而这不是他所理解的"成功"。当他向BBC的听众描述自己是"蓝调歌手"时,他曾经在哈莱姆的邻居却在嘲笑"这位身居高位的宠儿",这算什么成功呢?

现在,只要有一条出路,他就会往下走。当他找到时间缓过来以后,暗自重新确定了自己的目标:不把全部精力献给运动,而是留一部分精力给艺术。小说集已经出版,打字机里还有一部新长篇。但鉴于书房外的社会气氛如此暴烈,他发现一旦自己想要写作,就有必要离开这个国家。1964 到 1965 年的夏天,他先后去了巴黎、伦敦、赫尔辛基、罗马和伊斯坦布尔。

1964 年底,他做的一件事给他带来了巨大而无私的快乐:他的老朋友博福德·德莱尼在巴黎兰伯特画廊举办个展。早在十八个月前,鲍德温就成立一个赞助委员会,为这次展览筹集了 5000 美元的资金。在一封寄给潜在赞助者的信中,他将德莱尼称为"我的精神教父",自己先认捐了第一笔 500 美元,同时表示这并不是为了偿还他欠画家的债务——"只有用我的生活和工作才能偿还"。

鲍德温为画册撰写了一篇简短的文章,这篇文章被翻译成法文,题目是《通过他,我发现了光》:

> 我从博福德·德莱尼那里了解到光,了解到蕴藏在每一件事物、每一个表面、每一张面孔中的光。多年前,在贫穷和不安之中,我和博福德一起在纽约街头漫步。他当时和现在一样,始终都在工作,或许更准确地说,他一直在观察,这种情形让我也开始了观察。

与一位专注的艺术家(德莱尼并不热衷于政治)在理论上的合作关系,恢复了鲍德温和作为艺术家的自己的交往,也恢复了他对艺术力量的信念:"博福德的作品引领那些内在和外在的眼睛,直接而不可阻挡地与现实进行新的对抗。"博福德·德莱尼是一位伟大的画家,也是一个很好的人:"我知道伟大的艺术只能在爱里被创造，而拿起画笔的人中，没有比他更伟大的爱人。"

他希望维持这种艺术与爱在本质上结合的愿景几乎立即破灭。1965年2月21日，鲍德温在伦敦，马尔科姆·艾克斯在166街的奥杜邦宴会厅一个他新成立的"穆斯林清真寺社团"[1]的集会上发表讲话时遭到枪杀。马尔科姆曾对鲍德温说："我是这场革命的战士，而你是诗人。"他们在性情和哲学的许多方面都针锋相对，却一直保持着同志般的关系，鲍德温最近一直在附和马尔科姆的主要诉求。金的美好梦想毕竟只是梦想而已。

鲍德温和妹妹格洛丽亚还有几位朋友在希尔顿饭店用餐时，记者们找到了他。第二天的报纸报道他说："是你们干的。你们杀了他。你们所有人！"

显然凶手不是他们。消息传来，马尔科姆·艾克斯是被伊斯兰联盟的两名叛徒杀害，他和另一个黑人在一年前脱离了伊斯兰联盟。但对鲍德温来说，另一位黑人领袖的死亡，就如同他自己身上的一部分也死了。对一个习惯用狭窄的眼光看待世界也看待自己的人来说，只需要稍微调整一下说辞，就能绕开马尔科姆·艾克斯事实上是被他自己的宗教/政治派别中的对手所杀害这一事实。第二天，鲍德温在纽约下飞机时对记者说："购买子弹的并不是那只扣动扳机的手。那颗子弹是在西方世界的熔炉中被锻造出来。"

---

1 穆斯林清真寺社团（Muslim Mosque, Inc.）是马尔科姆·艾克斯离开伊斯兰联盟后成立的伊斯兰组织，规模较小，在艾克斯被暗杀后解散。——译注

第十九章

二月,他从伊斯坦布尔飞往伦敦,只在纽约短暂停留,就再次回到他在东方的藏身之地。伊斯坦布尔是鲍德温人生中一个小谜团。他从未把这一段写出来。对那些不熟悉他行踪的人提起这个城市,一般都会感到惊讶:"詹姆斯·鲍德温?……伊斯坦布尔?"没什么联系。

然而谜底不难揭开。比如,1965年2月在伦敦,他和伯特兰·罗素(Bertrand Russell)会面,讨论这位哲学家在战犯法庭上的身份,这个法庭谴责美国在越南的行动,他还在剑桥辩论社向学生发表演讲,同美国保守派记者小威廉·巴克利就"黑人问题"展开辩论,他多次接受采访,在演播室,在罗素勋爵家门口的大街,也在机场。马尔科姆·艾克斯被枪杀后,他立刻被引用、被指责,收到报复的恐吓。

另一方面,他在伊斯坦布尔虽然受到尊重,偶尔也有友好的、喜欢跟美国著名作家混在一起的记者来采访他,但他还是遭到冷落。

尽管鲍德温从未在这座同属欧亚的城市里购置房产,但他在那里有好几个住处。整个20世纪60年代,从1961年秋天到这十年的最后几天,他的伊斯坦布尔朋友们都半信半疑地随时期待着他来到城里,或者马上搭乘下一班飞机到来。

土耳其演员恩金·塞萨尔在那里等了他整整两年,1958 年他们在纽约合作《乔瓦尼的房间》的戏剧改编,此后一直保持着友谊。在鲍德温和塞萨尔的通信中,他第一次提到去土耳其是 1959 年 8 月,五个月后,也就是 1960 年 1 月,他许诺几天内抵达,又过了两个月,他承认"我想你知道,我还没到土耳其"。当他到达时,已经是 1961 年 10 月。

即便如此,他还是让塞萨尔和他的新婚妻子、女演员居利兹·苏鲁里(Gülriz Sururi)望眼欲穿,至少一周前他就发出电报,号称自己即将抵达,最终在一次聚会中途敲响了家门。当时塞萨尔一家正在庆祝他们的婚礼。恩金·塞萨尔记得,身处人群中央的鲍德温,喝了几杯酒以后,就头枕着几小时前刚认识的一位土耳其女演员的大腿沉沉睡去。

这是他第一次造访(理论上这应是他非洲环游中的一段),他在这里逗留了大约四个月,终于完成《另一个国家》,把它寄给他的经纪人罗伯特·米尔斯。他喜欢这座熙熙攘攘、过度兴奋、一半东方一半欧洲的密集之城。伊斯坦布尔有着不同面向的情调。在伊斯兰教中,这里是一个独一无二的地方:它雄心勃勃地采纳了西方的外表,但在价值观、礼仪和社会氛围方面,又是一个传统之地。它不是基督教的地盘,街上到处都是明显十分落魄、一无所有的人,鲍德温本能地觉得自己的灵魂属于他们。

在伊斯坦布尔,人们热情好客,陌生人之间都自来熟,年轻男人之间大方地相互抚摸。同性恋相当普遍,地下的同性恋行为也为人们接受。人们在社交方面很温柔,偶尔也很天真,大多数情况下没有什么要求，在外来人看来，土耳其的词典里没有"孤独"这个词。鲍德温本就天生好客，他一定觉得自己来到了一个理想的地方——一个真正的另一个国家。

1961年发过一个愿，12个月之后他再次返回，这次是跟吕西安·哈伯斯贝格尔一起。第二年，名声和责任又让他离开，但1964年底到1967年中，鲍德温一半时间都待在土耳其。

婚礼结束后，他一开始先是住在塞萨尔家，后来恩金去服兵役，他又借住在他兄弟家里。11月，鲍德温在写给鲍勃·米尔斯（Bob Mills）的信中说："我本想搬到旅馆去住，但他们都认为这有违他们的面子……我在这里长胖了一点，显然这被认为是待在土耳其的巨大好处。"他补充说，这里的生活"非常安逸"。

塞萨尔的婚礼让鲍德温进入了伊斯坦布尔的社交圈，他在那里结识了小说家亚沙尔·凯末尔（Yashar Kemal），他是《瘦子麦麦德》（*Memed, My Hawk*，1955年）等书的作者，后来成了鲍德温最亲密的土耳其朋友之一。不久以后，他便减轻了对这对既热情又忙碌的新婚伉俪的依赖。塞萨尔说："他白天都在睡觉，晚上去本地的酒吧，半夜回来，然后工作到天亮。"

这样一来他们几乎见不到他，他也很快有了自己的社交圈，都来自后巷里的酒吧和夜店。1964年，当他重回土耳其，恩金安排他搬进离自己家不远的一处公寓。公寓位于埃贝·哈尼姆街上，从塔克西姆广场下坡，沿着一条更陡更狭的街道，再走半打台阶就到了。这是一片小地方，被树荫遮着，很凉爽，周围都是一些古老、未经粉刷的伊斯坦布尔木屋。在这里鲍德温一个人住，但不缺朋友陪伴，开始另一部小说的创作。

这次流亡和他1948年第一次飞往欧洲的经历不同。首先，这趟旅途更为精致。这一次他所逃离的贫乏和痛苦不来自被放逐，而是来自美式的成功。名声带来的兴奋，令人感到宿醉般的疲惫，阿谀奉承则让人在清晨一尝苦涩的滋味。成名也带来了奢侈的享受，比如一种通勤式的流亡。鲍德温可以说"我想一个人静一静"，第二天便登上飞机（明星的身份给人一些度假的权力）。

在自己的国家被放逐的感觉，没有因为成功或逃离而改变。没有哪个美国人像非洲裔美国人一样背负着历史包袱，不管在国内还是国外都是陌生人。然而正如鲍德温自己所说，他在伊斯坦布尔得以"呼吸"。恩金·塞萨尔和亚沙尔·凯末尔一致认为，他在土耳其没有感到自己是"黑人"。

"对我来说，鲍德温不是黑人，"凯末尔说，"因为土耳其没有那种意义上的'黑人'。我们没有经历过奴隶贸易，没有黑人这个种类——只是有些人皮肤较黑而已。吉米在这里的朋友中的外号是'阿拉伯人'。"

凯末尔曾因政治立场多次入狱，他不会轻言土耳其人的自由，但他理解鲍德温为什么能在伊斯坦布尔从种族的痛苦中得到解脱。鲍德温常对他说："亚沙尔，我在土耳其感到自由。"而他回答："吉米，那是因为你是美国人。"

鲍德温对凯末尔早年在安纳托利亚南部亚达那生活时发生的一件事很着迷。它关于凯末尔的一位同学，他是一个黑人男孩，是村里牧师的儿子。男孩长大以后在当地的监狱工作，1950年凯末尔第一次入狱，这位老同学成了他的狱卒。"吉米很喜欢这个故事，"凯末尔说，"里面包含了一切吸引他的符号性想象：监狱、牧师、忠诚的冲突以及男孩的黑人身份。他总说他想写这个故事。但对我来说，我的老朋友是黑人这一事实并不重要。"

对他另一个异于常人之处——同性恋来说,这里也没有太多困难。"他问我,'亚沙尔,我是同性恋,这让你困扰吗?'我回答说:'嗯,既然你是个这么好的人,那似乎是件挺不错的事。'不管怎么说,这是地中海文化的一部分,这里的人们一般不太害怕同性恋。我想这也让他在伊斯坦布尔感觉很自在。"

1966年中期,鲍德温搬出喧闹的塔克西姆广场一带、靠近恩金·塞萨尔的那间小公寓,住进一个更符合他名人身份的住所。那里位于罗伯特英语学院校园一侧的高坡上,可以俯瞰博斯普鲁斯海峡和亚洲海岸,是全城视野最好的地方。鲍德温的新家被叫作"帕夏图书馆",一座有两百年历史的老房子,房间宽敞,还有一个带围墙的大花园。在那里,鲍德温不仅可以招待他的"悲情部落",也就是他跟塞萨尔说的那些总是围绕在他身边不断变换的跟班们,还可以接待马龙·白兰度这样的朋友,白兰度坐着塞萨尔的小汽车在城里转了好几天,一辆假的豪华轿车开在前面打掩护。

1966年10月,《耶尼公报》(*Yeni Gazete*)的年轻记者泽伊内普·奥拉尔(Zeynep Oral)在帕夏图书馆第一次见到并采访了鲍德温。他来伊斯坦布尔并不是做短暂访问,而是为了完成一部小说,他解释说,发现自己在纽约无法生活和工作,土耳其人的热情与活力让他受益匪浅。然而当泽伊内普问他是否想在土耳其定居时,他回答道:"永远留在这里就等于逃避,我做不到"。

泽伊内普认为鲍德温是个了不起的人。她回到办公室,整理好第二天即将在报纸上刊登的稿件。那一晚,她来到博斯普鲁斯海峡边一家名为"布尔奇"的餐厅,她看到她的朋友恩金·塞萨尔和居利兹·苏鲁里坐在另一桌。鲍德温也和他们在一起。一位

第十九章

知名歌手正在演唱最新的流行歌，有点乏味地混合了土耳其民谣和西方流行音乐。泽伊内普和她的朋友们坐下来，又跟鲍德温握了握手，说了一句话："这音乐挺不错吧？"

鲍德温爆炸了。"不错！你怎么能说它不错呢？这是我的音乐——被偷走了！这是我的节拍——被强奸了！"在她看来他显然已经喝醉，他咆哮着，关于自己的祖先，关于奴隶制和锁链。他告诉她，他永远不能相信她，他已经完全失去了对她的尊重，无论是作为一个记者还是作为一个人。他还继续对着泽伊内普大喊："我不准你写任何关于我的文字！"

泽伊内普·奥拉尔对这件事记忆犹新。"恩金和其他人不得不把我们拉开。餐厅里的每个人都盯着我们看。他大喊大叫，挥舞着手臂。我以为他疯了。他不停地重复着，'我不准你写任何关于我的文字'。"

《耶尼公报》的版面已经开始印刷，这已超出泽伊内普的控制范围。她回敬了鲍德温的举止，在震惊之中离开了餐厅，尤其是当她看到下午工作中那个聪明、迷人的男人，到了晚上（喝了酒）竟变成一个狂热的黑人激进分子。

"第二天，我坐在家里——非常担心这篇文章被发表，因为他似乎是说真的，我不知道这样的人会做出什么事来。这时门铃响了，我去开门，结果是一个信使手里拿着一束玫瑰和一张纸条，上面写着：'昨晚的事很抱歉。文章写得很好。'"

泽伊内普·奥拉尔对这个慷慨的举动只是半信半疑——"哪个才是真正的他：是对我大喊大叫的那个，还是送花的那个？"直到三年后，她才跟鲍德温再次联系。后来她写了很多关于他的文章。"他说我永远不能写关于他的任何文字，但我最后成了整个土耳其写他最多的人。"

鲍德温去土耳其是为了逃避美国。在伊斯坦布尔,他可以混迹在人群中,不被他们威胁。他一如既往地把时间留给记者,但他没有被各种请求、要求、恳求和不可能的问题包围。然而他也带来了他的个人境遇,这笼罩在他周围,让人们即便在他咆哮时也能理解他。他来伊斯坦布尔是为了寻求宁静,但很少有时间独处。1961年第一次造访这里时,他遇到罗伯特学院一位年轻的美国白人教师戴维·利明(David Leeming),戴维把他介绍给这里的教职员工,后来还成了鲍德温在伊斯坦布尔和纽约的秘书。他的弟弟大卫来了,博福德·德莱尼也是,鲍德温告诉恩金·塞萨尔,是博福德"帮助我成长"。吕西安也时来时往,鲍德温还新结识了黑人歌手比特丽丝·里丁(Bertice Reading),向她朗读自己正在创作的作品《告诉我火车走了多久》(*How Long the Train's Been Gone*)的部分章节。

在往来土耳其的十年间,除了"请"和"谢谢"两个词,他几乎没有学会任何土耳其语。这让他获得另一种自由,摆脱语言的束缚。在这座庞大、质朴、好客的城市里,居民们很大程度上都不用假装见证"美国梦",鲍德温甚至可以免受交流中的攻击。

他只能通过嘟囔和手势来和不讲英语的本地人交流,这是世界各地旅行者的通用语言。要么通过另外一种肢体语言,也就是性。要么通过超越语言、依托于文学的强烈的同人之情,比如他和亚沙尔·凯末尔的友谊。除了凯末尔,鲍德温很少跟土耳其文化人接触。尽管鲍德温非常喜欢这座城市的氛围和土耳其人的生活水准,以至于有时他的确想过在那里置业,但阻碍他的是,作为一名畅销书作家在伊斯坦布尔遇到的工作上的困难。20世纪

60 年代中期，土耳其的通信技术尚不发达，鲍德温跟经纪人、律师、出版商联系时总遇到难题，也很难收到钱。他终于找到一个让自己感觉能做个男人的地方，但对一位国际作家来说，这里还存在诸多限制。

不留在土耳其还有其他原因。在这里，鲍德温从自己的明星生涯中抽身，但那也正是他如饥似渴地追求、坚持不懈地培养而达成的。其他美国作家，比如保罗·鲍尔斯，已经郑重地退出了美式功与名的肥皂剧，但是，尽管鲍德温憎恶这种徒有其表的光鲜，却渴望成功，并将它作为一种向这个无情的国家复仇的手段。

然而在他内心的某个地方，他真正向往的是简单的生活。恩金·塞萨尔有一张鲍德温晚年在土耳其的照片，比其他照片都更能表现出他对这个国家的眷恋。这张照片拍摄于南部海港博德鲁姆附近的一个农场，1980 年夏天，塞萨尔夫妇在那里租了一间房子。鲍德温在那里待了三个月，写出一个剧本，他和塞萨尔希望把它拍成电影。照片拍摄于夜晚，没用闪光灯。在照片里，一小扇黄色的方形窗户出现在大片黑暗中，窗框的后面有一个人在书桌前低头工作，身影模糊不清。农舍里没有电，因此书桌上点着两支大蜡烛，分别放在鲍德温正在写的那张纸两边。他似乎正在聚精会神地写，颇为满意的样子。在安纳托利亚海岸某处无名的简陋农场的烛光里，百老汇和时代广场明亮的灯光被轻轻地吹拂进来。

也许是因为鲍德温在伊斯坦布尔得以自由呼吸，他的两位最亲密的土耳其朋友都没有强烈感觉到，整个 20 世纪 60 年代占据和支配鲍德温的政治活动，对他的文学创作产生了有害影响。这也印证了他自己的说法：在土耳其，他可以专注于作家的工作。

旅居国外并非是他放弃政治角色的理由。在1971年的土耳其政变中，亚沙尔·凯末尔和其他主要知识分子一起遭到围捕，入狱一个月，鲍德温在远方为他的获释奔走呼号。"吉米组织了请愿，"凯末尔说，"他在报纸上做宣传，做了他能做的一切。"鲍德温当时正在法国担任一个文学奖的评委，他提名凯末尔获奖，无疑是想到了"被监禁的土耳其作家获得文学奖"这个头条标题。结果以一票之差落空，凯末尔说："吉米发电报到监狱告诉了我。"

鲍德温深知旅居海外的风险。1967年他对土耳其月刊《口袋杂志》(*Cep Dergisi*)说："风险就在于，随着时间流逝，海外人士可能会发现自己失去了真正或者相应的关切，也无法把握现实。实际上他是依靠别人的危难与活力生活，他已不再为自己的生活付出代价。"

1948年，他飞往法国，不准备再回国，但踏上法国土地的那一刻，他才发现自己是一个无法改变的美国人。从1957年到1964年，他为民权运动付出了自己的时间和活力，还有自己的"困境"，如今当他们需要他时，他却常常不在。虽然他跟土耳其记者喝茶时，可能会坚持说自己不能逃跑，但在民权运动的中心，人们正是如此看待他这一口拖长的呼吸。

《口袋杂志》的采访者问："你是否认为自己有可能因为抛弃民权事业而遭到批评？"这个问题很熟悉，但有所转变：它问的不是自愿流亡国外给他内心造成的伤害，而是在国内被拒斥的问题。鲍德温的回答很冷静："我从未停止为民权而战，但我必须完成我的工作，否则我对任何人都没有用处。我被批评的事情太多，时间也太久，以至于我很难把被批评的可能看作一种危险。"

这句话很有先见之明，因为当他 8 月从帕夏图书馆飞回美国时，另一场跟黑人知识分子的争吵正迫在眉睫。争论的焦点不是他自己，而是他的密友、白人小说家威廉·斯泰伦。虽然这场争论再次确证了鲍德温的独立，但在他的黑人批评者眼中，它证明了他的那些最难听的骂名都有根据：他是汤姆叔叔，他是逃兵，他已经和斗争的最新动向脱节。

斯泰伦胆敢（黑人评论家对这个词的解释和鲍德温大相径庭）写一部以黑人为主角的小说。这本身就足以在 1967 年的热潮中引发争议，而斯泰伦竟选择一个历史人物——奴隶起义的领袖和黑人民间英雄纳特·特纳的形象来写。

1831 年 8 月，在弗吉尼亚州南安普顿县，纳特·特纳领导了美国历史上最著名的奴隶起义。六七十名起义者参与了黎明时分的起义，杀掉五十多名白人，他们都来自拥有奴隶的家庭，都死在自己床上。纳特·特纳逃亡在外，但仍被抓住，并处以绞刑，留下一份长达六千字的《自白书》，他在书中描述了自己如何从小就知道自己是为了一个"伟大的目标"而被选中，他声称自己看到了"圣灵"的幻象，相信自己的屠杀受到神的启示，最后还将自己与被钉在十字架上的救世主相提并论。

鲍德温是研究假神的专家，他从未被吸引去崇拜纳特·特纳，但他认为纳特·特纳的偶像化和他沾满鲜血的双手并不冲突——其他人也是如此，并依旧如此。如果白人对纳特·特纳被推举成英雄感到震惊，只能再次证明他们不了解黑人的怨恨之深和表达不忿的意愿。

斯泰伦把他的小说命名为《纳特·特纳的自白》，借鉴了纳特·特纳被处决后发行的那本小册子的原名。出版前夕，斯泰伦接受巴黎《双周》(La Quinzaine)杂志的采访，他在采访中说："我请詹姆斯·鲍德温读了这本书，他很喜欢。但我想黑人……激进分子会讨厌它。"

他说得太对了，而且不仅是激进分子。许多持不同政见、不同文学风格的黑人都将斯泰伦的行为解读为白人再次掠夺黑人的历史和财产的企图。这引发一片抗议之声，最终被汇编成一本独特的书——《威廉·斯泰伦的"纳特·特纳"：十位黑人作家的回应》。

有些反对是公正的，有些则不那么公正。其中最有说服力的是迈克尔·瑟尔维尔(Michael Thelwell)，他反对斯泰伦的语言，认为现实中的纳特会讲灵性的语言——而"斯泰伦笔下的纳特说的……根本不是语言"。最常见的指控可能也最容易预见：种族主义（洛伊尔·海尔斯顿、查尔斯·V. 汉密尔顿、欧内斯特·凯泽等人），假定所有黑人都在努力跟白人"平等"（阿尔文·F. 普桑），试图把黑人从"巨人"贬低为"感伤的孩子"（约翰·奥利弗·基伦斯）。

和往常一样，鲍德温有自己的看法，于是也陷入争论。当《新闻周刊》就这本书的出版对他进行采访，他已经预料到这场风暴，他说斯泰伦很可能"被黑人和白人两方痛斥。这本书将被称为厚颜无耻，事实并非如此"。鲍德温认为斯泰伦的《自白》"是一本非常有勇气的书，它试图融合主人和奴隶两个视角"。最后，他用了一句令"十位黑人作家"中好几位都感到愤怒、却反映他坚定的理想主义的名言："他开启了共同的历史——我们的历史。"

第十九章　　297

某种程度上，鲍德温喜欢这部小说的原因在文学之外，因为他读到的"自白"与其说属于是纳特·特纳，不如说属于威廉·斯泰伦。在写这本书的过程中，他恰好和斯泰伦一起住在康涅狄格州的房子里，斯泰伦给他朗读了部分内容。奴隶的孙子看到了奴隶主的孙子在跟美式磨难搏斗，并试图将这种经历塑造成艺术。在这些方面，鲍德温超越了单纯的种族偏见，面对联合起来反对斯泰伦的十个人，他回应的要点是：如果你们不喜欢他写的《纳特·特纳》，那就写出你们自己的版本。

第二十章

来自美国的种族创痛似乎无处释放。1966年夏天,成为密西西比大学录取的首位黑人学生的年轻人詹姆斯·梅雷迪思,宣布他将在密西西比州进行一次"反恐惧之旅"。他6月5日从孟菲斯出发,计划用16天走220英里,到达该州首府杰克逊。结果第二天他就遭到枪击。

梅雷迪思没有死。但除了让他负伤,这次枪击事件至少和引发枪击的步行一样具有象征意义,一名黑人评论家将其称为对非暴力精神的一次打击。米尔顿·A.加拉米森(Milton A. Galamison)在《自由之路》杂志上写道,"民权"和它所蕴含的价值观,随着受伤的梅雷迪思一同陨落。枪击事件的新闻播出后,全国各地的民权领袖纷纷赶来,继续梅雷迪思开启的游行。继而产生了一些分歧、对领导权的争夺和扯皮。一份得到大多数领导人赞同的宣言随后发表。但是,一个人们从未听说过的词语在这片土地上回荡。那就是斯托克利·卡迈克尔(Stokely Carmichael)[1]宣扬的"黑人力量"。

---

[1] 斯托克利·卡迈克尔(1941—1998),美国黑人民权运动领袖之一,在20世纪60年代后期深受欢迎,也颇具争议,被联邦调查局局长胡佛认定最有可能接替马尔科姆·艾克斯,成为美国的"黑人救世主"。——译注

卡迈克尔迅速填补了马尔科姆·艾克斯留下的空白。那时卡迈克尔还在南方组织的旧框架内工作,梅雷迪思枪击案发生时,他是学生非暴力协调委员会的主席。但就在同一时刻,在休伊·P. 牛顿(Huey P. Newton)、鲍比·希尔(Bobby Seale)和埃尔德里奇·克利弗(Eldridge Cleaver)三人的领导下,加利福尼亚州出现了一个全新的组织,那就是黑豹自卫党[1]。不久之后,黑豹党就将和 SNCC 合并,卡迈克尔出任黑豹党的"名誉首相"。

黑豹党由一帮喜欢枪支、贝雷帽、皮夹克和所有军队纪律的外在形式的年轻人组成,最初在鲍德温看来,肯定是个可疑的组织——正如他在他们眼里是金主导时期的残余一样,他们公开蔑视金。无论鲍德温对缓慢的变革步伐表现得如何心急,他还是积极响应传统的论辩方式。比如,他最近允许自己加入伯特兰·罗素的战犯法庭,该法庭负责调查美国在越南的不法行为。这让他背上反美主义的罪名——他从不害怕这种罪名,然而它仍属于保守的反动形式。

持枪的年轻人是另一种类型,他们从毛泽东的《红宝书》里汲取政治方向。黑豹党将他们的武器图腾化——最著名的黑豹形象是休伊·牛顿坐在一把扇形的柳条椅上,一手拿着非洲长矛,一手拿着步枪,他们还试图将所有既成的权威从贫民区驱逐出去,以便自己控制街道。他们是美国本土的越共,准备跟本国的官方力量展开游击。他们抗议说,毕竟很久之前,这个国家就已向他们发起内战。如果你问一个同情黑豹党的人,他所理解

---

1 黑豹党(Black Panther Party,BPP)是一个马列主义和黑人权力政治组织,1966 年由鲍比·希尔和休伊·牛顿主要创立,主张黑人应有更为积极的正当防卫权利,包括使用武力,1982 年解散。——译注

的"人民"是谁，他一定会回答：他们是黑人。而鲍德温的旧术语——他仍用"黑鬼"，以及他探究美国认同的复杂性在这里都没有用武之地。

1967年10月，在休伊·牛顿被捕并被控谋杀一名警察之前不久，鲍德温在旧金山一位朋友的家中第一次见到了黑豹党的领导层。参加晚宴的还有黑豹党主席鲍比·希尔，以及信息部长、即将成为畅销作家的埃尔德里奇·克利弗。

克利弗已经公开了全新亮相的黑人行动主义者对这位性取向模糊的老一辈作家的看法。在收录于《冰上的灵魂》（Soul on Ice）这本书里的文章《对一个土生子的札记》中，克利弗指责鲍德温"对黑人种族抱有反感"，将他的性取向解读为"种族的死亡倾向"。克利弗用华丽的攻击性的措辞，讽刺鲍德温展现出的对诺曼·梅勒等人的赞美，尽管克利弗也称赞梅勒的文章《白种黑人》"具有预见性和穿透力"。

即使后来他的同仁资格得到了承认，鲍德温仍然因为怀疑和犹豫不决，受到黑豹们的批评。比如，报道1968年5月18日在加利福尼亚州奥克兰市教堂举行的一次会议时，黑豹党黑人社区新闻服务社将鲍德温的矛盾态度和其他两位发言人鲍比·希尔和约翰·埃克尔斯牧师（Rev. John Eckles）的"勇敢"贡献进行比较，明显倾向于后者。记者写道："鲍德温到晚上就会缓和下来"，他"模糊的立场"和"其他人形成了鲜明对比，后者在做什么和怎么做的问题上非常一致"。

然而，鲍德温接纳了黑豹党。当他们见面时，他已经知道克利弗在文章里写了些什么，但他没有选择报复。他想了解年轻人在做什么、想什么，他被三位黑豹党领袖的个人魅力所吸引。他

第二十章　　301

写道:"埃尔德里奇给我留下了深刻印象",他觉得他"很有价值,很难得"[1]。他和鲍比·希尔建立了长久的友谊,后来还为希尔的第二本书做序。初次见面时,他也很喜欢休伊·牛顿,但他对牛顿的感情直到几周后牛顿被捕入狱时才为人注意。

鲍德温总是自然表现出对黑人领袖的忠诚。即使是"骗子"伊莱贾·穆罕默德,也满足了他对父亲形象的需要,以及对道德权威的呼唤。当他亲眼目睹这位黑人领袖殉道,他的钦佩之情不可避免地转化为崇拜。正如他在《无名的街道》一书中所写,他自己从一个传教男孩成为人民之子,"古怪而又不光彩",他以镜像的方式反映出扫罗对保罗的改变,体现出灵魂在异教徒中的胜利。在他的圣经想象中,受迫害的黑人领袖就如同被钉在十字架上的基督。

无论那个人是否曾经吸引过他,这个隐喻都适用。比如,在马尔科姆·艾克斯遇害之前,他对他的正面评价都很少。在暗杀发生前几天录制的一次采访中,他说:"我绝不会把我的孩子送到马尔科姆的学校,我自己宁死也不会成为那种神学家。"在马尔科姆死后,他再也没有说过这种话。

虽然当时两人几乎不认识,鲍德温还是去加利福尼亚监狱探望牛顿。他发现牛顿"头脑清楚""心地善良""教养良好""具有最不凡的那种老派风格,尊重每一个人",他"长相英俊""总是在倾听在观察",说话"非常坦率"。他认为这些品质尤其令人

---

[1] 鲍德温在《无名的街道》中所写。这本书虽然出版于1972年,创作日期却是1967—1971年,它采用了零散的日记体,把鲍德温对某些事件的评论当作即时的创作来引用,似乎安全一些。鲍德温后来在私下里对克利弗十分严厉,但从未写下这一态度的转变。

印象深刻，是因为在那一刻牛顿正"站在毒气室的阴影下"（休伊·牛顿最终被判犯有故意杀人罪，但由于法官的失误，他的罪名被撤销，入狱三年后获释）。

鲍德温进一步调整了自己的政治立场，以适应年轻的英雄们的立场："休伊相信，我也相信，有必要在这个国家建立一种社会主义。"这种制度将由"美国人民的真正需求"来形塑，并且回应它们。

鲍德温在这里表现出最大的天真。他对现实政治的把握（"所有那些社会学和经济学的爵士乐"），从未像现在这样软弱无力。比如，"休伊相信，我也相信"这句话并未回答他是否赞同黑豹党的规则，那便是为了让"美国人民的真正需求"成为美国人的首要意识，必须进行强制性的政治再教育。鲍德温也没有详细阐述他所设想的社会主义的类型，没有大胆说出什么是美国人的"真正需求"。

而休伊对他所追求的政治制度相当明确：建立在马克思—列宁主义原则基础上的政治制度。他坚信（并用行动证明了）枪杆子里面出政权。鲍德温也是马列主义者？他对枪支感到不安，在谈到不同程度的共产主义时也摇摆不定：在 15 页的篇幅里，他所能提供的最好的建议就是跟随黑豹党主席鲍比·希尔，呼吁一种"'扬基歌'的社会主义"。

自 20 世纪 60 年代初以来，鲍德温在有关黑人的社会辩论中的重要性已大大降低，他对新的年轻的激进分子的盲目支持说明了其中的原因。他的长处在于察觉并表达出人们深藏的情感，过去，这些直觉引导着他的智慧，指导他的表达方式，让他安全地远离政治实践。这一点受到普遍认可。1964 年，在《评论》杂志的圆桌讨论会上,诺曼·波德霍雷茨问他:"鲍德温先生,您是否认为黑人作为美国多元格局中的竞争群体之一,将在未来五年、十年或二十年内占据他们应有的地位?"《黑人知识分子的危机》(*The Crisis of the Negro Intellectual*,1967年)一书的作者哈罗德·克鲁斯(Harold Cruse)评论道,"鲍德温所写的作品,没有一部表明他能够处理这个问题的所指,哪怕是肤浅地处理。"

1961年,他曾睿智地向一位开车送他从伊莱贾·穆罕默德的豪宅去赴跟"白人魔鬼"之约的年轻黑人穆斯林指出,预估黑人每年可支配约两千万美元的收入(黑人穆斯林将其视作所谓黑人经济的基础),取决于美国的经济总量。但现在,他可以通过含糊地呼吁美国人民的"真正需求",绕开黑豹党对毛泽东的崇拜,绕开强制性的政治教育计划,绕开他们打算如何推翻世界上最强大的国家,并取而代之维持自己的地位的问题。

多年以来,其他黑人知识分子惊讶且并不欣赏地目睹白人世界把鲍德温紧紧抱在怀里,甚至在他斥责他们的时候也是如此。如今,部分出于对黑人批评者的屈服,他的写作方式让白人读者也觉得不那么顺眼了。但根据他自己对事情的解读,他受欢迎程度的下降,只是因为白人自由主义者已经承受了他们所能承受的所有真相。

1967年底发生的一件事,说明了这种情况导致的混乱,斯托克利·卡迈克尔从北越和古巴返回美国,美国政府扣押了他的护照,实际上相当于软禁他。鲍德温起草了一封题为《为斯托克利·卡迈克尔辩护》的公开信,投给伦敦的《泰晤士报》和《纽约时报》。两家报社都拒绝发表它,鲍德温认为这是一个政治化的决定:他正在遭受审查。

事实上，真正的原因更可能出在新闻业务上。詹姆斯·鲍德温为卡迈克尔这样一位有新闻价值的人物做出的有力辩护，完全有机会在伦敦获得发表，在纽约可能也一样。比如，《纽约时报》不久后就刊登了鲍德温的一则声明，他在其中提出一个"再也不能忽视的事实"——美国白人似乎正在认真考虑大规模种族灭绝的可能性。他们准备发表它。然而，写卡迈克尔的这封信既草率又重复，里面再次提到他参加塞尔玛选民登记活动以及和罗伯特·肯尼迪会面等陈年往事。

鲍德温离开的时间太长：他放弃了原来的位置，却没能找到新的。然而，妄想症迫使他相信，围绕这封卡迈克尔公开信存在着一个沉默的阴谋，而这必须放在当时的语境来理解。必须看到，从爱默特·提尔开始，直到如今还在发生的荒唐事与日俱增：全国有色人种协进会主席麦德加·埃弗斯在家门口被枪杀，马尔科姆·艾克斯被枪杀，伯明翰的四名女学生被炸死——更不用说在那前后不计其数的无名的私刑和失踪事件。

还有马丁·路德·金。1968年2月23日，卡内基音乐厅，在为已故的W. E. B. 杜波依斯举行的百年纪念活动上，鲍德温朗读了他为卡迈克尔写的"辩护词"。这是他最后一次见到金。他为这个场合特意买了一套西装，还写信告诉恩金·塞萨尔，六个星期后，他穿着同一套衣服，出现在金的葬礼。

金被暗杀的消息传来时，他正在加利福尼亚，为哥伦比亚电影公司撰写《马尔科姆·艾克斯传》的剧本。联邦调查局洛杉矶办事处按照惯例用一堆钓鱼电话、跟邻居套话以及邮件检查来欢迎他。1968年3月14日，胡佛得到保证，"有关鲍德温的临时住所以及行程计划的所有已知细节"都将被"认真核实",他的所有活动也将被跟踪。

鲍德温当时住在棕榈泉一栋租来的房子里。4月4日,鲍德温和他属意在影片中担任男主角的演员比利·迪·威廉姆斯(Billy Dee Williams)坐在游泳池边,他接到一位朋友的电话:"他说:'吉米吗?马丁中枪了。'我想我当时什么也没说,也没有任何感觉。我不确定我是否知道马丁是谁……大卫说'他当时还没死'——然后我才知道他是谁……"

休伊·牛顿和斯托克利·卡迈克尔的小牺牲,在他身上引起过一种小团体式的崇拜,但金的遇刺几乎让他无法忍受。那一刻他终于认识到,世界上没有公正可言,他的美国白人兄弟姐妹们永远不会为奴隶制的罪恶赎罪。他现在把信仰视为迷信,心中有一部分已经死去:"……我的内心改变了,一些东西消失了。"

取代赎罪愿望的是一场种族灭绝的噩梦。在鲍德温看来,奴隶制和纳粹大屠杀是同样严重的罪行,"是《圣经》中提到的罪行,是对圣灵犯下的不可饶恕的罪行"。当他把休伊·牛顿置于毒气室的阴影之下,他并不是随便使用这个隐喻。1968年夏天,鲍德温向《纽约时报》的读者准确阐述了他的意思。《纽约时报》请鲍德温总结一下他最近的计划,鲍德温没有理会,而是抨击"美国白人"考虑"大规模种族灭绝的可能性"。在美国政府看来,黑人可以被牺牲:"我这样说可能会被当作偏执狂。那些看到德国国会纵火案真正意图的不幸的人们(他们很快就被杀害了),也是如此。"

这不仅仅是暗杀综合征。大屠杀的恐怖已然进入他的想象,并将频繁地出现在他今后的写作里。金去世后的第二年,鲍德温在一次电视采访中的发言,震惊了主持人大卫·弗罗斯特(David Frost),他提到白人和黑人都开始明白,他们目前走的道路正将他们引向"同一间毒气室"。

> 弗罗斯特:毒气室?
> 鲍德温:毒气室。
> 弗罗斯特:这也太夸张了吧?
> 鲍德温:德国的犹太人也是这么说的。
> 弗罗斯特:但两者肯定没有相似之处。
> 鲍德温:如果你住在哈莱姆就有了。
> 弗罗斯特:但这里从来没有像德国那样的政策。
> 鲍德温:我可以告诉你,我的朋友,这个国家的历史上每一个塞米·戴维斯、每一个吉米·鲍德温和你听说过的每一只黑猫,其中有很多都已经死去。

"这些漂亮的人将来会怎样?"他在《下一次将是烈火》的最后几页反复问道。当他看着哈莱姆街道上的婴儿,转头又看到他们的哥哥姐姐在吸毒、在妓院或者监狱里,他肯定会认为这些孩子中有许多都活不下来。这些摧残不是黑人自己造成的——孩子们的美证明了这一点,而是过去和现在都被强加在他们身上。

麦德加·埃弗斯、马尔科姆·艾克斯、马丁·路德·金……鲍德温开始担心自己会是下一个——谁又能说他的担心不对呢?有些人可能很容易就认为拿这位引人注目、敢于发言的作家开刀,是对黑人力量或黑人本身的有效打击。

然而他的担心虽然有道理，但并不相称。鲍德温对黑人运动的重要性不言而喻，但并不像他有时所想的那么大。比如，就在金去世一周后，他对恩金·塞萨尔说他现在是"老一辈黑人政治家"，是"美国黑人中唯一还能行动的人"，这是什么意思？尽管联邦调查局肯定密切关注他的一举一动，但如果像他那样以为联邦调查局掌握他的每一次行踪，偷听他的每一段谈话，那就言过其实了。"麦德加、马尔科姆和马丁"（他经常重复这句悲惨的话），每位民权领袖的领导才能都有自己的风格，都与鲍德温不同，当代的代表人物斯托克利·卡迈克尔也一样，而鲍德温认为自己是他的"兄长"。

"他认真地以为自己和马丁·路德·金、马尔科姆·艾克斯一样有性命之忧，"伊斯坦布尔时期的朋友、美国驻伊斯坦布尔大使馆文化专员肯顿·基思（Kenton Keith）说，"但他没有。"

然而鲍德温坚持自己的想法，在真实经历的细节日渐模糊之时，再次不由自主地把自己的日常生活浓缩成传奇。在他们相识的十一年里，他不定期与金会面，随时准备在游行中发言，和他有过零星的书信往来。但在1971年的《生活》杂志上，他却以公共和政治层面上的平等地位来看待他们之间的关系：他先是提到"麦德加、马尔科姆、马丁和我"，然后说，"我们（鲍德温和金）一起年轻过，一起走遍南方，甚至敢于一起心怀希望"。在前一年的一次采访里，他还提到暗杀名录，"我爱麦德加，我爱马丁和马尔科姆"，"我们一起工作，共同坚守信念……他们都死了，我是最后的见证者"。没过几年，他又告诉《纽约时报》，他是如何将马丁·路德·金视为自己的"弟弟"。

即使允许他使用一些修饰性的语言来表达深厚的精神共鸣，

这种暗示和鲍德温号称自己跟金一起"走遍南方"的说法也相当夸张。正如我们看到的，金本人对鲍德温过多参与民权运动持谨慎态度。其他政治和文化领域的观察者虽然没有低估鲍德温对民权运动的贡献，也觉得他往往夸大了自己和民权运动领袖尤其是和金的亲密关系。诺曼·波德霍雷茨说："他不可能和金这样的人说同样的话。"金对鲍德温的同性恋倾向也持谨慎态度，他曾因为同样的原因不得不冷落一位老部下贝亚德·拉斯汀（Bayard Rustin）。此外，在金生命最后的几个月，他几乎不可能接受鲍德温那时的三心二意。黑人力量运动威胁到他的群众基础，黑豹党的武器装备对他的非暴力和解梦想来说是一种诅咒，他把卡迈克尔视为麻烦制造者。

鲍德温的夸大其词可以视作金的死在他内心造成破坏的一种表现。如果说他夸大了自己在黑人领袖中的重要性，那也是为了维持一种精神支撑，这种精神在每次有黑人领袖折损时，都会消亡一点。鲍德温对"相对清醒的白人和……相对清醒的黑人"携手"改变世界历史"的憧憬，随着这位既是他弟弟又是他父亲实际上是他偶像的人的离去，只剩下最后一丝曙光。

至于比利·迪·威廉姆斯能否成为电影《马尔科姆·艾克斯传》的男主角，我们将永远不得而知，因为鲍德温在参加完金的葬礼后不久就回到好莱坞，因哥伦比亚公司干涉他的剧本，跟他们大吵一架。他告诉他们，要么拍他的电影"要么什么也别拍"，然后就走了。[1]

---

[1] 剧本《迷失的一天》1972 年在英国出版，一年后在美国出版。

他的反对有其道理，却暴露了他缺乏工作兴致。新小说几乎在伊斯坦布尔全部完成，即将出版，他也对此毫无热情。出版商把样稿寄给他修改，他没有寄回。当时戴尔出版社的负责人理查德·巴伦说："我以为他已经不再关心这件事。"巴伦回忆起他和《告诉我火车走了多久》的责任编辑 E. L. 多克托罗（E. L. Doctorow）去鲍德温家里讨论文稿修改时的情景。"吉米说，'随你们的便'。这令人震惊。"

他几乎放弃了随笔这种文体，而这正是他富有才情之处，他手头在写的《无名的街道》——一部关于 20 世纪 60 年代的回忆录，虽然最终于 1972 年出版，但并未很好地完成。

据说杜鲁门·卡波特曾这样评价杰克·凯鲁亚克："那不是写作，只是打字。"鲍德温很喜欢这句话，写《告诉我火车走了多久》的时候，甚至毫不谦虚地引用了它。这部小说在金去世前完成，但枪击事件和这本书在案发两个月后的评论界所引起的反应，有着某种病态的一致。鲍德温曾经说："马丁已经走到自己的末路。"评论界对鲍德温的看法也是如此。这部小说的出版，标志着当年的第二起"暗杀"。

写《告诉我火车走了多久》时，鲍德温正身陷各种压力之中，他经常离开美国，以求平静地写作。这本书很长，超过四百页，结果这个篇幅的主要作用就是展示它的大量缺点。其中缺乏情节。和以前一样，小说的情感核心是一段关系——发生在一个名叫利奥·普鲁达默（利奥是狮子的意思，狮子座也是鲍德温的星座）的黑人演员和他的哥哥凯莱布之间。无论好坏，书中其他重要人物还包括：和利奥有染的白人女演员芭芭拉、以李·斯特拉斯伯格为原型的戏剧导演索尔·桑·马奎德，以及年轻的黑人激进分子克里斯托弗,他的台词"我们需要枪"成为故事的结尾。

然而这是一段毫无说服力的断言,因为这部小说几乎犯了所有可能的错误。鲍德温作为小说家的基本技能总受到质疑;他的成功是通过严格控制小说的形式和人物而取得。他最为严谨的小说是《去山巅呼喊》,但那也是他前三部小说中最缺乏活力的一部。《另一个国家》的情况恰恰相反:整本书充满生命力,对形式的控制却很差。每当鲍德温打开一条才华的通道,似乎就自动关闭另一条。然而《告诉我火车走了多久》几乎没有任何控制可言。

叙事主要采用倒叙的形式,这种手法曾让他早期的小说和《查理先生的蓝调》的评论者大为恼火。故事没有稳定的结构,因此也失去了必然性。最令人失望的是语言毫无新意,全书缺乏艺术上的胆识。鲍德温想要成为蓝调歌手的激情宣言,结果只是一种平淡的时髦话语:

> 一天晚上,时候已经不早,只有五个人还在那儿,凯莱布走进来的时候,我正坐在凳子上唱歌。当时如果我唱的不是《有时我感觉自己像个没妈的孩子》(*Sometimes I Feel Like a Motherless Child*),那我就完蛋了。我唱的正是这首。但他进来的时候,我没反应过来。我就看见一个高大的黑人弯着腰从门口进来,心想:妈的,不知道他是从哪里来的,去他妈的,我今晚不给任何人服务,结果,就在我终于看清的时候,我发现自己正盯着凯莱布。
>
> 好吧,他看起来棒极了——高大,黝黑,浑身闪着光,

健康而骄傲。我已经很久没见他了。我强忍着唱完歌，而他微笑着注视着我。希尔达看向我，我唱完了，然后我对希尔达说："那是我哥，凯莱布。"

另一个始终威胁着他的小说技艺的风险，是他同时身为随笔作家的固执己见，它畅通无阻地闯进了这部小说。利奥的声音就是詹姆斯·鲍德温自己的声音，但人物只能模仿他的作者说话，结果很滑稽。现在，鲍德温的道德判断可能到了以"白人等于邪恶，黑人等于优雅"为准则的程度，《告诉我火车走了多久》里包含了许多对黑人伟大的乏味赞扬，对白人耻辱的谴责。在上一段引文所展现的场景中，利奥回忆了他在格林威治村一家餐馆当驻唱歌手的日子，他冗长而无趣地描述了那些晚上来的典型顾客（主要是白人）——"一些普通的傻瓜"，仅用几句话介绍"那位聪明的年长的黑人律师"和利奥非常喜欢的黑人女孩莎莉，尽管她自降身价交往了"两个纽约大学的白人男生……我觉得他们满口胡言"。

小说里的白人普遍"傲慢""无聊""不讲信用""危险""残忍""可恨"，是"公然的成功的法西斯主义者"，"爱哭也爱出汗"，他们同时很可能热衷于骗人、粗鲁、目中无人、缺乏激情、酗酒、俗气，在鄙视黑人"仆人"的同时，又对他们深感敬畏和妒忌。反过来，黑人角色则"给人印象很深"（餐馆老板）、"又酷又美"（莎莉）、"高大，黝黑，浑身闪着光，健康而骄傲"，几乎把所有能想到的溢美之词都拿来形容利奥的哥哥。

鲍德温把利奥当作《另一个国家》中的鲁弗斯，但不需要自杀——这正是鲁弗斯胜出之处。正如鲍德温对法国采访者克里斯蒂安·德·巴尔蒂亚（Christian de Bartillat）说，利奥是"不需要自杀的鲁弗斯"。但利奥之所以无法引起我们的兴趣，正是因为他缺乏鲁弗斯的悲剧性。利奥生活中出现的任何问题都由社会造成，跟他的个性无关。他从一个人物被缩减成一种现象。

这种还原不仅令人读来厌倦，尤其是在一部没有结构设计作为补偿的小说里，还令人怀疑作者对人物性格的把握是出于肤色偏见。鲍德温道德观的标志——含混、矛盾、怀疑——几乎荡然无存。

《告诉我火车走了多久》在评论界的反响是灾难性的。鲍德温放弃了"艺术创作的能力"（《新共和》），他"几乎不再是一位艺术家"，而是一心"自我沉溺"（《国家》杂志）。欧文·豪（Irving Howe）在《哈泼斯》杂志上发表了一篇长篇评论，谈到"演说家的文采"，但已然不是几年前曾让听众如痴如醉的那一位，他说这篇文章"并不清晰，词语和对象之间没有紧密联系"。这些评论家都没有提到，也许最令人失望的是，早先激发他的"特定节拍"——这一基于黑人艺术家音乐遗产的新的审美目标，并未带来风格或形式的创新。鲍德温的即兴发挥，看上去更像是缺乏自律。

第二十一章

像鲍德温这种特立独行、不守成规的人,他的个人形象会不可避免地遭受各种诽谤,并非都是恭维。其中有些会让哪怕最宽容的人都觉得不快。大多数都关于他的性取向,如果深入探究,会发现许多故事主要都是围绕讲述者自己,而非主人公鲍德温。

几乎他意识到自己同性恋身份这个事实的那一刻开始,鲍德温就不避讳它,但他对人们总是强调这一点感到恼火甚至困惑。他会说"我爱过几个男人,也爱过几个女人",同性恋这个词并不能解释他对自己的认同。1984年,他接受《乡村之声》的采访谈到这个话题,他说:"我身上没有别人没有的东西。"然而他的采访者坚持给他贴上"同性恋"的标签:

乡村之声:只和那些被认为是同性恋的人发生性关系,对你来说这成问题吗?

鲍德温:好吧,你看,我的生活完全不是这样。对我的恋人们来说,同性恋这个词并没有什么意义。

乡村之声:这意味着他们生活在异性恋的世界里。

鲍德温:他们生活在这个世界上。

尽管鲍德温会把散播别人风流韵事的冲动归因为刻意防御自己下意识和被禁止的渴望，但流言蜚语从未停止。鲍德温的一个朋友说，吉米只喜欢白皙的年轻男孩，而另一位说，吉米只喜欢卡车司机那种类型，而且越高大越好。有的说吉米只喜欢白人，有的说他只喜欢黑人……

以下是两段引语：

> 我想就是在那次聚会上，我听到鲍德温吹嘘（？）他刚干过一个"屁眼很紧"的10岁"白人男孩"。

> 我对付过很多孩子，帮他们洗澡，打他们的屁股，把他们放在马桶上，给他们的头发系丝带，但我发现我无法把孩子想象成性对象，尽管我曾试着这么做。

前者来自某位声称在纽约一个聚会上无意中听到鲍德温说话的人寄给我的一封信，后者来自鲍德温最初关于亚特兰大儿童谋杀案的文章《未见之事的确据》（"The Evidence of Things Not Seen"）[1]。

和大多数有情人一样，他的性趣无疑也多种多样，并随着岁月的流逝而改变，有时甚至会走向禁忌。年长的男人在床上寻求新鲜和纯真的慰藉并不罕见，鲍德温的大多数情人都比他年轻，但他是一位职业作家，在他写下的数百万字的作品中，在我读过的书和书信中，在他任何地方、任何时候的兴趣里，都没有出现

---

[1] 1981年12月，发表于《花花公子》，不同于他后来写的同名书籍。

过恋童癖。此外，他自己关于无法将儿童视为"性对象"的言论，也具有直接的坦诚和可信度。

另一项指控牵涉到另一种犯罪，如果仅从它出自一个乍看之下更可靠的证人之口来看，它本身就更令人不安。地点是墨西哥巴亚尔塔港，时间是1969年，资料来源是演员理查德·伯顿（Richard Burton）的日记：

（4月5日）当我们回到房间，一个黑人向我们打招呼。原来是詹姆斯·鲍德温和一个不会说英语的法国男孩。他说他是从好莱坞逃来这里。我们讨论了黑人力量、黑豹党、黑人最好、黑人最美以及黑与白等等问题。然后他相当坦率，一点也不遮掩地说："理查德，你能给我20美元吗？"（记住，是"给我"、而不是"借"。）

我惊讶极了，因为我本以为他挺富裕，于是说了一句："20美元？"

"我是说200美元。"他说。我说当然，吉姆今天就会给他。我们明天还要去见他。

（4月9日）我们认为詹姆斯·鲍德温是个小偷！詹姆斯·鲍德温星期一来吃午饭的时候，瓦尔的钱包里被偷了220多美元，经过反复推论，我们认定有罪的人是鲍德温。也可能是他的法国朋友，但那是一回事。

（4月10日）我们认定詹姆斯·鲍德温偷了瓦尔的钱，理由如下，主要是心理上的原因：尽管我习惯把钱放在裤子的口袋等地方，E.也习惯把她的小饰品放在梳妆台等地方，但仆人们七年来从未偷过东西。孩子们这辈子也没偷过……

（而其他客人都是我信任的老朋友。）更不可能是我们自己偷的。

我已经在日记里写过，鲍德温向我要过20美元，不是200美元。两天后他又向吉姆要了50美元，然后又要了100美元。几年前他曾向吉姆借过10美元（乘坐法国号一等舱时），但一直没还。他和我们一起坐在桌上吃午饭时，看到我把钱交给吉姆，让他交给瓦尔（我先帮她拿了一阵），瓦尔把钱放进了自己的手提包。后来她又把钱放进自己楼下的房间，而詹姆斯一个人在房子里转了一圈。我们永远无法证明这一点，钱也不重要，但他为什么要这么做呢？是他也偷黑人的东西，还是他认为白人欠他一份生计？我必须向其他人打听一下，詹姆斯是否有偷窃癖。

显然可以辩称这一骇人听闻的指控是伯顿弄错了，或者说小偷是鲍德温那位法国朋友——两者并不完全是"一回事"。正如我们所看到，鲍德温有借钱和赖账的习惯，如前文所述，即便在他成功和富裕的时候也是如此。欠债不还总是令人讨厌，鲍德温却用自己的方式代偿了所有债务，也就是他豪放无度的慷慨，不仅不求回报，还经常被别人占便宜。每出现一件鲍德温欠债不还的轶事，就会有一百件他乐善好施的故事。而伯顿的故事很特殊，把他塑造成了一个天生的小偷。

既然鲍德温没能把握住"对象和词语"之间的联系，正如欧文·豪在谈到他最后一部小说时说的那样，那么他是否也没能把握尊严与行为之间的关系？毕竟，鲍德温曾从福特基金会等机构那里拿过大笔资金，然后彬彬有礼地给主席们写信表示感谢，而当他们转过身去，钱花光了，鲍德温就对他们的仁慈嗤之以鼻。"他认为白人欠他一份生计？"伯顿在日记中问道。从某种角度，在某些时候，这个问题可以这样回答：是的，他确实这样认为。

除此之外，他在童年经历过极度贫穷——空着肚子、光着脚丫的那种，他可能从未克服过对温饱的恐惧。他早年在巴黎被迫举债，因为经济上的成功而变得不再必要，但这种冲动似乎残存了下来，与原来的遭遇无关。还有一种可能是，鲍德温可能出于某种倒错的欲望，通过随意问伯特夫妇借200美元，来给他们留下深刻印象。然而当十几位鲍德温的亲密伙伴，包括分别认识他近三十年和四十年的恩金·塞萨尔和吕西安·哈伯斯贝格尔，被问到对这起事件的看法，每个人都强烈反对鲍德温可能犯有这种愚蠢的盗窃罪的说法。

塞萨尔为这一指控提供了肯定的答案：鲍德温当时的同伴是一位年轻的法国人，正和他一起环游世界。在伊斯坦布尔，他就很难让塞萨尔尊重这个人的举止，或者相信他的诚实。至少有一次，塞萨尔怀疑这个男朋友是个小偷，几年之后，塞萨尔发现他因为持械抢劫罪入狱。塞萨尔最后一次听到他的消息时，他正在博斯普鲁斯海峡一艘豪华游艇上和一位国际知名的花花公子作伴。

伯顿的不幸遭遇发生在鲍德温成年生活最糟糕的时期，也就是马丁·路德·金遇刺后不久。他的乐观和士气一落千丈，在批评界的声誉也随之跌落。1969年，评论家罗伯特·E. 李（Robert E. Lee）在丹佛举行的一次现代语言协会会议上说："詹姆斯·鲍德温作为主要的美国黑人作家的地位迅速下降，这是60年代的一大奇观。"新的政治气氛需要新的声音，而鲍德温不再被认为是走在前列的作家。

他自己也意识到这一点。到了 1970 年，他开始谈论"重新开始"。他告诉《乌木》杂志，他需要"某种空间"，"一个我可以重新找到……自己的使命的地方"。他再次从伊斯坦布尔说起，近十年来，他一直在这座城市躲避暴风雨。正是在这里，他与恩金·塞萨尔和居利兹·苏鲁里合作，开始了新的旅程——成为一名戏剧导演。

整个 20 世纪 60 年代，联邦调查局一直监视着这位安全索引上的人物的行踪（"通报……詹姆斯·鲍德温于 1969 年 7 月 13 日，搭乘法国航空公司的飞机，从希腊雅典抵达土耳其伊斯坦布尔"），1969 年 12 月，他们剪下并归档了刊登在土耳其《国民报》（*Milliyet*）上的一篇采访。这篇文章引起线人兴趣的原因，可能和鲍德温在文章中表达的反美言论有关，但文章的主旨是宣布他和塞萨尔、亚沙·凯末尔建立新的合作关系。这个项目旨在成为翻译土耳其国内和有关土耳其的书、戏剧和电影作品的平台。它的第一个也是唯一一个成果（凯末尔没有参与）是加拿大剧作家约翰·赫伯特（John Herbert）的剧本《命运与冷眼旁观》（*Fortune and Men's Eyes*）。

剧本讲述的是加拿大一所青年男子感化院里的同性恋问题，此前已在伦敦（查尔斯·马洛维茨 [Charles Marowitz] 导演）和纽约（萨尔·米尼奥 [Sal Mineo] 导演）成功上演。在伊斯坦布尔的演出中，鲍德温让塞萨尔亲自出演主角斯米梯——一个天真的男孩进入了监狱的丛林，离开时却变得比其他人更加邪恶。塞萨尔的妻子居利兹·苏鲁里是这部全男班话剧的制片人，美国爵士音乐家唐·切瑞（Don Cherry）为该剧作曲并录制音乐，筹备初期鲍德温在街角偶遇了他。这部戏在 1969—1970 年的冬春两季共演出 103 场。

鲍德温对戏剧的痴迷可以追溯到他职业生涯最初的时期。从学生时代开始，他就立志成为剧作家、演员和评论家。1966 年 10 月，他看了塞萨尔在改编自果戈理的舞台剧《外套》中饰演小职员的演出，随后向他的朋友发表了自己对演出的即兴感想：

> 我觉得如果把眼睛和额头上的妆稍稍淡化一些，就会增色不少。我的意思是，小职员的困惑不仅体现在他身上，也表现在他脸上。他的眼睛真的很吓人，可能你让他的眼睛承担了太多戏份，你可以袒露出额头来平衡，如果他是个孩子，你也可以用他的额头来告诉我们，为此你只需要在额头上少化一点妆。你的表演给人留下深刻印象，话虽如此，但表演的极度张力不知为何如此集中，和小职员那令人难以忍受的天真与热情结合在一起。如果我们不是如此天真，因而如此容易堕落，我们还能被《外套》提出的问题击溃吗？

鲍德温一直喜欢在剧院工作时所获得的集体感，但导演的角色是崭新的。此外，《命运与冷眼旁观》还带来了特殊的难题，因为这部戏是在塞萨尔的银河剧院以土耳其语译本上演[1]，而鲍德温的土耳其语能力现在几乎不比 1961 年初来乍到时好多少。

突然出现的另一个难题，是他更习以为常的那类：伊斯坦布尔当局认为这部戏十分出格，对公共秩序构成威胁，警方还试

1　土耳其语译本由奥克塔伊·巴拉米尔（Oktay Balamir）翻译，名为《堕落之友》（*Düşenin dostu*）。

图予以取缔。居利兹·苏鲁里第一次听说塞萨尔和鲍德温正在考虑制作这部戏时,就曾告诉丈夫:"你永远逃不掉的,尤其是在这里。"原版中一些场景在十年前的英国舞台上就不被允许出现,比如胁迫一个年轻人成为另一个人的性奴隶,最后又用类似的伎俩打破这种关系;在塞萨尔的劝说下,记者泽伊内普·奥拉尔放下之前的餐厅和玫瑰花事件,担任鲍德温的私人助理,她说剧中土耳其语的淫秽内容,对她来说简直难以启齿——"即便放到现在"。

然而制片人们仍然不为所动,想要通过虚张声势来过关。塞萨尔被检察官办公室传唤,解释他上演这样一出戏的意图,他说一切都将按计划进行。首演当晚,30名警察来到剧院门口,说他们想"观摩"演出。塞萨尔向他们收取了门票,还让他们站着观看,因为票已经售罄。

塞萨尔认为,鲍德温可以成为一名杰出的戏剧导演,泽伊内普·奥拉尔也同意这一点。"他非常出色,"塞萨尔说,他自己也是一名导演,"他从人的内心开始指导。他对角色有极好的洞察力。在排练开始之前,我们花了一个月时间和他围坐在桌边交谈,这在土耳其剧院中非常少见,因此当我们开始排练,每个人都对彼此的角色非常了解。吉米满怀激情地讲述他对剧本的解读,让演员们热血沸腾。到我们上场时,我们都已经活在自己的角色里。"

> 洛基:来吧,宝贝,让我们在睡前冲个澡。
> 斯米梯:冲澡?
> 洛基:对啊!我喜欢每天晚上熄灯前冲个澡!

第二十一章

斯米梯：你去洗吧！今天下午他们带我进来、给我制服的时候，我就洗过了。

洛基：再洗一次又不会死人。我喜欢有人陪我洗。

斯米梯：明天吧，洛基。

洛基：就现在！

斯米梯：不了……谢谢！

在他写在纸上并分发给每位演员的角色说明中，鲍德温要求扮演洛基的演员：

记住只有你自己知道的痛苦，永远不要提起并试着忘记你曾经是一名拳击手；因为你确实曾是一名拳击手，这是既存的事实，只有你不利用它的时候才能用上它。这和我要求你每当有大喊大叫的冲动时降低你的声音，是一模一样的道理。当你感到恐惧，你就会用拳头和声音来表达；如果你用恐惧来激发音量和手势，而不是用声音和手势来掩饰恐惧，你就会塑造出洛基的形象……

他告诉恩金（斯米梯），"这部戏的成败取决于斯米梯的旅程"——

他已目睹两次爱情的失败，目睹这个世界是如何摧毁爱情，抑或一个父亲是如何不惜摧毁自己的儿子，这意味着有太多需要"报复"。那些走到这一步的人，会成为圣人、暴君或者诗人。

和别的导演一样，鲍德温会在剧本上潦草地写满字，从他的笔记可以看出他对其他作家笔下人物的深入分析，而他已经很少对自己的作品这样做。鲍德温把约翰·赫伯特的剧作和契诃夫的《樱桃园》进行比较，他在节目说明中指出，同性恋在赫伯特剧作中的"意义"，"正如"契诃夫剧本里的樱桃树：

在契诃夫那出戏的结尾，我们远远地听见斧头砍伐树木的声音——人类的愚蠢注定了他们毁灭了自己的可能性。而《命运与冷眼旁观》里的男孩，就像那些树一样被砍倒，而且就在我们眼前。

土耳其媒体尤其是戏剧界，对这部作品报以极大的热情，甚至是感激。土耳其剧作家兼记者雷菲克·埃尔杜兰（Refik Erduran）在美国舞台杂志《视相》（*Variety*）上撰文评论：

如果鲍德温没有把自己的名声和技艺献给这部作品，伊斯坦布尔的广大观众可能会对其视而不见，左翼人士也会立即将其斥为被西方腐化的又一例证。现在它似乎提供了长久以来的第一次机会，让这座城市里不同的戏剧派别在中间地带汇合。"这部剧具有深刻的颠覆性，"土耳其一位知名的激进派专栏作家思索道，"我不明白的是，为什么就连坐在我旁边的保守分子也热泪盈眶。"

在银河剧院取得成功后，鲍德温又以他典型的行事风格，开始计划其他的舞台作品。他想导演萧伯纳的《圣琼》、马洛的

《帖木尔大帝》,想和塞萨尔合作土耳其版的《查理先生的蓝调》,还计划在一座真正的监狱里演一出戏。然而在《命运与冷眼旁观》演完后不久,他就病倒了。美国大使馆的肯顿·基思把他送到伊斯坦布尔的德国医院,在那里确诊为肝炎。医生建议他戒烟戒酒,但鲍德温顽固地认为这是心理疾病,拒绝戒掉这些成瘾性的帮手。他再次前往巴黎,在那里再一次倒下(此时他年轻的法国情人已经抛弃他,这令他更加悲惨),他住进美国医院,在那里待了很长时间。

这是另一个十字路口。事实上真正让他陷入低谷的,是在远方杀死马丁·路德·金的那颗子弹的弹片。孟菲斯暗杀事件发生后,两年的时间和两次跨洲旅行都不足以治愈他的伤痛。他现在觉得自己根本无法再回到美国。不过,他也不会永远留在伊斯坦布尔,他觉得那里像家,有许多朋友,但终究还是要走。

虽然他的名字仍被用在筹款等活动,但鲍德温发现自己在民权运动的风云变幻中有些漂浮不定。甚至一家土耳其杂志在伊斯坦布尔采访他后,竟敢暗示他已经放弃了这项事业。他和新的、更激进的领导层保持着联系,但如今是他从他们那里得到启示:一个由鲍德温来告诉白人世界黑人在做什么、想什么的时代已经过去了。非暴力的蹉跎已经磨损了他的雄辩。尽管他还在继续抗议他在任何地方遇到的不公正,但他的沉默也更深,他的缺席时间更长。有时他的发言显得不着调。他在欧洲和伊斯坦布尔逗留的时间越来越长,这实际上被视作第二次流亡——前提是这些离开有人关注,也就是说,一个作家在美国的受欢迎程度正危险地依赖着媒体曝光。一位记者在机场遇到鲍德温时问:"你这次是彻底回国吗?"第二天早上,完全可以想象报纸的读者们说:"我都不知道他离开过。"

他在杂志上的露面越来越少——这段时间他几乎从《哈泼斯》《时尚先生》《淑女》等流行月刊上销声匿迹。除了民权事业,他还公开反对越战;他因黑人杂志《解放者》中含有反犹主义的内容,辞职以示抗议;应20世纪40年代格林威治村的老朋友斯坦·威尔的请求,他卷入了一场涉及白人和黑人码头工人的纠纷,这些工人被注销资格,无法工作;在长达七年的时间里,他还为一位名叫托尼·梅纳德(Tony Maynard)的年轻朋友进行了一场艰苦而昂贵的争取获释运动,梅纳德因一项未经证实的谋杀指控而遭到关押。[1]

他意识到这些活动让他远离自己的工作,但他坚持认为抗议不公不亚于他的"工作"。在这里,他终于和萨特、加缪等"坚定的"法国作家达成和解,二十世纪没有任何一位美国或英国小说家像鲍德温这样始终如一地愿意为公益事业奉献自己的名。罗伯特·肯尼迪指责鲍德温这么做是为了为自己赢得名声,这种指责很肤浅,事实上,这只表明肯尼迪自己是如何看待事业的作用。在1965年从塞尔玛到蒙哥马利的抗议游行中,鲍德温的一次演讲引发媒体的注意——这正是他发表演讲的原因,为了引起人们对示威者的关注,但他试图影响旧金山码头工人纠纷的结果,结果除了直接的相关人以外,几乎无人问津。鲍德温为此写信给有影响力的人,不断向杂志圈宣传。

在为托尼·梅纳德洗刷冤屈的斗争中,鲍德温投入大量时间、金钱和情感资源,到各个监狱探视,并确保他有称职的律

---

[1] 梅纳德一案的前情故事被收录在《无名的街道》。

师。斯坦·威尔是他在格林威治村的老朋友,也是被卷入法律纠纷的码头工人之一,鲍德温在给他的一封信中写道,这"像重锤一样"令他疲惫。他一直在付出:

> 不知过了多久,从清晨到深夜,我一直待在曼哈顿拘留所的走廊和法庭里,试图帮助一位朋友为自己的性命而战……我一直在想……地方检察官让我劝他认罪,然而当时他未经审判已经在监狱里待了将近两年,大约一年后他们就会放了他。盗亦有道似的。但托尼已经拒绝这个交易,无论如何,我都不可能建议他接受它。这个交易似乎(正是)如此自信而厚颜无耻,滋生它的道德观念又是如此普遍,以至人的一切努力都显得无比徒劳,而我自己的一切努力也只是注定失败的自命不凡罢了。

事实上,他的努力很英勇,他的自我质疑也很真诚。"只要你还能讲话,何必做这些呢?"他写道,"你做个坏人也没事。"但鲍德温深知,身为作家,除非他真的想放弃,想成为政治家,否则就必须专心致志,努力写作。"这不是你的工作",1961年,第一次听说诺曼·梅勒打算竞选纽约市长时,他曾对梅勒跺脚怒斥。现在,梅勒和其他人也对他说了同样的话:**这不是你的工作。**

十年来,他的内心深处一直存在政治和艺术承诺二者的对立。在这样一场较量中,在这样一个人身上,只有一位真正的胜利者——文学。结果并非如此。政治也没有赢。相反,鲍德温频繁的日常冲突的结果,就像某种"放弃的游戏"。

第二十二章

当他离开巴黎的医院,他的新经纪人特里亚·弗伦奇(Tria French),一位居住在法国的美国黑人女性,带他到圣保罗德旺斯疗养,这是普罗旺斯地区阿尔卑斯-马里时姆省一个时髦的悬崖上的村落,距离尼斯大约十英里。

早在鲍德温抵达之前,圣保罗就以这里的杰出居民闻名:作家梅特林克(Maeterlinck)、萧伯纳和让·吉奥诺(Jean Giono),画家保罗·西尼亚克(Paul Signac)、马克斯·雅各布(Max Jacob)、安德烈·德兰(André Derain)和马克·夏加尔(Marc Chagall)等人都曾在这里居住。在村中宽阔的中心地带以南的科洛姆多尔餐厅的墙壁上,毕加索、马蒂斯和布拉克(Braque)等人的油画和素描一直挂在那里——据说都是为了抵餐钱和酒钱,直到出于保护的目的才被移走。鲍德温刚到圣保罗时,法国演员伊夫·蒙当(Yves Montand)和西蒙·西涅莱(Simone Signoret)就住在那里,他们很快和鲍德温成为朋友,把他带入当地的上流社会,还给他找了个体面的住处。

在西蒙·西涅莱的帮助下,他离开了入住的勒哈莫旅馆,那里位于村子半英里开外的科尔街上,搬进了路对面一座古老的石头农舍，农舍有一扇高大的铁门和一间门房。斜坡上的几亩花园和田野，俯瞰着一路通往蔚蓝海岸的山谷。这里甚至弥漫着文化气息：1950 年，据说被鲍德温改建成书房的那个房间曾经是乔治·布拉克的工作室。

这里的女主人是一位年迈的法国女性，让娜·富尔（Jeanne Faure）夫人，她把老房子的一半留给自己住，另一半则逐间出租。鲍德温的亲朋好友来访，有时一住就是几个星期，他就一个一个房间租下来。到某一天，他发现自己几乎租下了房子里所有可用的房间。于是他想，"为什么不住下来算了？"

富尔夫人并不是善待黑人的那类人。她是一个殖民统治鼎盛时期在阿尔及利亚生活过的黑脚法国人，而且仍是一个坚定的帝国主义者。她最终将她的大房子和院子的一部分卖给鲍德温，只是出于财务状况，即使如此也有所保留。房子呈 L 形，鲍德温刚开始只住在其中一侧。他刚搬进来的时候，富尔夫人拿一个很沉的木衣柜挡住连接房间的门，跟她的邻居们说："你永远不知道这些'黑鬼们'会带来什么。"

贝特朗·马佐迪耶（Bertrand Mazodier）当时在邮局工作，现在是村里的一名珠宝商，据他说，她并不是唯一一个对鲍德温有所怀疑的人。"当他第一次来到圣保罗居住，人们不知道该怎么做。有警察监视那栋房子，用望远镜观察那里的动静。他们认为他是某种黑人激进分子。邮局里每天都有成片的寄给他的仇恨邮件，其中包括各种疯狂的东西。这种情况持续了很长时间。"

鲍德温没有理会这些猜疑，也因此消除了它们，他开始在村子里交朋友。"圣保罗住过很多名人，"马佐迪埃说，"但吉米是唯一一个会在街上停下来和你说话的人，走上前请你去酒吧喝一杯，或者让你请他喝。"

对这位她曾经害怕的房客，傲慢的让娜·富尔的态度也发生了变化：之前她用大衣柜堵住房门，后来很快就被他的优雅举止吸引，邀请他共进晚餐，也会赴他的约。他们成了朋友，多年以后，当富尔夫人的弟弟去世，鲍德温陪在她身边，站在葬礼队伍的最前面。再后来，1986 年，当他被弗朗索瓦·密特朗总统授予荣誉军团勋章时，鲍德温展现出他有多会挑选场合，他只邀请了几位好友，其中就包括他的女管家瓦莱丽和富尔夫人。

鲍德温竟然在里维埃拉？美国国内对此也表示惊讶，但原因完全不同。流亡在巴黎是一回事——因为那里有一个成熟的美国移民群体，甚至是一个黑人群体，法国南部的时髦度假胜地则是另一回事。

"鲍德温弟兄，" 1973 年，《黑人学者》（*Black Scholar*）杂志拷问他，"身为一个黑人，你如何看待自己跑去'法国南部阳光明媚的山丘'，以及你和全世界正在与种族主义和剥削做斗争的黑人之间的关系？"

这个问题和富有针对性的称谓，成功地让他语无伦次。"我可以说，你知道，我已经找到一个避风港，尽管我很清楚这不是真的……我不是在流亡，也不是在天堂。这里也会下雨。"

最后这句话很滑稽，但也很具象。那里当然下雨，而且是同样严重的大雨，比如，他看到戴着手铐的安吉拉·戴维斯（Angela Davis）[1] 出现在《新闻周刊》的封面。这个形象促使他写

---

[1] 安吉拉·戴维斯（1944—），美国马克思主义和女权主义政治活动家、哲学家、学者和作家，加利福尼亚大学圣克鲁兹分校荣誉特聘教授，也是美国共产党的成员，因

了一封公开信《亲爱的姐妹……》（"Dear Sister..."），他在信的开头就提到奴隶制的幽灵："人们可能会希望，事到如今，黑人身上戴着手铐的这幅画面……会成为美国人不忍心看到的景象，无法承受的记忆，他们会自发地站起来，解开那些镣铐。"这篇署名"詹姆斯弟兄"的文章，被联邦调查局尽职地进行归档，特工还特别标记出鲍德温的宣誓："为你的生命而战，如同那生命属于我们自己——而它本来就属于我们。"

1971年8月下旬，当卖报人把晚报送到科洛姆多尔餐厅的花园，天空也在下雨，报上刊登了乔治·杰克逊（George Jackson）[1]和另外两名囚犯在圣昆丁监狱被枪杀的消息（三名狱警也在枪战中丧生）。和安吉拉·戴维斯和黑豹党一样，杰克逊也受共产主义理想的启发，但鲍德温认为他是马尔科姆·艾克斯传统中的领军人物。他已经在计划根据杰克逊的监狱信件集《索莱达兄弟》拍摄一部电影，由他自己正在组建中的制片公司来制作（最终这个项目和这家公司一样不了了之）。

当时正在圣保罗度假的英国人E. M. 帕斯（E. M. Passes），是真正将杰克逊的死讯带给鲍德温的人。"我常在科洛姆多尔见到他，这天下午，我听到卖报人在喊'法国晚报！法国晚报！'就

（接上页注）

此受到非议。她长期参与反越战、反资本主义、支持巴勒斯坦等社会运动，曾被《时代》杂志评选为"100位年度女性"和"全球最具影响力100人"之一。——译注

[1] 乔治·杰克逊（1941—1971），美国作家、革命家，1961年，他因在加油站持枪偷窃70美元被判无期徒刑，服刑期间参与黑人权力运动，后被称为"索莱达兄弟"之一，被控谋杀一名管教。同年，他出版了《索莱达兄弟：乔治·杰克逊的狱中书信》。1971年，他在一次越狱企图中被狱警杀害，另有三名狱警和两名囚犯丧生。——译注

走到外面，买了一份报纸。头条新闻说乔治·杰克逊中弹身亡。我回到屋里，鲍德温一个人坐在桌边。他说：'报纸上有什么消息？'我默默地把报纸放在他面前，他看完后，把头埋在双手里，哭着说：'啊，这帮混蛋，这帮混蛋。'"

在圣保罗，他很少有时间独处，这些陪伴虽然友好可敬，却不总能给他带来思想的刺激。他餐桌上招待的客人可能包括出版商、经纪人、司机、从底特律来的昔日的瘾君子、从马赛来的年轻有为的演员……迈克尔·雷伯恩（Michael Raeburn）说："吉米晚年非常孤独。"他是一位伦敦的电影制片人，曾和鲍德温合作多年，计划将《乔瓦尼的房间》拍成电影。"我指的是智识意义上的孤独。周围有很多人可以取悦他，或者他可以被他们身上某方面吸引，但能和他谈书、谈戏剧、谈他手头工作的人不多。"

他发展出一套日常对话的方式，以此匹配他的演讲风格——一种夸夸其谈、雄辩式的独白，通过一系列越来越抽象的词语来解读历史、预测未来。在他日常交往的同伴面前，他几乎不会被打断。如果遭到反驳，鲍德温要么加快语速，增加输出的强度，耗尽对话者的抗议，让对方眼看着自己的意见成为一团烧焦的怒火，要么他就停下来，完全放慢语速，用甜美、专注的目光讨好对方。他可能会惊讶地说"我可从来不这么想"，或者，"你比我更进了一步"。

许多朋友和情人都来拜访过他，但没几个人留下来。他尚未找到一个伴侣，能跟他形成类似早年他和吕西安那样严肃的关系，对这种爱情的渴求，打开了一个孤独的缺口。像往常一样，他不仅需要情人，也需要秘书（有时是同一个人），他们的职责可能包括做晚饭、准时送他去车站，以及确保橱柜里有充足的威士忌。他总有办法吸引那些最日常的熟人来完成这些任务，于是来访者们总带着一种紧迫和重视，帮他打电话到机场确认座位，到巴黎确认预约时间，还要去找鲍德温在伊斯坦布尔认识的故人，问她是否还存着他 1965 年留给对方那本未完成的小说的手稿。

在圣保罗，这个功能最终由伯纳德·哈塞尔完成，他是一位黑人舞者，鲍德温 20 世纪 50 年代在巴黎结识他。20 世纪 60 年代末，他们又在那里重逢，鲍德温南迁时，伯纳德也跟着一起，最终在守卫科尔街那座老宅子的门房里住下。

在这个通往圣保罗郊外的富裕街区里，所有的房屋都装着防盗警报器、安全系统和看门狗，或者贴上一句警告"内有恶犬"。鲍德温没装警报，经常忘记锁门，就让铁门敞开着。

在这段过渡期，他积极走出美国，在边境徘徊许久后，又来到欧洲，取得了丰硕的成果。从 1971 年到 1976 年，他一共出版了七本书：一部小说、两部非虚构、两部"对话"录（分别同人类学家玛格丽特·米德[Margaret Mead]和诗人妮基·乔瓦尼[Nikki Giovanni]合作）、一个电影剧本和一个儿童故事。然而这些作品对他当时在法国的生活都只字未提。即使是长篇随笔《无名的街道》和《魔鬼找到工作》中的大段自传描写，也丝毫没有暗示他现在已不住在美国。1961 年，他在《没有人知道我的名字》的序言里写道，"避风港价格不菲"，而他为这个新避风港付出的代价，似乎就是否认它的存在。

从那时起，鲍德温在欧洲和美国之间来回奔波，不管身在某处，都心不在焉。这和早年的情况不同。20 世纪 40 年代和 50 年代,鲍德温在巴黎的生活,让他接受了祖国未能给他提供的教育。回国之后,他把自己生活在美国期间出版的第一本书的开篇文章,命名为《成为美国人的意义》。不论是好是坏,这既是对法国的告别,也是与故土的重逢。

情况肯定更坏了(比如梅德加、马尔科姆、马丁等人的噩耗)。这扑灭了他的气焰。愤怒仍然存在,但火药味减少了,论战增多了,但自我探索减少了。在鲍德温最新的写作里,"欧洲"与其说是一个地方,不如说是一个概念,是殖民主义与压迫的隐喻,即便已经衰退,也给这个世界留下了癌症般的疫病。

这正是《无名的街道》的主题,这本书收到许多批评和一些令人不解的评论。书中有好几处都证明,就非虚构写作而言,这名道德化的随笔家丝毫没有丧失能力——从某个隐蔽而有利的地方直击主题,巧妙地运用节奏,在事件似乎已经完结时,说出一些出人意料的话:

> 在灵魂的密室,有罪的一方已被确认,那里发出的指责不是传说,而是后果,不是幻想,而是事实。人们要为自己的所作所为付出代价,更要为放任自己的所作所为付出代价。这个代价很简单:就是他们的生活。

无论在此处还是别处,鲍德温风驰电掣的风格丝毫未减。事实上它被赋予新的动力。但同样经常出现的是空洞的辞藻,比如为新的黑人激进主义辩护时,以及在全书结尾对"西方衰落"的长篇声讨中。总体而言,《无名的街道》需要有专业人士能够强行解读其中随意的讲述。它号称对20世纪60年代"美国发生的事"进行了充分论证，语气却像一本笔记或日记，也许索性以这种方式呈现会更好。在金去世前，鲍德温就已动笔，但暗杀事件让他不想再继续写下去。1971年，鲍德温的弟弟大卫来到圣保罗德旺斯，在鲍德温本人生病无法完成写作的情况下，将《无名的街道》的书稿寄去了纽约。

这些文章缺乏设计，也不按时间顺序，这似乎证明了批评家们的看法，他们现在可以说鲍德温是如此力竭和过时，以至他甚至不再费心去完成他的作品。然而，读者还是在《无名的街道》中收获了多篇令人着迷的随笔。他的新作《假如比尔街可以作证》(*If Beale Street Could Talk*)，却鲜有这样的内容。

鲍德温大胆地把《假如比尔街可以作证》的叙述者设定为女性：19岁的蒂什是市中心一家商店的香水销售助理。她与家人住在哈莱姆，正怀着孕，她的男友方尼却因虚假的强奸指控被捕入狱。

小说的部分灵感来自鲍德温的朋友托尼·梅纳德经历的一桩疑案，他1967年以后就一直被关在狱里。鲍德温一直忠诚地帮助他，先是去了梅纳德逃亡的汉堡，又去了他被驱逐的纽约地下监狱，否则梅纳德很可能被那里的"暗黑人群"悄无声息地吞没。鲍德温本有机会强有力地写出"可怜人……在正义殿堂里的遭遇"，却浪费在迂腐的行为和情感的泛滥上。《比尔街》是一部抗议小说：鲍德温在小说中描写的黑人虽然贫穷，却如此美好，而蒂什和她被冤枉的情人如此圣洁，以至于他们成了守护贫民窟的有力论据。

哈莱姆的售货员女孩这样谈论爱：

只有男人才能从女人的脸上看出她从前的样子。这是一个秘密，只有特定的男人才知道，而且非他自己坚持不可。但除了女人以外，男人没有秘密，也永远不会像女人那样成长。

男人的成长要困难得多，也需要更长的时间，没有女人的话他根本做不到。这是一个让女人感到恐惧和无法动弹的秘密，它始终是女人最深层的不安中的关键。

关于自己和父亲之间的关系，蒂什说：

没错，我是他的女儿：我找到了可以爱的人，也得到了爱，他也感到轻松和确证。

鲍德温试图赋予这位年轻的叙述者以深刻的自我认知和丰富的词汇，但从任何现实的角度来看，这都是她难以企及的（没有什么能比上文中蒂什用的确证那个词更刺耳），鲍德温这么写只会伤害她，因为他剥夺了她自己的个性。她听上去更像《无名的街道》的作者，蒂什的声音被荒诞淹没了。难道鲍德温一心只想提醒白人，他们根本不了解黑人的想法和感受，以至于自己也忽略了这一点吗？

《比尔街》还带来了鲍德温歪曲和低估黑人言论的指控。哈莱姆的街头智慧本来在于其反讽的机智、诗意的双关、迅捷优美的"说唱"，蒂什却通过分析性的文学语言来表达她的想法。而她的其他家庭成员只能使用粗俗的俚语。

在《假如比尔街可以作证》之后，他又出版了一部非虚构作品，一部120页的随笔，再次将个人回忆的线索编织进表面的主线，即黑人在美国电影中的角色，从《一个国家的诞生》到《蓝调女歌手》。

《魔鬼找到工作》这本书证明，鲍德温的随笔写作仍比他的小说更吸引人（这一判断依然让他有些痛苦）。《魔鬼找到工作》虽不像《无名的街道》那么强烈（活力上倒是相当），它们的文学特征却很相似：有些地方零散、重复，但也充满真知灼见和精彩、诗意的段落。他试图在随笔中进行自由即兴的创作，把自己的抒情天赋和节奏感融入某种文学蓝调之中。他分析了电影《驱魔人》"无意识和歇斯底里的平庸"，在结尾处写，"被恶魔蹂躏的凶手小女孩亲吻了圣父，然后……什么都不记得了"，然后匆匆得出一个震撼的结论："美国人对邪恶的了解肯定不止于此，"他写道，"如果他们假装不知道，那就是在撒谎"——

> 愤怒的葡萄藏在这个国家的棉花田和移民的棚屋里，藏在学校和监狱里，藏在各地可怜人的眼睛、心灵和观念里，藏在越南的废土上，藏在孤儿和寡妇身上，藏在可以看到幻象的老人身上，藏在做着美梦的年轻人身上：他们已经亲吻过血淋淋的十字架，不会再向它低头：他们什么也没忘记。

这本书再次以自传体为基调，对鲍德温目前的生活方式却只字未提，这就产生了一个不可忽视的难题：尽管他的书似乎经常警告人们，他已经向种族排他性的黑人力量投诚，但他亲密的朋友和日常的熟人，还平均分布在黑人和白人两个圈子内。在某些时刻，生活和工作似乎要分开看才行。

在鲍德温20世纪70年代的写作中，如果仅靠联想，"白人"几乎都被定义成罪人，"黑人"则被抬高到一个不可能的道德高度。黑人走起路来"充满嘲讽和粗粝的威严"，相比之下，白人"似乎只是蹒跚而行"。黑人大笑时，他的脸会展开，笑声"从他的睾丸里隆隆地传出"，白人则是一堆"干瘪的脸"，说明"他们下半身的情况也不咋地"。

《魔鬼找到工作》展现了这种简化所导致的混乱。我们被告知，"白人发明了强奸罪"，"有罪的、鬼鬼祟祟的欧洲人的性观念"是一种"抹杀了任何共融可能性"的东西——尽管他没有提供任何证据来支撑这两个惊人论断。这里的"欧洲人"是指什么？鲍德温的意思肯定不是（尽管他似乎是在说），诸如法国人、意大利人、波兰人从来没有真正做过爱？他是否是在暗示，非欧洲人（特别是黑人）的性生活比白人更丰富、美好和充实？这正是他曾和老对手诺曼·梅勒争论多年的种族成见，后者一直顽固地、有时甚至咄咄逼人地论证这一观点。

这篇最新的长随笔中的自传色彩，过去一直是鲍德温非虚构写作的强项，如今也大不如前。鲍德温曾在《去山巅呼喊》中将自己的早年生活写成小说，在他最伟大的两篇随笔——也是其随笔作品的代表作《土生子札记》和《十字架之下》（或《下一次将是烈火》）中，又以不同形式用过。写完后者以后，他持续审视自己的童年和青少年时期，但没有提炼出什么新的细节。《无名的街道》和《魔鬼找到工作》都着力于他的早年生活，但都只是重新挖掘那些在其他地方已被生动处理过的材料。

这再次提出鲍德温和他自身经历的关系这一问题。从某种意义上说，名声冻结了他1963年以前的自我，使它成为这位新的现象级人物、救世主、明星的一个陌生人。他自己的过往已经成为一个传奇和神话。"老实说,我对那些年的事情都记不太清了。"1964 年,当弗恩·埃克曼试图收集他在格林威治村初涉文坛的资料时,鲍德温告诉对方。这非同寻常,却被他自己老是这么说所证实。

这导致了一些重大扭曲。比如,1970 年,鲍德温向《本质》杂志的艾达·刘易斯(Ida Lewis)谈起他二十年前在巴黎的生活:

> 我的朋友都是阿尔及利亚人和非洲人。他们是我身无分文来到这里时结识的朋友。从某种意义上说,我们互相帮助,住在一起。战争开始后,我的朋友们一个接一个地消失。发生了什么显而易见。当旅馆被突袭,只剩下我一个人,我的朋友们都被带走了。

在好几个方面,这既是自我戏剧化,也是不诚实。在鲍德温刚到巴黎"结识"的人中,确实有一些阿尔及利亚人(塞米斯托克利斯·霍蒂斯把他介绍给他们),但这些人在他的交际圈中处于边缘。他真正的朋友是那些给他提供食物、借钱给他、在艰苦的环境中对他仍有信心并帮他发表作品的瑞士人、英国人、挪威人,以及美国人、白人、黑人和犹太人。

他一般也不和阿尔及利亚人、非洲人"住在一起",主要住在波希米亚的左岸那些廉价旅馆。鲍德温游走在黑人与白人、富人与穷人、异性恋与同性恋之间,然而当他在 20 世纪 50 年代末回到美国,他告诉《族群》杂志的哈罗德·伊罗生,他跟非洲黑人的会面是灾难性的:"我们几乎需要一本字典才能交谈。"

此外，如果他的"朋友们""一个接一个"消失的故事可信，那么任何研究鲍德温生活和作品的人都会说，他花了这么长时间才提到这件事，实在不太合理。阿尔及利亚人在巴黎确实受到迫害，但鲍德温描述的朋友们被带往难以想象的命运而他幸免于难（因为他有美国护照）的情景，有误导重点之嫌。在20世纪50年代他和朋友数百页的书信往来以及几篇随笔中，他对阿尔及利亚战争所提及的不过是片言只语。

将这些夸张归结为前十年的暗杀和其他事件造成的创伤，似乎也公平。正是在《魔鬼找到工作》中，鲍德温将他离开教会那天看的日场电影《皮纳福号军舰》改写成更具意义的《土生子》。无论出于何种原因，他都养成了在角落里拉伸往日岁月的习惯，使之符合今日想法的尺度。

第二十三章

英语这门语言仍然亦敌亦友。鲍德温仍未解决他所擅长的书面英文和福音、蓝调、爵士乐的习语之间的冲突,对于后者他不仅有天然的亲近感,还感到一种道德责任。结果,到了 20 世纪 70 年代中期,他在评论界的声誉逐渐下降。鲍德温最后一部长篇小说出版于 1962 年:出版商甚至在看到《另一个国家》的手稿之前,就已经认定它是畅销书,这就是鲍德温当时的地位。在那以后,情况发生了变化。他个人对 20 世纪 60 年代的分析——《无名的街道》,未能恢复他的地位,但出版商相信,一部长篇小说可以做到。

"我们一直希望出版他的长篇,"戴尔出版社前社长理查德·巴伦说,"长远来看,非虚构作品可能更重要,但就结果而言,小说才能被人们谈论。"

鲍德温并非没有意识到虚假的商业之神,也不是不知道自己正在违背它。在出版商面前,他会反讽地说:你的好坏只取决于你的上一本畅销书,这么说的时候他带着一丝轻蔑,深信这种衡量价值的方式毫无价值,真正的标准,是由时间得出。他从不简单地以最新的时髦来选择自己的英雄。他调侃道:"如果你依赖市场，还不如去做一个流动的小贩。"他援引毕加索和格特鲁德·斯坦因（Gertrude Stein）的对话，在她看到毕加索为她画的肖像时，斯坦因抱怨道："我不长那样。"毕加索说："你会的。"

然而，自己在畅销榜上的地位不再像梅勒、斯泰隆、罗斯和卡波特等其他同行那么高，这让他感到苦恼。鲍德温认为卡波特创作的《冷血》(*In Cold Blood*)是一个聪明的故事，"却也是一个死胡同"。他曾希望用一部奴隶小说来追上他们的成功，从20世纪50年代起，这部小说就在他的工作笔记里开始酝酿。尽管他给这本书起了另一个名字，但进展甚微。"他曾经问，'你会出版一本名叫《黑鬼之家》的书吗？'"理查德·巴伦回忆道，"我说，'吉米，如果质量足够好，我们就会出版它——随便你用什么书名。'"

下一本交到戴尔手里的小说并不叫《黑鬼之家》，当时巴伦已经离开公司，也不像那部奴隶小说计划的以解放日那天的南方为背景。不过这部小说的确回归他早年创作的主题——南方生活和黑人宗教，书名则来自《另一个国家》中艾达唱的一首老歌：

就在我头顶之上，
我听到空气中弥漫着音乐。
而我真的相信，
上帝就在某处。

至少在篇幅上，《就在我头顶之上》是鲍德温迄今为止最长的一部小说。

除了《去山巅呼喊》以外，鲍德温所有小说的固有缺陷在这部新作中再次显露无遗：太多没有生气的角色，好人坏人的划分过于整齐划一；过于依赖肤色作为道德指标（鲍德温1964年说过："我不能根据肤色来确定我的标准"，但在现在的小说里，他几乎总是这样做）；太多漫无边际的对话和描写（全书长达六百页，没什么情节）；太多不属于叙述者而属于詹姆斯·鲍德温的修辞。

然而尽管存在这些缺点，《就在我头顶之上》的立意还是蕴含一个不凡之处。和《去山巅呼喊》一样，它的核心是可能的救赎。鲍德温的第一部小说见证了一个年轻人为了自己的认同与上帝讨价还价的努力，《就在我头顶之上》则将这出戏剧搬到美国历史的舞台，引入了个人记忆中善变的背叛这一要素。

> 记忆的重任是对事件的澄清，使之变得……可以承受。但记忆也是想象力对事件的创造，或是它已经创造的东西，事件越可怕，记忆就越有可能扭曲或抹去它。

鲍德温可能是在谈论他自己：如果一个人的记忆不可信（显然他的记忆就是），那么一个人要如何去面对自己的经历，最终又如何记录它呢？

这是鲍德温在《就在我头顶之上》这本书中提出的问题，他给出的答案是聆听"悲伤之歌"——福音、蓝调和爵士乐：因为美国黑人的历史就蕴含在这些音乐中，而不在任何别的地方。他几乎全盘否定"历史"作为对各类事件的图解模式，他的历史观取决于精神的见证。他相信，唯有如此才能真正了解人们的内心世界。

小说的主角是一位著名的福音歌手亚瑟·蒙塔纳。他的故事由他的哥哥兼经理人、一位中产阶级家庭主夫霍尔讲述。霍尔曾和一位名叫朱莉娅的前儿童牧师有染。两人的职业给鲍德温提供了机会,让他可以通过朱莉娅的布道和福音歌曲的片段,大肆宣扬福音派的辞藻。这些诗句通常附有霍尔对这些音乐的逐行评论,评价它们对黑人的重要性。

《就在我头顶之上》是鲍德温最富雄心的一次尝试,他试图战胜英语和他认为英语所捍卫的那个"被称为历史的噩梦"。福音和蓝调的词汇,构成一种比大多数白人意识到的更加特殊的记录。"音乐并非从一开始就是歌,"霍尔说,"音乐可以是一首歌,但它始于一声叫喊。它可能是一个人被刀刺中睾丸时的叫喊……人们终其一生都在试图淹没这种声音。"他还说:"当一个黑鬼引用福音书,他不是在引用,而是在告诉你他今天遭遇了什么。"

当霍尔努力公正地审视亚瑟、朱莉娅和他自己的时候,他始终都愿意承认自己的叙述存在着无意的失真——"记忆并不让我感到满意"。正因如此,小说里才需要第二种声音——福音音乐的声音,它提供了另一种抽象的叙述方式,因而也是另一种历史。全书以亚瑟的死开篇,又以亚瑟的死结尾,但讲述这个具体的人生故事,是为了服务另一个故事。鲍德温说,其中一个故事是一个人从生到死,另一个故事的寓意则永远不会消亡。

大量个人信息被埋在小说的开篇,表明了它的自传性。其中最核心的关系是亚瑟和他的哥哥霍尔,就像此时鲍德温的生命和他的弟弟大卫连接最深,大卫就像亚瑟的哥哥霍尔,偶尔扮演"经理人"的角色。现实中兄弟俩的年龄相差七岁,小说中也是如此(不过颠倒了长幼顺序)。和亚瑟一样,大卫·鲍德温年轻时也是福音四重奏乐队的成员。霍尔的妻子名叫露丝,这是鲍德温一个妹妹的名字,亚瑟是詹姆斯·鲍德温的中间名,而亚瑟在《就在我头顶之上》中的情人名叫吉米。

在其中一段,霍尔提到亚瑟在伊斯坦布尔买房子的愿望没有实现:"他去过那里几次,有时是去工作,有时是去休息,他喜欢那里。"在另一段,他试图应对儿子对亚瑟叔叔私生活的不安,詹姆斯·亚瑟·鲍德温本人肯定也担心自己不断增多的侄子和侄女们会面临这种尴尬情形:

"我的亚瑟叔叔是个什么样的人?"

"嗯,为什么这么问?你认识他啊。"

"得了吧,我还是个孩子。我知道什么?"

"好吧,那你具体指的是什么?"

"学校里很多孩子都在谈论他……他们说他是个同性恋。"

"嗯,你会听到很多关于你叔叔的事。"

"是啊。所以我才问你。"

"你叔叔——很多人——"

"不,我是在问你。"

"好吧。你叔叔是我哥哥,对吧?我爱他。他是个非常孤独的人。他的生活很奇怪。我觉得他是个伟大的歌手。"

黑人歌手亚瑟,这位美国黑人艺术家的代表,去世时年仅39岁。这个人物是鲍德温凭空捏造的吗?就在他三十九岁那年,也就是1963年,他开始有意识地以黑人歌手的身份来自指:"我把自己看作是蓝调歌手""我就像一个爵士音乐家"等等。实际上,正是在这个年纪,他从艺术转向了政治,从耐心的审视转向了草率的判断,从"准确之言"(le mot juste)转向了"强烈之言"(le mot fort),正是在这个年龄,他身上的艺术家身份暂时退去。他宣称对西方文学传统感到幻灭,但又无法创造出一种新的、黑人美学来表达他的远见,他悄然死去,就像小说中吉米的情人亚瑟一样,没留下什么。

鲍德温曾对弟弟大卫说:"说到文字,我和其他人一样有能力。但文字是不够的,必须超越文字。"在《就在我头顶之上》里,鲍德温试图将他认为属于黑人的口述传统,嫁接到他曾专门学习的西方文学传统,引入平行的、"另类"的叙事——福音书,就是他推动现实主义小说这座文字大厦超越文字本身的努力。霍尔在小说中说:"时间侵蚀了我兄弟的脸……却无法侵蚀这首歌。"

《乔瓦尼的房间》未能被搬上银幕,这始终让鲍德温感到失望。鲍德温一直渴望参加电影工作,而《乔瓦尼的房间》可能是他最喜欢的一本书。鲍德温一生中多次尝试拍出这部小说,1978年他开始和旅居伦敦的罗得西亚电影导演迈克尔·雷伯恩合作。(鲍德温还为雷伯恩的短篇小说集《黑火》[Black Fire]撰写了序言。)1979年,他们一同参加了诺曼底多维尔的电影节。某天,当他们坐下来观看《星球大战》,旁边一位女士问:"你是詹姆斯·鲍德温吗?"她接着问,他是否想过把《乔瓦尼的房间》拍成电影。鲍德温说:"是的,而且(他指向雷伯恩)他正在执导这部电影。为什么这么问?"这位女士说,因为她认识罗伯特·德尼罗(Robert de Niro),他非常想在某部电影里演一个

"正面的"同性恋角色。

他非常重视这个建议,因为鲍德温已经得到马龙·白兰度的口头承诺,他将出演令人厌恶的咖啡馆老板纪尧姆一角——两位明星的加盟将使雷伯恩吸引投资的工作变得更加容易。结果谈判进展缓慢,但1980年,在鲍德温56岁生日派对上,鲍德温和雷伯恩向在场的人宣布,他们将共同准备剧本,拍摄《乔瓦尼的房间》这部影片。

雷伯恩试图正式定下合作,但经过两年的挫折,他停止了,因为鲍德温的经纪人不会在没有收到足够多的钱的情况下签署合同——"我根本拿不出这笔钱",雷伯恩说。

与此同时,鲍德温和德尼罗在巴黎会面,但因为鲍德温对德尼罗在《猎鹿人》里所饰角色的一些评价不欢而散。雷伯恩说:"吉米讨厌那部电影。"鲍德温、雷伯恩和白兰度还在圣日耳曼的一家酒店会面,讨论白兰度饰演纪尧姆一角的问题。他们握手达成协议,白兰度坐上一辆小巧的法国汽车离开。这是迈克尔·雷伯恩最后一次得到他的消息。

如今,《乔瓦尼的房间》的电影版仍不过是鲍德温自己写的长达411页的剧本。如果不加删减,估计要演5个小时。鲍德温很想亲自参与拍摄,坚持对最终的剧本拥有否决权——这些条件使得雷伯恩吸引投资者的任务更加困难。

这版剧本在鲍德温著名的全白人演员阵容中引入了一两个黑人角色,因此备受关注。唯一一个有台词的黑人角色是"公主",她是纪尧姆酒吧里一个颓丧的易装癖。对原著的另一个显著改动,是乔瓦尼关于"同性恋"这个概念的演讲——

> 在纪尧姆酒吧，他们总是谈论同性恋解放。但他们其实害怕自由。这就是为什么他们听上去总是很粗俗。同性恋！他们总问我，我对他们说，这不关任何人的事，有时我很快乐有时我很悲伤，我不必加入任何俱乐部去爱——无论爱谁。我也不必回答任何人，除了创造出我的上帝。

乔瓦尼的用词肯定弄错了时代，尽管"gay"这个词早在20世纪50年代就有同性恋的意思（根据《牛津英语词典》补编），但其政治含义——"同性恋解放"——直到十多年后才出现。鲍德温再次利用自己笔下的人物为自己说话。1984年，他向《乡村之声》的理查德·戈德斯坦（Richard Goldstein）表达了和乔瓦尼完全相同的情感，只是少了几分不耐烦。关于他早期对自己性取向的认识，他说这是"我和上帝之间的事"。

20世纪70年代，鲍德温经常回美国（1977年，《纽约时报》甚至宣称他彻底回来了，"而且很高兴回来"），但他一直把根据地留在法国。虽然美国大都市的喧哗骚动令他反感，却可以激发他的创作灵感。然而他从未忘记，在熙熙攘攘的人群中，他几乎失去自己的生命——"真正的"生命——这也是他当初逃往欧洲的原因。与古老欧洲的共振仍在安慰他。巴黎给了他最美好的青春岁月，可能也是他最好的写作时光。他说巴黎是"一座真正的城市"，他也喜欢法国人，因为他们不干涉他。在欧洲，他找到了呼吸的空间。"在纽约，如果你想看看天空，你就得一直向上看。而且你永远也看不远。"

第五部分

节拍的代价

啊,如果我要写一部黑人的历史,我就必须采访白人。

——詹姆斯·鲍德温,与克里斯蒂安·德·巴尔蒂亚

未发表的访谈,1974 年

第二十四章

1978年2月,詹姆斯·鲍德温收到一份邀请,请他在爱丁堡大学向学生发表演讲。这是一个非正式的请求,实际上它没有得到大学或任何学生团体的背书,也没有提及酬劳或旅费的问题。事实上,这只不过是一封给鲍德温的回信,在随信的附言中请他去一趟苏格兰。

他并不缺少邀请,但出于某种原因他接受了这一个。苏格兰是少数几个他尚未去过的欧洲国家之一,而且他后来告诉我,自己被这封信的私人和"威严"所感动。

而我邀请鲍德温来爱丁堡,不仅是"私人"的,完全是不切实际和天真的。我在信中根本没有考虑如何支付他的酬劳,无论那是多少,也没有考虑如何把他从圣保罗德旺斯运到爱丁堡,让他在哪里过夜,甚至在爱丁堡期间给他吃什么。

当伯纳德·哈塞尔回信说,鲍德温先生乐意"在四月份前往加利福尼亚州的途中,为爱丁堡大学的学生发表演讲",我欣喜若狂,旋即感到震惊。如果他一个人来了,我该怎么办?在地板上给他铺一张垫子,在酒馆里给他一品脱酒吗?我的资源根本不够用,我当时没有任何资源。一位文学讲师跟我讨论了这个问题

（这突然成了一个"问题"），他温和地建议，一旦这位伟大的美国作家履行了为学生演讲的义务，他可能会期待收到一定酬劳。而和安排名人访问这所古代大学相比，我在金钱方面的经验就更少些。

事情黄了，就在还有两天的时候，我收到一封电报，说他由于流感严重最终无法成行，让我与他联系，另行安排日期。

失望过后是解脱。我打电话到他在圣保罗的家，他提出改到八月，可惜那时学生们都在放假。我们同意索性取消。鲍德温说，这是一封"失效的信"。他希望有一天能去苏格兰。他说他喜欢我的口音。我们就此作罢。

至少他作罢了。九个月后，我再次写信给他。此时，我已担任一家发行量不大的文学季刊《新爱丁堡评论》（*New Edinburgh Review*）的编辑，我把信夹在一本书评用书里：美国白人音乐历史学家詹姆斯·林肯·科利尔（James Lincoln Collier）所著的《爵士乐的形成》（*The Making of Jazz*）。我试图说服鲍德温，尽管他在文章里多次提及爵士乐，但从未专门写过关于爵士乐的文章。也许他会愿意接受这样的约稿？

鲍德温没有回复，几周后我又去信提醒。"在我看来，这是一本相当有趣的书，"我在信中写，"我想它可能会引起你的兴趣写点什么。"我又友好地补充道："希望你一切都好。"他在我的信末尾潦草地写了一张字条作为回应，寄回给我："我很想写一篇长文，但无法在期限内完成。五月底之前我没有时间。"

这相当于一份书面约定。我再次激动不已，欣喜之余又不得不担心，这可能会像以前一样落空。长文？我想到《下一次将是烈火》，也想到《黑人男孩眼中的白人男孩》。也许鲍德温的下一篇长文会出现在《新爱丁堡评论》上,而我将成为他的编辑。

当然,我们没钱。我们的作者可以得到 20 英镑稿费,长文或者特别出色的短篇小说可以得到 30 英镑。他们本应被文学本身的能量所激励。我记得在诺曼·波德霍雷茨写的《创造》(*Making It*)一书中,我读到鲍德温 1962 年写的那篇后来成为《下一次将是烈火》的文章,从《纽约客》那里获得了大约 12000 美元的稿费(真实数字接近它的一半)。究竟他会怎么看待这 20 英镑呢?在某期《新爱丁堡评论》上,我转载过威廉·巴勒斯的一篇短文(这篇文章实际上是我几年前为另一本小杂志免费从他那里得来的),然后我给他寄去一张用我自己的银行账户开出的 10 英镑支票。巴勒斯很不快,直接把支票寄给他在英国的代理人,对方把支票退给我,酸溜溜地说我侮辱了她的客户。

我打电话给鲍德温,说我很高兴他同意为杂志写点东西,但也提及了我的尴尬之处。

"别担心钱的问题。"他用和蔼、低沉的声音说道。我感觉,"别担心钱的问题"对我来说是一回事,对詹姆斯·鲍德温来说又是另一回事,所以我坚持要给。如果他写 4000 字,我们就破天荒地开出 80 英镑。

"80 英镑?"鲍德温停了一下,"没问题。"

事情谈成了。我们约定七月截稿。到了约定的日子,一封电报来了:

> 我担心你那篇文章我无法按建议的篇幅完成
> 我一直在给你打电话请给我回电
> 詹姆斯·鲍德温在圣保罗德旺斯

无法按建议的篇幅完成？鲍德温想写多长？要我说的话，一整本杂志都可以让他来写——如果他愿意，未来一整年都是他的。

我打去电话。他说这本书给他许多思考；这是一个沉重的负担；我迫使他面对"生命中非常重要的东西"；根据科利尔的叙述，他重读了《汤姆叔叔的小屋》，他需要探索其中的关联……

他让我在周末再给他打电话，我照做了，后又在周初、周中、周末和下周初给他打去……几乎每次都是不同的人接听。他们都认识我了。这些友好而自信的黑人的声音说，"哦，坎贝尔先生！你好吗？吉米还没起床。你能一小时后再打来吗？"有时鲍德温也会来电话，彬彬有礼地询问我的健康状况，或者苏格兰的情况，或者天气……"我正在写那篇文章"……"但这里非常热。"

他终于写完了。要不是我告诉他（坦率地希望作者如期交稿），我们已经印好了封面，上面有他的名字和照片，我相信他永远也写不出来。

"我在封面上？"鲍德温喘着气说，"我最好赶紧开工。"

文章发来后，我看到它并不像我期待的那么长，或者是我的胃口已被提高，它已接近原定 4000 字的目标。文中也没有提及《汤姆叔叔的小屋》。按照他的惯例，先给文章拟好标题，叫作《悲伤之歌：救赎的十字架》，取自 W. E. B. 杜波依斯开创性的著作《黑人的灵魂》最后一章。

在介绍性地批评科利尔这本书的局限后，文章进入了对这种"始于拍卖场"的音乐的沉思。这不是一篇伟大的文章，没有《土生子札记》那样的风格，但它是一篇好文章，其他人写不出来。它的动力来自需要肯定艺术和生活之间的联系：艺术之所以重要，是因为它所来源的生活更重要——

  奴隶的母亲……时至今日，还在为她被屠杀的儿子哭泣……谁要是不能面对这一点，就永远无法承受这种节拍，这是音乐与生命的关键。
  音乐是我们的见证，也是我们的盟友。节拍是忏悔，它认识时间、改变时间，也征服时间。

*

  大约又过了两年，我才真正见到鲍德温，这次相遇再次遵循了某种有点滑稽的模式。
  《悲伤之歌》完成后，他大方邀请我去圣保罗拜访他，以此完成我们的约定——"如果你碰巧顺路的话"。他还给了我一些电话号码，让我可以联系他在纽约的弟弟和母亲，他说他们知道他在哪里，我们应该保持联系。
  他伸出这双友谊之手，让我受宠若惊，我下定决心，一定要在不久的将来"碰巧顺路"。
  第二年初夏，机会来了，我要去巴黎。我在一个电话亭给鲍德温打电话。"你好吗，亲爱的？"他问。我很好，那他呢？鲍德温笑了。"有点紧绷，有点紧绷……不过没关系。"我解释道，如果方便的话，我想接受邀请，下周中去拜访他。鲍德温没有犹豫，他说他很高兴。我们约好一个抵达的日子，我问他，"离开巴黎前，我需要打电话告诉你吗？"

"如果你有时间，"他说，"到了尼斯告诉我。"

我答应了。"那再见了。"

"再见，亲爱的！"

事实上，离开之前我没有给他致电，因为我不想给他理由推迟约会。作为礼物，我买了一张伟大的钢琴家玛丽·露·威廉姆斯（Mary Lou Williams）的唱片，从巴黎搭清晨的火车前往尼斯。九个小时后，我从火车站穿过马路，来到一家咖啡馆，拨通了鲍德温的电话。在我们的通话史中，这是他第一次亲自拿起话筒。

"鲍德温先生——"

"嘿，亲爱的，你好吗？你在哪儿？"

"我在尼斯。"

鲍德温爆炸了。"你在尼斯，伙计！哦，亲爱的……"（他的声音突然放缓）"你应该早告诉我。"

我还没来得及反驳他，他自己说过事先打电话并不是必须，他就先问我"你身上有法郎吗？"当然有，我已经在巴黎待了好几个星期。"好吧，听着。现在打车去圣保罗德旺斯。你会讲法语吗？让司机在一家叫科洛姆多尔的餐厅放你下来。他知道的。我会在那里。"

我到了科洛姆多尔餐厅，但他不在吧台。我向服务员打听"鲍德温先生"，他耸耸肩，含糊其辞。我拖着包，穿过马路，来到对面一家更大的、占了一整片地方的咖啡馆，在外面等着，看一些男人玩滚球。不到一刻钟，鲍德温出现在五十码外的路口：他身材瘦小，戴着墨镜，穿着短袖衬衫，步履蹒跚。他环顾四周，似乎自己也是个陌生人。我对他的印象已经过时了。他的头发已经花白，不再是我在书上看到的那个年轻人。

我走近他。

他摘下墨镜。

"是你吗？"

我们走进科洛姆多尔餐厅，服务员现在看到我们俩又显得非常高兴。我不是来寻求签名的粉丝，我是鲍德温先生——吉米的朋友。

他看起来既紧张又羞涩。喝了两三杯以后，他问道："你住在哪儿？"

我一定是暴露出了慌张的样子，因为他替我回答："如果你愿意，可以住我家一楼。"

伯纳德·哈塞尔也来了。他惊奇地盯着我，在我们握手时，非常缓慢地念出我的名字，仿佛看见了一个谜题的答案。

他拿着我的包走在前面，我和鲍德温一起从圣保罗往山下走，这条路通往科尔村，会先经过鲍德温那座老石头房。那天是7月14日，天气炎热。鲍德温给我一杯酒，我们站在花园里聊天，山上的村庄开始燃放欢庆的焰火。他看着我的眼睛。"你到家了。"他说。

直到很久以后，我又回想起自己尴尬的到来和随后一周受到的盛情款待，才意识到他已经把我们几天前的谈话忘得一干二净。"有点紧绷。"在巴黎那通电话里他说。我想他也不会记得。当他问我"你身上有法郎吗？"时（我发现他很习惯别人只是来找他借钱），他还以为我刚从爱丁堡来到法国。

每次我提出要走，鲍德温或者伯纳德都会让我再住一晚。"明晚在格拉斯有个派对，"伯纳德有一天说，"为什么不留下来参加呢？"

第二十四章　　357

我们坐上出租车,这辆车一直在门外,等着我们玩几个小时再出来。伯纳德领我们进门时,一位英国有名的惊悚小说作家正站在门口。他对我们的到来早有准备。他握住伯纳德的手。"詹姆斯·鲍德温,见到你我太高兴了。那天我们从巴黎飞往尼斯坐的是同一架飞机。我在头等舱看到你,心想这肯定是詹姆斯·鲍德温。"

伯纳德收回自己的手。"我是伯纳德·哈塞尔。那位才是詹姆斯·鲍德温。"后来他冷笑道,"看见一个黑人坐头等舱,就觉得他一定是詹姆斯·鲍德温。妈的!"

鲍德温在聚会上出色地扮演了名人的角色。戏剧性正是他的核心特质。这个自我戏剧化的特点不亚于他的正直,他的姿态中带有某种夸张,他的表演欲永不停歇,他的弱点是喜欢在公共场合获得关注和认可。谈及自己的同时代人,他可能会提到马龙·白兰度和小萨米·戴维斯(Sammy Davis Jr.),或者索尔·贝娄和拉尔夫·埃里森。我记得在一圈人的中心,他半坐在地板中间的圆桌,一只脚翘在椅子上。正在讲一件趣事,关于他在《乔瓦尼的房间》出版过程中遇到的难题。我注意到他是如何用一种自嘲而不失体面的幽默感来损自己。他告诉他们,《下一次将是烈火》的写作几乎出于偶然。

"我本该为《纽约客》写一篇关于非洲的文章,但没有成功。我写不出来。所以我必须给他们写点什么,来证明我在非洲的三个月,没有用他们的钱来打飞机!"

他的表达准确、熟练、风趣,当你说了一些有趣的话,或者他的某个包袱响了,他就会仰头大笑,非常有感染力。他对崇拜和敬畏习以为常,对人却又真诚信任、慷慨大方,不分肤色、阶级或性别。他知道自己是名人,是奇特的物种,但没有沉溺在自己所受到的关注之中,似乎对每个崇拜者都给予了相应的回报。

在回家的出租车上(伯纳德已经先回去),我问他为什么要这样做,为什么要在这些显然都是粉丝的人面前,扮演这种介于王子和宫廷小丑之间的角色。他们只知道《乔瓦尼的房间》和《下一次将是烈火》是某个名人写的,而他们正和这位名人混在一起。

鲍德温没空理会我的傲慢。"我砸碎的杯子已经够多了!"他在出租车的后座上说,睁着他那双巨大的眼睛,突然举起一只手,扇动着手指,"我已经讲了太多话!都没什么用。人们必须学会接触彼此。"

用他的话说,他喜欢我们"共同工作"的事实,喜欢把我作为"自己的一位编辑"介绍给别人。他让我读他刚完成的随笔手稿和一些诗歌,随笔是为《花花公子》而写,后来发展成他关于亚特兰大杀童案的著作《未见之事的确据》。这篇文章具有鲍德温的许多优秀品质,但我能读出,20世纪50年代和60年代初那种紧凑、亲密、手札式的抒情方式已经永远地离开他,就像歌手的嗓音会变粗、画家的风格会凝固一样。我不太喜欢鲍德温的诗,但谈及其中一首长诗《摇摆李的好奇》("Staggerlee Wonders"),我说他的声音从话语的必要性中解放出来,自由地发挥出诗的抽象,这让我很着迷。

鲍德温看着我,仿佛我说了什么新颖的话,实际上我只是一直在努力找话说。"从话语中解放,"他不停地重复,一遍又一遍,"从话语中解放。"

我偶然发现他为《花花公子》写的文章获得了丰厚稿酬,这篇文章并不比他给《新爱丁堡评论》写的长多少。然而尽管没人邀请,他主动提出要为《新爱丁堡评论》撰稿。他说这些杂志很重要。它们可以铸就名声。他自己就是从这些杂志起步。

后来,我发现给《新爱丁堡评论》这样的小杂志写作,给他带来另一种财富:让他回到早年在巴黎的生活。不像翻阅他的第一本书那般怀旧,而是让他能像当年一样,成为年轻作家、艺术家和编辑圈子中的一员,当时只有这类杂志向他敞开大门。他明白创作工作内在所需的荣耀,这给他勇气寻求突破,全力以赴成为一名作家。在《新爱丁堡评论》,他很高兴有机会重温那些价值观、那种氛围、那位作家,代表文学本身的能量去写。

他的成就真的就像在石头上播种,从岩石——时代的岩石中雕刻出形状。"是岩石召唤我",他说。这主要是一种宗教的呼唤,一种为了贫民的使命,这个使命在美国已被权势、金钱和名利所纠缠。一份来自苏格兰的业余小刊物,散发出的清教徒气息,唤醒了他心中挣扎的艺术家——他试图复活的那位艺术家。

他一般要睡到午后。等英文和法文报纸送来,天气好的时候,他就坐在外面那张有顶棚的桌子旁——前一天的晚餐直到夜里12点多才在那里结束,喝一杯加冰的尊尼获加黑方威士忌。

当他带我参观位于房子低处的书房(他称之为"行刑室"),我注意到书架上有许多关于黑人题材和黑人作家的书。桌上放着一本伊斯梅尔·里德(Ishmael Reed)的小说,他是西海岸先锋派的成员,也是美国黑人文学界的坏**孩子**。鲍德温曾公开表达过对里德作品的欣赏,里德却蔑视和侮辱他,说鲍德温是"一个像约伯一样的骗子"。正如其他针对他性取向的嘲讽一样,这句话深深伤害了鲍德温。

当他发现和里德同龄的那批作家都把他视为"已经过气"的上一代,他很受伤,因为他还不到六十岁。他还没习惯自己成了"老顽固",他们就想把他干掉,就像他排挤自己的导师理查德·赖特一样。

鲍德温不接受退休。一天傍晚,他在科洛姆多尔餐厅里宣称,"我才刚刚开始成为一名作家"。一通来自《花花公子》的电话打到吧台,是伯纳德从家里转来,说他们喜欢他的作品。鲍德温仿佛中了大奖。他举起酒杯。"我才刚刚开始成为一名作家!"

他想回到艺术家的状态,正如民权战争爆发时,他被征兵前的那段时间。他曾偏离这一轨道。但现在的文学图景已经变了。伊斯梅尔·里德改变了它。爱丽丝·沃克(Alice Walker)改变了它,托尼·莫里森也改变了它。1952 年出版《看不见的人》后就少有作品问世的拉尔夫·埃里森,也仍在改变它。几乎可以说只有一部作品的埃里森,是否会超越多产的鲍德温?1964 年,鲍德温首次提出要通过"挑战语言"来克制自己的经验,不过并未实现。他的智慧拥有独一无二的强力和精妙,但他需要某种审美刺激,一种人物与观念的新关系。如果没有这些,他将无法获得艺术家的崇高地位,这也是最初的职业生涯对他的许诺。

在我看来,当时"黑人写作"和"黑人作家"这两个词无论如何都不适合他。我毫不犹豫地回避了这些概念。小说家鲍德温是一位老式的美国现实主义者。作为一个非美国人,我并不把他视作一位黑人作家,正如梅勒也不是犹太作家,罗伯特·洛威尔(Robert Lowell)不是波士顿作家一样。他的主题和他们一样,是我们共同的困境。事实上我能看到鲍德温和我分享同样的文化——加尔文主义,以及共同的历史段落。他出生时叫"詹姆斯·琼斯",和我一样有个凯尔特人名字。他的关注点之一是美国的种族混合,他本人也和白人有关系。也许他的血管里流着凯尔特人的血。

如果说他被迫从边缘人的角度看问题,那也是我所熟悉的——伯恩斯(Burns)、斯科特(Scott)、史蒂文森(Stevenson)、麦克迪亚米德(MacDiarmid)以及直到我这一代的所有苏格兰作家,都属于边缘人的视角,我也如此看待自己。"吉米注意到你在《新爱丁堡评论》上介绍他是美国作家,"伯纳德有一天对我说,"而不是黑人作家。他喜欢这样。"

那么,从一个并非所有原住民都是黑人的地方开始这趟新旅程,情况会如何呢?把妇女解放作为主题?越南?美国印第安人?要么像他前一天晚上向我解释的那样,写一篇关于托尔斯泰和陀思妥耶夫斯基之间差异的文章?或者关于亨利·詹姆斯和海明威?

我的动机有一部分是自私的:我想亲身看到、听到、感受到鲍德温娴熟的随笔技巧,如何书写那些对我来说很重要的主题。比如,我刚刚写了一些关于海明威的文章,不算差,也不出彩。我渴望鲍德温的笔聚焦于此,仿佛它是一束耀眼的光芒,创造出"意想不到"的东西,正如威廉·肖恩谈到《下一次将是烈火》时所说。

"海明威?"鲍德温一脸疑惑,"我不这么认为。也许福克纳吧。你知道的,一些我能感同身受的东西。"

不过,后来他告诉我,他重读《太阳照常升起》,比预想的更喜欢。所以也许他终究还是可以将它们联系起来,写出一些新颖独特的文章，关于海明威、二十年代的巴黎侨民以及他们写的小说。

但那时我已经开始发现，他已成为的黑人作家，成了他的绊脚石。

"黑人作家为了言说而付出的代价，是最终无话可说。"鲍德温1952年发表了这句乍看很精辟的格言，但在他生命的最后一刻，这句话却以反讽的方式显露。他的最后一本书出版时遇到很大的困难。《未见之事的确据》遭到多家出版社的拒绝，其中包括自1956年起就一直出版他作品的戴尔出版社，最后被亨利·霍尔特（Henry Holt）买下，在完成数年后才发行。

备受困扰的自尊心，让他轻描淡写地把出版延期归结为"政治原因"：他说他的书写太具争议性。对黑人经历的真实描述，需要"对词汇的基本假设，施加巨大的暴力"，他告诉一位采访者，"他们不会让你这么做"——"他们"大概是指出版社、建制派也许甚至还有美国政府。

鲍德温是否认为自己遭受了审查或禁令？他似乎——至少看上去这么认为。1984年，他跟我说他在《未见之事的确据》上遇到的"政治"困难，给我一份复印稿让我读。对我来说，出版社拒绝出版的原因显而易见，没有必要搞阴谋论。要把《花花公子》上关于亚特兰大儿童谋杀案的文章从6千字扩充到6万字，他发现已经没什么可说。书中充斥着他的童年轶事和针对"共和国"的论战。如果说他在语言上施加了暴力，也只是让它变得不那么连贯而已。

他也没有进行像样的研究。鲍德温相信凶手韦恩·威廉姆斯

第二十四章

（Wayne Williams）无罪，但他不是那种会进行长时间采访、提出冒犯性问题、找寻线索并核对事实的记者。他凭直觉工作。但调查一起谋杀案，需要的不仅是直觉。

这次我来圣保罗，是为了在他60岁生日之际为《泰晤士报》采访他。当我从伦敦打电话告诉他，我将在下周抵达，他说"在那之前来吧。这周就来"。他的魅力和吸引力丝毫不亚于从前，但疲惫之情溢于言表，偶尔还有些绝望。在我们的一次谈话中，他从桌上拿起我那本《土生子札记》，翻到那篇开启了他的文学事业的随笔《哈莱姆贫民窟》，大声朗读起来："这里的房租比别的区域要高百分之十到百分之五十八；食品到处都贵，但这里更贵，品质更低。"他抬起头说，"一切都没有改变"。然后又开始读："我想象得出，每一个生在这个国度的黑人，到了青春期，他的生活环境都会给他烙下无法弥补的伤痕。"以及，"一切都没有改变……'在哈莱姆，黑人男女总是懵懵懂懂地成年，绝望地想找一个立足之地'"。

鲍德温合上书，把它放回桌上，用他那戏剧性的方式睁大眼睛："一切都没有改变！"

那天晚上，应一位黑人青年和他妻子的邀请，我们到旺斯的一家餐馆用餐。对方是一位摄影师，他希望鲍德温为他的一本美国黑人名人录撰写文字部分。我很快看出鲍德温根本不打算完成这个任务，不明白他为什么要在这个人身上花时间，他给我的印象是粗俗而虚荣。很明显他们几乎不认识彼此，因为鲍德温在试图跟我们介绍这位摄影师时，记不起他的名字。不过，这位摄影师也不是那种浪费时间拐弯抹角的人。

"那么，詹姆斯，你觉得什么时候能开始我们的项目？"我们驱车前往旺斯时,他问。

"我现在很忙,"鲍德温在后座嘟囔,"但也许秋天可以。"

大多数时候我都没吭声,但随着晚餐的进行,我开始觉得主人在利用我,把我当成白人替罪羊。鉴于我不打算对他无礼,只是无声地抗议他对我的态度。我无视他的大部分发言,但我即将到来的反抗,却是由一件无伤大雅的事情引发。当时鲍德温不在屋里,大家聊起黑人女作家的浪潮,我不经意地说道,她们似乎已经从男性作家手中夺过了先锋的位置。

摄影师对此不以为然。他反驳说,她们的"成功"不过是一种白人势力把黑人女性和男性分开的策略——"就像他们在奴隶下船时所做的那样"——从而压制两者。

当他开始讲述奴隶贸易的简史,我小心地指出这种论调虽然通顺,却没什么价值。反过来解释也很容易:黑人作家(无论男女)的成功,破坏了作为共和国基础的白人至上主义。如果真的存在打压爱丽丝·沃克的阴谋,那么让她登上《时代》杂志的封面,也是一种有趣的方式。我并不看重《时代》杂志对文学的贡献,但我也不喜欢简单的阴谋论。

"你怎么能理解呢?"摄影师冷笑道,"你可是白人。"我抗议道,如果我们都追求理解,那么他坚持贬低我,显然会阻碍它。

这时鲍德温回到了房间。"我不明白到底怎么了",他在咆哮中不停地说,而我觉得他从未明白,然而不管怎样他还是站在黑人这边反对白人,继续用他自己的方式教训我。我反对被归为"白人",也反对被说教——"哪怕被你",我说。

"你应该感到幸运!"鲍德温吼回来,"你们中大部分人甚至连这一点都不懂。黑人……"他用手指在我眼前晃,如同节拍

第二十四章

器,"早就!……不跟白人说话了"。

我们从餐厅转场到酒吧,又换到另一家,仍在争吵。摄影师的妻子走了,然后是摄影师本人,大约凌晨五点,鲍德温和我回到他家阳台,我们握手言和,算是打个平手,各自踉跄着回床睡觉。第二天下午,一切又恢复正常,再也没人提起这个话题(包括摄影师在内)。

一年后,我们终于在苏格兰再次见面,席间很欢乐,我们又开始如今已经很熟悉的马拉松式喝酒,鲍德温一如既往地表现出好奇和年轻,对他面前的每一个话题都努力说点什么:他曾经说过——"发现,是多么美妙的词汇!"

然而,我亲眼目睹过鲍德温那些信任的抚摸和美好的笑声,是如何为愤怒所控制,这种愤怒既古老又深沉,最后就如同第一个奴隶的母亲为她被屠杀的儿子哭泣。

第二十五章

鲍德温不是那种只专注于一部作品（小说、随笔或戏剧）的作家，直到它无懈可击，或者到了他觉得再写下去就有损于这部作品的地步。他总是同时做两件或更多的事情。20 世纪 80 年代，他有三件大事同时进行：小说《穆罕默德没有证件》(*No Papers for Mohammed*)、戏剧《迎宾桌》(*The Welcome Table*)，以及关于黑人烈士麦德加·埃弗斯、马尔科姆·艾克斯和马丁·路德·金的"传记三部曲"，他给这本书起的名字是《记住这所房子》(*Remember This House*)。

我第一次见到他时，还相信这些书一旦完成，将为他的作品序列增色不少。我和他讨论了他风格的转变，以及我从《无名的街道》开始就感受到他为创造一种新风格所做的努力。鲍德温说他不可能再像三十年前那样写作，但修改了我对他的美学评价：比起我说的"新习语"，他更喜欢"新道德"——"用我的话说，"他说，"这是一码事。"

然而随着时间的流逝，他始终在写那本关于"麦德加、马尔科姆和马丁"的书，人们越来越怀疑，他是否有足够的耐力完成《记住这所房子》这样一个庞大的项目。他要做怎样的研究？我几乎无法想象鲍德温会编制索引，或者坐在图书馆里研究金的南方基督教领袖会议档案，或者对分裂伊斯兰联盟的政治阴谋进行冷静的调查。蓝调歌手的工作方式并非如此，也不想如此，鲍德温越来越喜欢"除了自杀，忏悔没有避难所，自杀就是忏悔"之类的预言式表达。这本书将沿用印象派、札记体的模式，这是他自己的风格，也是他的强项。

摆在他桌上的还有那本《穆罕默德没有证件》，这是他在1974年出版《假如比尔街可以作证》之前就开始考虑的一部小说。这部小说的根在土耳其，也在于他的个人难题。鲍德温旅居伊斯坦布尔期间，恰逢第一批土耳其移民工人涌入德国和瑞士。自视为另一个大陆弃儿的他，对他们的处境深表认同和同情。然而几年之后，当他来到圣保罗生活，还要负责打理一个宽敞的花园，他发现自己成了一队阿拉伯工人的雇主，这些工人视他为种植园的主人，他一走近，他们就会改变说话的方式，和他保持着难以逾越的友好距离。"在某种程度上，"1974年，鲍德温在和克里斯蒂安·德·巴尔蒂亚进行的长时间访谈中，用法语说道，"我在穆罕默德身上，从他的眼神、声音和行动中看见了我自己，在那一刻，我成了压迫者。"

这个想法挺有潜力，但和传记三部曲一样，这部小说从未完成。不过他写完了《迎宾桌》。虽然鲍德温在扉页右上角写下"初稿"二字，但剧作已经完成。这是一部相对较短的作品，适合在工作室制作，除了开头一个简短场景，所有情节都发生在法国南部的一栋大房子里。正如舞台说明中描述的那样，这栋房子很像鲍德温自己在圣保罗的那栋，《迎宾桌》和《就在我头顶之上》一样，包含了许多自传性内容——不过在书中，这些内容被赋予了性心理上的特殊调转。

剧中的主要人物包括：来自新奥尔良的克里奥尔女子伊迪丝（被描述为"女演员、歌手/明星"）、她的表妹兼得力助手拉维恩、美国记者彼得·戴维斯、"前黑豹党成员"丹尼尔和来自阿尔及利亚、自殖民战争以来流亡法国的贵族小姐拉法热。除了最后一位以外，所有角色都是黑人。此外，剧中还有"伊迪丝最年长的朋友、刚刚丧偶的"雷吉娜，以及罗伯和马克，他们都是白人。罗伯和马克是恋人，罗伯和伊迪丝也是。

鲍德温把黑人白人、男人女人、同性异性混在一起，让这部戏又回到《另一个国家》的范畴，行文中不时出现一些同样适配那本小说的话，比如罗伯说："爱情不是你可以带回商店退款的东西"。当他说出"一个人的恋人是他的一把钥匙——亲爱的，当钥匙转动，你看到门后的东西，并不总是桃子和奶油"以及"爱就在你找到它的地方"，鲍德温又重新回到那部小说的主题。

然而，《迎宾桌》和《另一个国家》的一个不同点在于，后者的设定是纽约的平民生活，《迎宾桌》的背景则在蔚蓝海岸，人物也是由"明星"和那些可以衬托明星光芒的人组成。

伊迪丝对自己的成功感到厌倦：成功阻碍了她成为真正的自己。故事一开始就告诉我们，当她照镜子的时候，"不喜欢在镜子里看到的自己"。别人却说她有一张"相当出众的脸"。她在戛纳附近的房子是跟九十岁的拉法热夫人买的，正如现实生活中鲍德温的房子是跟黑脚法国人富尔夫人买的一样，在这一切的背后，她还是一位"蓝调歌手"。

总之，除了性别以外，伊迪丝和她的作者非常相似。但即使这种区别看似如此明确，也遮蔽不了某种个人色彩，因为雌雄同体正是这部剧的动力。雌雄同体,而非同性恋,是鲍德温选择的"性别",也是他的"新耶路撒冷"道德观的重要元素。他在晚年发表的一篇文章中写道:"当你最后一次喝酒,无论你是独自一人还是和他人一起,你都是在和一个雌雄同体的人喝酒,而你最后一次掰面包或者……做爱时也是如此。"

这部作品中还有其他自传线索。尽管拉维恩和伊迪丝有血缘关系,但她履行着秘书/总管的职责,她的嘴和鲍德温自己在圣保罗的秘书伯纳德·哈塞尔一样尖刻。鲍德温自己也说,在创作沉稳的记者彼得这个角色时,他想的是他的弟弟大卫(彼得是唯一一个有姓的角色,他的姓是戴维斯),而剧中一个副线情节是彼得和前激进分子丹尼尔之间一段父子般的对话,丹尼尔正是大卫·鲍德温儿子的名字。

舞台上同时发生着两个核心事件:一个是为年迈的拉法热夫人举办的生日晚宴,另一个是伊迪丝接受彼得·戴维斯的采访,记者卸下了这位明星的保护层,穿透了她的自我防御。当然,鲍德温本人也把大量时间留给了采访者,以至对有些问题的回答都形成了"套路",伊迪丝也有类似经验。《迎宾桌》另一个主要的主题,反映出鲍德温个人的另一个关注点,即声名的腐蚀,它的作用就像是自我对自我的逃避。在彼得·戴维斯手里,伊迪丝被迫进行自我审问,她的名声曾保护过她不必这样做,因而她被推向"忏悔",而鲍德温认为,"忏悔"可以抵御一切邪恶。

在这个例子中,他采用了自传性的探索策略——让他的另一个自我成为女性,拥有一个双性恋情人——代表了他对每个人雌雄同体本质的信念。他在晚年关于这个问题的论述在《有龙出没》中如此体现:"如果我们不曾拥有来自两个性别的精神资源,那么男女之间或者任何两个人之间的爱情,都是不可能的事。"

鲍德温的性道德观是清教徒式的(这是 20 世纪 60 年代大家对他的指责,尤其是在《另一个国家》出版之后),他强调爱和自我认知在每一次性活动中的地位,而绝非放荡和狂欢。他曾说:"在你知道如何去抚摸一个男人之前,你无法学会如何抚摸女人。""不诚实"的不是他,而是"大男子主义者——卡车司机、警察、足球运动员"。即便在这里,他的性政治也是包容的,而非排他的(这也是他不参与同性恋运动的原因,他将其称为"俱乐部"):

> 根据我的亲身经历,我知道大男子主义者们……远比他们想认识到的复杂得多。这就是我说他们幼稚的原因。对他们而言,他们的需求简直无法言说……我认为,男同性恋者必须认识到他是其他男人的性目标,这很重要,这也是他被鄙视、被称为基佬的原因。他之所以被称为基佬,是因为其他男性需要他。

尽管他自己认为这部剧值得更多关注(尤其是它的核心场景,彼得揭开伊迪丝面具的时刻),尽管剧中许多人物说话时用的"时髦"成语有时令人恼火,《迎宾桌》仍然是一部引人入胜的作品。它在技术上巧妙地运用了戏剧手法,让几段对话同时进行,在潜台词中相互推动,为深层的关切提供了活泼而幽默的界面。彼得和伊迪丝交谈的场景,对应着拉维恩、雷吉娜和拉法热夫人在餐桌上,丹尼尔和特里(彼得的摄影师)在酒吧里的对话以及罗伯和马克作为情人之间的争吵。这些简短的场景相继出现在聚光灯下,每次只说几句台词,与此同时,其他几组角色留在舞台上,留在观众面前,但暂时笼罩在黑暗中。作为鲍德温完成的最后一部作品,《迎宾桌》为他的职业生涯画上了一个比《未见之事的确据》更圆满的句号。

这部剧是鲍德温1972年回到法国生活后,创作的第一部提到了他所客居的法国的作品。20世纪50年代,鲍德温写的几乎每一部作品都与他在法国的经历有关,现在,他可能常年住在欧洲,他的精神家园却在美国。如果像他喜欢说的那样,他在这两个地方都生活过,那么也可以说,他在两地的生活都不完整。

他总是在寻找回家的借口,1983年,当他在闲时回到美国,他没有去纽约——他"可怕的"出生地,而是去了马萨诸塞州的阿默斯特,一个由白色木屋和宽阔草坪组成的宁静小镇,因与艾米莉·狄金森的关系而闻名。鲍德温搬到了邻镇佩勒姆一位白人女同事的家里,在马萨诸塞大学担任五院教授。他在那里讲授文学和民权史,办创意写作班。

对这位来自哈莱姆的赤脚男孩、左岸的贫穷艺术家、伯特兰·罗素和休伊·牛顿的朋友来说,这是又一次奇特的旅程。从1941年结束学生生涯以来,他几乎从未走进过教室,演讲活动除外。而作为鲍德温教授,他所引起的反响不一。

在个人层面上,他大受欢迎,给教师队伍增添了一位声名显赫的新成员,他的表现却令许多学生失望,因为他们不适应他在讲台上的即兴发挥。有些"课"只是这位伟人一段简短的回忆,然后就开始问答环节。一位报名参加他的创意写作课的学生惊讶地发现,老师几乎不指导学生写什么或怎么写。他会说,"给我看看你写的东西就行了",他更愿意让学生承担证明的责任。最容易引起他注意的那类作品,是以个人危机为核心的故事或者诗歌,而对于细致的叙述性写作,他兴趣不大。

在讲授民权历史的课程上,他再次即兴发挥,一如他人生中的即兴布道和演讲。他向学生们讲述他去阿拉巴马州塞尔玛参与选民登记的经历,"在那个年代,在南方,一个黑人拿着打字机,就好像拿着炸弹"。他向学生们讲述自己的父亲,讲他如何为了非洲人而谈非洲,如何"宣扬复仇——即将到来的愤怒"。他还讲过非暴力学说,将其和他生于斯长于斯的教会带来的人道影响联系起来:

> 我所说的教会,在某种程度上,让黑人能够不再把白人看作陌生人,看作敌人,而是把他们看作和自己一样的人,比自己有更大麻烦的人——这正是因为那些被称作黑人传教士的颠覆者,因为,正如救世主要求我们大家做的那样——"父啊赦免他们!……因为他们不知道自己在干什么。"

这些课程里有很多重复的事件,以及和之前的文章和访谈相矛盾的观点,但他富有个性和洞见的特质,无疑在学生们的想象里,让民权斗争的戏剧性比更正统的说法更加生动。鲍德温对当地一家报纸的记者说:"教授历史的唯一方法,就是让他们亲身体会。"他最重要的任务就是让学生们感到责任,而不是罪恶——"你不能两者兼得"。

他在马萨诸塞大学发表的一次讲座成了一桩严重丑闻的中心,涉及反犹主义的指控。发难的是小说家、W. E. B. 杜波依斯非裔美国人研究系的成员之一朱利叶斯·莱斯特。鲍德温被指发表了冒犯性内容的讲座，发生在 1984 年 2 月 28 日，但要到四年以后，人们才开始攻击他作为各式种族主义的敌人的良好声誉，当时，莱斯特（鲍德温的多年熟人，一度是激进的黑人活动家）出版了他的著作《爱之歌：成为犹太人的历程》(*Lovesong: Becoming a Jew*)。

1984 年，鲍德温在课堂上谈及那时的总统候选人杰西·杰克逊（Jesse Jackson）把犹太人叫作"犹太佬"、把纽约市叫作"犹太窝"的争议事件。鲍德温没有回避这个问题，而是把它摆在学生面前，引导他们展开讨论，这是鲍德温的特点。反犹主义的问题，对他来说并不陌生——事实上，他发表的第一篇随笔《哈莱姆的贫民窟》就是对这一问题的讨论，当时发表在犹太杂志《评论》上：

> 犹太人一直被教导，而且往往也接受黑人是劣等人的传说；另一方面，黑人……在与犹太人打交道的过程中，没有发现任何证据可以反驳犹太人贪婪的传说。在这里，非犹太的美国白人有两个传说可以立刻为己服务：他将黑人和犹太人这样的少数族裔分而治之。

这是鲍德温 23 岁时写的，此后他一直坚持这个基本立场。例如，1967 年，黑人杂志《解放者》发表了一些他认为反犹的文章，他因此从那本杂志的董事会辞职。鲍德温当时把反犹主义描述为"最古老、最野蛮的欧洲神话"。

莱斯特在书中这样评价鲍德温：

他不是反犹主义者,但他在课堂上的发言是反犹的,而他没有意识到这一点。

讲座结束时,他要求学生提问或者回应。然后真正的恐怖开始了。他的发言准许黑人学生站起来说出他们所知道的所有反犹的陈词滥调,他们这样做了,痛斥犹太房东和一般的犹太人。吉米听着,什么也没说。

讲座录制了声音,但里面的内容并未证实莱斯特的指控。[1] 以下对话代表了问答环节的气氛,对莱斯特来说,它们带来了"真正的恐怖":

学生:杰西·杰克逊的彩虹联盟里有犹太人吗?
鲍德温:当然。怎么可能没有?
学生:从他说过的话来看的话……
鲍德温:是传言这么说。他对犹太人说了什么?
学生:他说他们是"犹太佬",纽约是"犹太窝"。
鲍德温:是的。
学生:这该怎么理解呢……
鲍德温:我无法回答这个问题。我知道彩虹……
学生:那他对犹太人也作为彩虹联盟的一部分怎么看?
鲍德温:嗯,在他说这话之前,我没有理由怀疑,你也没有。现在既然他说了反犹的话,我们就有权质疑这一切。

---

[1] 1988年,当莱斯特的指控被公之于众,系里其他成员立即采取行动为鲍德温辩护,公布了讨论记录。1988年5月,莱斯特被强制调去犹太学系,由此引发的争论仍在继续。

第二十五章

这是一个……这是一个非常严重的事件，也许是灾难性的事件。此外我没法回答这个问题。

鲍德温此后说的话没有被记录下来。紧接着是第二位学生的发言，其中包含对犹太房东充满愤恨的评论："我认为和一个犹太人的团体结盟非常困难，因为我有过这样的经历……（和）一名来自少数族裔的房地产律师。"接着，这名学生列举了他从小在费城那栋楼里目睹的一系列违反防火条例的行为。"接着大楼经理走过来，他甚至都不在楼里住，他走过来对我说，哦，没那么糟——火灾没那么糟。他根本不知道。我当时就想一枪崩了他。"

如果这就是莱斯特所说的"恐怖"，那么录音带显示，另一位教授坚定地反驳道："我认为这么说没有什么意义。"在课程结束时又说："没有人说，不经历雷雨就能形成彩虹。"

鲍德温的思想太过精妙，他不可能在反犹主义这么粗俗的偏见里寻求庇护。他在哈莱姆经历过的黑人和犹太人之间的敌对关系，可能（虽然也没什么证据）给他留下了怨愤的残余，但没有任何记录可以证明朱利叶斯·莱斯特的指控——事实上恰恰相反。自从杰克逊发表臭名昭著的言论以后，鲍德温就建议他的学生们"有权全盘质疑"他提出的"彩虹联盟"。他也对学生们亮明自己的态度："这是一个非常严重的事件，也许是灾难性的事件。"

在他最后的岁月里，也发生了一些更令人欣慰的事。他看到自己的小说《去山巅呼喊》终于被拍成电影，一生的抱负终于得到实现。他还见证了《阿门角》在伦敦的成功复排。1985 年，他的非虚构选集《票价》（*The Price of the Ticket*）出版。1986年，他被授予荣誉军团勋章。

对朋友们来说，对那些在电视和讲台上看到他的人来说，他依然保持着他的流利、独创性、迷人的口才、机智、驾驭布道和轶事的能力。他依然在"转向、改变和探索"，就像很久以前他说一个作家应该做的那样，寻找新的方式来面对他"饱受创伤的祖国"里失序的情感坐标。他似乎是最自由的人之一，坚持书写自己的人生剧本，把生活当作他和造物主之间一次漫长的会议。鲍德温说的每句话似乎都出人意料，有时随口说的一句话，像定时炸弹一样留在脑子里。二十本书和上千次访谈都不足以表达他的道德观，他却能将自己的伦理准则压缩成一句话："人们对爱的恐惧胜过对死亡的恐惧。"他可能会在一次普通的关于性或者浪漫的谈话中突然插话。然后说，"好好想想吧！"

他的脸也许看起来像摩西一样老，但突然又会像孩子一样露出纯粹的喜悦。如果说他有时仿佛生活在荒野，那么他最终找到了一种方法，把精神上的孤独转化为崭新的决心。他一遍又一遍地说："我们要为自己做的事付出代价。"在他的神学里，这一法则（"依循我们熟知的那条'物极必反'的定律"）并不是以惩罚而是以胜利告终，因为他同样相信，并且一再重复："人们可以变得比现在更好些"。

他一如既往地忙于提出新的想法。然而，当他在"行刑室"里坐下来写作之时，他的高见已经无法像昔日那样转化为绝妙的句子。

第二十六章

> 如今一切都回来了……
> ——鲍德温最后一次接受采访，1987 年 11 月 14 日

也许他应该像他自己担心的那样戏剧性、轰轰烈烈地死去。鲍德温曾经被指责夸大了暗杀的危险，但 1980 年春天，发生在佛罗里达州盖恩斯维尔的一件事证明他是对的。在当时看来，这似乎预示着他害怕已久的子弹就要来临。

鲍德温和尼日利亚小说家钦努阿·阿契贝（Chinua Achebe）一起，参加佛罗里达大学一次主题为"定义非洲美学"的研讨。讨论进行到一半，鲍德温被一个似乎是技术设备故障的声音打断：一个短波无线电操作员的声音从他的麦克风里噼里啪啦地传过来，让他不得不停下来，打趣说"请原谅"。他继续讲，一分钟后又出现了第二次打断。这一次，麦克风里传来一个男性的声音。"我不知道哪里出了问题，"鲍德温对听众说，"但我想最好的办法就是不予理会。"

但他们再次讲话，那声音又清晰地传了出来。

"你必须停下来，鲍德温先生。我们不能容忍这样的事情发

生。"更多威胁的噪声传来,同时难以辨认。

  鲍德温吓了一跳,直接对着麦克风回话:"鲍德温先生还是要完成他的发言。我现在告诉你,不管你是谁,如果你在接下来的两分钟内暗杀我,我还是要告诉你:你怎么想已经不重要了。西方世界赖以生存的白人至上主义已经走到尽头,寿终正寝——结束了!"

  随后,两位作家继续进行讨论,在回答完最后一个问题之后,安全离开了会场。[1] 没有人报警。后来我问他为什么不报警,他耐心地笑着说:"亲爱的,那就是警察。"他至少应该死得很突然。他曾两次心脏病发作(最近一次是在1983年夏天),但每次都能康复,重新开始巡回讲课、完成教学、参与演讲、应邀访问遥远的国家,并且烟酒不离手,换作一个年纪只有他一半、体型是他两倍的人,可能早就没命。

  1987年2月,他在伦敦,我最后一次见到他,他正在一个喧闹的房间里忙碌,尽管他的脚一直没着地。

  他被一个身材魁梧的男人搀扶着,穿过刚刚参加完在基尔伯恩三轮车剧院举行的《阿门角》首演的人群。鲍德温的脸上露出了熟悉的笑容。扶着他的那个人,演出时就坐在我旁边,每次讲话都穿插着"是的,上帝!""阿门!"和"说实话!"这些口头禅,每次表示强调都会用力拍打我的膝盖。现在,他正催促鲍德温离开他自己的首演派对。

  "你要去哪儿?"我问道。

---

[1] 迪克·方丹(Dick Fontaine)拍下了这一事件,并将其纳入他关于鲍德温的专题片《我通过小道消息听闻了》(*I Heard It through the Grapevine*)。1981年3—4月出版的《黑人学者》(*Black Scholar*)杂志上的一篇文章也记录了它。

第二十六章

"问他吧",鲍德温笑着说,然后就像一件被租来的家具一样,被推出门外。

他没提起他要去医院做一个大手术。他得了癌症。尽管医生们竭尽全力,手术并不成功。在尼斯的医院里,他们为病人装出一副高兴的样子,但告诉伯纳德·哈塞尔,他的病很严重。他们说他的情况可以坚持到圣诞节。大卫·鲍德温从纽约漂洋过海来照顾他的哥哥,哥哥被送回圣保罗山上,经过一番痛苦的讨论,他和伯纳德都同意隐瞒这个消息。

夏天的几个月里,他身体虚弱,走路要借助拐杖,晚上很早就要睡下。具有象征意义的是,他把自己作品里的两个极端结合在了一起:他在第一本书《去山巅呼喊》的题记里写道"我朝前看,我很不解……",这和他最后的作品之一、他的随笔选集的前言中开篇几句话(鲍德温自己也许会说,从洪水的另一端)遥相呼应——"我的灵魂回首往事,不知道自己是如何走过来"。

即便如此,他还是谈到手头的工作。除了小说、戏剧和传记三部曲之外,还有许多项目和想法。如果他有能力完成英国出版商查托(Chatto)和温达斯(Windus)向他提出的计划,他会感到欣慰。鲍德温同意为理查德·赖特两部小说的平装本撰写序言,其中包括他非常欣赏的赖特死后出版的第一部小说《今日上帝》(*Lawd Today*)。封面上将印着"詹姆斯·鲍德温作序"的字样,尽管他向赖特的遗孀埃伦保证,一旦他的病情好转,就立即投入写作,但他和自己昔日的老师、从前的对手之间的和解从未实现。

1987 年 11 月,他在圣保罗的住所最古老的一间卧室里度过了生命最后几个星期,大卫把他从楼下的房间搬到这里,以便他在床和餐桌之间来回移动。卧室里光线很暗,大部分时间都相当安静,而画在墙上的中世纪花卉图案和矢车菊让人产生幻觉。西蒙·西涅莱和其他早已去世的老朋友都在房间里陪着他。

鲍德温曾多次说过,在生命的最后时刻也反复强调,他不是一个"信徒"。"如果'上帝'这个概念有任何正当性或任何用途,它就应该让我们更强大,更自由,更忠诚。如果他做不到这个,那么是时候抛弃他了。"这些话写于1962年,此后他的立场再也没有改变。

不过,虽然他不是某个特定信仰或教会的信徒,他的生活却建立在一种只能被称为宗教的信仰之上,正如他的思想充满了宗教信条。他的经文就是古老的黑人福音音乐:

> 就在我头顶之上,
> 我听到空气中弥漫着音乐。
> 而我真的相信,
> 上帝就在某处。

他的身体状况已经不足以去附近拜访鲍比·肖特(Bobby Short)在穆兰的家,在那里,歌手、作家还有带他去的大卫会一起友好地竞争,竞相从悲歌里造出最好、最古老的诗句。大卫·鲍德温说:"吉米拥有大量这样的韵文储备。"躺在病床上时,他反复要求弟弟播放萨拉·乔丹·鲍威尔(Sara Jordan Powell)演唱《奇异恩典》的唱片。

当他最终虚弱得无法行走,伯纳德、大卫或吕西安·哈伯斯贝格尔就会把他背到餐桌前,再背回去,后者从瑞士家中来到圣保罗，守在病床边。

有一天，当伯纳德想去把他从床上抱起来，鲍德温说他不想动。伯纳德告诉大卫，然后大卫走进了他哥哥的房间。

"伯纳德说你不想去餐桌那边。"

"没错。"

"怎么了？"

据大卫·鲍德温说，他像孩子一样回答道："我恐怕……不想让你又得把我抱回来。"

大卫说："看着他躺在那里，又瘦又小，我当时几近崩溃。但我忍住了，然后我开始手舞足蹈，对他大喊，'你在说什么啊？拜托！'我说，'小时候你背过我。为什么我现在不能背你？'接着我就把他从床上捞起来，抱着他往餐厅走。"

走到一半，被弟弟抱在怀里的鲍德温说："看来那首老歌没有骗人。"

"哪首老歌？"

"他不重，他是我的弟兄。"

他死了：1987 年 11 月 30 日。

2002年版后记

坎贝尔诉美国司法部一案[1]

1988年,开始写《在门外谈话》后不久,我就着手获取鲍德温在联邦调查局的档案。鲍德温经常提及他的"友好档案",有时还当着我的面,他确信他的电话不止一次被窃听。朋友和亲戚也会提到同样的事,在这种自然的愤怒中,你可以察觉到它所勾起的鲍德温始终重要之感。晚年时,鲍德温的文学声誉急剧下降,公众形象随之衰落,但他仍然认为自己受到政府机关的骚扰。最新的迫害者是美国联邦税务局。鲍德温告诉我,他打算把自己的税务事宜处理得尽可能有序。"然后我就要去告他们。"我从他的脸上再清晰不过地看到了愤怒之情——这种愤怒比在账目上欺负他造成的怨恨更深。

在1963年一次造访南方的途中,鲍德温听到一个16岁的黑人男孩说,"我没有祖国,也没有国旗"。对鲍德温来说,这是一句带着深深绝望的控诉,这句话唤起一种没有历史、与过去未来都没有联系的生活——一种给奴隶过的生活。在他看来,这个男孩的话表现出一种可怕的自我意识,更恐怖的是,它预示着一

---

[1] 这篇文章的另一版2001年春发表于《格兰塔》(*Granta*)。

种命运。这次相遇发生在鲍德温和罗伯特·肯尼迪那次著名会面的同一时间。1963年5月，他召集一群朋友和同人，跟这位司法部长讨论南方乱局，其中包括一位年轻的黑人自由乘车者杰罗姆·史密斯。史密斯对肯尼迪失去耐心，声称自己永远不会为保卫国家而战，因为他的国家竟如此可悲，不能为他提供保护——这种拒绝履行爱国义务的行为，似乎令肯尼迪感到震惊和厌恶，盖过了当天的其他言论。史密斯这句证词的真实性，在他为南方候车厅和快餐店里的种族融合所做的英勇尝试中，被他遭人打断的骨头所印证。这和他对自由派陈词滥调的激烈抵制，都给鲍德温留下了和"我没有祖国，也没有国旗"这句话同样深刻的印象。

会议结束后没几天，联邦调查局就开始对鲍德温产生比以往更认真的兴趣，尽管他们当时对此予以否认。这次失控的会议，还导致克拉伦斯·琼斯的电话被装上窃听器，琼斯是一名律师，当时正为小马丁·路德·金和南方基督教领袖会议工作，他陪同鲍德温参加了这次会议。对琼斯的窃听，成为联邦调查局档案里关于金的性丑闻的主要来源，最终被局长埃德加·胡佛和他的国内情报主管威廉·沙利文（William Sullivan）利用来恐吓金，试图逼他自杀。这次窃听还向联邦调查局透露了琼斯和鲍德温之间许多谈话内容，个中细节最近才曝光出来。

这些同司法部长以及不知名的南方男孩的谈话，是引发鲍德温在1963年发生重大转变的各种事件之一。不久之后，"我没有祖国，也没有国旗"就成为他不受欢迎的标志。性情的改变导致文学风格的改变，也导致作家命运的改变——它使鲍德温此前受到的那种公众瞩目变得黯淡。他曾被视为具有治愈能力、能够跨越鸿沟的作家，因此大受欢迎——男性和女性、父亲和儿子、异性恋和同性恋，最重要的是，他似乎能够理解善良的美国白人和他们的黑人同胞（邻居、学校里的朋友、奶妈、爱人甚至孩子），由于过于古老和难以理解的罪行而分离时所感受到的伤害。这一切加总的结果就是，他无法用语言来反驳一个在自己的土地上自称被遗弃的黑人男孩。鲍德温深信这样做是必要的，也完全正确（这种正确近乎一种宗教责任），使他受到联邦调查局更加严密的监视。

在当事人已不在世的情况下，申请联邦调查局档案的程序很简单。1988年5月10日，我写信给联邦调查局在华盛顿的总部："尊敬的先生/女士，我请求根据《信息自由法案》（FOIA）查阅联邦调查局关于詹姆斯·鲍德温的档案。"两周之后，回信确认"符合你请求的调查档案"存在，让我耐心等待。我很耐心。十八个月后，我收到的所有关于鲍德温的材料，不过是一些附带提及他名字的文件，整段文字甚至整页纸都根据"《美国法典》第5编第552条"被删去（除了留着詹姆斯·鲍德温几个字）。这些"豁免"大部分出于保护线人或者被提及的其他人（包括当事人朋友）的隐私。要么他们就说涉及"国家安全"。豁免范围之广，让负责审查材料的特工认为，他们有权删除每一条信息及其上下文，即使涉及的是一个不知情的线人，或任何一个还在世（抑或他们的死没有引起联邦调查局的注意）和没有明确放弃隐私权的人。不用多说，"国家安全"也是一个类似的弹性概念。然而我理应知足。

在一个经常使用《信息自由法案》的人的建议下，我写信给华盛顿一位名叫詹姆斯·莱萨（James Lesar）的律师。莱萨是一位友好、超负荷工作的私人律师，凭一己之力打破了美国律师贪婪、滑稽的形象。莱萨建议，要想获得实质性的"披露"（他经常用到的一个词），又不需要漫长的等待，唯一的办法就是起诉联邦调查局。对我来说这令人震惊，却是莱萨经常采取的行动，因此，在确定了费用之后，我们在1989年年底正式向法院提起诉讼，理由是一位作家在寻求正当工作的过程中受阻。

不久后，一只大箱子重重砸在我家门口。箱子里有一千多页材料，包括许多复制品和没什么用的索引卡复印件，来自华盛顿的联邦调查局总部和从纽约、洛杉矶和旧金山分部搜集的有关鲍德温的档案。其中一小部分来自中央情报局以及陆军和空军情报部门。随处可见写着"豁免"二字的巨大黑色方格，有些地方还夹着表格，说明其中有几页被扣留。

然而，许多文件即便没有躲过审查员的毒手，仍能说明问题——足以让我看到鲍德温20世纪60年代的政治参与，在纽约、好莱坞、美国南部、伊斯坦布尔、罗马和其他地方都相应受到持续的秘密监视。间谍们通过电话或者当面从邻居和亲戚那里收集有关他和他的行踪的信息。其中不乏联邦调查局特工"冒充报社记者""冒充出版商""冒充大学生""假装外国汽车销售代表""假装美国运通代表"。一旦发现有鲍德温发言的会议，特工都会出席。他们会监视他的言论，看他是否发表了颠覆性的观点，审查主办他演讲的机构是否和共产党有染。然后把他们的所见所闻写成报告，于是，一份翔实的有关詹姆斯·鲍德温（一个"有可能对美国安全构成威胁的人"）的"调查"档案就这样编纂而成。

1964年7月1日，鲍德温档案里一份长达17页的备忘录《关于……自由艺术家协会》，生动说明了胡佛领导下的联邦调查局是如何看待共产主义者和共产主义阵线。正如档案中记录的黑人演员奥西·戴维斯（Ossie Davis）所言，是"一个松散的团体……我们时不时地聚在一起讨论和争论。它开始于伯明翰爆炸案。我们讨论艺术家能做些什么，我们如何表达对这个国家道德状况的愤慨"。除了戴维斯本人，成员还包括小说家约翰·奥利弗·基伦斯（John Oliver Killens）、记者路易斯·洛马克斯（Louis Lomax）和詹姆斯·鲍德温。

一名线人报告说，自由艺术家协会（AAF）6月15日晚租用"纽约市西43街123号的市政厅"，为了演出"一部戏剧类作品"。租约由一位名叫威尔伯特·塔图姆（Wilbert Tatum）的人签订，他的头衔是戴维斯所在松散团体的"执行秘书"。不过，据说塔图姆还是"温代尔营地的活动主任"，这一点在备忘录的附录中有所"说明"。从那时起，凡是提到AAF的地方都会附上这份附录，其中透露的信息是，温代尔营地的前身是维塔巴克营地，在此之前是团结营地，而且至关重要的是，"1953年5月27日，有消息来源称，团结营地自1929年或1930年成立以来，一直受共产党控制"。从这里，我们又回到威尔伯特·塔图姆，从他那里又回到自由艺术家协会，现在可以说（经由三十多年前的线索），这个协会是一个共产党先锋组织。

我尽我所能从这些档案中收集资料，完成了《在门外谈话》这本书，1991年在纽约和伦敦出版。

然而，为了获得更多信息披露，莱萨花了二十年时间，紧盯这个调查机构。这本书出版后,我们商定他将继续跟进这个案子,试图获取更多有关监视鲍德温的信息。就这样开始了这场长达九年的原告詹姆斯·坎贝尔诉被告美国司法部的法律诉讼。1998年12月29日,案件在美国第二大法院——华盛顿上诉法院尘埃落定,做出一项莱萨口中"响亮的裁决"。上诉法院的法官以3比0判原告胜诉,"让我们几乎在所有维度都获得了胜利"。

在他这一行,莱萨是个特立独行的人,可能也是独一无二的存在(虽然这个案子以我的名字命名,胜利却是他的)。华盛顿的其他律师也从事《信息自由法案》诉讼业务,但他认为自己是唯一一个全职从事这项工作的人。他接手的大多数案件,最初的费用都得律师本人承担。"一般来说,你没法用私人客户的钱给《信息自由法案》的案件提供资金,"他告诉我,"他们没有足够的钱。因此这意味着你必须取得足够重大的胜利,法院才会判你赢,并补偿费用。从根本上说,我几乎所有案子或多或少都是应急接下,预付金通常不及我平时的5%。某种意义上,我用自己的劳动为这些案件提供资金,赌的是我将获得长期的胜利。"莱萨是1963年约翰·肯尼迪在达拉斯遇刺案的专家,也是暗杀档案与研究中心的主席。2000年夏天,当我来到他位于华盛顿市中心的办公室,一小车中央情报局最新发布的有关肯尼迪总统的资料,刚刚被添加到现有的库存。每次有人根据《信息自由法案》索要这些材料,各主管机构都必须重新审阅关于这些问题的档案。而对莱萨来说,在法庭上取胜,就意味着自己的办公室变得更狭窄。

他另一个持久的兴趣,是1968年小马丁·路德·金在孟菲斯遇刺案(莱萨曾是詹姆斯·厄尔·雷律师团队的一员),代理鲍德温的想法，勾起了他曾作为学生激进分子的那部分自我，用他的话说，他是"金博士队伍里的一名步兵"。直接来讲，他是在履行美国宪法所规定的言论自由的权利，以及所有公民都要尊重这些权利的义务，即使他们受雇于安全部门。"每当我看到有人扣留材料，却没有向我充分解释原因，我个人都会被激怒，"莱萨说，"从一开始我就意识到，快速赢得官司，宣布胜诉，然后将其束之高阁，这种做法不可取。有关部门会利用这一点。他们必须知道并且理解，我将在那里停留尽可能长的时间。"

在坎贝尔诉美国司法部一案中，朱迪斯·罗杰斯（Judith Rogers）法官发表了长达 45 点的法院意见。她对联邦调查局过去的行为和现在对《信息自由法案》的解释提出一系列严厉指责。庭审结束后，莱萨无意中听到联邦调查局的某位主管说起罗杰斯法官，"她毁了我们"。鲍德温一定会很有兴趣了解此事，也一定会很有兴趣知道莱萨把坎贝尔一案，列为他多年来《信息自由法案》诉讼中最重要的判决之一。

法院的裁决意味着联邦调查局必须重新审阅与鲍德温有关的所有档案，按照法官的指示重新处理。罗杰斯法官说，"记录表明，联邦调查局在试图确认信息公开可能存在的公共利益时，只做了表面的努力，他们对这些利益的重视程度之低令人吃惊"，莱萨认为这是法律界人士对联邦调查局进行的最严厉的公开批评之一。"这种态度令人不安，因为《信息自由法案》本身假定了信息的公开性。"她说，联邦调查局对文件的搜索，没有"充足"的"理由"。在法庭看来，联邦调查局过于频繁地援引令人恼火的豁免条款，特别是有关国家安全（第 1 条）和执法（第 7 条）

的条款。法院提醒现任政府:"描述联邦调查局在冷战和民权运动中作用的文件,具有明显的历史价值。"个人隐私固然值得考虑,但在一个近四十年前的文件所揭示的案件中,个人隐私应与历史利益相平衡。上诉法院的三位法官总结道,联邦调查局的处理将"本案中的权衡过程(当作)一种虚设的形式"。

以下是那份意见书(164F3d20,华盛顿巡回法院,1998年)的内容:

> 司法部只提出了两个事实,来证明与詹姆斯·鲍德温有关的文件是出于执法目的汇编而成。首先,联邦调查局依据的是特别探员雷吉娜·苏佩里纳(Regina Supernau)的声明,她在其中列出了含有被删除信息的文件名称。相关标签如下:"淫秽材料的跨州运送""安全事项——共产主义"和"内部安全"。信息被存放于贴有官方标签的文件夹,这一事实本身并不足以支持它们不予披露……
>
> 第二,司法部依据的是特别探员德布拉·麦克(Debra Mack)声明中的一句话:"联邦调查局对詹姆斯·鲍德温的调查基于这样一个事实,即联邦调查局已有的安全消息来源表明,詹姆斯·鲍德温与被认为对美国安全构成威胁的个人和组织有联系。"……联邦调查局似乎坚持认为,一旦它能证明对某人的调查是正当的,那么与此人有关的所有文件都不受《信息自由法案》的约束,即使这些文件是出于不同原因收集而成。

正如莱萨欣喜地说,"一个又一个案子"持续接力。"裁决本身不是衡量坎贝尔案判决意义的唯一标准。而裁决的语气和态度，对大批援引《信息自由法案》的人将大有助益。"

判决一年多后，一系列新的鲍德温档案送到我家门口，和我近十年前收到的那份相比，它的内容大大增加。根据随信所附的《信息自由法案》科科长约翰·M. 凯尔索（John M. Kelso）的来信，其中包括"108 页首次公开的内容和 625 页现已全部公开的内容"。其中并没有什么耸人听闻的揭露，反而的确更充分、详细地描述了鲍德温在试图（用他自己的话说）作证时，或者更简单地说，在行使言论自由权利时，所遭受的全球性监控。

与肯尼迪会面几天后，鲍德温向《纽约时报》的记者宣布："2200 万黑人再也不和任何人谈判"。他还说："没有任何讨价还价的可能。"他指责肯尼迪政府和联邦调查局在伯明翰教堂爆炸案中"行动不力"，四名黑人小女孩在这次爆炸案中被炸死。他在华盛顿的一次集会上说，他知道"许多人，甚至包括我自己的家人，明天都会毫不犹豫地拿起武器"。这些发言和其他许多发言一起被记录下来，打印在纸上，记入鲍德温新的联邦调查局档案。一张标有"鲍德温，詹姆斯·阿瑟，1924—，黑人，男性……"的卡片填写于 1960 年，当时鲍德温在亲卡斯特罗的"公平对待古巴委员会"组织的请愿书上签了名。如今，在司法部长被冒犯以后，他的地位被提高，他的名字也将被列入安全索引。胡佛的助手克莱德·托尔森要求下属提交一份总结报告（包括尽可能多的"负面"信息），"以便递给司法部长"。一直被鲍德温视为盟友的肯尼迪，显然已经下令，让联邦调查局提供关于曾在他办公室里羞辱过他的几个人的情况报告。正是在肯尼迪的允许下，联邦调查局在会后立即给克拉伦斯·琼斯的电话安装了窃听器。

没有记录显示存在类似的指示，要给鲍德温安装窃听器，尽管他本人确信有人试图这样做，还跟记者和联邦调查局抱怨过，就在与肯尼迪会面的三天后，有两人来到并尝试进入他在东区的公寓，不过遭到管理员的拒绝。1963年6月6日，胡佛迅速采取行动，否认这一说法，他在给肯尼迪总统特别助理肯尼思·奥唐纳的信中说："应该指出的是，有人指控纽约办事处的特工在1963年5月27日试图进入鲍德温的公寓，还有人指控参加（与肯尼迪的）会议的人在会后受到特工问询。这两项指控都是完全错误的……鲍德温没有收到本局特工的任何骚扰。"

助理司法部长伯克·马歇尔后来向《纽约邮报》记者弗恩·埃克曼承认，那两个人的确是联邦调查局特工。无论怎么说，其他形式的骚扰已然开始。据1992年出版的《不同的笔墨：联邦调查局对〈信息自由法案〉的战争》这本书的作者娜塔莉·罗宾斯（Natalie Robbins）说："对胡佛来说，反对联邦调查局的人和支持共产主义的人同样危险。"鲍德温的名字已经和共产主义的先锋组织联系在一起，比如自由艺术家协会和其他左倾机构，再比如全国律师协会，他曾应邀在该协会发表演讲，但如今注意力集中在他对胡佛本人的攻击上。伯明翰爆炸案后，他对记者说："我认为这是胡佛的错。"《华盛顿邮报》一篇文章的结尾引用了他在另一次采访中的话："首先……你必须摆脱埃德加·胡佛以及他所掌握的权力。如果能摆脱（他）……就会有更大的希望。"还有许多对这位局长品行的攻击——胡佛"既不是法律的制定者，对人性（也）没有特别深刻的研究"——这些话都通过联邦调查局的备忘录，被纳入鲍德温的安全索引档案，作为他对国家安全构成威胁的证据。

还有一个可以体现联邦调查局如此坚持地追查对局长的不利言论的例子，1963年8月28日，在华盛顿大游行当天，美国新闻局（USIA）制作了一档电视节目。通过对琼斯电话的窃听，联邦调查局得知鲍德温在节目拍摄时发表了"有关联邦调查局和胡佛先生的言论"。"他的主要观点是……'民权运动的症结之一在于J.埃德加·胡佛'"。节目的这一段在播出前被剪掉。尽管如此，胡佛还是亲自写信给美国中央情报局安全办公室主任保罗·麦克尼科尔（Paul McNichol），询问有关情况。1963年10月11日，麦克尼科尔尽职地回复道，"鲍德温先生被删除的那部分讲话，包含了对您和参议员詹姆斯·伊斯特兰（James Eastland）的攻击"。但美国新闻局的规定是，"如果实名攻击某个人，就必须包括对攻击的回应"。由于没有回应，所以鲍德温的评论才被剪辑。

调查局不会就此罢休。国内情报处联系了麦克尼科尔，要求得到鲍德温这段从未播出的讲话的逐字记录。10月25日，麦克尼科尔提供了一份记录稿："这将是一次对J.埃德加·胡佛的真正攻击，提出了一些非常粗鲁的问题，比如，为什么联邦调查局能找到瘾君子，却找不到一个在南部腹地向黑人领袖家里扔炸弹的人。他们始终没抓住任何人。"

随着他们开始怀疑鲍德温参与撰写了关于联邦调查局的文章，也越来越关注对他的批评。6月6日，在一封写给肯尼迪总统特别助理的信中，胡佛说"一个过去提供过可靠信息的秘密信源"告诉他，鲍德温正在准备一份关于联邦调查局的"声明"，他打算和金的"今夏政治行动"计划同时发表。我们现在知道,"信源"来自对斯坦利·利维森电话的窃听,他是金最资深的助手之一("秘密信源"通常是监听设备的代号,但并非总是如此)。窃听者听到克拉伦斯·琼斯告诉利维森:"我见过别的关于联邦调查局的声明,但从未见过这样的。他要把他们钉在墙上。"利维森表示同意:"的确如此,因为鲍德温是个新闻人物。"联邦调查局还打探到,鲍德温曾告诉他和金阵营的主要联系人琼斯,南方基督教领袖协会有一张可以用他这个有新闻价值的名字"为所欲为的空白支票"。琼斯得意地告诉利维森,他"花了整个星期日的时间",跟鲍德温就一项政治行动的提案"进行了详细讨论"。

这批新档案记录了鲍德温和亨特·皮茨("杰克")·奥德尔之间的多次电话交谈。在一项由肯尼迪家族斡旋并涉及胡佛的交易中,奥德尔因其左翼历史,在1963年被金的南方基督教领袖协会开除。据说,解除他职务的交换条件,是让总统和司法部长更容易在民权组织和联邦调查局之间进行调解。奥德尔如今为鲍德温工作,成了他日益扩张且流动性很大的助手、会计、秘书和律师队伍中的一员,他们都在帮助这位愈发显赫的作家抵御成名之后的风暴。1964年春,奥德尔的工作包括和演员工作室管理层就鲍德温的剧本《查理先生的蓝调》进行谈判,这是一部以密西西比州一个种族分裂的小镇为背景的民权剧——鲍德温创作的第一部(但不是最后一部)具有政治动机的作品。奥德尔的电话被窃听,于是"秘密信源"透露了鲍德温这部剧的幕后活动。

例如,在首演前不久,鲍德温想要就剧院管理问题询问奥德尔的意见。一位秘书(可能是《乔瓦尼的房间》的主演吕西安·哈伯斯伯格,他当时在纽约为鲍德温工作)"联系了杰克·奥德尔，告诉他当天下午1点到吉米·鲍德温的住所，然后他们再一起前往演员工作室"。调查局派出两名特工负责此事，他们"看到奥德尔进入詹姆斯·鲍德温位于西区大道470号的住所"，又跟踪他们来到第五大道的工作室办公室。他们窃听到鲍德温告诉奥德尔，他很担心工作室的财务状况，以及自己是否被公平对待。"奥德尔声称这只是'白人们'另一种'种植园'式的点子，他们会尽量少做，让'黑鬼'去做所有的事，然后拿走全部利润。"奥德尔向鲍德温提出，制片人们只是想找到"另一种'杀死这部剧'的方法"——这个说法似乎引起了共鸣，结果《查理先生的蓝调》首演的故事成了一次无休止的争吵。联邦调查局为我们记下的奥德尔的话，也预示了鲍德温本人日益频繁的谈论白人的方式。

另一份关于某位民权抗议者的窃听录音，透露了鲍德温打算在他被怀疑正在写的那本关于联邦调查局在南方的书里，使用阿内尔·庞德（Annell Ponder）提供给他的信息。和杰罗姆·史密斯一样，庞德在1961年参加"自由乘车运动"时也遭到毒打。她被带进监狱，在白人警察的指使下，遭到一名黑人囚犯的殴打。这个"信源"传递出庞德的观点："所有告诉你联邦调查局对密西西比真正有兴趣的人，都是胡说八道。"

尽管联邦调查局始终对鲍德温保持警惕，但在记载阿内尔·庞德被殴打的那份备忘录里，并没有建议对折磨她的人采取什么措施。黑人斗争的道德性并不是联邦调查局报告的主要内容。胡佛经常重申，联邦调查局不是警察部队。"坚持事实，"他在1958年出版的《欺骗大师》一书中写道，"联邦调查局对谣言或闲言碎语不感兴趣。"在他眼里，民权语境中的道德似乎更倾向于后者，是一种模糊的、主观的东西。然而，他却一直在寻找"不道德"的证据，这些名义上的"事实"可以用来削弱重要人物的地位，甚至拉他们下马——最臭名昭著的例子就是公开金的性事细节。威廉·沙利文后来在他的回忆录《调查局》（1979年）中承认，在金前往斯德哥尔摩接受诺贝尔和平奖的前夜，联邦调查局安排把编纂出来的录音带送到金的家里。

用类似的方式抹黑鲍德温的努力，将被证明更为困难，因为鲍德温对自己的同性恋身份相对公开。修饰是必要的：在20世纪60年代初，同性恋这个事实在公共生活中难以启齿，甚至在朋友之间也常常只是心照不宣。"出柜"的概念根本不存在，因为它完全没有相应的条件（鲍德温参与了创造它的过程）。他最近的两部小说《乔瓦尼的房间》和《另一个国家》的核心主题都是同性恋，也和他对认同的求索有关，因此他的性取向已经公开化。不过，在胡佛心目中，有关鲍德温私人行为偏差的证据，仍然可以成为摧毁公众信任或者让民权运动中的其他人反对他的有效武器。

在联邦调查局内部，没人质疑这种侵犯的合法性。一旦某个人被列入安全索引，那么他就是一个"危险人物"（或者一位欺骗大师），他的每一条负面信息都是斗争的弹药。奥德尔的录音带催生出一些内容丰富的报告。"据说，鲍德温在问候奥德尔时会说'你好，宝贝，你怎么样'，结束谈话时又会说'很高兴听到你的声音，宝贝'。"查阅联邦调查局的"色情记录"，证实了由此产生的怀疑。鲍德温跟奥德尔说，他当晚约了一个人（姓名隐去）共进晚餐，记录显示这个人是"另一个堕落者"。

调查局更感兴趣的是鲍德温和克拉伦斯·琼斯早先的一次

谈话，琼斯不久前还在向金的得力助手斯坦利·利维森称赞鲍德温。通过对琼斯电话的窃听，我们得知（1963年10月10日）"琼斯告诉某人（姓名隐去），他昨晚和黑人作家詹姆斯·鲍德温闹翻了……琼斯说他一直批评鲍德温的活动，还提到鲍德温的性倾向已众所周知。"南方基督教领袖协会将其所有的民权诉求都寄托在法律许可的非暴力行动和令人尊敬的光环上，因此不能让公开的同性恋者靠近它的权力机构。

现在，这份备忘录可以和前一年年底的另一份放在一起看，当时"一个秘密信源"称，利维森嘲笑鲍德温试图在圣诞节购物季抵制百货商店，以抗议伯明翰白人暴徒的暴力行径。鲍德温的想法是，给商业部门造成损害，将给南方政府的行动施加更大压力。利维森并不同意。联邦调查局了解到，鲍德温在处理种族问题时"诗意的夸张"，令金感到不快。利维森本人就认为，鲍德温和与之交好的金的助手贝亚德·拉斯汀"更有资格领导同性恋运动，而不是民权运动"。根据利维森和金的一段对话录音，这位南方基督教领袖协会的领导人"认为鲍德温对自己的运动并不熟知。金指出，鲍德温虽被新闻界视为黑人的代言人，但他并不是民权领袖"。就算将来可能出现鲍德温和金之间的牢固联盟，胡佛现在也明白该从何处下手。

面对如此之多的危机，鲍德温有一整套自己的应对之法：他可以"崩溃"（这是他现阶段最喜欢使用的自我诊断的术语），也可以将所有请求和责任转交给其中一位助手，或者他可以逃。

1964年年底，他选择逃离，因为他的外在责任成倍增加，而内心世界，也就是写作的起点，似乎缩小到一座微型象牙塔的大小。1964 年 9 月，鲍德温接受一家西德报纸的采访时（当时他的访谈数量已经远超书面文章）威胁道，如果巴里·戈德华特（Barry Goldwater）赢得当年大选，他就"移民"。这次采访被一名联邦调查局特工剪下并存档。当然，戈德华特没有获胜——林登·约翰逊（Lyndon Johnson）以压倒优势重返白宫，但鲍德温还是走了。

联邦调查局也跟着去。"1965 年 11 月 27 日，有人（姓名隐去）在罗马波士顿酒店见到詹姆斯·鲍德温，并与他共处一室。"（备忘录里记载，两天后，他们仍住在一起。）同一周，鲍德温被安排在意大利文化协会发表演讲，他的讲话被监听。1966 年，他开始在伊斯坦布尔长期居住，五年前他就曾应恩金·塞萨尔和他妻子的邀请去过那里。

> NY T-2 指出，詹姆斯·鲍德温……于 1966 年 3 月 29 日乘船抵达土耳其伊斯坦布尔。逗留期间，鲍德温与恩金·塞萨尔一起居住在伊斯坦布尔阿亚帕萨·萨拉伊·阿尔卡西 32/3 号。
>
> NY T-5 说……1966 年夏天，鲍德温在伊斯坦布尔贝贝克区租下一套公寓。她后来发现，鲍德温因参加同性恋聚会而被房东赶走。

对方还通过搜索"土耳其警方记录"确认了更多地址，报告了他和塞萨尔以及小说家亚沙尔·凯末尔合作的计划。现在，鲍德温已成为联邦调查局 F#1 拦截通知的对象，这意味着移民归化局（INS）有义务"在（鲍德温）经过该地区时立即通知联邦调查局"。他从美国到墨西哥、加拿大、法国和其他目的地的行程全被记录在案。每次填写报告，都可能标注"共产主义"，尽管没有进一步的证据表明鲍德温加入了任何共产主义组织，或者同情共产主义。联邦调查局认为已经没有必要证明。比如，奥德尔已被证明和共产党有过联系，鲍德温和奥德尔也有联系，这就足够了。在联邦调查局看来，即使那些脱离了共产党并公开反对共产党的前共产党员（比如理查德·赖特，他曾在1949年为反共文集《失败的上帝》撰文），也不允许他们否认自己曾经效忠过共产党。

鲍德温的游牧式生活，是对1963—1964年间令人热血沸腾的政治参与的一种反应，这种生活方式在余下的十年间一直持续。全球监视行动还包括以虚假身份来纠缠他的私人助理。1966年12月23日，当他从伊斯坦布尔飞往巴黎，一名联邦调查局人员给他的文学经纪人罗伯特·兰茨打电话，假装是"某个和平组织的成员，要求他发表一份声明"，试图确定他的确切行踪。（然而，"兰茨先生不愿透露鲍德温的住址"。）当鲍德温第二年圣诞节回到纽约，联邦调查局先是从移民归化局的内部信源得知他的到来，又试图通过类似的"钓鱼电话"，确认他是否住在常住的地方。

他跟哥伦比亚电影公司签约，将为一部以马尔科姆·艾克斯生平为题材的电影撰写剧本，这一消息引发了新一轮调查，洛杉矶办事处的特工"小心地询问"电影公司，是否可以得到一份剧本，还偷偷询问邮递员和他的朋友们（包括杜鲁门·卡波特），以了解他的住址、旅行计划以及他和西海岸各激进组织的联系。根据联邦调查局对《信息自由法案》的观点，这些人都是"秘密信源",有权受到法律保护。莱萨说:"当人们想到线人的时候,通常会想到有偿线人。但联邦调查局历来将任何向其提供信息的人视为秘密信源。如果他们打电话给詹姆斯·鲍德温的房东,问'嘿,鲍德温在国内吗?'那么那个人就成了他们的线人。"

好莱坞这个项目以激烈的争论告终,由鲍德温编剧的关于马尔科姆·艾克斯生平的电影也没有拍成。

1968年2月底,鲍德温参加了在卡内基音乐厅举办的一次集会,与马丁·路德·金和其他演讲者一起,纪念现代民权运动的引领者W. E. B. 杜波依斯诞辰100周年。鲍德温身穿一身专门为这次活动买的素雅西装,和金一起合影留念,看上去就像他的英雄身边的一个小男孩。他似乎从未意识到自己被南方基督教领袖协会故意排挤的程度,对方在1963年中期一度将他视为重要人物。斯坦利·利维森尤其对他怀有敌意,他认为鲍德温"思虑不深"(在联邦调查局1963年10月22日记录的一次电话交谈里),但金本人不认同他的观点,尽管他还是希望鲍德温和这个组织保持距离。

在当晚的听众中,联邦调查局有好几名线人,他们都提交了报告。"马丁·路德·金博士向(原话)W. E. B. 杜波依斯博士致敬,表示杜波依斯博士将和他以及其他人在4月一同前往华盛顿。"这位线人的意思其实是,杜波依斯博士将在精神上与他同在——可能他或她并不知道,杜波依斯博士已在五年前去世。无论如何,金并没有按计划第二次向华盛顿进军,向国家的良知发出新的呼吁。4月4日,就在卡内基音乐厅集会几周后,他在孟菲斯被枪杀。鲍德温在《无名的街道》(1972年)一书中写道,他穿着同一套西装参加了葬礼,并补充说,这套西装"沾满了我的国家所犯下的所有罪行的鲜血",这种"诗意的夸张"正是导致金和他分离的原因。

暗杀发生后,鲍德温似乎对受害者产生了医学上所谓的"同情式认同"。就在金去世几天后,他给人在伊斯坦布尔的恩金·塞萨尔写信,说他现在是"老一辈黑人政治家",更令人费解的是,他是"美国黑人中唯一还能行动的人"。很难明白他说的是什么意思,但在鲍德温自己耳里,意义都是不稳定的。他告诉《纽约时报》,"美国白人似乎正在认真考虑大规模种族灭绝的可能性",并一次又一次提到国会纵火案和大屠杀的幽灵。他告诉塞萨尔,联邦调查局掌握他的每一次行踪,他的电话谈话都被录音。事实上,档案显示,此时联邦调查局对鲍德温的兴趣已经很小,仅仅涉及那个根据马尔科姆·艾克斯生平拍摄电影的倒霉计划。

第二年,他写信给另一位朋友说自己病了:"先是肠胃,然后是眼睛,我从不相信这些都只是身体原因……我就是慌了,或者说,实际上是晕了。"在巴黎的美国医院住了一段时间后,他来到普罗旺斯的圣保罗德旺斯,最终在村子下方的山坡上买下一栋老房子,这便是他余生的基地。当时,一次接受黑人杂志《本质》的采访,进一步显示出他的精神状况。鲍德温对编辑艾达·刘易斯说:"我爱麦德加,我爱马丁和马尔科姆。我们一起工作,共同坚守信念。现在他们都死了……我是最后的见证者,其他人都死了。"他认为自己仍然可以发挥作用,尽管不再是传统意义上作家的角色。刘易斯没有理会"最后的见证者"这一奇怪的说法,而是让他进一步区分见证者和观察者的不同。"观察者没有激情,"鲍德温说,"我不必观察马丁·路德·金的生与死。我见证了它们的发生。"

作为一名见证者,就要和其他"见证者"的述说相抗衡。1963年10月,鲍德温从阿拉巴马州的塞尔玛参加选民登记活动回来,赴约去见正为《纽约邮报》撰写鲍德温特写的弗恩·埃克曼。他描述了自己是如何目睹前来登记的人一整天都被关在县法院门外的高温烘烤之下,被禁止离开队伍,包围他们的警察还对鲍德温和其他组织者惺惺作态,仿佛是他们在干涉这些潜在选民的权利。鲍德温紧张又激动地告诉埃克曼:"顺带说一句,这一切都是在联邦调查局的眼皮底下发生。他们当时在拍照片。"

这些照片被冲洗出来,存放在鲍德温的档案里,近三十年后,就在本书出版后不久,它们的影印件才出现。照片中可以隐约看到他站在法院的台阶上跟警长争执,他的弟弟大卫和学生非暴力协调委员会的领导人詹姆斯·福尔曼也在旁边。联邦调查局掌握了他塞尔玛之行的诸多细节,包括在机场接他的人的名字(福尔曼)、实际上他没有出现的事实、他下榻的酒店名称以及从那里打出的电话。他对埃克曼说的话,加上特工试图进入他公寓的事,表明鲍德温几乎从一开始就知道自己受到了监视。

这种负担的实际压力,只能通过它造成的影响来衡量。1963年之后,鲍德温作为作家的地位每况愈下。五年后,他告诉恩金·塞萨尔,自己一直被人跟踪,但几乎可以肯定,实际上并没有。在这种精神状况下,每一次谈话都有被偷听的风险,即便没有人在听。朋友们的举动可能看起来不太友好,热心大学生的请求会和钓鱼电话被混为一谈,每个拍照的无辜路人都像是为联邦调查局工作。

作家在喃喃自语中写作,但同样地,这场跟踪游戏让人难以判断哪一句是真的哪一句是"诗意的夸张",哪一次激进的创作其实是二手的陈词滥调,这部酝酿了五年但经常被紧迫的政治打断的小说,究竟是一面心灵的镜子还是喋喋不休的破烂。正如鲍德温在麦德加·埃弗斯、马尔科姆·艾克斯和马丁·路德·金相继去世后所抱怨的那样,"在各种暗杀之间写作是很难的",而当每个人(或者说看上去如此),除了作家本人,都在倾听他的喃喃自语,写作就变得更难。

1974 年 3 月 25 日,联邦调查局正式结束了对鲍德温的调查。自两年前胡佛去世开始,就再也没有任何报告被提交。这场运动是基于对个人的羞辱,是持续的滥用罪名("共产主义者"),很可能"犯下了重罪"。在詹姆斯·莱萨看来,鲍德温几乎所有被联邦调查局针对的行为都是"受保护的言论自由活动",受美国宪法第一修正案的保护。"这些档案不是出于执法目的而编制。它们是联邦调查局通过窃听和其他渠道收集到的、跟鲍德温有关的所有流言的汇编,但没有一条涉嫌犯法。"

如果对事实进行最冷酷的解读,也许可以得出这样的结论:胡佛成功地打击了鲍德温。他离开美国时,正值个人影响力的巅峰,也是争取民权斗争的关键转折,当时,金的权威正在急于求变的民众当中逐渐下滑。对鲍德温的几位同时代人来说,包括诺曼·梅勒和他在戴尔出版社的编辑吉姆·西尔伯曼,他离开的决定被误导了。"我觉得他在欧洲是浪费自己的精力,"梅勒告诉我,"他待在欧洲的时间太长了,当时美国有太多东西值得写。如果他去欧洲,写出了关于美国的伟大著作,倒也没什么。但他没有。他只是去解决自己生活中的问题。"(梅勒并没有他听上去那么严厉。他补充道:"我对鲍德温一直有某种亲近感,我们俩都可能因为花了太多时间解决个人问题而受到指责。")联邦调查局对他的离开既不高兴也不难过,只是以中立的口吻记录事实,这也是联邦调查局大部分文书工作的特点。鲍德温重要性下降的证据,可以从他逐渐减少的档案中找到,到了20世纪60年代末,只留下几份备忘录,1971年6月的一份报告指出,鲍德温如今"已经脱离了黑人权利运动的主流"。1972年8月,《快报》刊登的一篇采访,再次短暂引起了人们对他的兴趣,鲍德温在其中谈到"城市已经变得不适宜居住"等问题,但这次采访是在巴黎进行,而且是在遥远的他国、用一种难懂的语言印刷而成。

尽管鲍德温曾试图和更激进的黑豹党结盟,向斯托克利·卡迈克尔提供"兄长"般的支持(卡内基音乐厅当晚的一位线人如是写道),当运动进入新的阶段,鲍德温却被抛在了后面。这是一个年轻、能言会道、还持着枪的领导层,其中包括休伊·牛顿、拉普·布朗(Rap Brown)和埃尔德里奇·克利弗,后者在1968年出版的《冰上的灵魂》一书中对鲍德温进行了猛烈抨击:"在我们这个时代所有重要的黑人作家的作品之中,只有詹姆斯·鲍德温的作品里,存在着对黑人尤其是对他自己最激烈、最痛苦、最彻底的憎恨,以及对白人最可耻、最狂热、最讨好、最谄媚的爱。"

当历史改弦易辙,鲍德温还在跳着旧的舞步。历史也总是变幻莫测。当年的联邦调查局持续被曝光为一个自恃凌驾于法律之上的组织,掌管它的局长沉迷于共产主义威胁和他人的性癖好,正如他的助理局长沙利文后来所写的那样,他的手段是出于对"黑人与社会变革"的恐惧。

鲍德温作为美国作家的"第二幕"并不圆满,尽管他在1970

年后继续创作，又写出两部小说和几部非虚构作品，但都不算成功。不过，历史会提到他身上的另一种特质，一种他自己在和艾达·刘易斯的谈话中提到的特质："我总觉得，当我公开讲话时……我谈论的是人们的灵魂。我从来不是真正在谈政治行动。"

附录：与诺曼·梅勒的访谈

我为《在门外谈话》进行了许多次采访，主要是在鲍德温曾经生活过的地方：纽约、巴黎、伊斯坦布尔、圣保罗德旺斯。采访是传记作者必须准备好的技巧之一。采访的方式有很多种：一手拿着本子，一手拿笔记录；或者放一台无源盒式录音机在我和说话者之间的桌上；或者请他们依靠记忆随意谈谈。这三种方法我都试过，但大多数时候我更喜欢不用录音机。在我进行的三十多次访谈中，有一些差不多属于临时起意——从纽约或巴黎街头的电话打来一通电话，让我"马上过去"，有时简直像是秘书工作，有时，我又感觉这是最好的工作。这样的相遇可能体现出小小的戏剧性。例如，理查德·赖特的遗孀埃伦·赖特，当我打电话给她时，她起初并不愿意见我，但我稍作劝说，她还是同意了，告诉了我她位于雅各布街上那间精致的二楼公寓的方位。当我到达那里，她开了一瓶她称之为便宜的酒（为了照顾我，还说起了迷人的英式英语），然后坐在地板上，盘起双腿，跟我聊了一个漫长的下午。

鲍德温和理查德·赖特之间的争吵，在她的记忆中留下了伤痕。当我向她提到鲍德温后来的助手伯纳德·哈塞尔（20世纪50

年代也在巴黎)的说法——赖特曾说鲍德温"是的,他能写。但他是个基佬",根据我立刻记下的笔记,赖特夫人"似乎吓了一跳"。我记下了她的完整回答:"我丈夫不会说这样的话。不说别的,他不会用'基佬'这个词。他会说'同性恋',而且是在某些语境中。他不会对他们用这个词。更不会用在吉米身上。"

鲍德温同意为赖特的第一部小说《今日上帝》的新版撰写序言,这让她非常高兴,他告诉她(就像他告诉我的那样),这是他昔日导师的作品中他最喜欢的一本。当我离开雅各布街公寓,赖特夫人问我是否愿意为伦敦霍加斯出版社正在策划的赖特作品系列再写一篇序言,她是否可以提醒出版社来问我的意愿。我回答她当然可以。

我继续和埃伦·赖特保持友好关系,一年多后,我们在伦敦见面,以便我把一盒磁带给她,里面是她让我拷贝的关于鲍德温的广播节目。我们在霍尔本地铁站会合,然后去了附近一家酒馆,在那里度过了亲切的半小时,直到我无意间提到跟理查德·吉布森相识,20世纪50年代,他曾与赖特有过不愉快的交往。1960年11月,赖特在巴黎一家医院中毒身亡,有人认为吉布森应对此负责。切斯特·海姆斯散布了这一谣言,尽管没有事实根据,但海姆斯的妻子莱斯莉(她在蒙帕纳斯的"精选"餐厅与我交谈时告诉我)和赖特夫妇的女儿朱莉娅等人都相信了。

我与吉布森相识,并采访过他(完成《在门外谈话》一书之后,我很快写了另一本书,其中探讨了他和赖特等人的纠葛),这让赖特夫人无法接受。她收拾自己的东西,包括那盘磁带,一言不发地走出了酒馆,酒只喝了一半。霍加斯出版社重印赖特作品系列的计划,最终也不了了之。

采访者的工作是筛选谈话中提出的各种观点,努力将它们编织成一幅重点明晰的画卷。许多人都谈到过鲍德温不由自主的慷慨和正直,但当我们在他位于塞夫勒街的公寓附近一家咖啡馆见面时,演员、歌手戈登·希斯用一种遗憾的口吻说出的第一句话竟是:"真实的吉米·鲍德温到底在哪里?"希斯对鲍德温的才华赞叹不已——他早期的剧本《阿门角》就是以希斯为男主角而创作,但他的话让我大吃一惊,他说(根据我的笔记):"事实上,我不相信他对人类的大爱。那是对人性的整体热爱,而对人本身的忽视。"

戈登·希斯告诉我,鲍德温"总是在演戏"。而埃伦·赖特认为,总在演戏的是戈登·希斯。当埃伦·赖特告诉我,鲍德温和理查德·赖特直到赖特生命最后一刻仍保持着深厚感情,我毫不怀疑埃伦·赖特是在演戏,尽管这种表演可能是出于最辛酸的动机。正是她建议我从贝内克珍本与手稿图书馆收藏的赖特文献中寻找一篇未发表的文章,根据赖特去世前不久在奥赛河畔的美国教堂发表的演讲而成。不过,她对演讲内容的印象似乎不深,因为它充分证明了赖特对这位曾被他视为弟子、后来又被他视为对手的年轻人的厌恶。

在我记录的为数不多的采访中,有一次是采访诺曼·梅勒。他也曾不愿意接受采访,但和赖特夫人一样,他在我的劝说下屈服。1988 年 5 月 25 日,我们在纽约西 44 街的阿岗昆酒店里的酒吧见面。梅勒十分放松,畅所欲言,一下就明白了我期待他在这个"访谈"小品里扮演的角色。让人感觉他很遗憾两人之间的友谊没有更亲密。1961 年 5 月,鲍德温在《时尚先生》发表了一篇文章,同年晚些时候又在《没有人知道我的名字》一书中用了,这使得他们之间产生了隔阂。尽管如此,梅勒随心所欲地表达了大方与钦佩。同样,也毫不犹豫地流露出自己的不快。

我在此提供一份经过编辑的谈话记录(自然是片面的),希望读者会喜欢它,因为它既展现出梅勒的个性,也表达了他对鲍德温的看法。

诺曼·梅勒:我不记得第一次见到他是什么时候。应该是在格林威治村。如果不是,那应该是1956年夏天在巴黎让·马拉奎斯的公寓里。我当时在巴黎。此前我可能跟他简单碰过面,因为我觉得我们大概都知道对方,但不管怎样,就当如此吧。我们在巴黎的时候可能比其他任何时候都相处得更好。在那之后,我们之间总有些不融洽。那时我跟妻子阿黛尔住在一起,我们在欧洲旅行,我才刚刚戒掉大麻,但我感觉上——只是戒掉了安眠药,但还没戒掉大麻,而戒掉安眠药让我致郁。那是一次非常抑郁的欧洲之旅。

而他当时和一个叫阿诺德的男孩住在一起,对方是个年轻的乐手,我记得吉米说过:"和另一个男人住在一起简直是地狱,出于自尊的缘故。"他显然没有预料到妇女解放的到来!(笑)

1956年,大家都觉得四面楚歌,空气中弥漫着愤怒,感到法西斯主义正在侵入美国。那是50年代中期的感觉——一段短暂而糟糕的时光。我们不知道1956年是潮流的转折点,而它已然来临。对我来说,60年代真正开始于1956年,尽管我当时并不知道。我们还觉得自己是没有目标的革命同路人,而一切都将变糟,我们俩都非常沮丧。只有我们几个人在对抗这个世界。

我想,吉米比我有更深的感受,因为黑人的处境。当时在我看来，他只是（这可能是我缺乏感知）碰巧是黑人。也就是说，他是一位优秀的、富有才华的艺术家，碰巧又是黑人。我不觉得这对我们的友谊有什么特别重要的意义。他深受白人喜爱，而且当之无愧。多么讽刺！因为他对自己种族的处境满怀愤怒。但没有人比吉米更文明。他的举止最为可爱，情绪也独具艺术性，在愉悦与悲伤之间。不高兴的时候，他带着一团深沉的红褐色的忧郁走来走去，一旦有什么事逗他开心，他大笑的样子也很奇妙，因为那笑容是从他的悲伤中流露出来……所以，在那些年里，他的个性绝对令人惊叹。我认为文学界没人比吉米更受欢迎。这说明了很多问题。他有能力让每个人都觉得自己在所有人中是他最特别的朋友。

詹姆斯·坎贝尔：你那时经常见他吗？

诺曼·梅勒：1956年，我从欧洲回来以后，开始在康涅狄格州的乡下住了两年，就没怎么见过他。后来我回到城里，在1958年、1959年，时不时会碰到他。虽然我们从不一起活动，但总是很高兴见到对方。1956年的一个困难在于，我想《乔瓦尼的房间》还没出版，当时已经有了手稿。也许我读了样书。但我不太喜欢它。

詹姆斯·坎贝尔：那你告诉他了吗？

诺曼·梅勒：我想是的。我想我肯定告诉他了。但我可能没有告诉他我不喜欢的程度。我认为他不该写这本书。可以说我当时的想法很狭隘：我认为他应该把主要的力气用来写他的同胞，这本书只是走马观花，算不上什么作品。我有一种直觉，如果今天再读这本书，我可能会更喜欢它。它也许是一本比我想象中更有趣的书。总之，当时我不喜欢它。事实上，在那之后，我再也没有喜欢过他的任何一部小说。当然，他的随笔是另一回事。他大概是我们这个时代最好的随笔作者——不是因为他说的话有多深刻，而是因为他把话说得有多漂亮。

詹姆斯·坎贝尔：那种风格从何而来？

诺曼·梅勒：黑人的优雅总是给我留下深刻印象。拉尔夫·埃里森在风格上有许多可取之处，我不会说他不优雅……但某种程度上说，吉米就是全部的优雅。他可能是英文所能产出的最为优雅的风格。少数群体中那些罕见之人，最终会成为他们时代的一面镜子。某种意义上说，我不认为吉米觉得自己完全是黑人。我这么说很冒昧，然而我认为他内心深处有一部分认为自己是世界公民。因此，他从各处汲取了最好的风格和形式，筑起了一个风格之巢。因为他写的所有东西都是嵌套着的。

詹姆斯·坎贝尔：嵌套？

诺曼·梅勒：嗯，这种风格并非漫游。就好像（即便在《下一次将是烈火》这样的随笔中），它们都是这个美妙的巢穴中的一部分。这种风格反映了他所说的内容。它包含着他说出的每一个字。没有一个句子跑偏，没有一步偏离了马路。

他与人打交道的方式，有一种超乎寻常的敏感。正因为他如此贫穷和渺小——在哈莱姆或者他念高中的布朗克斯，身型都很重要——我认为优雅对他来说才变得如此重要。60 年代初……

詹姆斯·坎贝尔：在你开始谈论 60 年代之前，我打断一下。他很看重你，但他对你在《为自己做广告》里写到的他感到失望。他谈到他和威廉·斯泰隆、詹姆斯·琼斯在巴黎闲坐，一收到这本书……

诺曼·梅勒：哦，是的，我听说了。

詹姆斯·坎贝尔：他们说，我们还以为这是我们的朋友。

诺曼·梅勒：嗯，他当时不可能这么想。我们那时并非朋友。琼斯和我不是朋友。我们闹翻了。斯泰伦也和我有过几年的不和。吉米和我是朋友，但我的感觉是：他跟他们走了……如果他是他们的朋友，便不是我的朋友。所以我不认为那时我们是朋友。而他从来都不无辜。这件事对他来说是这么大的打击，我觉得我很难接受。

詹姆斯·坎贝尔：但他很恼火你说了一些粗鲁的话。

诺曼·梅勒：嗯，我从来没写什么不公正的东西。我可能做了一些尖锐的评价。

詹姆斯·坎贝尔："香水般的风格。"

诺曼·梅勒：什么？

詹姆斯·坎贝尔：你说他有一种香水般的风格。

诺曼·梅勒：嗯，他确实有一种香水般风格。顺便说一句，如果你写的是重要之事，我不认为香水风格是一件坏事。那时他还没写出《下一次将是烈火》。那也是一种香水风格——多好的香味啊！多么有力的作品。你知道，如果你的香气有力量，你的手就创造出了不凡。对了，你还记得我在《为自己做广告》里写到了他的哪本书吗？

詹姆斯·坎贝尔：《乔瓦尼的房间》，我想你还提到了随笔。你说你喜欢他的随笔，但他无法对读者说出"操"。

诺曼·梅勒：嗯，他后来肯定弥补了这一点！（笑）也许我帮了他一把。很长一段时间里，他都对读者太好了。

多年以来，在我认识的所有人中，吉米都是我最难及时找到的那一个。我想这是因为我们从未真正建立过一种共同经历的关系。更多的是某种气场的联系。我们都有破碎的气场。我们会喜欢对方，也会不喜欢或者不那么喜欢对方，但我们之间从来没有发生什么事。我们待在一起时间最长的一次，大概两三天，就是在那场我报道过的拳击比赛（《对决》，1975年）。我记得父亲对我说的一句话非常生气，我对吉米说："你为什么不娶我妹妹？

你为什么不娶她?"因为他不停地在说我妹妹。

詹姆斯·坎贝尔:你父亲很愤怒吗?

诺曼·梅勒:我父亲来自南非。

詹姆斯·坎贝尔:《广告》那件事之后,友谊的基调一定发生了变化。

诺曼·梅勒:《黑人男孩眼中的白人男孩》是他什么时候写的?

詹姆斯·坎贝尔:1961年。

诺曼·梅勒:那之后肯定发生了变化。我被那篇文章轻微地伤害了。它不太正常。他让我在我不够强的地方强大起来,在我本不弱的地方变得脆弱。这些比恶意更令人讨厌。这不是恶意。而是居高临下。

这可能是对我的报复,因为我也曾对他表现出优越感。我想如果生活能让我们经常在一起,不管他说了什么,我们最终可能还是会建立友谊,因为每次见到他都会让我感到激动。我总是喜欢遇见他,我想我对他也有同样的影响。他会非常兴奋。然而我们见面甚少。

当然,如今作家之间有一种特殊的关系。一生中你可以频繁地见到一位作家,因为你读过他们的书,所以你了解他们,而你每天见到的朋友，你可能并不了解。因此，从这个意义上说，我们之间存在情谊，但最后我们相距甚远，这有点让人难过。我记得去年我在戛纳的时候……我跟别人聊天，他说"你知道吗，吉米就在圣保罗德旺斯"。于是我打去电话，但他正在睡觉。我听说他身体不好。

詹姆斯·坎贝尔：那应该是在1987年5月，他去世前六个月？

诺曼·梅勒：去世一年前。所以那名助手说，"我知道他会想要跟你谈谈"。我说，"那好吧，我再打过来"。但我碰巧是戛纳电影节的评委……你十二天里要看二十四部电影，还要参加各种活动——你甚至赚不到什么钱。

詹姆斯·坎贝尔：你读过他最后几本书吗？

诺曼·梅勒：没有。但我并不是单挑他不读。这些年我读得越来越少。一来我眼睛疲劳，二来当我在写书的时候，我不喜欢读好作家的书，因为我发现那会干扰我。他们打开了太多可能性。当你在写一本书的时候，最重要的是认为这本书非常值得一写，你不会希望去想那些你没写的东西。吉米够好了，所以我不读他的书，也算是对他的赞美。后来我听说最后那几本书写得不好，我也不想因为意识到它们不好而感到沮丧，因为一个当代作家的能力开始蒸发，是挺可怕的事。

我相信他有充分的理由来批评我，我觉得他在欧洲是在浪费自己的才华。我对琼斯也有同样的感觉。我觉得他们俩在欧洲待的时间都太长了。美国有太多东西值得写。如果他们去了欧洲，写出了关于欧洲或者关于美国的伟大著作，倒也没什么。但他们没有。他们只是去解决自己生活中的问题。而我认为吉米的个人问题是巨大的。

我和他的一个相似之处，或者说一种亲近感，就是我认为我们俩都花了太多时间解决我们的个人问题。你知道吗？我写过一本书叫《性的囚徒》，我越想越觉得这个书名很有道理。（笑）吉米就是性的囚徒。我猜他的才华最终都用在了性，或者至少用在了恋爱关系，而不是修道式的写作上。我曾经觉得他是一位如此伟大的作家，很有潜力，可为什么他不写呢？我们都对彼此很苛刻，对自己却很宽容。

詹姆斯·坎贝尔：你最后一次见到他是什么时候？

诺曼·梅勒：在我的记忆中，最后一次见他是在大约十二年前，在格林威治村里的聚会上——也是在那里我第一次见到他。我最后见他的地方就是我第一次见他的地方。但那时是那种狂野、愚蠢的派对——我说的"狂野"并不是盛大、有趣的意思。"狂野"这个词可能太重了。那只是一个派对而已……很多的人，自带酒水，一直站着的派对，典型的村里的派对，三四个房间里大约有150人，每个人都站着。那就是村里一半的生活，半波希米亚式的生活，里面有作家、画家、乐手等各色人等，还有几个神经病；不是什么坏的派对，但也不好。我们互相看着对方，就像打过仗的老兵。大家都没有强烈的愿望聚在一起，只是一起吃个饭，聊聊旧的和新的时光。

另外，国内也无事发生。从某种意义上说，如果我和吉米碰巧在同一时间处于同一阶段，共同致力于某项事业，我们可能会在某一刻因为共同的事业走到一起。

詹姆斯·坎贝尔：在《黑人男孩眼中的白人男孩》一文中，他说过"街上最强的孩子彼此注视着"……我猜你在某些方面是最强的。

诺曼·梅勒：如果你不能或多或少地保持自己的才能，那么强悍就毫无意义。如果你做到了这一点，那么很好，这就是你强悍的奖赏。你也可以是街上最弱的孩子，如果你能保持自己的天赋，那也值得。要知道，在那个年代，大男子主义仍然很有市场。我一直认为，吉米写那篇文章是为了显示他有多强，为了改变人们对他的看法。我也不喜欢这篇文章，因为我觉得它本质上不够诚实；也就是说，他同时在说两件事：一边说自己是街上最强的孩子，一边又不这么说。他说的是自己一点也不强，而实际上他要强得多。我想我在什么地方写过一篇关于它的文章。

詹姆斯·坎贝尔：你对次年出版的《另一个国家》做了回应。

诺曼·梅勒：哦，是在《食人族与基督徒》里吗？我在某个地方说过这样的话，"在《黑人男孩眼中的白人男孩》里，詹姆斯·鲍德温用十分之九的时间谈论他自己，只有十分之一的时间在谈论我"，我把这一点沿用到了别的事。但我记得有小道消息回来告诉我，他对此非常不满。

吉米没有写长篇小说的才能。你知道吗,我觉得那挺要命的。而且他身体一直不太好。他的体质比较弱。他的脑子也不适合写大部头。长篇小说总是需要分寸感,而吉米有一种优雅的气质,一直让他的生活略显失衡。如果他能写出一部伟大的长篇,我一定会大吃一惊。《另一个国家》也许是他最接近这一点的作品……但那是一部糟糕的小说。

詹姆斯·坎贝尔:让·马拉奎斯还活着吗?

诺曼·梅勒:是的,当然。马拉奎斯现在一定已经七八十岁了,但他现在住在巴黎和瑞士。他认识吉米。但他们并不亲近。

詹姆斯·坎贝尔:吉米有点不喜欢他,就像他对待知识分子那样。

诺曼·梅勒:是啊,这也让我很恼火,因为在那些日子里,马拉奎斯是一位非常有影响力的知识分子,不是说他有多大的权力,而是你可以通过听他讲话、与他争论、和他做朋友学到很多。他有奇妙、强大、博学的头脑。我认为,吉米否定他的方式是他那篇文章"黑人"立场的一部分。从某种意义上说,他不知道自己在写什么。

詹姆斯·坎贝尔:他有一种说法的方式,类似"某某对存在主义这种显而易见的学说情有独钟"。这主要出于本能。本能的智慧也很惊人。

诺曼·梅勒：相当惊人。但就像所有本能的智慧一样，当它遇到仅靠本能无法解决的问题，就没用了，比如"文明"。（笑）文化一直是本能的敌人。

詹姆斯·坎贝尔：你认为他在60年代深入参与民权运动后，艺术感受力会受到影响吗？你对此有什么看法？

诺曼·梅勒：我对吉米的最后一点钦佩正是，我认为他为了忠于他的同胞而背离了自己。吉米曾有一种与白人相处的非凡能力。他和白人相处得异常融洽，对白人与黑人的关系有深刻的理解。因此，他掌握着对白人的所有王牌。出于对民权运动的认同，他放弃了这一点。

我记得他经常跟他的兄弟们混……某段时间，吉米像个带着黑帮的小枪手，在村里游荡。他带着大概五六个黑人孩子，其中至少有两个是真正的流氓。他就带着这些小混混四处溜达。这也许是60年代早期的事。他显然乐在其中。他们是为他而表演。

我记得和他见面的时候，他会自我指责。我会说："得了吧，吉米——我的意思是这就是你想要的，你明知道自己可以摆脱它。"然后他的眼神就会突然闪烁一下，仿佛在说：是啊，但我们必须扮演好这些角色，让我们把它们演完，别让我难堪，接受我的新角色吧。我从未完全相信这一点，我想飞往欧洲的那趟航班就是虚假的证明。在这里有太多事情需要解决和忍受。如果他留在美国，我想他会早死十五年，因为他不适合那种斗争。而那主要是他自己的斗争，顺带着其他一切。我的意思是，早期他曾很兴奋，在很多事情出错之前，而到了70年代初，兴奋逐渐消失，变成了沉闷的派别斗争。

他是一位细腻的艺术家，而每当有一位细腻的艺术家成为了普鲁斯特，就会有一百位成了战争的牺牲品。对我来说，奇迹在于他完成了那些自己的作品。我仍然很生他的气，因为一旦他们做过这样的工作，你就会想要更多，你会变得贪婪，但我不会说我不钦佩他，因为我认为能够做到这一点已经很了不起。欧洲也许是他的解药。

注释

页 21

"我从未有过童年":《詹姆斯·鲍德温:访谈录》,1974 年,克里斯蒂安·德·巴尔蒂亚用法语进行的采访(未出版,私人收藏)。

"我没有":《詹姆斯·鲍德温的愤怒旅程》,弗恩·玛利亚·埃克曼(纽约,1966)。

"我一生下来就死了":《詹姆斯·鲍德温:访谈录》。

页 22

"我出生在":《阿门角》前言(纽约,1968)。

据:《土生子札记》书中的《土生子札记》一文(波士顿,1955)。

页 23

后来:《詹姆斯·鲍德温:谈话录》;1984 年,他在马萨诸塞大学也提出了同样的观点。感谢 W. E. B. 杜波依斯非裔美国人研究系允许我使用鲍德温在该系演讲的磁带。

页 24

另一个儿子:小大卫·鲍德温对作者所说。

"就像……照片":《土生子札记》。

"爸爸的眼睛很冷漠":詹姆斯·鲍德温和弟弟大卫对话中的一部分,来自纪录片《我通过小道消息听闻了》,迪克·方丹 1981 年录制。

页 25

如果他去市里:《与教师的谈话》,见《票价:1948—1985 非虚构选集》

（纽约，1985）。

他告诉：肯尼斯·B. 克拉克编著的《黑人的抗议：与詹姆斯·鲍德温、马尔科姆·艾克斯和马丁·路德·金的谈话》（波士顿，1963）。

"如果说他曾经动念"：《土生子札记》。

页 26

同学：埃克曼，《愤怒旅程》。

鲍德温记得：《土生子札记》。

到窗边来：《詹姆斯·鲍德温：谈话录》。

页 28

"当罪人"：《魔鬼找到工作》（纽约，1976）。

"我出生在"：1984年在马萨诸塞大学的演讲。

页 29

"从大教堂跑到小教堂"：《土生子札记》。

"谁家的小男孩"：《下一次将是烈火》（纽约，1963）。

页 30

阿瑟·摩尔……鲍德温自己也直言不讳：《愤怒旅程》，埃克曼。

页 33

"苏格兰和"：小大卫·鲍德温对作者所说。

页 34

在她的记忆中：《我的土生子札记》，《自由之路》，1963年夏。

"基督徒"：《土生子札记》。

"我就是"：《愤怒旅程》，埃克曼。

页 35

在一个星期六：信息来源同上，以及鲍德温的随笔《黑暗的日子》，收录于《票价》。

页 37

《国家评论》，1963年8月13日。

页 41

"这太像"：给兰斯顿·休斯的信，1953年3月25日（JWJ）。

页 45

想不起:《愤怒旅程》,埃克曼。

米勒关于德莱尼的文章收录于《特意记得》(纽约,1947)。

"我生命中最":《詹姆斯·鲍德温回家了》,《本质》,1976 年 6 月。

"他有":《票价》前言。

页 46

"我学到了":鲍德温为德莱尼在纽约艺术博物馆的展览画册中所写的前言,巴黎兰伯特画廊,1964 年。

页 47

"教堂里":《下一次将是烈火》。

页 48

"工薪阶层家的孩子":卡普亚给作者的信。

页 50

他承认:1963 年 2 月 14 日给斯蒂芬·D. 詹姆斯的信(Sch)。

页 51

"是同样的":《土生子札记》。

页 52

大卫·鲍德温之死被写进了小说《先知之死》,《评论》,1963 年 3 月。

页 55

哈罗德·诺尔斯,《混蛋天使回忆录》(纽约,1989)。

页 58

"那时候我不":《唉,可怜的理查德》,见《没有人知道我的名字》(纽约,1961)。

页 59

自己那本书:《给赖特的信》,1945 年 12 月 27 日(JWJ)。

页 60

"亲爱的理查德":给赖特的信,未注明日期,1946 年(JWJ)。

赖特……买到了纽约查尔斯街上:《理查德·赖特:土生子的考验》,小艾迪生·盖尔(纽约,1980)。

页 62

他：1946 年 12 月 28 日，给 S.D. 詹姆斯的信（Sch）。

犹太女孩：1943 年 2 月 14 日，给 S.D. 詹姆斯的信（Sch）。

他会强迫：节选自一封"给自己的信"，约 1949 年春，詹姆斯·鲍德温后来把这封信交给了博斯利·怀尔德（博斯利·怀尔德提供）。

"你花了"：《与詹姆斯·鲍德温会面》，斯坦·威尔，《逆流》，1989 年 1—2 月刊。

"他在人生中将不得不"：摘自给芭芭拉·斯耐德的明信片，作者不详，约 1946 年（博斯利·怀尔德提供）。

页 64

"这世上没有音乐"：《下一次将是烈火》。

页 65

感谢大卫·鲍德温向我展示了一套佩拉托夫斯基的摄影作品。

页 68

"我去过"：《票价》前言。

"关系"：《新领袖》，1948 年 1 月 24 日。

页 71

《鲍德温》，玛丽·麦卡锡，见昆西·特鲁普编辑的《詹姆斯·鲍德温：遗产》（纽约，1989）。

页 72

后来鲍德温：詹姆斯·鲍德温对作者所说。

页 73

"不够有力"：林斯科特给拉赫夫的信，1948 年 10 月 15 日（PR）。

《命中注定》手稿（Berg）。

页 81

给菲利普的信，1949 年 4 月（PR）。

页 82

"充满了"：《票价》前言。

页 83

"外国记者"：关于詹姆斯·鲍德温的 FBI 档案，100-146553。

麦卡锡,《鲍德温》。

页87

"更沉重":给玛丽·基恩的信,未注明日期,邮戳日期为1949年5月20日(玛丽·基恩提供)。

页88

奥托·弗里德里希,《吉米》,收录于《爱丽丝·B.托克拉斯》(纽约,1989)。

吉斯克·安德森:《巴黎人》(奥斯陆,1964年)。感谢芭芭拉·努德奎斯特从挪威语原文中翻译了相关章节。

页91

"所有那些……陌生人":对伊芙·奥金克洛斯和南希·林奇的采访,《淑女》,1963年5月。

页99

"我们"……编辑部:给霍伊特·富勒的信,1953年2月17日(日期错误地写成了1952年)(HRHRC)。

页100

"理查德指责":《唉,可怜的理查德》。

页101

对赖特的攻击……"社交场面":给拉赫夫的信,1960年11月10日(PR)。

页102

赖特演讲的题目是《黑人艺术家和知识分子在美国社会中的地位》(JWJ)。

页105

"我们早年间":对乔丹·埃尔格拉布利的访谈,《巴黎评论》,1984年春。

页106

《疼痛的质量》,切斯特·海姆斯(纽约,1972)。

页109

希恩和科恩:同上。

有关赖特和联邦调查局的更多信息，见《理查德·赖特》，盖尔。

页 111
一封信：赖特传记作者米歇尔·法布尔的一封信。

页 113
"在子宫里"：詹姆斯·鲍德温对作者所说。

页 114
《吉米》，弗里德里希。

页 116
"拿来……X 光片"：哈伯斯贝格尔给作者的信。

页 119
"我想"：《迟来的恐惧转变为对父亲的爱》，《纽约电视指南》，1985 年 1 月 12 日。

页 125
《吉米》，弗里德里希。

页 126
克诺夫读者报告（HRHRC）。

压抑已久的抱怨：给威廉·罗萨·科尔的信，1953 年 3 月（LL）。

页 130
罗斯写给基恩，1953 年 9 月 9 日。戴维·罗斯提供。

页 131
放弃：给科尔的信，未注明日期，1953 年 12 月至次年 1 月（LL）。

废奴主义者：给科尔的信，1953 年 7 月 26 日（LL）。

页 134
语气发生了变化：给菲利普斯的信，1949 年 4 月（PR）；给科尔的信，未注明日期，1953 年初（LL）；给拉赫夫的信，1950 年 11 月 10 日（PR）。

不令人激动：给海伦·施特劳斯的信，未注明日期，1954 年 1 月（HRHRC）。

克诺夫出版社的人：1954 年 1 月 13 日，给科尔的信（LL）。

《吉米》，弗里德里希。

页 135

爱情：给施特劳斯的信（HRHRC）；见第 134 页注释。

施特劳斯写给沃德林，1954 年 2 月 26 日（HRHRC）。

页 138

努力促成：该信息从一封给希斯的信中获得，未注明日期，约 1954 年 10 月；另见希斯给作者的信。

页 139

"被自己的作品轰炸"：《土生子的话》，见《票价》。

"我不得不"：《愤怒旅程》，埃克曼

页 141

休斯写给邦当，1953 年 2 月 18 日，载于查尔斯·尼古拉斯编辑的《阿纳·邦当与兰斯顿·休斯：1925—1967 年书信集》（纽约，1980）。

休斯写给鲍德温，1953 年 7 月 25 日（JWJ）。

页 142

休斯对《土生子札记》的评论，《纽约时报》，1956 年 2 月 26 日。

依然诸事：给爱德华·帕罗内的信，未注明日期，约 1955 年 7 月（EP）。

页 143

更无意义的：《下一次将是烈火》。

一直在生病：给帕罗内的信，邮戳为 1955 年 11 月 7 日（EP）。

"小崩溃"：给科尔的信，未注明日期，约 1956 年 1 月（LL）。

奇怪的微生物：给范·韦克滕的信，未注明日期，1956 年（JWJ）。

他……倾诉：给帕罗内的信，1955 年 11 月 7 日（EP）。

页 144

下一本书：给特里林的信，1955 年 3 月 17 日（CUL）。

"谢谢范"：给帕罗内的信，未注明日期，约 1955 年 7 月（EP）。

回到巴黎：给科尔的信，1954 年 4 月 2 日（LL）。

消灭：给帕罗内的信，邮戳日期为 1955 年 11 月 7 日（EP）。

页 145

"请将"：给希斯的信，未注明日期，约 1955 年 8 月（GH）。

页 146

"快乐、快乐"：1956 年 4 月写给科尔的信，无日期（LL）。

页 148

《福克纳与废止种族隔离》：《党派评论》1956 年冬季刊，见《没有人知道我的名字》。

页 151

分歧：给拉赫夫的信，未注明日期，1956 年（PR）。

1984 年春，鲍德温接受《巴黎评论》采访时提到了"卢西恩·卡尔案"。

"如果你不爱我"：见《小人物》，乔伊斯·约翰逊（纽约，1982）。

一桩真实事件：对沃尔夫冈·宾德尔的采访，《美洲杂志/评论》，1980 年秋。

页 153

鲍德温担心：1956 年，给拉赫夫的信，未注明日期（PR）。

页 154

"烧掉"：詹姆斯·鲍德温对作者所说。

页 155

申克写给鲍德温，1957 年 3 月 5 日（LS）。

"综合体"：《愤怒旅程》，埃克曼。

页 156

申克写给鲍德温，1957 年 3 月 5 日（LS）。

页 157

"他们选择"：BBC 电台对卡里尔·菲利普斯的采访，1984 年 4 月。

页 158

"可怕"：给拉赫夫的信，未注明日期，1956 年 6 月（PR）。

页 160

"杂种"：《生平自述》，见《土生子札记》。

哈罗德·伊罗生：《五位作家及其祖先》，《族群》，1960 年冬季刊。

页 161

"真诚的"：给申克的信，未注明日期，约 1956 年 11 月（LS）。

页 162

"古怪黑人男孩":给希斯的信,未注明日期,1954—1955年(GH)。

页 163

他……突然想起:同上。

他重述:约1956年11月,写给申克的信,未注明日期(LS)。

页 164

"15岁的":鲍德温在《无名的街道》(纽约,1972)一书中讲述了这一事件。

页 169

"我会一直":同上。

页 171

伊丽莎白·埃克福德:见胡安·威廉姆斯,《矢志不移:美国民权运动1954—1965》(纽约,1987)。

页 172

"锈红色……遭遇":《没有人知道我的名字》,见《没有人知道我的名字》。

"你可以把":《一只黄油牛奶里的苍蝇》,见《没有人知道我的名字》。

页 173

"甚至连……执照都没有":《没有人知道我的名字》。

"内敛,痛苦":约1957年10月,给科尔的信,未注明日期(LL)。

页 174

"北方黑人":《没有人知道我的名字》。

"在":同上。

页 177

"他似乎":同上。

页 181

"好消息是":塞萨尔写给作者。

页 182

"我们做不到":《愤怒旅程》,埃克曼。

页 183

德·利亚格尔：同上。

"他们把"：同上。

页 184

他渐渐觉得：1958 年 3 月，给科尔的信，未注明日期（LL）。

页 185

鲍德温对休斯《诗选》的评论刊登在《纽约时报书评》，1953 年 3 月 29 日。

页 186

"女性俱乐部"：讨论实录发表在《黑人文摘》，1962 年 3 月。

"《汤姆叔叔的小屋》"：同上。

页 187

阿诺德·兰佩萨德，《兰斯顿·休斯的一生》（纽约，1986；1988）。

"嘿，吉米"：休斯写给鲍德温（JWJ）。

用……的话：见兰佩萨德，《兰斯顿·休斯的一生》。

"我担心"：休斯写给鲍德温，1961 年 5 月 4 日（JWJ）。

页 192

伊达是一个……女孩：致福特基金会人文与艺术项目主任 W. 麦克尼尔·洛瑞的信，1961 年 5 月 4 日（JWJ）。

页 193

"我的电影"：《北方新教徒》，见《没有人知道我的名字》。

页 197

"白种黑人"：见《为自己做广告》（纽约，1959）。

巴勒斯：詹姆斯·鲍德温对作者所说。

页 198

"垮掉派之死"：詹姆斯·鲍德温、寇迪耶和梅勒对作者所说；另见彼得·曼索，《梅勒》（纽约，1959）。

页 201

"鲍德温……恨"：科尔萨罗，引自《梅勒》，曼索。

甚至有：见《对峙：鲍德温与梅勒》，W.J. 韦瑟比，（伦敦，1977）。

页 204

"我去看"：《对决：帕特森对利斯顿》，《金块》，1963 年 2 月。

他的经纪人：《最愤怒的年轻人》，《乌木》，1961 年 10 月。

页 205

"我是"：同上。

契弗的话转引自《詹姆斯·鲍德温：燃烧的艺术家》，W.J. 韦瑟比，（纽约，1989）。

页 206

斯塔兹·特克尔的采访 1961 年 7 月 15 日录制，12 月 29 日播出；采访实录发表在弗雷德·H. 斯坦德利和路易斯·H. 普拉特编辑的《与詹姆斯·鲍德温对话》（杰克逊，密歇根州，1989）。

页 208

菲利普斯写给鲍德温，1961 年 7 月 24 日；1960 年 4 月 12 日（PR）。

菲特尔森……建议：1960 年 4 月，给菲利普斯的信，未注明日期（PR）。

页 209

邮寄权：威廉·菲利普斯给作者的信。

脏字：给菲利普斯的信，未注明日期，1960 年 5 月（PR）。

页 213

白人魔鬼：见《马尔科姆·艾克斯自传》，马尔科姆·艾克斯和亚历克斯·海利（纽约，1965 年）。

"桌边的人"：《下一次将是烈火》。

"不负责任"：《淑女》杂志的采访。

页 214

"伊莱贾和"：《下一次将是烈火》。

他只能：给卡津的信，1961 年 11 月 15 日（伯格）。

页 216

鲍德温给罗伯特·米尔斯的书信选段，时间跨度为 1961 年 9 月至 1919 年 2 月，以《旅途来信》为题发表在《哈泼斯》，1963 年 5 月。

页 219

《最好的结婚季节》：BBC 电台对卡里尔·菲利普斯的采访，1984 年 4 月。

鲁弗斯是最后才写出来：詹姆斯·鲍德温对作者所说。

让他精疲力尽：给珍妮·布拉德利的信，未注明日期，1957年6月（HRHRC）。

页221

对《另一个国家》的……批评：特里林，《世纪中叶》，1962年9月；海曼，《新领袖》，1962年6月25日；梅勒，见《食人族与基督徒》（纽约，1966）；休斯，《柯克斯书评》，1962年6月1日。

页222

联邦调查局关于詹姆斯·鲍德温的档案由两大部分组成：主要的总部档案，詹姆斯·鲍德温62-108763；纽约分部档案，詹姆斯·鲍德温100-146553。然而，与《另一个国家》有关的材料被保存在一份单独档案中，联邦调查局总部145-2625。

页224

"我觉得"：给米尔斯的信，1961年10月5日，见《旅途来信》，《哈泼斯》，1963年5月。

页225

波德霍雷茨讲述：波德霍雷茨对作者所说；该故事也载于波德霍雷茨所著《创造》（纽约，1967）一书。

页227

"可耻"：《淑女》杂志的采访。

页228

马库斯·克莱因，《异化之后：世纪中期的美国小说》（克利夫兰，俄亥俄州，1964）。

阿伦特写给鲍德温，1962年11月21日（华盛顿特区国会图书馆）。

页230

自由乘车者：见《分水岭：马丁·路德·金与1954—1963年民权运动》一书，泰勒·布兰奇（纽约，1988）。

页231

帕特森对……席根塔勒：同上。

杰罗姆·史密斯……肯尼迪：关于两人会面的情况存在几种说法；见

《愤怒旅程》，埃克曼；《詹姆斯·鲍德温》，韦瑟比；《罗伯特·肯尼迪口述实录》，埃德温·O. 戈斯曼和杰弗里·舒尔曼（纽约，1988）。另见詹姆斯·鲍德温和大卫·鲍德温对作者所说；以及当代报纸资料。

页 233

"我不知道"：《罗伯特·肯尼迪》，戈斯曼和舒尔曼。

"经济学的爵士乐"：马文·埃尔科夫，《人人知道他的名》，《时尚先生》，1964 年 8 月。

页 234

"一代又一代"：《自由的代价？》，《自由之路》，1964 年第二季度。

"托尔森先生询问"：联邦调查局档案 62-108763。

页 236

"1961 年年中"：联邦调查局档案 100-146553。

"图书栏目"：联邦调查局档案 62-108763。

页 238

被海关……扣留：吕西安·哈伯斯贝格尔和大卫·鲍德温对作者所说。

两名联邦调查局人员：《愤怒旅程》，埃克曼。

页 240

对利维森和金的窃听录音：见《背负十字架：小马丁·路德·金与南方基督教领袖会议》，大卫·J. 加罗（纽约，1986）；以及《种族问题：联邦调查局关于美国黑人的秘密档案，1960—1972》，肯尼斯·奥莱利（纽约，1989）。

他坚信：詹姆斯·鲍德温对作者所说。

1500 名黑人：《种族问题》，奥莱利。

页 241

招募为间谍：联邦调查局档案 100-146553。

"调查"：联邦调查局档案 62-108763。

页 242

"我们必须"：《华盛顿邮报》，1963 年 9 月 27 日。

"变态"：联邦调查局档案 62-108763。

注释　433

页 245

金对鲍德温的看法：联邦调查局档案 100-146553。

页 247

金和肯尼迪总统:《分水岭》，布兰奇。

鲍德温和尼布尔：同上。

"亲爱的朋友"：CORE 收藏，威斯康星历史学会。

页 249

圆桌会议"自由主义与黑人"的讨论记录，发表于《评论》，1964 年 3 月。

"星期一上午"：詹姆斯·鲍德温向弗恩·玛利亚讲述了他在塞尔玛法院的经历，艾克曼将其记录在她的著作《詹姆斯·鲍德温的愤怒旅程》的写作笔记中。这些笔记现存放于 CUL 的口述历史收藏。

鲍德温曾多次写到并讲述他的塞尔玛之行；比如，《难以名状的对象，难以言说的罪行》，见《乌木》杂志编辑的《美国的白人问题》一书（芝加哥，1966）。

页 250

"逃避私人……"：《淑女》杂志的采访。

页 252

"如果我有办法"：20 世纪 60 年代中期开始，詹姆斯·鲍德温不止一次使用过这一比喻；此例引自他 1984 年在马萨诸塞大学的演讲。

页 253

"耶路撒冷"：《无关个人》，詹姆斯·鲍德温和理查德·阿维顿，（纽约，1964）。

页 254

"一夜情"：《纽约先驱论坛报》的采访，1963 年 6 月 16 日。

《蓝调的用途》,《花花公子》，1964 年 1 月。

页 255

"王者"：《节目单》，1964 年 7 月。

杜佩的文章《詹姆斯·鲍德温其人》，收录于《"猫王"及其他关于作家和写作的评论》，F. W. 杜佩（芝加哥，1984）。

页 256

"在伯明翰":《黑人问题的根源》,《时代》,1963 年 5 月 17 日。

"最伟大的诗人":《我的地牢在震动:给我侄子的信》,见《下一次将是烈火》。

页 257

"仅仅成为一名黑人……比其他任何人":《生平自述》,见《土生子札记》。

页 258

《为什么我不再憎恨莎士比亚》,《观察家》,1964 年 4 月 19 日。

《黑人的灵魂》, W. E. B. 杜波依斯(芝加哥,1903)。

页 264

"他的律师":《吉米先生想要绿色》,迪克·沙普,《纽约时报》,1964 年 6 月 21 日。

页 265

黑人戏剧:《纽约先驱论坛报》,1964 年 4 月 19 日。

"狡猾":给勒鲁瓦·琼斯的信,未注明日期,邮戳日期为 1958 年 11 月 12 日(LL)。

页 266

"简要思考":见《家:社会随笔集》,勒鲁瓦·琼斯(纽约,1966)。

"必须拿来":《暗袋》,见《家》。

"如果亚伯拉罕":《简要思考》。

卡赞认为:《伊利亚·卡赞的一生》(纽约,1988)。

页 267

卡赞的反驳:同上。

页 270

"这不是":给埃克曼的信,《愤怒旅途》(CUL)。

页 272

A 字梯:《伊利亚·卡赞的一生》。

"麻风病":《愤怒旅途》,埃克曼。

谢丽尔·克劳福德:《一个赤裸的人》(纽约,1977)。

页 275

詹姆斯·鲍德温、大卫·鲍德温、寇迪耶、科尔萨罗和哈伯斯伯格对作者所说。另见《演员工作室：演员之家》，大卫·加菲尔德（纽约，1984）；《愤怒旅途》，埃克曼；《一生》，卡赞。

页 277

"我不能出门"：《与詹姆斯·鲍德温……对话》，丹·乔治亚卡斯，见亚伯拉罕·查普曼编著《黑人之声：美国黑人文选》（纽约，1968）。

"一辆大别克车"：《我的童年》，一小时长电视片，专门介绍詹姆斯·鲍德温和休伯特·汉弗莱，作者阿瑟·布朗，1965 年。

"我可能是"：《詹姆斯·鲍德温》，乔治亚卡斯。

页 278

"只要我上了车"：詹姆斯·鲍德温对作者所说。

页 279

用了：哈伯斯贝格尔对作者所说。

"莱娜·霍恩"：《詹姆斯·鲍德温》，乔治亚卡斯。

页 280

"不良动机"：詹姆斯·鲍德温、科林·麦金尼斯和詹姆斯·莫斯曼三人以对话形式进行的访谈，最初由 BBC 电视台主办；采访实录见斯坦德利和普拉特编著，《与詹姆斯·鲍德温对话》。

页 281

"可怜人"：《查理先生的蓝调》前言（纽约，1964）。

页 283

麦金尼斯：见页 279 注释。

页 286

"我是……战士"：《詹姆斯·鲍德温》，乔治亚卡斯。

"手"：《纽约时报》，1965 年 2 月 23 日。

页 289

詹姆斯·鲍德温写给米尔斯：见页 216 注释。

页 293

"帮助我"：塞萨尔对作者所说。

页 295

《口袋杂志》的采访见斯坦德利和普拉特编著,《与詹姆斯·鲍德温对话》。

页 297

"我请詹姆斯·鲍德温":《双周》,1967年10月15—31日。

《威廉·斯泰伦的"纳特·特纳":十位黑人作家的回应》,约翰·亨德里克·克拉克编著(波士顿,1968)。

"痛斥":《新闻周刊》,1967年10月16日。

页 299

《自由之路》,加拉米森,1968年秋。

页 301

《孤独的愤怒:鲍比·希尔自传》,鲍比·希尔,(纽约,1978)。

页 302

"我绝不会":见页286注释。

页 305

两家报社都拒绝:詹姆斯·鲍德温为卡迈克尔辩护的文章发表在《自由之路》1968年春季刊,并附有大意如此的注释。

页 306

"所有已知细节":联邦调查局档案100-146553。

"他说,'吉米'——":《无名的街道》。

"我的内心改变了":同上。

"罪行":《种族说唱》,詹姆斯·鲍德温和玛格丽特·米德。

页 307

《美国》,大卫·弗罗斯特(纽约,1970)。

页 308

"黑人":塞萨尔对作者所说。

《生活》,1971年7月30日。

页 309

"我爱麦德加":艾达·刘易斯的采访,《本质》,1970年10月。

"弟弟":《纽约时报》,1978年4月5日。

把卡迈克尔视为麻烦制造者：见《背负十字架》，加罗。

页 310

"别拍"：给塞萨尔的信，未注明日期，约 1968 年 8 月（EC）。

"那不是写作"：詹姆斯·鲍德温接受乔治亚卡斯采访时引用了这句话。

页 311

《詹姆斯·鲍德温》，乔治亚卡斯。

页 313

《詹姆斯·鲍德温：天启中得自由》，欧文·豪，《哈泼斯》，1968 年 9 月 9 日。

页 314

"我身上没有"：理查德·戈德斯坦的采访，收录于特鲁普编著的《詹姆斯·鲍德温》。

页 316

《富有：理查德·伯顿的一生》，梅尔文·布拉格（伦敦，1988）。

页 319

"某种空间"：《詹姆斯·鲍德温与伊斯坦布尔：恋曲》，《乌木》，1970 年 3 月。

页 320

"我觉得"：詹姆斯·鲍德温对塞萨尔所说；塞萨尔对作者重述。

页 323

《命运与冷眼旁观》，约翰·赫伯特（纽约，1967）。

感谢恩金·塞萨尔提供詹姆斯·鲍德温对角色和剧本所写笔记的复印件。

"如果鲍德温"：雷菲克·埃尔杜兰，《视相》，1970 年 1 月 1 日。

页 326

老朋友：《与詹姆斯·鲍德温会面》，威尔。

"不知"：给斯坦·威尔的信，1969 年 8 月 17 日，收录于《逆流》，1989 年 1—2 月刊。

页 327

詹姆斯·鲍德温在《建筑文摘》1987 年 8 月号上简要介绍了他对圣保罗德旺斯的认识。

页 328

"你永远不知道"：贝特朗·马佐迪耶对作者所说。

页 329

让娜·富尔的态度：詹姆斯·鲍德温和马佐迪耶对作者所说。

"鲍德温弟兄"：《黑人学者》的采访，1973 年 12 月至 1974 年 1 月。

页 330

《亲爱的姐妹……》：首次发表于《曼彻斯特卫报》，1970 年 12 月 12 日。

页 334

无法完成：《巴黎评论》的采访。

《假如比尔街可以作证》：(纽约，1974)。

"暗黑人群"：《无名的街道》。

页 337

"粗粝的威严"：同上。

"干瘪的脸"：《无名的街道》。

页 338

"我的朋友"：《本质》，1970 年 10 月。

页 340—341

"如果你依赖"：大卫·埃斯蒂斯，《新奥尔良评论》，1986 年秋季刊。

页 341

毕加索说：《巴黎评论》。

关于卡波特：詹姆斯·鲍德温对作者所说。

页 342

"我不能"：埃克曼，《纽约邮报》，1964 年 1 月 19 日。

页 345

"说到"：詹姆斯·鲍德温对作者所说。

页 347

"纪尧姆酒吧"：《乔瓦尼的房间：剧本》，鲍德温（未出版，私人收藏）。

"很高兴回来"：《纽约时报》，1977 年 7 月 31 日。

"在纽约"：迈克尔·兹韦林，《巴黎地铁报》，1977 年。

页 354

鲍德温的文章《悲伤之歌：救赎的十字架》，发表于《新爱丁堡评论》，1979 年秋。

页 363

"巨大的暴力"：昆西·特鲁普的采访，见《詹姆斯·鲍德温》，特鲁普。

页 367

三件大事：詹姆斯·鲍德温对作者所说。

页 368

"某种程度上，我看到了穆罕默德的内心，透过他的眼睛，他的声音和他的手势。"《詹姆斯·鲍德温：谈话录》。

页 370

记者彼得……大卫：詹姆斯·鲍德温对博斯利·怀尔德所说；怀尔德对作者重述。

页 371

"你无法学会"：詹姆斯·鲍德温对作者所说。

"我知道"：戈德斯坦的采访。

页 373

责任，而不是罪恶：《汉普郡每日公报》，1984 年 4 月 24 日。

页 374

朱利叶斯·莱斯特，《爱之歌：成为犹太人的历程》（纽约，1988）。

页 377

"转向、改变"：《唉，可怜的理查德》。

"人们对……的恐惧"：詹姆斯·鲍德温对作者所说。

"依循……定律"：《下一次将是烈火》。

页 380

赖特……序言：埃伦·赖特对作者所说。

页 381

"如果……这个概念"：《下一次将是烈火》。

作品年表

詹姆斯·鲍德温的作品，包括小说、戏剧、随笔、短篇小说、评论等，按出版时间排列。

1947

《作为艺术家的马克西姆·高尔基》，《国家》，1947年4月12日

《当战争袭击布朗斯维尔》，《新领袖》，1947年5月17日

《比生命更渺小》，《国家》，1947年7月19日

《免于恐怖的欢庆》，《新领袖》，1947年9月20日

《作为噩梦的历史》，《新领袖》，1947年10月25日

《战歌》，《新领袖》，1947年11月29日

《考德威尔的死手》，《新领袖》，1947年12月6日

1948

《黑暗中的光明世界》，《新领袖》，1948年1月24日

《哈莱姆贫民窟》，《评论》，1948年2月（同名文章收录于《土生子札记》）

《现在与未来》，《新领袖》，1948年3月13日

《黑人的形象》，《评论》，1948年4月

《文学锦囊》，《新领袖》，1948年4月10日

《洛克里奇：美国神话》，《新领袖》，1948年4月10日

《隧道内部的变革》，《新领袖》，1948年4月24日

《现代河童》，《新领袖》，1948年8月14日

《命中注定》，《评论》，1948年10月（收录于《去见那个男人》）

《亚特兰大之行》，《新领袖》，1948年10月9日（收录于《土生子札记》）

1949

《太晚了，太晚了》，《评论》，1949年1月

《每个人的抗议小说》，《零点》，1949年春（收录于《土生子札记》）

《保存天真》，《零点》，1949年夏

1950

《先知之死》，《评论》，1950年3月

《巴黎的黑人》，《记者》，1950年6月6日（收录于《土生子札记》，题为《相遇塞纳河：当黑色遇见棕色》）

1951

《郊游》，《新故事》，1951年4月（收录于《去见那个男人》）

《美国黑人问题》，《法美关系》，1951年9月17日

《海内外的黑人》，《记者》，1951年11月27日

《千千万万的逝者》,《党派评论》,1951 年 11 月—12 月（收录于《土生子札记》）

1952

《罗伊的伤口》,《新世界写作》,第二卷（纽约：新美国图书馆,1952 年）（节选自《去山巅呼喊》）

《出埃及记》,《美国信使》,1952 年 8 月（节选自《去山巅呼喊》）

1953

《去山巅呼喊》（纽约：克诺夫出版社,1953 年）

《村子里的陌生人》,《哈泼斯》,1953 年 10 月（收录于《土生子札记》）

1954

《阿门角：一部剧本》,《零点》,1954 年 7 月（同名剧本第一幕的早期版本）

《巴黎来信：身份问题》,《党派评论》,1954 年 7 月—8 月（收录于《土生子札记》,题为《身份问题》）

《作为丈夫和同性恋者的纪德》,《新领袖》,1954 年 12 月 13 日（收录于《土生子札记》,题为《男性的牢笼》）

1955

《直面人生》,《评论》,1955 年 1 月（收录于《土生子札记》,题为《卡门·琼斯：黑暗是足够的光明》）

《巴黎的平等》,《评论》,1955年3月(收录于《土生子札记》)

《我和我的家……》,《哈泼斯》,1955年11月(收录于《土生子札记》,题为《土生子札记》)

《土生子札记》(波士顿:灯塔出版社,1955年)

1956

《乔瓦尼的房间》(纽约:戴尔出版社,1956年)

《愤怒的十字军东征》,《国家》,1956年7月7日

《福克纳与废止种族隔离》,《党派评论》,1956年冬(收录于《没有人知道我的名字》)

1957

《王子与权力》,《文汇》,1957年1月(收录于《没有人知道我的名字》)

《桑尼的蓝调》,《党派评论》,1957年夏(收录于《去见那个男人》)

《走出荒野》,《淑女》,1958年3月(收录于《去见那个男人》)

《艰难的勇气》,《哈泼斯》,1958年10月(收录于《没有人知道我的名字》,题为《一只黄油牛奶里的苍蝇》)

1959

《成为美国人的意义》,《纽约时报书评》,1959年1月25日(收录于《没有人知道我的名字》)

《布道与蓝调》,《纽约时报书评》,1959年3月29日

《在鲇鱼街：电影中的波吉与贝丝》,《评论》,1959 年 9 月

《南方来信：没有人知道我的名字》,《党派评论》,1959 年冬

《没有人知道我的名字》,《党派评论》,1959 年冬（收录于《没有人知道我的名字》）

1960

《英格玛·伯格曼岌岌可危的时尚》,《时尚先生》,1960 年 4 月（收录于《没有人知道我的名字》,题为《北方的新教徒》）

《上城第五大道：来自哈莱姆的一封信》,《时尚先生》,1960 年 7 月（收录于《没有人知道我的名字》）

《他们无法回头》,《淑女》,1960 年 8 月

《游子情》,《大西洋月刊》,1960 年 9 月（收录于《去见那个男人》）

1961

《马丁·路德·金面前的危险道路》,《哈泼斯》,1961 年 2 月

《一个黑人分析黑人情绪》,《纽约时报杂志》,1961 年 3 月 12 日（收录于《没有人知道我的名字》,题为《市区东河：哈莱姆来信后记》）

《理查德·赖特的生存之道》,《记者》,1961 年 3 月 16 日（收录于《没有人知道我的名字》,题为《八个男人》）

《理查德·赖特》,《文汇》,1961 年 4 月（收录于《没有人知道我的名字》,题为《流放者》）

《论黑人演员》,《都市人》,1961 年 4 月

《黑人男孩眼中的白人男孩诺曼·梅勒》,《时尚先生》,1961

年 5 月（收录于《没有人知道我的名字》，题为《黑人男孩眼中的白人男孩》）

《没有人知道我的名字：一个土生子的更多札记》（纽约：戴尔出版社，1961 年）

《戏剧》，《都市人》，1961 年 5 月

《新迷失一代》，《时尚先生》，1961 年 7 月

1962

《另一个国家》（纽约：戴尔出版社，1962 年）

《创作过程》，《创意美国》（纽约：里奇出版社，1962 年）

《一个人能承受多少真理》，《纽约时报书评》，1962 年 1 月 14 日

《来自我脑海中某个区域的信》，《纽约客》，1962 年 11 月 17 日（收录于《下一次将是烈火》，题为《十字架之下》）

《肤色》，《时尚先生》，1962 年 12 月

《给我侄子的信》，《进步》，1962 年 12 月（收录于《下一次将是烈火》，题为《我的地牢在震动》）

1963

《下一次将是烈火》（纽约：戴尔出版社，1963 年）

《对决：帕特森对利斯顿》，《金块》，1963 年 2 月

《艺术家为正直而战》，《解放》，1963 年 3 月

《旅途来信》，《哈泼斯》，1963 年 5 月

《我们可以改变国家》，《解放》，1963 年 10 月

《对教师的谈话》，《星期六评论》，1963 年 12 月 21 日

1964

《查理先生的蓝调》(纽约：戴尔出版社，1964年)

《无关个人》(附理查德·阿维顿摄影作品)(纽约：阿森纽出版社，1964年)

《蓝调的用途》,《花花公子》,1964年1月

《自由的代价？》,《自由之路》,1964年春

《为什么我不再憎恨莎士比亚》,《观察家》,1964年4月19日

《哈莱姆暴乱》,《纽约邮报》,1964年8月2日

《土生子的话》,《花花公子》,1964年12月

博福德·德莱尼画展前言，兰伯特画廊，巴黎，1964年

1965

《去见那个男人》(纽约：拨号出版社，1965年)

《美国梦与美国黑人》,《纽约时报杂志》,1965年3月7日

《白人的罪恶感》,《乌木》,1965年8月（扩充后题为《难以名状的对象，难以言说的罪行》,收录于《美国的白人问题》[芝加哥：约翰逊出版社，1966年]）

1966

《致有关人士：来自被占领土的报告》,《国家》,1966年7月11日

1967

《上帝之国》,《纽约书评》,1967年3月23日

《黑人反犹是因为他们反白人》,《纽约杂志》,1967年4月9日

《战争罪法庭》,《自由之路》,1967 年夏

1968

《阿门角》(纽约:戴尔出版社,1968 年)

《告诉我火车走了多久》(纽约:戴尔出版社,1968 年)

《为什么是斯托克利?》,《圣彼得堡时报》,1968 年 3 月 3 日

《我们发明的黑鬼》,《综合教育》,1968 年 3—4 月刊

《西德尼·波蒂埃》,《看客》,1968 年 7 月 23 日

《白人种族主义还是世界大同?》,《普世评论》,1968 年 10 月

1969

《甜蜜的洛林》,《时尚先生》,1969 年 11 月

1970

《亲爱的姐妹……》,《曼彻斯特卫报》,1970 年 12 月 12 日

1971

《种族说唱》(与玛格丽特·米德合著)(费城:利平科特出版社,1971 年)

1972

《无名的街道》(纽约:戴尔出版社,1972 年)

《迷失的一天:根据亚历克斯·海利所著〈马尔科姆·艾克斯自传〉改编的情景剧》(伦敦:迈克尔·约瑟夫,1972 年)

1973

《对话》（与妮基·乔瓦尼合著）（费城：利平科特出版社，1973年）

1974

《假如比尔街可以作证》（纽约：戴尔出版社，1974年）

1976

《魔鬼找到工作》（纽约：戴尔出版社，1976年）
《小家伙，小家伙：童年的故事》（纽约：戴尔出版社，1976年）
《一个黑人如何成为美国人》，《纽约时报》，1976年9月26日

1977

《致卡特先生的公开信》，《纽约时报》，1977年1月23日
《每一次告别都不会消失》，《纽约杂志》，1977年12月19日

1978

《所有北方城市的新闻……》，《纽约时报》，1978年4月5日

1979

《就在我头顶之上》（纽约：戴尔出版社，1979年）
《如果黑人英语不是一种语言，那么告诉我什么才是？》，《纽约时报》，1979年7月29日
《致重生者的公开信》，《国家》，1979年9月29日
《悲伤之歌：救赎的十字架》，《新爱丁堡评论》，1979年秋

1980

《黑暗的日子》,《时尚先生》,1980 年 10 月

《奴役之屋笔记》,《国家》,1980 年 11 月 1 日

1981

《未见之事的确据》,《花花公子》,1981 年 12 月

1982

《罗杰·威尔金斯：一个黑人在白人美国的奥德赛》,《华盛顿邮报》图书世界版，1982 年 6 月 6 日

1983

《吉米的蓝调：诗选》(伦敦：迈克尔·约瑟夫出版社，1983 年)

1984

《作为"白人"和其他谎言》,《本质》,1984 年 4 月

1985

《未见之事的确据》(纽约：霍尔特、莱恩哈特和温斯顿出版社，1985 年)

《票价：1948—1985 非虚构选集》(纽约：圣马丁/马雷克出版社，1985 年)

《怪胎们与美国男人的理想》,《花花公子》,1985 年 1 月

《致主教的一封信》,《新政治家》,1985 年 8 月 23 日

1987

《粉碎毒蛇》,《花花公子》,1987 年 6 月

图书在版编目（CIP）数据

在门外谈话 : 詹姆斯·鲍德温的一生 / （英）詹姆斯·坎贝尔著；吴琦译. -- 上海 : 上海文艺出版社, 2025. -- （艺文志）. -- ISBN 978-7-5321-9361-5

Ⅰ. K837.125.6

中国国家版本馆CIP数据核字第2025CC3954号

Talking at the Gates: A Life of James Baldwin by James Campbell
Copyright © 1991, 2021 BY JAMES CAMPBELL
Simplified Chinese translation copyright © Shanghai Literature & Art Publishing House
This edition arranged with Aitken Alexander Associates through BIG APPLE AGENCY, LABUAN, MALAYSIA.
All rights reserved.
著作权合同登记图字：09-2021-869

责任编辑：肖海鸥
特约编辑：马　劼　陈欣然
封面设计：谢　翔

书　　名：	在门外谈话 : 詹姆斯·鲍德温的一生
作　　者：	[英] 詹姆斯·坎贝尔
译　　者：	吴琦
出　　版：	上海世纪出版集团　上海文艺出版社
地　　址：	上海市闵行区号景路159弄A座2楼 201101
发　　行：	上海文艺出版社发行中心
	上海市闵行区号景路159弄A座2楼206室 201101　www.ewen.co
印　　刷：	苏州市越洋印刷有限公司
开　　本：	1240×890　1/32
印　　张：	14.375
插　　页：	2
字　　数：	295,000
印　　次：	2025年8月第1版　2025年8月第1次印刷
Ｉ Ｓ Ｂ Ｎ：	978-7-5321-9361-5/K.507
定　　价：	88.00元

告　读　者：如发现本书有质量问题请与印刷厂质量科联系　T:0512-68180628